편집대표 양 창 수

제2판

민법주해

[IX]

채 권 (1)

[제373조 ~ 제386조]

박영사

제 2 판 머리말

『민법주해』 제9권은 민법 제3편 채권의 전론, 그 제1장 채권의 목적 전론과 아울러 그 제1장 규정 전부(제373조 내지 제386조), 나아가 이자제한법을 다룬다.

이자제한법은 그 전에 시행되던 같은 이름의 법률이 이른바 IMF경제위기의 여파로 1998년 1월에 폐지되었다가 2007년 3월에 다시 제정되어 동년 6월 30일부터 시행되고 있다. 그런데 그 신설의 법률은 적지 않게 종전의 법률과 유사한 규정을 마련하기도 하였지만, 역시 의미가 적지 않은 내용을 새롭게 정하는 경우가 두드러진다. 특히 최고이율을 넘는 이자를 지급한 경우에 관한 제2조 제4항, 이자의 사전공제에 관한 제3조, 복리의 제한에 관한 제5조 등이 그러하다.

제9권의 초판이 나온 1995년 11월로부터 30년 가까운 세월이 흘렀다. 그 사이에 채권의 목적과 관련한 거래양상, 특히 이자채권과 관련한 양상이 크게 변하였음은 물론이다. 전에 없었던 법문제가 새로 제기되어 논의되고, 종전의 법문제도 새로운 관점에서 다루어진 경우가 적지 않다. 그 배경으로 우리는 무엇보다도 "훨씬 충실하여진 민법의 해석·적용에 관한 우리의 역량"을 들어야 할 것이다. 그리하여 어느 외국의 이론에 맹종하는 경향은 많이 청산되었고 비교법적인 시야가 넓어졌으며, 특히 민사재판실무 내지 '판례'의 입장에 대한 의식이 날카로워져서 보다 객관적이면서도 비판적인 태도를 보이는 것이다. 그러한 방향의 변화 내지 전환이 이 제9권의 제2판에서 뚜렷하게 드러난다고 믿는다.

여러 가지의 어려운 고비를 뛰어넘어 출간되는 이 책이 여러분의 기대에 크게 어긋나지 않기를 충심으로 바란다.

2025년 8월 20일

편집대표

양 창 수

제 9 권 집필자

김대정(중앙대학교 법학전문대학원 명예교수)
민정석(서울고등법원 부장판사)

(이상 가나다 순, 현직은 2025년 8월 10일 기준)

범 례

1. 조 문

§ 49 II (iii) ← 민법 제49조 제2항 제3호

§ 12-2 ← 민법 제12조의2

부칙 § 10 ← 민법 부칙 제10조

2. 재 판 례

(1) 일 반

대판 80.7.8, 79다1928(집 28-2, 101) ← 대법원 1980년 7월 8일 선고 79다1928 판결(대법원판결집 제28권 2집 민사편 101면)

대결 05.3.15, 2003마1477(공 05상, 391) ← 대법원 2005년 3월 15일 고지 2003마1477 결정(판례공보 2005년 9634면)

대판 80.9.24, 80다1220(요집 민 I-1, 161) ← 대법원 1980년 9월 24일 선고 80다1220 판결(대법원판례요지집 민사·상사편 I-1권 161면)

헌재 05.2.3, 2001헌가9(헌집 17-1, 1) ← 헌법재판소 2005년 2월 3일 선고 2001헌가9 결정(헌법재판소판례집 17권 1집 1면)

서울고판 71.12.29, 71나1733(고집 71, 612) ← 서울고등법원 1971년 12월 29일 선고 71나1733 판결(고등법원판결집 1971년 민사편 612면)

대구지판 88.2.10, 87나485(하집 88-1, 226) ← 대구지방법원 1988년 2월 10일 선고 87나485판결(하급심판결집 1988년 제1권 민사편 226면)

서울동지판 07.4.24, 2006가단62400(각공 07, 1875) ← 서울동부지방법원 2007년 4월 24일 선고 2006가단62400 판결(각급법원 판결공보 2007년 1875면)

서울고판 06.2.17, 2005나7544(정보) ← 서울고등법원 2006년 2월 17일 선고 2005나7544 판결(법원 종합법률정보 검색)

(2) 기타의 재판법원 및 재판종류의 표시

대판(전) ← 대법원 전원합의체 판결

대구고판 ← 대구고등법원 판결

서울중지판 ← 서울중앙지방법원 판결

밀양지원판 ← 마산지방법원밀양지원 판결

서울가결 ← 서울가정법원 결정

(3) 재판례의 출전

집 ←「대법원판결집」,「대법원판례집」

전집 ←「대법원전원합의체판결집」

공 ←「법원공보」,「판례공보」

고집 ←「고등법원판결집」

하집 ←「하급심판결집」

각공 ←「각급법원 판결공보」

월보 ←「판례월보」

신문 ←「법률신문」

총람 ←「판례총람」

요집 ←「대법원판례요지집」

법고을 ←「법원도서관 법고을 DVD」

정보 ←「대한민국 법원 종합법률정보」

로앤비 ← THOMSON REUTERS LAWnB

미공개 ← 공개되지 아니한 재판례

3. 법령약어

(1) 법 률

가등기담보등에 관한 법률	가담
가사소송법	가소
가사심판법(폐지)	가심
가족관계 등의 등록에 관한 법률	가족등

개인정보 보호법	개정보
개인채무자회생법(폐지)	개회
건설기계관리법	건관
건축기본법	건기
건축법	건축
경매법(폐지)	경매
고물영업법(폐지)	고물
공공기관의 정보공개에 관한 법률	공정보
공공주택건설 등에 관한 특별법	공주
공무원연금법	공연금
공익법인의 설립 및 운영에 관한 법률	공익법인
공익사업을 위한 토지 등의 취득 및 보상에 관한 법률	공토취
공인중개사법	공중개
공장 및 광업재단 저당법	공저
공증인법	공증
공탁법	공탁
관세법	관세
광업법	광업
광업재단저당법(폐지)	광저
국가를 당사자로 하는 계약에 관한 법률	국계
국가를 당사자로 하는 소송에 관한 법률	국소
국가배상법	국배
국가유공자 등 예우 및 지원에 관한 법률	예우
국가재정법	국재정
국민연금법	국연금
국세기본법	국세
국세징수법	국징
국유재산법	국재산
국적법	국적

국제물품매매계약에 관한 국제연합 협약	국연매매
국제사법	국사
국토의 계획 및 이용에 관한 법률	국토
귀속재산처리법	귀재
근로기준법	근기
금융실명거래 및 비밀보장에 관한 법률	금실명
남녀고용평등과 일·가정 양립 지원에 관한 법률	남녀
노동조합 및 노동관계조정법	노조
농지개혁법(폐지)	농개
농지법	농지
대부업 등의 등록 및 금융이용자 보호에 관한 법률	대부
대한민국 헌법	헌
도로교통법	도교
도로법	도로
도시 및 주거환경정비법	도정
도시개발법	도개
독점규제 및 공정거래에 관한 법률	독점
동산·채권 등의 담보에 관한 법률	동담
디자인보호법	디보
문화재보호법	문보
민사소송법	민소
민사조정법	민조
민사집행법	민집
방문판매 등에 관한 법률	방판
방송법	방송
법원조직법	법조
법인세법	법세
변호사법	변
보증인 보호를 위한 특별법	보특

보험업법	보험
부가가치세법	부가
부동산등기법	부등
부동산등기특별조치법	부등특조
부동산소유권 이전등기에 관한 특별조치법	부소특조
부동산실권리자명의 등기에 관한 법률	부실명
부재선고 등에 관한 특별조치법	부재특조
부정경쟁방지 및 영업비밀보호에 관한 법률	부경
불교재산관리법(폐지)	불재
비송사건절차법	비송
사립학교법	사학
산림법	산림
산업재해보상보험법	산재
상가건물 임대차보호법	상임
상법	상
상속세 및 증여세법	상증세
상업등기법	상등
상표법	상표
상호저축은행법	상저
선박등기법	선등
선박법	선박
소득세법	소세
소비자기본법	소기
소송촉진 등에 관한 특례법	소촉
소액사건심판법	소액
수난구호법	수구
수산업법	수산
수표법	수표
신문 등의 진흥에 관한 법률	신문

신용정보의 이용 및 보호에 관한 법률	신용정보
신원보증법	신보
신탁법	신탁
실용신안법	실용
실화책임에 관한 법률	실화
약관의 규제에 관한 법률	약관
어음법	어음
언론중재 및 피해구제 등에 관한 법률	언론
여신전문금융업법	여신
온천법	온천
외국인토지법	외토
외국환거래법	외환
원자력 손해배상법	원배
유실물법	유실
은행법	은행
이자제한법	이자
인사소송법(폐지)	인사
인신보호법	인신
임대주택법	임주
입목에 관한 법률	입목
자동차 등 특정동산 저당법	자저
자동차관리법	자관
자동차손해배상 보장법	자배
자본시장과 금융투자업에 관한 법률	자본시장
자산유동화에 관한 법률	자산유
저작권법	저작
전자거래기본법	전거
전자상거래 등에서의 소비자보호에 관한 법률	전소
전통사찰의 보존 및 지원에 관한 법률	사보

정신보건법	정신보
제조물 책임법	제조
주민등록법	주등
주식회사의 외부감사에 관한 법률	외감
주택법	주택
주택임대차보호법	주임
주택저당채권유동화회사법	주채유
중재법	중재
증권관련 집단소송법	증집소
지방세기본법	지기
지방세법	지세
지방재정법	지재정
지식재산 기본법	지재
집합건물의 소유 및 관리에 관한 법률	집합건물
채권의 공정한 추심에 관한 법률	추심
채무자회생 및 파산에 관한 법률	도산
출입국관리법	출관
측량·수로조사 및 지적에 관한 법률	지적
토지구획정리사업법(폐지)	토구정
토지수용법(폐지)	토수
토지이용규제 기본법	토규
통신비밀보호법	통비
특허법	특허
파산법(폐지)	파
하도급거래 공정화에 관한 법률	하도급
하천법	하천
할부거래에 관한 법률	할부
항공법	항공
행정규제기본법	행규

행정대집행법	행집
행정소송법	행소
행정심판법	행심
행정절차법	행절
헌법재판소법	헌재
형법	형
형사소송법	형소
호적법(폐지)	호적
화의법(폐지)	화의
환경정책기본법	환기
회사정리법(폐지)	회정
후견등기에 관한 법률	후등

(2) 부칙, 별표는 법명 뒤에 약칭 없이 '부칙' '별표'로 인용하며, 구법의 경우 법령 앞에 '구'를 덧붙인다.

(3) 법률의 시행령 또는 시행규칙은 법률약어에 '령' 또는 '규'를 붙인다.

(4) 외국법률과 모델규칙 등

독민	독일민법
네민	네덜란드신민법
프민	프랑스민법
스민	스위스민법
스채	스위스채무법
일민	일본민법
오민	오스트리아민법
이민	이태리민법
그민	그리스민법

UCC	Uniform Commercial Code
PECL	유럽계약법원칙
DCFR	유럽 민사법 공통기준안
PETL	유럽불법행위법원칙
PICC	UNIDROIT 국제상사계약원칙

(2) 외국법령의 조항 인용도 우리 법령의 인용과 같은 방식으로 한다.

(예)

독민 § 312-b I (iii)	←	독일민법 제312조의b 제1항 제3호
프민 § 17-2	←	프랑스민법 제17조의2
스채 § 22	←	스위스채무법 제22조

4. 문헌약어

(1) 교과서 : 저자명만으로 인용한다.

강봉석, 채권총론, 제4판, 2014.

곽윤직, 채권총론: 민법강의 III, 제6판, 2003.

김기천, 한국채권법총론, 제3전정판, 1987.

김동훈, 채권총론, 2012.

김상용, 채권총론, 제2판, 2014.

김상용, 채권총론, 제3판, 2016.

김주수, 채권총론, 제3판보정판, 2003.

김준호, 채권법, 제9판, 2018.

김증한 · 김학동, 채권총론, 제6판, 1998.

김현태, 신채권법총론, 1982.

김형배, 채권총론, 제2판, 1999.

송덕수, 채권법총론, 제4판, 2018.

윤철홍, 채권총론, 3정판, 2018.

이덕환, 채권총론, 전정판, 2014.

이은영, 채권총론, 개정판, 2001.

이은영, 채권총론, 제4판, 2009.

장재현, 채권법총론, 2006.
정기웅, 채권총론, 전정2판, 2014.
현승종, 채권총론, 1975.

양창수 · 김재형, 민법 I : 계약법, 제4판, 2024.
양창수 · 권영준, 민법 II: 권리의 변동과 구제, 제5판, 2023.
양창수 · 김형석, 민법 III: 권리의 보전과 담보, 제5판, 2023.

(2) 정기간행물

가연 ←「가족법연구」
민판연 ←「민사판례연구」
민학 ←「민사법학」
법조 ←「법조」
비교 ←「비교사법」
사론 ←「사법논집」
사법 ←「사법」
사행 ←「사법행정」
신문 ←「법률신문」
월보 ←「판례월보」
재산 ←「재산법연구」
저스 ←「저스티스」
제문제 ←「민사재판의 제문제」
해설 ←「대법원판례해설」

(3) 기 타

구주해 [···](집필자) ← 곽윤직 편집대표, 민법주해, 1992～2005 (꺾음괄호 안은 권수를 가리킨다)
주석 [···](제○판/집필자) ← 김용덕 편집대표, 주석 민법, 제5판, 2019~
김용담 편집대표, 주석 민법, 제4판, 2010～2016
(꺾음괄호 안은 권수를 가리킨다)

5. 외국문헌 및 재판례

(1) 외국문헌 및 재판례의 인용

(가) 외국 문헌과 외국 재판례 등은 각국에서 통용되는 약칭으로 인용하는 것을 원칙으로 한다(연도는 서기로 표기하되, 일본의 경우는 평성, 소화, 대정, 명치 등의 연호에 따른 연도를 괄호 안에 평, 소, 대, 명 및 그 각 연도로 부기한다).

(나) 외국 문헌의 경우 최초로 인용할 때에 간행연도 및 판수(논문의 경우는, 정기간행물 및 그 권호수 등)를 표시하고, 이후 같은 조항에서 인용할 때는 "저자(또는 필자), 인용면수"의 방법으로 인용하되(같은 필자의 문헌을 여럿 인용하는 경우에는 최초 인용의 각주 번호에 따라 '(주 ○)'를 필자 이름 아래 붙인다), 다음에 언급하는 주석서는 예외로 한다.

독일 주석서의 경우 "주석서 이름/집필자"

일본「注釋民法」의 경우 "日注民 [···](집필자)" 또는 "日注民 新版 [···](집필자)"

(2) 재판례의 인용 등

본문 등에서는 각 국의 최고법원에 대하여 다음의 용어를 쓴다.

독일대법원	←	독일의 Bundesgerichtshof
독일헌법재판소	←	독일의 Bundesverfassungsgericht
독일제국법원	←	독일의 Reichsgericht
프랑스파기원	←	프랑스의 Cour de Cassation
스위스대법원	←	스위스의 Bundesgericht

차 례

前 論

차례

Ⅰ. 채권의 의의

1. 채권의 개념

「채권」이라 함은 '채권자가 특정한 채무자에 대하여 재화의 공급, 노무의 제공 또는 부작위 등 일정한 행위를 청구할 수 있고, 그 행위의 수령을 법률상 정당화 하는 권리'를 말한다. 이를 분설하면 다음과 같다.

첫째, 채권은 '특정인에 대한 상대적 권리'이다. 즉, 채권은 물권과는 달리 모든 자에 대하여 주장할 수 있는 절대적 권리가 아니라, 채권자가 특정한 채무자에 대해서만 주장할 수 있는 상대적 권리이다.

둘째, 채권은 '채무자의 일정한 행위를 목적으로 하는 권리'이다. 즉, 채권은 '재화의 공급이나 노무의 제공, 또는 부작위 등 채무자의 일정한 행위'를 의미하는 「급부」(給付: Leistung)를 목적으로 하는 권리이다.

셋째, 채권은 '급부를 청구할 수 있는 권리'인 청구권을 내용으로 한다. 즉, 채권은 채무자 또는 채무자의 행위에 대한 지배권이 아니라 채무자의 일정한 행위, 즉 급부를 청구할 수 있는 권리인 청구권이다. 이 점에서 채권은 물건에 대한 지배권인 물권과는 그 법적 성질이 전혀 다르다. 즉, 채권은 채무자에 행위에 대한 지배권이 아니라 청구권이므로 채권자의 청구에 응하여 채무자가 임의로 채무의 내용을 이행하여야 비로소 권리가 실현된다는 점에서, 타인의 이행행위가 없어도 권리자가 직접 권리를 실현할 수 있는 지배권인 물권이나 무체재산권(지식재산권)과는 그 법적 성질이 전혀 다르다.

넷째, 채권은 급부청구권이다. 즉, 채권은 '채권자가 채무자에 대하여 급부를 청구하는 것과 채권자가 타인의 행위의 결과인 급부를 수령하고 보유하는 것을 정당화하는 권리'이다.

2. 채권과 청구권의 구별

일반적으로 권리는 그 내용에 따라 재산권과 비재산권(非財產權)으로 분류되며, 재산권은 다시 물권과 채권, 그리고 무체재산권(無體財產權)으로 분류되는데, 채권은 재산권의 일종이다. 또한 권리는 그 효력 내지 작용의 차이에 따라 지배권 · 청구권 · 형성권 · 항변권으로 분류되는데, 채권은 청구권을 그 주된 내용으로 한다.

(1) 청구권 개념의 연혁

1) 역사법학파에 의한 청구권 개념의 수립

로마법에서는 오늘날의 청구권에 해당하는 실체법상의 개념은 존재하지 않았으며, 오늘날의 소권(訴權)과 유사한 개념인 악치오(actio)만이 존재하고 있었다.[1] 이와 같이 '악치오의 집합체'라고 할 수 있는 로마법의 소권법체계로부터 실체법상의 청구권의 개념을 분리해낸 것은 사비니(Savigny)와 빈트샤이트(Windscheid) 등 독일의 역사법학파에 속하는 학자들의 업적이라고 할 수 있다.[2] 특히 빈트샤이트는 소송법적 요소와 실체법적 요소가 혼재되어 있는

1) 구주해(8), 36(호문혁); 곽윤직, 채권총론, 제6판, 2003, 11 참조.

2) 청구권 개념의 연혁에 대하여는 구주해(8), 36 이하(호문혁); 곽윤직(주 1), 11~12; 娛

악치오의 실체법적 요소가 청구권(Anspruch)이며, 악치오의 소송법적 요소가 소권(Klagerecht)임을 밝힘으로써 청구권의 개념을 수립하였다.[3)]

2) 독일민법상의 청구권 개념

독일민법은 빈트샤이트의 이론에 따라 「실체법상의 청구권」의 개념을 「소송상의 청구」의 개념과 구별하여, '타인에 대하여 일정한 작위 또는 부작위를 청구할 수 있는 권리'라고 정의하고(동법 194조 1항),[4)] 채권관계에서의 의무(채무)에 대해서는 "채권관계에 기하여 채권자는 채무자에게 급부를 청구할 수 있다. 급부는 부작위일 수도 있다"고 규정하고 있다(동법 241조).[5)]

이와 같이, 독일민법은 채권과 그 효력인 채권자의 급부청구권을 개념상 명확하게 구별하고 있지 않은데, 이러한 이유로 독일민법학에서는 「채권」(Foderung)과 「청구권」(Anspruch)을 동일한 개념으로 파악하는 견해가 지배적이다.[6)] 즉, 독일의 학설은 '민법총칙에서 규정하고 있는 청구권의 개념이 채권의 개념보다 일반적인 것이고, 채권법의 영역 이외에서도 청구권이 발생하는 것이기는 하지만, 민법이 채권과 청구권의 개념을 명확하게 구별하여 사용하거나 양자를 달리 취급하고 있지 않을 뿐만 아니라, 채권에 관한 규정들은 대체로 청구권에도 유추적용되는 것이므로, 채권과 청구권의 개념을 구별하는 것은 실제상 별 의미가 없으며, 또한 적어도 채권법 분야에서는 청구권이 바로 채권이라고 할 수 있다'고 한다.[7)]

(2) 우리 민법상의 청구권 개념

독일민법과 달리, 우리 민법은 채권이나 청구권의 개념에 대한 정의규정을 두고 있지 않으므로, 청구권의 개념 및 채권과 청구권의 관계가 문제된다.

이에 관하여, 국내의 학설은 청구권의 개념을 '특정인이 다른 특정인에 대하여 특정한 행위(작위나 부작위)를 청구할 수 있는 권리'라고 정의함으로써, 독일민법

田昌道, 請求權概念の生成と展開, 創文社, 1980, 3 이하 참조.

3) 구주해(8), 41(호문혁); 곽윤직(주 1), 11 참조.

4) 독일민법 제194조[소멸시효의 객체] (1) 타인에 대하여 일정한 작위 또는 부작위를 청구할 수 있는 권리(청구권)는 소멸시효의 지배를 받는다.

5) 독일민법 제241조[채권관계에서 발생하는 의무] (1) 채권관계에 기하여 채권자는 채무자에게 급부를 청구할 수 있다. 급부는 부작위일 수도 있다. (2) 채권관계는 그 내용에 따라 각 당사자에게 상대방의 권리, 법적 이익 및 이익을 배려할 의무를 부담하게 할 수 있다.

6) 예컨대 Larenz, Allgemeiner Teil des Bürgerlichen Rechts, 9 Aufl., 2004, §15 Ⅳ(S. 264); 구주해(8), 52~53(호문혁) 참조.

7) 구주해(8), 52(호문혁) 참조.

제194조의 규정 내용과 마찬가지로 파악하고 있다.[8] 또한 국내의 학설은 채권의 개념에 대해서도 '특정인이 다른 특정인에게 일정한 행위를 할 것을 청구할 수 있는 권리'라고 파악하고 있어서 청구권에 대한 개념정의와 큰 차이는 없다. 그럼에도 불구하고 우리나라에서는 '청구권은 채권의 핵심적인 요소이기는 하지만 채권의 한 내용에 불과한 것이므로, 채권과 청구권은 개념상 구별하는 것이 타당하다'는 데 학설이 일치하고 있다.[9]

생각건대, 채권과 청구권은 개념상 구별하는 것이 타당하다고 할 것이다. 이와 같이 실체법상의 청구권과 채권의 개념을 구별하여야 한다고 보는 이유는 다음과 같다. 우선 ① 청구권은 채권으로부터 나오는 채권의 효력이라는 점에서, 채권 그 자체와는 개념상 구별되어야 한다. 또한 ② 청구권은 채권 이외의 권리로부터도 나온다.[10] 즉, 청구권은 채권뿐만 아니라 물권 · 친족권 · 상속권 등의 권리를 기초로 하여, 이들 권리의 내용 또는 효력으로서, 이들 권리에 포함되거나 또는 이들 권리로부터 발생한다. 예컨대, 물권을 기초로 하여 발생하는 물권적 청구권(§204~206, §213, §214, §290, §301, §319, §370), 혼인의 효력으로 발생하는 동거청구권(§826 I), 상속권을 기초로 하여 발생하는 상속회복청구권(§999) 등의 청구권이 그것이다. 이렇게 보면 청구권은 채권의 내용(효력)으로서 채권을 기초로 하여 발생하는 「채권적 청구권」이라고 할 수 있다.[11] ③ 채권은 청구권 기타 여러 가지 권리를 파생시키는 원천(源泉)이다. 즉, 채권을 기초로 하여 발생하는 (채권적) 청구권은 채권의 한 내용을 이루는 데 지나지 않으며, 채권은 청구권 이외에도 예컨대, 급부를 수령하고 이를 보유할 수 있는 권능과 채권자대위권 · 채권자취소권 · 계약해제권 등과 같은 여러 가지 권리를 파생시키는 원천이 된다. 즉, 채권은 급부의 청구권뿐만 아니라 급부의 수령권 등을 포함한 포괄적인 내용을 가진 권리를 가리키는 용어임에 반하여, 급부청구권은 채권의 개별적 내용 또는 효력의 일부를 가리키는 용어라고 할 수 있다.[12] ④ 청구권은 즉시의 행위를 요구할 수 있는 권리를 의미하므로, 채무의 이행기가 도래하지 않

8) 구주해(8), 35(호문혁); 곽윤직(주 1), 11; 현승종, 채권총론, 1975, 22 참조.

9) 구주해(8), 51~55(호문혁); 곽윤직(주 1), 12; 김상용, 채권총론, 제2판, 2014, 18; 김증한·김학동, 채권총론 제6판, 1998, 4; 김형배, 채권총론, 제2판, 1998, 26~30; 현승종(주 8), 22~23 참조.

10) 구주해(8), 35 이하(호문혁); 주석 채총(1), 37 이하(제3판/조성민); 곽윤직(주 1), 12~13; 김상용(주 9), 18; 김형배(주 9), 26; 현승종(주 8), 22 참조.

11) 同旨: 김형배(주 9), 26 참조.

12) 곽윤직(주 1), 12; 김형배(주 9), 27; 현승종(주 8), 23 참조.

은 경우에는 청구권은 아직 발생하지 않은 것이며, 채무의 이행기가 도래하여야 비로소 청구권이 발생한다.[13)]

Ⅱ. 채권의 법적 성질

1. 상대성

채권은 특정한 채무자에 대하여 일정한 급부를 청구할 수 있는 권리이므로, 채권자는 채무자 이외의 제3자에 대하여 어떠한 권리도 주장할 수 없으며, 채무자 이외의 제3자는 채권자에 대하여 아무런 의무도 부담하지 않는 것이 원칙이다. 채무자에게만 권리를 주장할 수 있는 채권의 이러한 성질을「채권의 상대성」이라고 한다. 채권과 달리, 물권은 물건에 대한 배타적 지배권이므로, 물권자는 모든 자에게 자신의 권리를 주장할 수 있고, 권리자 이외의 모든 자는 물권을 침해하지 않을 의무를 부담한다. 이를「물권의 절대성(絶對性)」이라고 한다. 즉, 물건에 대한 배타적 지배권인 물권은 절대권(絶對權)임에 반하여 채무자에 대하여 일정한 급부를 청구할 수 있는 권리에 불과한 채권은 상대권(相對權)이다.[14)]

이와 같이 채권은 상대권이나, 채무자 이외의 제3자에 의하여 채권이 침해된 경우에도 비록 요건상의 차이는 있으나[15)] 물권이 침해된 경우와 마찬가지로 불법행위가 성립할 수 있다는 데 대해서는 이설이 없다. 과거에는 이러한 점에 착안하여 권리의 절대성은 물권에 특유한 성질이 아니라 모든 권리에 공통된 성질이므로 채권도 절대권이라고 보아야 한다는 견해가 있었으나,[16)] 현

13) 곽윤직(주 1), 12; 현승종(주8), 23 참조.

14) 同旨: 곽윤직(주 1), 14~15; 김상용(주 9), 15~16; 김형배(주 9), 30; 이은영, 채권총론, 개정판, 2001, 59 참조.

15) 후술하는 바와 같이, 제3자의 채권침해가 불법행위를 구성하기 위해서는 물권에 대한 침해의 경우와는 달리 제3자에게 고의가 있는 경우에 한한다는 것이 통설 · 판례의 입장이다(대판 97.6.10, 95다28120, 공 97, 2119).

16) 김기선, 한국채권법총론, 제3전정판, 1987, 169; 김현태, 신채권법총론, 1982, 5~9; 현승종(주 8), 25~27 참조. 이 견해는 권리의 절대성(불가침성)은 권리의 제2차적 효력에서 나오는 것으로서, 물권과 채권은 제1차적 효력의 면에서는 그 내용을 달리하지만(물권의「제1차적 효력」은 물건을 직접 지배하는 효력이고, 채권의「제1차적 효력」은 특정인에 대하여 급부를 청구하는 것이라고 한다), 제2차적 효력의 측면인 '권리는 모든 사람에 대한 관계에서 보호되어야 한다는 절대성을 가진다'는 점에서는 그 내용이 같다고 한다(현승종(주 8), 26 참조).

재는 이를 지지하는 견해를 찾아보기 어렵다.

생각건대, 채권도 물권과 마찬가지로 절대성을 가진다는 견해는 다음과 같은 비판을 면하기 어렵다 할 것이다. 우선 채무자 이외의 제3자의 채권침해행위가 채권자에 대한 불법행위를 구성할 수도 있음은 사실이나, 그렇다고 해서 '특정인에 대한 권리'인 채권의 본질이 '물건에 대한 배타적 지배권'인 물권과 같다고 볼 수는 없다. 또한 채권의 본질이 절대권이냐 상대권이냐 하는 논쟁은 '생명 · 신체 · 자유 · 소유권 등의 절대권에 대한 침해'를 의미하는 "권리의 침해"가 불법행위의 성립요건으로 요구되고 있었던 구 의용민법[17] 제709조[18] 하에서는 나름대로 해석론상의 의미가 있었으나, "권리의 침해"를 불법행위의 성립요건으로 규정하고 있지 아니한 현행민법 하에서는 절대권이 아닌 상대권인 채권에 대한 침해가 불법행위를 구성할 수 있다고 해석하는 데 이설이 없으므로, 해석론상 별 실익이 없는 논쟁에 불과하게 되었다.[19] 그러므로 현행민법 하에서는 채권의 본질과 관련하여 해석론상 의미 있는 논의는, ① '채권은 물권과 실질적으로 어떻게 다른 권리인가?' 하는 것과, ② '채권의 경우에도 물권의 본질적 속성인 배타성과 지배권성을 인정할 수 있는가?' 하는 두 가지 문제이다.

이러한 관점에서 채권의 성질을 검토해 보면, 채권은 원칙적으로 특정한 채무자에 대하여서만 주장할 수 있는 상대적인 권리이며 절대권이 아니라는 점은 명백하다. 다만, 등기된 부동산임차권의 경우(621조), 대항요건을 갖춘 주택이나 상가건물의 임차권의 경우 등에서는 예외적으로 채권인 임차권에 대항력이 인정되고(주택임대차법 3조, 상가임대차법 3조), 대항력을 구비한 임차인의 보증금반환채권에 우선변제적 효력이 인정되고 있으나(주택임대차법 3조의2 2항, 8조, 상가임대차법 5조 2항, 14조), 이는 사회 · 경제적 약자인 임차인을 보호하기 위하여 채권의 상대적 효력의 원칙에 예외를 인정하여 양수인 등 제3자에 대하여 임차권이나 보증금반환채권을 주장할 수 있도록 한 것에 지나지 않으며, 임차권에 대항력이 인정된다고 하여 채권(임차권)의 성질 자체가 채권자(임차인)의 목적물에 대한 독점적 · 배타적 지배권인 물권으로 변하

17) 이하에서 「구 의용민법(依用民法)」이라 함은 한일합방 직후인 1912.3.18. 조선총독부가 제령(制令) 제7호로 제정한 조선민사령(朝鮮民事令)에 의하여 조선에 의용된 일본민법(1896.4.27. 공포된 이른바 명치민법(明治民法))을 지칭한다.

18) 구 의용민법(일본민법) 제709조 : 고의 또는 과실로 인하여 타인의 권리를 침해한 자는 그로 인하여 생긴 손해를 배상할 책임이 있다.

19) 同旨: 곽윤직(주 1), 15 참조.

는 것은 결코 아니므로, 대항력이 인정되는 임차권을 포함한 채권의 본질은 어디까지나 상대권이라고 하여야 할 것이다.

2. 평등성 : 채권자평등의 원칙

채권은 배타적 지배권이 아니므로, 채권자라고 하더라도 채무자의 행위를 배타적으로 지배할 수 없으며, 채권의 목적인 급부의 실현은 오로지 채무자의 자유로운 의사에 의한 이행행위에 달려있다. 또한 채권자가 담보물권에 의하여 우선변제권을 확보하지 않는 한 채권의 발생원인 · 발생시기의 선후에 관계없이 모든 채권은 평등한 지위에 있는바, 이를 「채권자평등의 원칙」이라고 한다. 다만, 완전한 의미에서의 「채권자평등의 원칙」은 파산절차 등의 청산절차에서나 실현되며, 일반 강제집행절차에서는 강제집행절차에 참가한 채권자 사이에서만 평등한 배당이 이루어진다는 점에 주의하여야 한다.[20)]

3. 양도성 : 재산권성

채권은 재산권이므로 그 성질상 양도가 허용되지 않는 경우를 제외하고는 자유롭게 양도 · 상속할 수 있음이 원칙이다(§449 Ⅰ). 다만, 채권의 성질상 양도가 허용되는 경우에도 당사자가 반대의 의사를 표시한 때(양도금지의 특약이 있는 경우)에는 예외적으로 채권의 양도가 금지되며(§449 Ⅱ), 계속적 계약관계에서는 당사자 사이의 인적 신뢰관계를 고려하여 채권의 양도성이 제한되는 경우가 있다.

(1) 양도금지의 특약이 있는 경우

채권(지명채권의 경우에 한한다)은 당사자가 반대의 의사를 표시한 경우에는 양도하지 못한다(§449 Ⅱ). 즉, 당사자 사이에 양도금지의 특약이 있는 채권의 양도는 무효이다. 다만, 민법은 '양도금지의 특약의 효력은 채권양수인 등 선의의 제3자에게 대항할 수 없다'고 규정함으로써 양도금지특약의 효력을 제한하고 있는데

20) 예컨대, 甲이 乙로부터 5,000만원을 빌린 후 다시 丙으로부터 3,000만원을 빌렸는데, 상환기일에 甲의 변제능력(책임재산의 가액)이 5,000만원에 불과하고 乙이나 丙의 채권을 담보하기 위한 저당권 등의 담보물권이 존재하지 않는다면, 乙과 丙이 甲으로부터 대여원리금을 상환 받을 수 있는지의 여부는 기본적으로 채무자인 甲의 선택에 달려있다. 그러나 乙이 먼저 소를 제기하여 승소판결을 받아 甲의 재산에 대하여 강제집행을 실시하고 丙이 강제집행절차에 참가하지 않았다면, 乙은 자기의 채권 전액(5,000만원)을 변제받을 수 있다. 그러나 만약 丙이 위 강제집행절차에 참가하여 배당을 요구하는 경우, 乙은 5,000만원의 5/8에 해당하는 3,125만원만을 변제받을 수 있을 뿐이다(김홍규, "금전채권집행에 있어서 우선주의, 평등주의, 집단우선주의의 비교연구", 방순원고희기념논문집 「민사법의 제문제」, 1984, 537 이하 참조).

(§449 Ⅱ단서), 이는 채권거래의 안전을 위한 것임은 물론이다.

이와 관련하여, 판례는 '채권양수인이 양도금지특약의 존재를 알지 못한 경우라고 하더라도 양수인이 양도금지특약의 존재를 알지 못한 데 중대한 과실[21)]이 있는 경우에는 무효'라는 입장을 확립하고 있다(대판 96.6.28, 96다18281, 공 96하, 2364 등).[22)] 반면에 판례는 '양도금지특약이 있더라도 채무자가 채권양도를 승낙한 경우에는 그 채권양도는 유효하다'는 입장을 취하고 있다(대판 00.4.7, 99다52817 등).[23)]

(2) 계속적 계약관계에 있어서의 채권양도의 제한

사용대차 · 임대차 · 고용계약과 같이, 당사자 사이의 신뢰관계가 중시되는 계속적 계약관계에서는 계약의 성질상 채권의 양도가 제한된다.

1) 사용대차계약에 있어서 사용차권(使用借權)의 양도 제한

사용대차계약에서 차주는 대주(貸主)의 승낙이 없으면 제3자에게 차용물을 사용, 수익하게 하지 못하므로(§610 Ⅱ), 사용차주로부터 차용물의 사용 · 수익 청구권을 양도받은 자라고 하더라도 그 양도에 관하여 대주의 승낙이 없으면 대주에게 대항할 수 없다. 따라서 대주는 차주와의 사용대차계약을 해지하지 않고서도 사용차권을 양수한 제3자에 대하여 목적물의 인도를 청구할 수 있다(대판 65.11.16, 65다1748 등).[24)]

2) 임대차계약에 있어서 임차권의 양도 제한

임차인은 임대인의 동의 없이 그 권리를 양도하지 못하며(§629 Ⅰ), 임차인이 이에 위반하여 임대인의 동의 없이 임차권을 양도한 경우에는, 임대인은 계약을 해지할 수 있다(§629 Ⅱ). 다만, 판례는 '임대인의 승낙 없이 임차인이 제3자에게 임차물을 사용 · 수익하도록 하였다 할지라도 임차인의 당해 행위가 임대인

---

21) 여기서 말하는 「중과실」이란 '통상인에게 요구되는 정도의 상당한 주의를 하지 않더라도 약간의 주의를 한다면 손쉽게 그 특약의 존재를 알 수 있음에도 불구하고 그러한 주의조차 기울이지 아니하여 특약의 존재를 알지 못한 것'을 말하며, 제3자의 악의 내지 중과실은 '채권양도금지의 특약으로 양수인에게 대항하려는 자가 이를 주장·증명하여야 한다'는 것이 판례의 입장이다(대판 10.5.13, 2010다8310, 공 10상, 1123). 김문관, "채권양도금지특약으로 대항할 수 있는 제3자 및 확정일자 있는 증서의 의미", 해설 83, 2010, 155 이하 참조.

22) 판례평석: 박효관, "채권양도금지특약과 선의의 양수인", 판례연구 8, 부산판례연구회, 1998, 219 이하; 이상욱, "채권양도금지특약의 제3자에 대한 효력", 영남대 영남법학 41·2, 1998, 249 이하. 같은 취지: 대판 99.2.12, 98다49937(공 99,534); 대판 99.12.28, 99다8834(공 00, 362); 대판 00.4.25, 99다67482(공 00, 1271); 대판 03.1.24, 2000다5336·5343; 대판 10.5.13, 2010다8310(공 10상, 1123); 대판 14.1.23, 2011다102066(미간행); 대판 15.4.9, 2012다118020(공 15상, 675).

23) 같은 취지: 대판 09.10.29, 2009다47685(공 09하, 1996).

24) 같은 취지: 대판 99.5.11, 98다61746(공 99, 1131).

에 대한 배신적 행위라고 인정할 수 없는 특별한 사정이 있는 경우에는, 임대인은 자신의 동의 없이 전대차가 이루어졌다는 것만을 이유로 임대차계약을 해지할 수 없으며(대판 93.4.27, 92다45308, 공 93, 1553 등),[25] 전차인은 그 전대차나 그에 따른 사용·수익을 임대인에게 주장할 수 있다'는 입장[26]을 확립하고 있다.

3) 고용계약상의 권리의 양도 제한

(가) 사용자의 권리 양도 제한 : 근로자의 전적(轉籍)

고용계약에서 사용자는 노무자의 동의 없이 그 권리를 제3자에게 양도하지 못하며(§657 I), 사용자가 이에 위반한 경우에는 노무자는 계약을 해지할 수 있다(§657 II). 이는 근로기준법상의 근로계약에도 적용되는 법리라고 할 것이므로, '사용자가 근로자를 다른 기업으로 적을 옮겨 다른 기업의 업무에 종사하게 하는 이른바 「전적」의 경우에는 근로자의 동의를 얻어야만 유효하다'고 할 것이다. 판례도 '전적은 종래에 종사하던 기업과의 근로계약을 합의해지하고 이적하게 될 기업과 간에 새로운 근로계약을 체결하는 것이거나 근로계약상의 사용자의 지위를 양도하는 것이므로, 사용자가 근로자의 동의를 얻지 아니하고 다른 회사로 전적시키는 관행이 있어서 그 관행이 근로계약의 내용을 이루고 있다는 등의 특별한 사정이 없는 한 근로자의 동의를 얻어야 효력이 생긴다'고 한다(대판 96.4.26, 95누1972, 등).[27] 문제는 '전적이 유효하게 이루어진 경우에는 근로자와 종전 기업과의 근로관계가 단절되는가?' 하는 것인데, 판례는 '당사자 사이에 특약이 없는 한 전적이 유효한 경우에는 근로자와 종전 기업과의 근로관계는 단절되어 종전 기업에서의 근로관계가 이적하는 다른 기업에 이전되거나 승계되지 않는다'는 입장을 취하고 있다(대판 97.7.8, 96다38438, 공 97, 2446 등).[28]

---

25) 판례평석: 김숙, "건물소유를 목적으로 한 토지임대차의 무단양도에 있어서 계약해지권을 제한하는 이른바 배신행위이론을 적용한 사례", 해설 191, 1993, 164 이하; 조윤신, "임차권의 무단양도·전대와 해지권의 제한", 재판과 판례 6, 대구판례연구회, 1997, 215 이하. 같은 취지: 대판 07.11.29, 2005다64255(공 07하, 1997); 대판 10.6.10, 2009다101275(공 10하, 1354).

26) 이를 「배신행위론」이라고 하는데, 이에 관하여는 장재현, "계약관계에서의 배신적 행위 신뢰파괴", 민학 33, 2006, 193 이하를 참조 바람.

27) 판례평석: 이승욱, "영업양도와 전적의 효력", 노동판례비평 1, 1997, 259 이하; 오문완, "전적처분이 무효인 경우 영업양도의 효력: 유성여객사건", 노동판례평석집Ⅱ, 1997, 107 이하. 같은 취지: 대판 96.5.10, 95다42270(공 96, 1807); 대판 96.5.31, 95다33238(공 96, 2019); 대판 97.7.8, 96다38438(공 97, 2446); 대판 97.12.26, 97다17575(공 98, 396).

28) 같은 취지: 대판 96.5.10, 95다42270(공 96하, 1807); 대판 96.12.23, 95다29970(공 97상, 476); 대판 97.7.8, 96다38438(공 97하, 2446); 대판 97.12.26, 97다17575(공 98, 396); 대판 98.12.11, 98다36924(공 99, 114); 대판 98.12.22, 97누5435(공 99, 247).

(나) 임금채권의 양도 제한

현행법상 근로자의 임금채권의 양도를 직접적으로 제한하는 규정은 없으나, 근로자의 임금채권에 대한 압류는 임금채권의 1/2에 해당하는 금액에 한하여 허용되고 있으며(민집 § 246 I (iv)), 사용자는 임금을 근로자에게 직접 지급하여야 한다(근기 §43 I). 문제는 이러한 임금채권에 대한 민사집행법과 근로기준법의 규정 취지에 비추어 '근로자의 임금채권을 양도하는 것은 법률상 금지된다고 해석하여야 하는가?' 하는 것이다. 이에 관하여 판례는 임금채권의 양도를 금지하는 법률의 규정이 없다는 이유로 임금채권의 양도성을 긍정하면서도, 근로기준법의 「임금직접지급의 원칙」을 중시하여 '사용자는 임금채권의 양수인에게 임금채무를 직접 이행할 수 없다'는 입장을 취하고 있다(대판(전) 88.12.13, 87다카2803, 공 10상, 1132 등).[29)]

사견으로는 이러한 판례의 입장은 타당하지 않다고 생각하나, 이에 관한 검토는 채권양도에 관한 규정의 주석으로 미루기로 한다.

Ⅲ. 채권의 발생원인

「채권의 발생원인」, 즉 '채권의 발생'이라는 법률효과가 부여되는 법률요건은 크게 '법률행위에 의한 경우'와 '법률의 규정에 의한 경우'의 두 가지로 분류할 수 있다.

1. 법률행위에 의한 채권의 발생

(1) 계 약

「계약」은 '합의에 의하여 성립하는 법률행위'이므로, 계약이 성립하면 그 효력으로서 채권이 발생한다. 계약은 채권발생의 가장 중요하고도 원칙적인 경우라고 할 수 있다.

29) 판례평석: 이태재, "근로자의 임금채권의 양도", 판례월보 222, 1989, 26 이하; 한일환, "근로자의 임금채권의 양도가능성", 서울지방변호사회 판례연구 3, 1990, 67 이하; 서민, "퇴직금채권의 양도성", 민판연 12, 1990, 67 이하; 박성철, "임금채권의 직접불의 원칙", 부산판례연구회 판례연구 1, 1991, 356 이하; 최형기, "임금채권의 양도성", 법조 382, 1989, 127 이하. 같은 취지: 대결 84.6.13, 84다카20; 대판 96.3.22, 95다2630.

(2) 단독행위

「단독행위」라 함은 '행위자의 일방적인 의사표시에 의하여 성립하는 법률행위'를 말하는데, 단독행위는 법률이 명문으로 인정하는 경우에 한하여 예외적으로 인정되며, 채권의 발생원인이 될 수 있다.

민법이 단독행위를 채권의 발생원인으로 규정하였다고 볼 수 있는 대표적인 경우로서는 재단법인설립행위(§ 48)와 유증(§1060 이하)을 들 수 있다. 한편 민법은 현상광고를 전형계약의 일종으로 규정하고 있으나(§ 675), 학설 중에는 이를 단독행위로 보아야 한다는 견해가 있는바, 이러한 견해(단독행위설)에 따르면 현상광고도 단독행위에 의한 채권의 발생원인이 된다.

(3) 사단법인 설립행위

사단법인의 설립행위의 법적 성질에 대하여는 이를 계약으로 보는 견해(계약설)과, 이를 합동행위로 보는 견해(합동행위설)가 대립하고 있는데, 「합동행위설」에 따르면, 「합동행위」도 채권의 발생원인의 하나가 된다.

2. 법률의 규정에 의한 채권의 발생

채권은 법률행위에 의해서만 발생하는 것이 아니라, 유실물습득(§ 253) · 사무관리(§734 이하) · 부당이득(§741 이하) · 불법행위(§750 이하) · 부양(§974 이하)의 경우와 같이, 법률의 규정에 의하여서도 발생한다. 이와 같이 법률의 규정에 의하여 발생하는 채권을 「법정채권(法定債權)」이라고 한다.

Ⅳ. 채권의 사회적 기능

1. 채권의 본래적 기능

자본주의경제체제 아래에서 채권의 본래적 기능은 재화의 이동을 매개하여 물권에 도달하는 수단이 되는 것이라고 할 수 있다.[30] 즉, 채권관계를 통하여 재화의 교환과 이동이 이루어져 궁극적으로 재화에 대한 물권관계가 확립되게 된다.

30) 이에 관한 상세는 곽윤직(주 1), 1~19; 我妻榮, 近代法における債權の優越的地位, 有斐閣, 1953, 5 이하; 同, "現代債權法の基礎理論", 民法硏究Ⅴ(債權總論), 有斐閣, 1968, 3 이하를 참조 바람.

2. 현대사회에 있어서의 채권의 기능 변화

(1) 인간에 대한 지배적 기능

자본주의경제체제 하에서는 소유권이 채권과 결합함으로써 자본화하여 생산수단의 소유자가 이를 소유하지 않는 자에 대한 경제적 우위를 차지하여, 결국은 물건을 지배하여야 할 소유권이 임대차계약이나 고용계약 등의 채권계약을 매개로 하여 사람을 지배하게 되는데(예컨대, 부동산소유권이 임대차계약과 결합하여 소유자가 임차인을 지배하고, 생산수단이 고용계약과 결합하여 사용자가 노동자를 지배하게 된다), 이러한 현상을 「물권의 채권화(債權化)」라고 한다.

(2) 금융자본의 독점적 지배

자본주의경제가 고도로 발전하면 채권이 물권에 대한 우월한 지위를 갖게 되고, 담보제도가 발전함으로써 금융자본이 산업자본을 지배하는 현상이 나타나게 되는데, 이를 「소유권에 대한 금전채권의 우월성」이라고 한다.

(3) 독립한 재산권으로서의 채권

전술한 바와 같이, 채권은 재산권으로서 원칙적으로 양도와 상속의 객체가 된다. 이러한 독립한 재산권으로서의 채권의 성질은 증권적 채권의 발달로 인하여 더욱 두드러지게 나타나고 있으며, 자본주의경제의 병폐라고 할 수 있는 「부(富)의 독점현상」을 더욱 가속화시키고 있다.[31)]

V. 채권관계의 의의 및 특성

1. 채권관계의 의의

「채권관계」라 함은 '채권을 둘러싼 법률관계로서, 2인 또는 그 이상의 다수인이 채권자 또는 채무자로서 서로 일정한 행위를 요구할 수 있는 권리(債權)를 가지고, 그에 대응하는 법적 의무(債務)를 부담하여 대립하는 법률관계'를 말한다. 채권관계와 구별되어야 할 개념으로서 「호의관계(好意關係)」는 '예컨대, 친구와의 우정에 기한 단순한 약속과 같이 당사자 사이에 법적 구속의사가 존재하지 않는 일상생활상의 단순한 의례적인 관계'를 말한다. 호의관계에서는 당사자의 법적 구속의사가 존재하지 않으므로 채권관계는 성립하지 않는

31) 삼성그룹에 대한 이건희 회장의 지배권이 '전환사채(轉換社債)의 발행과 헐값인수'라는 부정한 편법을 통하여 그 아들 이재용에게 이전된 사실이 이러한 현상을 단적으로 보여주고 있다.

다. 따라서 호의관계에 기한 약속위반의 경우에도 채무불이행은 성립하지 않는 것이 원칙이다. 그 결과 강제이행이나 채무불이행으로 인한 손해배상을 청구할 수는 없다.[32] 다만, 후술하는 바와 같이, 제1차적 급부의무가 없는「급부의무 이외의 행태의무」도 가능하다고 본다면, 호의관계에서도「급부의무 이외의 행태의무」가 존재할 수 있으며, 계약의무 위반의 일종으로서 다루어지게 된다.[33] 또한 교통사고를 일으켜 호의동승자를 사망케 한 경우와 같이, 호의관계에서 상대방에게 손해를 발생시키고 그것이 불법행위의 요건을 충족시키는 경우에는 피해자에 대하여 불법행위책임을 질 수 있음은 물론이다.

2. 채권관계의 특성

(1) 특별구속관계

채권은 채권자가 특정한 채무자에 대하여 급부를 청구할 수 있는 권리이므로, 채권관계는 채권자와 채무자라는 특정인 사이에서만 성립하는 특별구속관계이다.

(2) 유기적 관계

1) 부수적 권리·의무를 파생시키는 포괄적 법률관계

채권관계는 당사자 사이에 채권 · 채무가 단순하게 고립적 · 대립적으로 존재하는 데 지나지 않는 것이 아니라, 이러한 채권과 채무를 발생시키는 터전이 되는 것이다. 즉, 채권관계는 그 채권관계를 다른 채권관계와 구별케 하는 기본적인 채권 · 채무를 발생시키는 것은 물론이지만, 단순한 채권 · 채무의 집합에 그치는 것이 아니라 그로부터 파생되는 각종의 항변권, 계약의 해제 · 해지권, 대금감액청구권, 매수청구권 등의 당사자의 부수적 권리와 각종의 통지의무, 담보의무 등의 부수적 의무로 구성되는 유기적 복합체라고 할 수 있는 포괄적 법률관계이다.[34] 채권관계의 이러한 성질은 증여 · 매매 · 교환 · 화해 등의 일시적 계약관계에서도 나타나지만, 특히 임대차 · 고용 · 도급 · 위임 · 조합 · 종신정기금 등의 계속적 계약관계에서 두드러지게 나타난다.

2) 계약체결 전(前)단계에서의 채권관계의 발생

채권관계에서 채권자나 채무자는 채권을 행사하고 의무를 이행함에 있어

---

32) 채권관계와 호의관계의 구별에 대한 상세는 송덕수, 채권법총론, 제4판, 2018, 15~17을 참조 바람.

33) 구주해(8), 100(송덕수) 참조.

34) 동지: 곽윤직(주 1), 18; 송덕수(주 32), 14; 현승종(주 8), 2~28 참조.

서 신의에 좇아 성실하게 행동하여야 할 의무를 진다(§2). 나아가 종래의 통설적 견해는 '이러한 유기적 관계인 채권관계는 채권이 발생하기 전(前)단계인 계약의 교섭단계에서 이미 발생한다'고 설명한다.[35] 즉, 계약체결을 위한 교섭을 하는 당사자 사이에는 밀접한 관계가 형성되어, 예컨대 청약자의 승낙연착에 관한 통지의무(§528 II), 보험계약자 또는 피보험자의 고지의무(상 §651)와 같은 법률상의 의무가 발생하며, 법률상의 명문규정이 없더라도 신의칙에 기한 보호의무 등의 「부수의무」(Nebenpflicht)가 발생한다고 보아야 하므로, 이러한 「신의칙에 기한 전(前)계약적 부수의무」 위반으로 인하여 상대방에게 손해를 가한 경우에는 계약책임의 일종인 「계약체결상의 과실책임」을 져야 한다는 것이 통설적 견해이다(§535의 유추적용). 다만, 사견에 의하면 「전계약적 부수의무 위반에 기한 계약체결상의 과실책임론」은 불법행위법의 불비(不備)를 계약책임을 인정하여 해결하고자 하는 독일민법학 특유의 이론으로서, 불법행위에 관한 포괄적 일반조항을 두고 있는 우리 민법의 해석으로는 불필요한 이론이라고 생각하는데, 이에 관한 상세한 설명은 제535조의 주석으로 미루기로 한다.

(3) 「협동체관계」 여부

채권관계는 단순히 채권자가 채무자에 대하여 급부를 청구하고 이를 수령하는 권능을 가지며 채무자는 이에 대응하여 급부의무를 부담하는 고립적·대립적 관계로만 볼 것은 아니다. 왜냐하면 채권관계는 채권자와 채무자 사이의 신뢰를 기초로 하여 형성되는 법률관계이기 때문이다(이를 「신뢰관계」라고 부르기도 한다).[36] 이러한 취지에서, 종래의 통설적 견해는 채권관계를 '급부의 이행이라는 사회적 목적을 가지는 채권·채무의 유기적 결합관계'로서 다루어야 하며, 또한 채권관계의 본질은 '신의칙에 의하여 지배되는 협동체관계'라고 보아야 한다고 설명하고 있다.[37] 그러나 채권관계를 '유기적 협동체관계'라고 보는 종래의 통설적 견해에 대해서는, '독일의 「민족공동체이론」에 바탕을 둔 「나치 법학」의 영향을 받은 전체주의적 채권법이론'이라고 비판하거나,[38] '채권관계를 유기적 관계라고 할 수는 있으나, 이는 채권관계가 변동가능성이 있다는 의미에 그치며, 이를 당사자의 협력관계라고 파악할 수는 없다'는 등의 비판론이 제기되고 있다.[39]

35) 현승종(주 8), 28 참조.
36) 현승종(주 8), 28~29 참조.
37) 곽윤직(주 1), 18; 현승종(주 8), 28 참조.
38) 이은영(주 14), 406 참조.
39) 송덕수(주 32), 14~15 참조.

Ⅵ. 채권법의 의의와 특질

1. 채권법의 의의

(1) 채권법의 실질적 의의

「실질적 의미에서의 채권법」이라 함은 '채권관계를 규율하는 실체법'을 총칭한다. 형식적 의의의 채권법, 즉 실정법으로서 "채권법"이라는 명칭을 가지고 있는 법규는 존재하지 않으나, 민법전의 제3편(채권)은 실질적 의미에서의 채권법의 기본법이라고 할 수 있다. 그러나 민법전 제1편(총칙)의 규정, 특히 법률행위에 관한 규정을 비롯한 많은 규정들도 실질적 의미에서의 채권법의 매우 중요한 부분을 형성하고 있다. 따라서 「실질적 의미에서의 채권법」은 '민법전 제1편(총칙), 제3편(채권)을 중심으로 하여 채권관계를 규율하는 특별법을 포함하는 실정법의 전(全)체계'를 가리키는 용어라고 할 수 있다.

(2) 채권법의 체계

민법전 제3편(채권)의 체계를 살펴보면, 총칙(제1장), 계약(제2장), 사무관리(제3장), 부당이득(제4장), 불법행위(제5장)의 5개 장(章)으로 구성되어 있다. 이 중 제1장(총칙)은 채권 일반에 관한 통칙규정으로서, 채권의 의의와 종류, 채권의 일반적 효력, 채무의 이행과 불이행, 다수당사자의 채권관계, 채권양도와 채무인수 등에 관하여 규정하고 있다. 이 부분을 강학상 「채권총론」이라고 한다. 채권편 제2장(계약) · 제3장(사무관리) · 제4장(부당이득) · 제5장(불법행위)의 규정은 채권의 발생원인을 종류별로 규정한 것으로서, 이 부분을 강학상 「채권각론」이라고 한다.

2. 채권법의 특질

(1) 임의법규성

물권은 물건에 대한 배타적 지배권이므로, 물권의 종류와 내용은 강행법규인 법률 또는 관습법에 의하는 외에는 임의로 창설하지 못하는 「물권법정주의」가 지배한다(§185). 그러나 채권은 물권과는 달리 특정한 채무자에 대하여 일정한 급부를 청구할 수 있는 상대적 권리에 지나지 않으므로, 그 종류와 내용의 형성을 당사자의 자율적인 의사에 맡겨 놓더라도 제3자에게 피해를 입힐 가능성이 적다. 따라서 대표적인 채권의 발생원인인 계약관계를 규율하는 계약법은 사적 자치가 허용되는 임의법규로서, 당사자의 의사가 명확하지 않거나 흠결이 있는 경우에 당사자의 의사를 해석하는 기준으로서의 역할을 하거나, 의사를 보충하는 역할을 하는 데 그치는 것이 원칙이다.

그러나 자본주의경제가 발전하면서 계약자유의 원칙은 경제적 약자에 대한 경제적 강자의 불공정거래와 경제적 수탈의 도구로 전락하여, 자본주의경제의 폐해인 「부(富)의 독점」과 「부익부(富益富) · 빈익부(貧益貧)」이라는 사회적 병리현상을 초래하고, 노 · 사의 대립이 격화하여 자본주의경제체제 자체를 위협하기에 이르렀다. 원래 사적 자치의 계약법적 표현이라고 할 수 있는 「계약자유의 원칙」은 계약관계의 양 당사자가 자유롭고 평등하다는 것을 전제로 하여, 당사자의 자유로운 이성적 판단을 존중하는 것이 법의 이념인 인간으로서의 존엄과 가치를 실현하는 최선의 방법이라는 법철학사상에 기초를 두고 있는 것이다. 따라서 당사자 사이에 실질적 자유와 평등이 보장되지 않는 상황에서는 계약자유의 원칙은 이미 그 법철학적 근거를 상실한 것이라고 할 수 있다.

이러한 법철학적 성찰에 기하여 계약자유의 원칙에 대한 재검토와 반성이 행해지게 되었으며, 이에 따라 계약법의 영역에서도 점차 강행법규가 증가하게 되었는데, 특히 근로계약관계를 규율하는 채권법의 영역이 민법으로부터 이탈하여 강행법체계인 「노동법」이라는 독립된 법분야를 형성하기에 이르렀다. 또한 임대차계약이나 도급계약 등에서도 점차 강행법규가 증가하여 가는 추세에 있다.

(2) 세계적 보편성

채권법, 특히 계약법은 재화와 용역의 거래를 규율하는 법으로서 지방적 특색과 민족적 색채를 탈피하여 세계적으로 보편화하는 성질을 가진다.[40] 로마법이 유럽대륙 각국에 계수된 것도 이러한 「계약법의 보편성」에 기인한 것이라고 할 수 있다. 이러한 계약법의 특성을 반영하여, 각국마다 다른 계약법의 내용을 통일하여 국제거래를 더욱 활성화하기 위한 국제적 노력이 경주되고 있다. 특히 유럽대륙에서는 유럽연합(EU)을 중심으로 유럽각국의 채권법을 통일하려는 국제적 노력이 결실을 거두어 채권법의 많은 분야에 걸쳐서 통일법이 제정되어 있으며, 유럽의 계약법을 궁극적으로 통일하는 것을 목표로 하는 「유럽계약법원칙(PECL)」과 「유럽계약법참조초안(DCFR)」 등이 발표되어 있다. 또한 국제연합(UN) 등 국제기구를 중심으로 하여 전세계의 계약법의 통일

40) 현승종(주 8), 38 참조.

을 목표로 하는 국제통일법 제정운동이 일부 결실을 거두고 있다. 그 대표적인 사례로서는 유엔상거래위원회(UNCITRAL)에 의하여 제정되어 1988년부터 시행되기 시작한 국제매매거래의 통일사법인「UN국제통일매매법(CISG)」[41]과「사법의 통일을 위한 국제협회」가 1994년에 제정한「UNIDRIOT 국제계약법원칙(PICC)」등을 들 수 있다.

3. 채권법의 지도원리

채권관계, 특히 고용 · 임대차 · 하도급 등 계속적 계약에 의하여 발생하는 채권관계에서는 경제적 강자에 의한 약자에 대한 부당한 억압과 경제적 착취가 발생하기 쉽다. 따라서 채권법의 영역에서는 이와 같은 경제적 강자의 부당한 억압과 경제적 착취를 방지하기 위하여 채권적 지배관계의 발생을 억제함으로써 특히 경제적 약자의 보호를 기할 수 있는 해석론과 입법론의 전개가 요청된다.

(1) 민법의 지도원리 : 사적 자치의 원칙

근대시민사회는 모든 인간을 봉건적 구속으로부터 해방시킴으로써 자유롭고 평등한 사회를 이루는 것을 정치적 이념으로 하고(개인주의 · 자유주의), 자본주의를 그 경제적 배경으로 하여 성립한 것인데, 민법은 이러한 근대시민사회의 지도이념을 실현할 수 있는 법적 지주(支柱)라고 할 수 있다. 즉, 민법은 사법의 일반법으로서 모든 법제도의 지도이념이라고 할 수 있는「인간으로서의 존엄과 가치(행복)」를 실현하기 위한 구체적인 제도로서, 개인의 자유로운 의사에 의하여 자기의 법률관계를 형성할 수 있다는 원칙인「사적 자치」(Privatautonomie)를 그 지도원리로 삼고 있다.

(2) 근대민법의 3대원칙

근대민법의 지도원리인「사적 자치의 원칙」은 물권법과 계약법, 그리고 책임법의 영역에서 각각「사유재산권존중의 원칙」과「계약자유의 원칙」, 그리고「과실책임의 원칙」으로 구체화되고 있는데, 이를「근대민법의 3대원칙」이라고 부른다.

1) 사유재산권존중의 원칙 : 소유권절대의 원칙

이는 '사유재산에 대한 개인의 절대적 지배를 인정하여 국가나 다른 개인

---

41) 체약국인 우리나라도 2005년에 비준을 완료하여(2005.2.28. 다자조약 제1711호) 현재 CISG는 국내 실정법으로서의 효력을 가지고 있다.

이 이에 간섭하거나 제한을 가할 수 없다'는 원칙을 말한다. 이는 주로 물권법 영역에서의 사적 자치의 원칙을 구현하는 원리로서 기능한다는 점에서, 「소유권절대의 원칙」이라고도 한다.

2) 계약자유의 원칙

이는 계약법의 영역에서의 사적 자치의 원칙을 구현하는 원리로서, 계약의 체결 여부, 계약의 상대방 선택, 그리고 계약의 내용을 개인이 자유롭게 결정할 수 있다는 원칙을 말한다.

3) 과실책임의 원칙 : 자기책임의 원칙

이는 책임법의 영역에서의 사적 자치의 원칙을 구현하는 원리로서, 자기의 고의 또는 과실에 의한 위법한 행위로 인하여 타인에게 손해를 가한 경우에 한하여 책임을 진다는 원칙을 말한다. 이를 「자기책임의 원칙」이라고도 한다.

(3) 「사적 자치의 원칙」의 공과(功過)

근대민법의 기본원리인 사적 자치의 원칙과 이를 구현하기 위한 실천원리로서의 「3대원칙」은 합리적 기업경영을 가능하게 함으로써 자본주의경제의 발전에 큰 공헌을 하였다. 그러나 사적 자치의 원칙은 인간의 자유로운 이성에 대한 지나친 신뢰에 바탕을 둔 것일 뿐만 아니라 사법관계의 형식적 평등만을 목표로 한 것이어서 자본주의경제가 발전함에 따라 그 모순이 드러나게 되었다. 즉, ① 자본의 집중(독점자본의 형성)으로 인한 부익부 · 빈익빈 현상(이른바 「부의 양극화현상」) 내지 경제적 약자에 대한 경제적 강자의 지배와 착취, ② 정경유착, 노사대립으로 인한 정치적 · 사회적 긴장과 갈등의 확대, ③ 물질만능주의의 만연으로 인한 도덕과 윤리의 타락 등의 자본주의경제체제의 폐해가 나타나게 된 것이다.

(4) 근대민법의 3대원칙의 내재적 제약원리

사적 자치의 원칙을 구현하기 위한 실천원리로서의 근대민법의 3대원칙(사유재산권존중의 원칙 · 계약자유의 원칙 · 과실책임의 원칙)도 아무런 제약 없이 인정되던 원칙이 아니라, 원래 강행법규 · 신의칙 · 권리남용금지 · 거래안전 등의 내재적 제약원리에 의하여 제한을 받는 원칙이었다.

1) 강행법규·사회질서에 의한 제한

사적 자치는 강행법규 또는 사회질서에 반하지 않는 범위 내에서만 허용되는 것이다(§103~§105). 특히 강행법규에 의한 사적 자치의 제한은 선량한 풍속 기타 사회질서의 유지를 위한 최소한의 제한이라고 할 수 있다.

2) 신의성실의 원칙

민법은 제2조 제1항에서, “권리의 행사와 의무의 이행은 신의에 좇아 성실히 하여야 한다”고 규정함으로써, 민법의 모든 영역에서 상대방의 신뢰를 헛되게 하지 않을 의무를 부과하고 있다. 이를 「신의성실의 원칙」(이하 「신의칙」으로 약칭)이라고 한다. 이러한 신의칙은 특히 계약법의 영역에서 「계약체결상의 과실책임론」·「적극적 채권침해론」 등의 이론적 근거가 되는 등 중요한 작용을 수행하는데, 이 역시 사적 자치를 내재적으로 제한하는 원칙이라고 할 수 있다.

3) 권리남용금지의 원칙

권리의 행사는 원칙적으로 자유롭지만, 신의칙에 위반되는 권리의 행사는 금지된다. 이를 「권리남용 금지의 원칙」이라고 한다. 민법은 이를 명문으로 규정하고 있다(§2 Ⅱ). 이는 사적 자치를 내재적으로 제한하는 대표적인 원칙이라고 할 수 있다.

4) 거래안전보호제도

민법은 법률행위의 무효·취소, 계약 해제의 효력을 선의의 제3자에게 대항할 수 없도록 함으로써 법률행위의 상대방의 신뢰를 보호하고 나아가 물권거래의 안전을 보호하고 있는데(§107 Ⅱ, §108 Ⅱ, §109 Ⅱ, §110 Ⅲ, §548 Ⅰ 단서), 이러한 거래안전보호제도 역시 사적 자치를 제한하는 제도의 일종이라고 할 수 있다.

(5) 사적 자치와 근대민법의 3대원칙의 수정

20세기에 들어오면서 서유럽 각국은 자본주의경제체제의 모순과 폐해를 시정하기 위하여 「사적 자치의 원칙」과 이를 구현하기 위한 「근대민법의 3대원칙」을 수정하기 시작하였다. 이와 같이 서유럽 각국이 자본주의경제체제의 모순과 폐해를 깊이 인식하고 사법의 기본원리를 수정하여 이를 헌법에 반영하게 된 것은 1917년에 일어난 「러시아공산혁명」이 결정적인 계기가 되었음은 물론이다. 여기서는 「계약자유의 원칙」과 「과실책임의 원칙」에 대한 수정만을 살펴보는 데 그치기로 한다.

1) 계약자유의 원칙의 수정

(가) 계약법 영역에서의 강행법규의 증대

계약자유의 원칙을 기초로 하는 계약법의 영역에서도 경제적 약자를 보호하기 위하여, 혹은 계약정의의 실현을 위한 강행법규가 증대하고 있으며(§584, §652 등), 약관규제법, 주택임대차보호법, 가등기담보법 등 특별법에 의한 체약강제(締約强制)가 행하여지거나 계약자유의 원칙이 수정되는 사례가 늘고 있다.

(나) 사회법과 경제법의 발전

20세기에 들어오면서 사적 자치에 입각한 자본주의 경제체제의 폐해를 방지하고 경제적 약자를 보호하기 위하여 노동법과 사회보장법 등의 사회법(社會法)이 발달하고, 경제정의를 확보하기 위한 독점규제법 등의 이른바 경제법(經濟法)이 발전함으로써 계약자유의 원칙이 대폭 수정되고 있다. 일부학자들은 이러한 현상을 「계약법의 위기」라고 부르기도 하지만, 이는 계약법에서의 실질적 정의를 실현하기 위한 「법의 진화(進化)」로 보아야 할 것이다.

2) 과실책임의 원칙의 수정

과학기술이 고도로 발달함에 따라 교통 · 통신 · 의학 등의 영역에서 사고의 위험이 높아짐과 동시에 종래의 불법행위이론으로는 가해자에게 손해배상책임을 물을 수 없는 경우가 증가하고 있다. 이에 따라 자동차 · 기차 · 전차 등 교통기관 및 원자력 등 위험한 설비에 의하여 발생하는 손해에 대하여 「위험책임론(危險責任論)」에 의한 무과실책임을 인정하는 특별법이 제정되고, 나아가 손해발생 및 인과관계에 관한 입증책임을 전환하는 등의 노력이 행하여지고 있다. 또한 공해, 제조물책임, 의료사고 등 무과실책임이 인정되는 영역이 점차 확대되고 있다.

4. 채권법의 법원(法源)

앞에서 살펴본 바와 같이, 채권법의 법원으로서 가장 기본적이고도 중요한 것은 민법전 제3편이다. 그러나 실질적 의미에서의 채권법을 형성하는 법원으로서는 채권관계를 규율하는 수많은 특별법과, 채권관계에 관한 관습법과 조리(條理)가 있으며(1조), 사실상의 법원으로서 중요한 역할을 하는 무수한 판례와 법원의 예규가 있다.

第1章 總則

第1節 債權의 目的

前 論

차례

Ⅰ. 서　　설

민법은 전체에 관한 총칙(제1편) 외에도 채권(제3편)에 관해서도 별도로 총칙(제1장)을 두고 있다. 채권편의 총칙은 채권의 목적(제1절), 채권의 효력(제2절), 수인의 채권자 및 채무자(제3절), 채권의 양도(제4절), 채무의 인수(제5절), 채권의 소멸(제6절)로 구성되어 있는데, 채권의 목적은 그 첫머리에 해당한다.

'채권의 목적' 절에서는 채권의 목적의 금전적 평가 요부(§ 373), 특정물채권(§ 374), 종류채권(§ 375), 금전채권(§§ 376-378), 이자채권(§ 379), 선택채권(§ 380-386)에 관하여 규정하고 있다. § 373는 채권의 종류를 묻지 않고 일반적으로 채권의 목적의 요건으로서 금전적 가액 산정가능성이 요구되는지 여부를 규정하고 있고, §§ 374-386에서는 채권의 각 종류별로 당사자의 의무, 목적물 또는 급부의 확정방법, 채무의 이행방법 등을 규정하고 있다. 좀 더 구체적으로는, § 374는 채권의 목적이 특정물의 인도일 경우 채무자의 보관의무의 내용을, § 375는 종류채권에서의 급부할 물건을 확정하는 방법을, § 376 내지 § 379는 금전채권(외화채권, 이자채권 포함)에 있어서 이행방법 등에 관한 특칙을, § 380 내지 § 386은 선택채권에 있어서 급부의 확정방법을 각 정하고 있다.

이와 같이 민법이 채권편의 서두에 '채권의 목적'이라는 제목 하에 수개의 조문을 두고 있는 이유에 관하여는 '채권의 목적이 채권성립의 한 요소인 만큼 그에 관한 규정은 모든 채권에 공통적으로 적용되도록 총칙에 두어야 마땅하다'는 데에 있다고 설명된다.[1)]

그러나 본절은 원칙적으로 계약 등 법률행위에 의하여 발생하는 채권에 적용이 있고, 법률규정에 의하여 발생하는 채권에 관하여는 적용이 없다. 법률규정에 의하여 발생하는 채권에 관하여는 별도로 해당 규정에서 채권의 목적에 관하여 규율하고 있기 때문이다. 그리고 법률행위에 의하여 발생하는 채권의 경우 계약자유의 원칙이 작용하는 결과 채권의 목적은 뒤에서 보는 요건(후술 III 참조)을 갖추는 이상 매우 다양하게 정하여질 수 있고, 따라서 본절에서 정하는 수개의 조문만으로 그 모든 경우를 다 규율하는 것은 불가능하다고 할 수 있다. 특히 § 374 내지 § 379는 물건 기타 목적물의 인도 또는 양도를 목적으로 하는 채무, 즉 '주는 채무'를 염두에 둔 것이고, § 380 이하도 선택채권에 있어서 급부의 특정방법에 관하여만 규율하고 있을 뿐이어서 오늘날 상대적으로 더 중요하게 여겨지는 '하는 급부'[2)]에 관한 규율은 거의 이루어지지 않고 있는 셈이다. 또한 § 376 내지 § 378은 금전채권에 관하여 규율하고 있으나 19세기 중·후반 내지 20세기 초반의 화폐이론에 따른 '대상적 금전' 개념에 기초하고 있어 오늘날의 복잡한 금융거래에 관한 법적 규율에 대처하기에는 한계가 있다. 이와 같이 여러 면에서 민법규정의 한계가 드러나고 있는바, 법현상의 실질에 맞는 합리적인 해석이 요구된다.[3)]

본절의 규정은 임의규정에 해당한다. 따라서 계약자유의 원칙에 따라 당사자는 채권의 목적을 임의로 정할 수 있고, 이 경우 이에 어긋나는 한도에서 본절의 규정은 적용이 없다. 다만 당사자의 계약 내용에 흠결이 있을 경우, 또는

---

1) 구주해(8), 58(송덕수). 이는 우리와 거의 유사한 규정을 두고 있는 일본 민법의 기초이유에서 설명되는 바이고, 이는 우리 민법에도 마찬가지로 말할 수 있다고 한다. 채권의 목적에 관한 규정의 일본 민법의 기초과정과 우리 민법의 일본 민법의 계수과정 등에 관하여는 구주해(8) 57-58(송덕수) 참조.

2) '주는 급부'와 '하는 급부'의 구별에 관하여는 후술 V. 2. 참조.

3) 이와 같이 민법규정의 불완전성 내지 한계를 지적하는 것으로는, 구주해(8), 58-59(송덕수); 주석 채총(1), 85-86(제4판/안법영) 참조.

계약 내용이 불명료한 경우 본절의 규정이 보충규정 또는 해석규정으로서 작용하게 된다.[4)]

Ⅱ. 채권의 목적의 의의

1. 의 의

대부분의 민법 교과서에서는 채권의 목적을 '급부(Leistung)'와 동일한 의미라고 설명하고 있다.[5)]

이 '급부'라는 용어는 본래 독일 민법의 'Leistung'[6)]을 일본에서 '給付'라는 용어로 번역하여 민법전에 사용하였고, 이를 우리 민법학자들이 그 한자 독음대로 강학상의 용어로 사용함으로써 그대로 굳어진 용어이다. 우리 민법에서는 이 급부라는 용어를 사용하고 있지 않다.[7)] 그러나 판례는 오래 전부터 최근까지도 이 용어를 비교적 흔하게 사용하고 있다.[8)] 급부라는 용어를 사용하는 데 대하여는 비판적인 입장이 있으나, 그 개념적인 유용성이 없다고 할 수 없고, 이제는 강학상으로나 판례상으로도 굳어진 말이므로, 이를 그대로 사용함이 타당할 것이다.

---

4) 구주해(8) 59(송덕수); 주석 채총(1) 84-85(제4판/안법영).

5) 강봉석, 13; 곽윤직, 20; 김동훈, 107; 김상용, 29; 김주수, 47; 김증한 · 김학동, 16; 김형배, 43; 정기웅, 23; 송덕수, 48-49; 윤철홍, 19; 이덕환, 19; 이은영, 81; 장재현, 81.

6) 독일어 Leistung은 일상적으로는 '행함', '실행', '성취', '업적', '행하여진 일', '성과', '성능', '능률' 등의 의미를 가진 명사이다(네이버 독일어 사전 참조). 독일 민법은 Leistung이 부작위일 수 있다고 하고 있을 뿐 그에 관한 정의규정을 두고 있지 않으며(독민 § 241 I), 문제되는 채권관계마다 개별적인 Leistung의 의미를 확정하여야 하고 일의적인 개념확정은 의미가 없다고 설명된다. MünchKomm/Bachmann (7. Aufl., 2016), § 241 Rn. 17.

7) 우리 민법은 의용민법에서 급부라고 표현한 곳에 이행(§ 375, § 385, § 466, § 537, § 538, § 539), 행위(§ 380, § 385 I), 급여(§ 466, § 746), 변제(§ 742, § 743), 지급(§ 376, § 377) 등 다양한 용어를 사용하고 있다. 주석 채총(1), 87, 주 9(제4판/안법영). 다만 약관 § 10에서는 급부라는 용어를 사용하고 있다.

8) 예컨대, 대판 78.2.14. 77다1579(집 26(1)민, 92)("교환계약을 해제할 수는 있다 할지라도 처음부터 교환급부이행이 불능하여 성립될 수 없는 무효의 교환계약이라고는 볼 수 없다 할 것이나 ……"); 대판 04.7.9. 2004다13083(공 04, 1330)("채권자의 이행최고가 본래 이행하여야 할 채무액을 초과하는 경우에도 본래 급부하여야 할 수량과의 차이가 비교적 적거나 채권자가 급부의 수량을 잘못 알고 과다한 최고를 한 것으로서 과다하게 최고한 진의가 본래의 급부를 청구하는 취지라면, 그 최고는 본래 급부하여야 할 수량의 범위 내에서 유효하다고 할 것이나 ……") 참조.

그런데 급부의 개념정의에 관하여는 학설상 '채권자가 채무자에 대하여 청구할 수 있는 일정한 행위'라고 설명하는 것이 종래의 통설이었던 반면,[9] 최근에는 급부에는 '급부행위'와 '급부결과'의 두 가지 측면이 있음을 강조하면서, 실제로는 급부의 결과를 뜻하는 경우가 대부분이고, 급부가 단지 급부행위만을 뜻하는 것인지, 아니면 급부행위를 통하여 생기는 급부결과를 뜻하는 것인지는 개별적으로 판단하여야 한다거나,[10] 계약의 해석을 통하여 채권자가 급부행위를 요구하는 것인가 아니면 급부결과까지 요구하는 것인가가 밝혀져야 한다거나,[11] 채무자의 일정한 행위를 통하여 채권자에게 일정한 결과가 생기는 것을 급부라고 한다고 정의하는[12] 등의 설명이 발견된다.

이와 같이 급부를 급부행위와 급부결과로 나누어 정의하려는 시도에 대하여, 이와 같은 설명은 급부개념을 행위와 결과의 이중의 측면에서 설명하려는 독일의 학설 및 그 영향을 받은 일본의 학설의 영향을 받은 것으로서, 이는 우리 민법이 독일민법이나 일본민법과 같이 급부라는 통일적인 용어를 사용하지 않음에도 독일민법과 일본민법의 규정을 역으로 추적하여 급부개념의 통일적인 의미를 밝히려고 한다는 점에서 입법자의 의도에 반하고 실질적으로도 타당하지 않으며, 단지 우리 민법의 해석으로서는 채권의 목적은 채무자가 하여야 하는 행위라고 하고, 다만 채무자의 행위가 구체적인 경우에 결과실현행위 또는 행위 자체일 수 있다고 이해하면 충분하다고 비판하는 견해가 있다.[13]

2. 구별하여야 할 개념

가. 채권의 목적물

위와 같이 채권의 목적은 채무자의 급부이다. 이와 달리, 채권의 목적물은 급부의 대상(對象)인 객체(Objekt)로서, 채권의 목적과는 구별되어야 한다.[14] 예컨대, 매매계약에 있어서 채권의 목적은 채무자(매도인 또는 매수인)의 소유권 이전행위 또는 매매대금 지급행위인 데 반하여, 채권의 목적물은 소유권 이

9) 구주해(8), 59(송덕수).
10) 김증한·김학동, 17.
11) 이은영, 82.
12) 정기웅, 23.
13) 구주해(8), 62(송덕수) 참조.
14) 통설이다. 강봉석, 13; 곽윤직, 20; 김상용, 29; 김동훈, 107; 김준호, 13; 김증한·김학동, 16; 김형배, 43; 송덕수, 49; 윤철홍, 19; 이덕환, 19; 정기웅, 23; 구주해(8), 67(송덕수); 주석 채총(1), 88-89(제4판/안법영)

전행위 또는 매매대금 지급행위의 객체인 물건 또는 금전이 된다.

채권의 목적물은 유체물 만이 아니고 일정한 금액, 저작물과 같은 무체재산권의 객체, 집합적인 재산이나 권리도 될 수 있다. 그리고 채권의 목적물이 모든 채권에 있어서 존재하는 것은 아니다. 고용계약에서 피용자의 노무제공의무와 같이 순수하게 채무자의 행위만을 요구하는 경우에는 채권의 목적물은 존재하지 않는다.[15] 이 점에서 물권에 있어서는 항상 그 목적물이 요구되는 것과 대비된다.[16]

우리 민법은 대체로 채권의 '목적'과 '목적물'을 구별하여 사용하고 있다. §§ 373, 374, 376[17]에서는 채권의 목적이라는 용어를 사용하고 있고, § 375 II에서는 채권의 목적물이라는 용어를 사용하고 있다. 그러나 이러한 민법의 용어 사용이 언제나 정확하지는 않다. § 375 I, § 399에서의 '채권의 목적'은 '채권의 목적물'의 의미로 파악함이 옳다.[18]

나. 채권의 궁극적인 목적

채권의 궁극적인 목적(Zweck)은 채권자가 그 채권의 실현을 통하여 달성하려는 것, 즉 채권의 만족이다. 즉 채권의 궁극적인 목적은 채권의 목적인 채무자의 급부, 즉 이행행위를 통하여 달성되는 것이다.[19]

Ⅲ. 채권의 목적의 요건

채권이 법률의 규정에 의하여 발생하는 경우, 예컨대 사무관리(§§ 734-740), 부당이득(§§ 741-749), 불법행위(§§ 750-766) 등에 있어서는 채권의 목적은 각 해당 법률규정에서 그 요건을 정하고 있으므로 특별히 채권총론에서 채권의 목적의 요건

15) 구주해(8), 67(송덕수).

16) 日注民(10-I) 新版, 52(金山正信 · 直樹).

17) 김증한 · 김학동, 16; 이은영, 81에서는 § 376에서의 '채권의 목적'을 '채권의 목적물'의 의미로 파악하여야 한다고 하고 있는 반면, 구주해(8), 68, 주 50(송덕수)는 이를 말 그대로 '채권의 목적'으로 이해하여야 한다고 한다.

18) § 375 I에 관하여 동지: 김준호, 13, 주 1; 김형배, 43; 이은영, 81; 구주해(8) 68(송덕수).

19) 주석 채총(1), 89(제4판/안법영)는 채권의 만족을 거래목적(Geschäftszweck)이라고 하고, 이러한 거래목적과 채권의 만족을 넘어 채권자가 사실적 · 경제적으로 달성하려는 그 밖의 채권자의 목적(Gläubigerzweck) 및 채권관계를 맺은 동기(Motiv)를 구별하면서, 채권자의 목적과 동기는 계약내용이 된 경우에만 채권의 거래목적이 된다고 설명한다.

에 관하여 논할 필요가 없다. 이에 반하여 채권이 당사자의 법률행위에 의하여 발생하는 경우에는 당사자는 채권의 내용을 사적자치의 원칙에 따라 자유로이 정할 수 있는 것이 원칙이나, 법률행위도 그 효력을 발생하기 위해서는 일정한 효력요건을 갖추어야 하는 것처럼,[20] 법률행위에 의하여 발생하는 채권 또한 유효하게 발생하기 위해서는[21] 같은 맥락에서 일정한 요건을 갖추어야 한다.

일반적으로 채권의 목적은 확정성, 실현가능성, 적법성, 사회적 타당성의 요건을 갖추어야 하는 것으로 설명된다.[22] 따라서 급부가 이러한 요건을 갖추지 못하는 경우에는 채권은 유효하게 발생하지 않는 것으로 된다. 이하에서는 이들 채권의 목적의 요건을 차례로 살펴본다. 한편, 채권의 목적이 금전적으로 평가될 수 있어야 하는 것인지(즉 재산적 가치를 가져야 하는 것인지)에 관하여는 민법이 명문의 규정(§ 373)을 두어 이를 부정하고 있다. 이에 관하여는 § 373의 주해를 참조하라.

1. 확정성

가. 총 설

채권이 유효하게 성립하기 위해서는 채권의 목적, 즉 급부가 법률행위 당시

---

20) 법률행위의 효력요건에 관하여는 구주해(2), 166-167(송덕수) 참조. 동 문헌에서는 법률행위의 효력요건을 일반적 효력요건과 일정한 법률행위에 특유한 특별효력요건으로 나누면서, 일반적 유효요건으로서는 의사능력 및 행위능력, 목적의 확정가능성, 실현가능성, 사회적 타당성, 의사표시의 흠의 부존재를 들고 있다.

21) 여기에서 '유효하게 발생하기 위해서는'이라는 표현을 사용하였으나, 엄밀히 말하면 채권의 목적의 요건이 갖추어지지 아니하였을 경우의 효과는 다음과 같이 생각해 볼 수 있을 것이다. 즉, 아래에서 보는 확정성이 결여된 경우에는 급부 내용 자체가 확정되지 아니하므로 인하여 채무 자체가 성립하였다고 볼 수 없음에 반하여, 나머지 실현가능성, 적법성, 사회적 타당성이 결여된 경우에는 그 법률행위가 무효로 됨으로 인하여 채무가 발생하지 아니하는 것이라고 할 수 있다. 법률행위와 관련지어 생각해 보면, 확정성이 결여된 경우는 법률행위의 성립요건이 갖추어지지 않은 경우이고, 나머지 요건이 갖추어지지 않은 경우는 법률행위의 효력요건이 갖추어지지 않은 경우라고 할 수 있다. 김재형, "법률행위 내용의 확정과 그 기준", 서울대 법학 41-1, 2000, 243은 법률행위의 내용의 특정을 법률행위의 성립요건으로 파악하고 있다.

22) 강봉석, 13-14; 곽윤직, 20-23; 김동훈, 109-111; 김준호, 14-15; 김학동·김증한, 17-19; 김형배, 43-47; 김상용, 29-33; 김주수, 48-50; 윤철홍, 19-23; 이덕환, 19-23; 장재현, 31-34; 정기웅, 23-26; 구주해(8), 68-79(송덕수). 이러한 통설적인 설명과 달리, 이은영, 86-90에서는 실현가능성, 사회적 효용성(법적으로 보호가치 있는 이익을 갖추어야 한다는 의미에서), 급부의 확정가능성의 세 가지를 채권의 목적의 요건으로 들면서, 사회적 타당성 및 적법성은 계약 자체를 두고 계약 목적이나 쌍방급부의 균형 등 제반사정에 비추어 심사해야 하고, 채권의 목적인 급부 하나만 놓고 심사할 것이 아니라는 취지에서 채권의 목적의 요건이 아니라고 보고 있다.

에 이미 확정되어 있거나 적어도 사후적으로 확정될 수 있어야 한다.[23] 급부가 확정되어 있지 아니하거나 사후적으로 이를 확정할 수 있는 기준조차 마련되어 있지 않다면, 채무자로서는 무엇을 이행하여야 하는지 알 수 없고, 채권자로서도 어떠한 급부의 이행을 요구하여야 하는지 알 수 없으며, 법원으로서도 채무의 이행을 명하는 재판을 할 수 없고, 강제집행도 불가능하기 때문이다.

판례는, 특히 매매계약에 관하여 "매매목적물과 대금은 반드시 계약체결 당시에 구체적으로 특정할 필요는 없고 이를 사후에라도 구체적으로 특정할 수 있는 방법과 기준이 정하여져 있으면 족하다."고 거듭 판시하고 있다.[24][25]

---

23) 급부의 확정과 급부의 목적의 특정(후술 § 375 및 § 380 이하에서 보듯이 종류채권 및 선택채권에서의 급부 목적의 특정)은 엄밀하게는 구별되나, 후자는 급부의 확정과정의 일부로 볼 수 있을 것이다. 동지: 구주해(8), 69(송덕수).

24) 확정 긍정례: 대판 86.2.11. 84다카2454(공 86, 437)는 1,000평의 토지를 "타시장에 준하여" 매도한다는 약정이 성립되었다고 인정하면서도 매매대금을 평당 10,000원씩으로 정하여 매매계약을 체결한 것으로 보기 어렵다고 한 원심판결에 대하여, "타시장에 준한다"는 의미를 타시장에 준한 토지대금을 뜻하는 것이라면 이는 계약체결 후에 특정하지 못할 사유가 되지 아니한다고 판단하였다. 대판 93.6.8. 92다49447(공 93, 1999)은 같은 법리를 설시하여 매매대금 및 목적물이 특정되지 아니하였다고 판단한 원심판결을 탓하면서도, 지방재정법 및 예산회계법의 법령상 일정한 매매계약의 내용을 명확히 기재한 계약서를 작성할 것을 요구하는 등의 적법한 요건을 갖추지 못하여 당해 매매계약이 무효라는 취지로 판단하고 있다. 대판 95.9.26. 95다18222(공 95, 3525)는 임대주택을 분양하기로 하면서 그 분양가격결정은 "건설부에서 입안하고 있는 분양전환가격기준"에 의하되 건설부의 분양전환가격결정이 지연될 때에는 "춘천시 소재 세경아파트 등 타지역의 합의된 분양가"에 준한다고 한 계약의 효력을 인정하였다. 대판 96.4.26. 94다34432(공 96, 1667)는 이 사건 주식 매매계약은 체결할 당시에 주식의 매매대금을 구체적으로 정하지는 않았으나 주식 매매계약 전에 체결된 '주식 및 경영권 양도 가계약서'에서 이 사건 주식의 매매가격을 일응 1주(액면가 금 500원)당 1원으로 결정하되, 소외 회사의 자산과 부채의 실사 결과에 따라 원고 등과 피고가 협의 조정하여 그 가격을 확정하기로 함으로써 이 사건 주식 매매계약을 체결할 당시 매매대금을 확정할 수 있는 방법과 기준을 정하였으므로 위 주식 매매계약은 유효하다고 판시하였다. 대판 02.7.12. 2001다7940(공 02, 1934)은 원고와 피고들은 매매대금을 일단 계약 당시의 현황에 따른 시가로 정하고 여기에서 원고의 아파트 공사로 인하여 지가가 상승한 부분을 공제하기로 하되 그 구체적인 기준은 법원의 판단에 맡기기로 한 것이라고 보고, 그 약정의 취지에 따른 매매대금의 산정에 있어 원고의 사업시행이 시작되기 전의 토지현황이 그대로 유지된다고 가정한 상태에서 일반적인 지가변동을 거친 매매계약 체결 당시의 추정시가를 기준으로 삼은 원심판결을 수긍하고 있다. 대판 09.3.16. 2008다1842(공 09상, 552)는 원고들과 피고들은 각 분양계약 당시 분양 목적물을 '이 사건 상가 2층의 준보석B존의 점포 중 전용면적과 공용면적을 합한 계약면적 4평 또는 계약면적 8평'으로 특정하여 분양대금은 평당 31,000,000원으로 약정한 것이고, 따라서 이 사건 각 분양계약의 목적물이 특정되지 않은 것이라고 볼 수 없다고 판단한 원심판결을 수긍하고 있다.

25) 확정 부정례: 대판 87.4.1. 86다카1273(정보)은 "원·피고 사이에 피고가 원고에게 상호 합의 하에 주택 1동을 매입하여 준다는 뜻의 약정을 하였으나 그 주택의 위치, 종류, 규모, 가격정도 기타 그 주택을 특정함에 필요한 사항에 관한 기재가 없고 조리나 사회경험칙으로도 이를 특정시킬 방법이 없으므로 이는 채권, 채무의 발생을 목적으로 하는 계

채권의 목적은 언제까지 확정가능한 것이어야 하는가? 이에 관하여는 다수설[26)]은 이행기까지 확정될 수 있어야 한다고 설명하는 반면, 소수설[27)]은 실제 이행이 이루어질 때까지 확정될 수 있어야 한다고 설명한다. 사견으로는, 당사자가 정한 이행기까지 급부의 목적이 확정될 수 있다고 생각하고 계약을 체결하였으나, 실제 이행기까지는 급부가 확정되지 아니하고 이행기 이후에 확정된 경우라도 계약을 함부로 무효로 돌릴 것은 아니다. 다만 이행기까지 아직 급부가 확정되지 않고 있는 경우 당사자가 계약 당시부터 급부의 확정이 불가능한 것이었음을 주장하여 계약의 원시적인 무효를 주장하거나 사후적으로 이행불능을 주장하여 계약의 해소 또는 급부의 소멸을 주장하는 것은 별개의 사실적·법률적 판단의 문제이다.

나. 급부확정의 방법

법률행위 당시부터 당사자가 합의에 의하여 급부를 일의적으로 정해 놓았거나 급부확정의 기준을 명확히 정해 놓은 경우에는 급부의 확정이 크게 문제될 것이 없다. 그러나 법률행위 자체가 명확하지 아니한 경우에는 법률행위 해석의 일반원칙에 따라 법률행위의 해석을 통하여 급부확정을 시도하여야 한다.[28)] 따라서 우선 관습, 임의규정(보충규정)[29)]에 의한 규범적 해석에 의하여야 할 것이고(§§ 105, 106), 그에 의해서도 급부가 확정되지 아니하는 경우에는 보충적 해석이 고려될 수 있다.[30)] 이러한 과정을 통해서도 급부가 확정되지 않으면 그

약으로서의 효력이 없다."고 한 원심판결을 수긍하고 있다. 대판 97.1.24. 96다26176(공97, 632)은 매매계약의 목적물을 "진해시 경화동 747의 77, 754의 6, 781의 15 등 3필지 및 그 외에 같은 동 소재 소외 망인 소유 부동산 전부"라고 표시하여 매매계약의 목적물 중 특정된 3필지를 제외한 나머지 부동산이 토지인지 건물인지, 토지라면 그 필지, 지번, 지목, 면적, 건물이라면 그 소재지, 구조, 면적 등 어떠한 부동산인지를 알 수 있는 표시가 전혀 되어 있지 않고 계약 당시 당사자들도 어떠한 부동산이 몇 개나 존재하고 있는지조차 알지 못한 상태에서 이루어져서 계약일로부터 17년 남짓 지난 후에야 그 소재가 파악될 정도인 경우, 그 목적물 중 특정된 3필지를 제외한 나머지 부동산에 대한 매매는 그 목적물의 표시가 너무 추상적이어서 매매계약 이후에 이를 구체적으로 특정할 수 있는 방법과 기준이 정해져 있다고 볼 수 없어 매매계약이 성립되었다고 볼 수 없다고 판시하고 있다.

26) 곽윤직, 21-22; 김상용, 30; 김준호, 14-15; 김증한·김학동, 18; 송덕수, 51; 윤철홍, 20; 이덕환, 21; 장재현, 32.

27) 김주수, 48-49; 김형배, 44; 정기웅, 23. 김재형(주 21), 248은 "법률행위의 내용을 실현할 때까지"는 그 내용을 확정할 수 있어야 한다고 한다.

28) 법률행위 해석의 방법에 관하여는, 구주해(2), 181-211(송덕수) 참조.

29) 민법상 종류채권(§ 375), 금전채권(§ 376), 선택채권(§ 380 이하)에 관한 규정이 바로 이러한 임의규정(보충규정)에 해당한다.

30) 보충적 해석이란 법률행위의 틈(Regelungslücke)이 존재하는 경우 당사자의 의사를 확

법률행위는 무효라고 할 수밖에 없다.

한편, 당사자가 미리 급부확정의 방법을 정해 놓은 경우, 구체적으로는 ① 당사자와 무관한 객관적인 표준에 의하여 확정하기로 한 경우(예컨대 특정 시기에서 시중은행의 평균 대출금리에 의하여 이율을 정하기로 약정한 경우)와 ② 당사자 또는 제3자에게 급부확정 권한을 부여한 경우(예컨대, 의료계약에서 구체적인 경우에 의사가 환자의 상태에 적합한 의료행위의 내용을 결정할 수 있는 확정권을 가지고 있다고 해석될 경우가 많을 것이고, 고용계약에서도 노무자가 제공하여야 할 근로의 내용은 사용자에 의하여 확정되는 경우가 많을 것이다. 그 밖에 매매대금액의 결정을 감정평가사에게 맡기는 등 당사자가 제3자의 특수한 지식이나 경험을 신뢰하거나 제3자와 당사자의 인적 관계의 특수성을 고려하는 등으로 특정한 급부의 내용을 제3자의 결정에 맡기는 경우가 있다), ③ 당사자가 추후 협의 내지 합의에 의하여 급부를 확정하기로 한 경우 등을 생각해 볼 수 있다.

먼저 당사자와 무관한 객관적인 표준에 의하여 급부를 확정하기로 한 경우에는 그 급부확정의 표준에 관한 일반적인 의사해석을 통하여 급부를 확정하면 되므로, 크게 문제될 것이 없다.

그러나 당사자 또는 제3자의 확정권[31] 행사에 의하여 급부를 확정하기로 한 경우에는 구체적인 급부내용을 어떤 기준으로 확정하여야 하는지 문제된다. 이에 관하여 우리 민법은 특별한 규정을 두고 있지 않으나, 독일민법(독민 §§ 315-319)은 비교적 자세한 규정을 두고 있고, 이를 참고로 하여 해석론을 전개하는

정하는 해석방법이다. 대판 92.10.23. 91다40238(공 92, 3226)은, "원고가 피고로부터 양도받기로 약정한 '노무'의 대가가 '매립토지 중 해변최근지 70평'이었다고 하더라도, 준공된 매립지의 분배에 관한 피고와 그 동업자들 사이의 분쟁 때문에 매립지를 각 동업자별로 나누지 못함으로써 피고에게 돌아갈 토지의 면적 및 위치가 정하여지지 못하고 있는 이상, 원고는 피고 및 소외인들의 공유로 보존등기된 위 매립지 중 해변최근지에 해당하는 원심판시 별지목록기재 부동산의 피고 소유 지분에서 70평에 해당하는 지분의 이전등기는 구할 수 있다"고 판단한 원심판결을 수긍하고 있다. 이는 법률행위 당시에는 급부를 확정할 수 있는 기준이 정해져 있었으나 사후적으로 이를 확정할 수 없게 된 경우에 있어서 보충적 해석에 의하여 당초의 급부 목적물이었던 '특정의 토지' 대신 '일정의 토지 지분'을 급부 목적물로 확정한 사안으로 이해된다(김재형(주 21), 247-248 참조). 그러나 이러한 보충적 해석에 의한 급부확정은 사적자치의 원칙과의 충돌 우려가 있으므로 신중해야 할 것이다.

31) 확정권은 권리형성적인 의사표시, 즉 형성권의 일종이고, 확정의 의사표시는 상대방 있는 단독행위로서, 상대방(채권자 또는 채무자가 확정권자인 경우) 또는 당사자 일방(제3자가 확정권자인 경우)에 대한 의사표시로 행한다. 독민 §§ 315 II, 318 I, 구주해(8), 74-75(송덕수) 참조.

견해가 있다.[32]

독일민법의 이에 관한 규정의 주요 내용을 소개하면 다음과 같다. 급부의 확정권이 당사자 일방에게 있는 경우, 원칙적으로 급부내용의 확정은 확정권자의 공평한 판단에 의하여야(nach billigem Ermessen) 하고(독민 § 315 I), 이 경우 그 확정이 공평에 맞지 아니하면 상대방에 대하여 구속력이 없고, 결국 확정은 판결에 의하여 행하여지며, 확정이 지연되는 경우에도 같다(독민 § 315 III). 쌍무계약에 있어서 일방의 급부에 대하여 약정된 반대급부의 범위가 정하여지지 아니한 경우 당사자의 의사해석에 의하여 그 반대급부의 확정권자를 정할 수 없으면 그 반대급부를 청구할 수 있는 당사자가 그 확정권을 가진다(독민 § 316). 급부의 확정권이 제3자에게 있는 경우 급부의 확정은 역시 원칙적으로 확정권자의 공평한 판단에 의하여야 하고(독민 § 317 I), 만약 그 확정이 명백히 공평하지 않은 경우[33]에는 당사자에 대하여 구속력이 없으며, 역시 확정은 판결에 의하여 행하여진다. 제3자가 확정을 할 수 없거나 할 의사가 없는 때 또는 확정을 지연하는 때에도 마찬가지이다(독민 § 319 I). 제3자가 자유로운 의사(nach freiem Belieben)에 따라 급부를 확정하여야 하는 경우 제3자가 확정을 할 수 없거나 할 의사가 없는 때, 또는 이를 지연하는 때에는 계약은 급부의 확정불능으로 효력이 없다(독민 § 319 II). 한편 확정권자인 제3자가 수인(數人)인 때에는 원칙적으로 전원일치를 요하고(독민 § 317 II 1문), 다만 금액의 확정에 관하여 확정권자인 제3자의 의사가 일치하지 않을 때에는 원칙적으로 평균액에 의한다(독민 § 317 II 2문).

이러한 독일민법의 규정은 우리의 해석론으로서도 대체로 참고할 만하다. 다만 주의할 점이 있다. 이와 같이 독일 민법에 있어서 급부의 확정권이 당사자 일방 또는 제3자에게 있고, 급부내용의 확정이 확정권자의 공평한 판단에 의하여야 할 경우, 확정이 공평에 맞지 아니하거나 확정이 지연되는 등의 사유가 있으면 궁극적으로 법원의 판결에 의하여 확정이 행하여지게 되나, 앞서의 견해에 의하면 여기에서 법원의 판결이라 함은 급부의 내용을 결정하는 형성

32) 그 자세한 내용은 구주해(8), 71-75(송덕수) 참조.

33) 이는 '명백히' 공평하지 않음을 요구하는 점에서 독민 § 315 III에서 일방 당사자에 의한 급부의 확정이 단순히 공평하여야 함을 요구하는 것과 대비된다. 이는 제3자의 급부확정에 독립성, 부당성(不黨性), 객관성이 요구됨을 고려한 것이다. MünchKomm/Würdiger (7. Aufl., 2016), § 319 Rn. 2.

판결이라 한다.[34] 그러나 형성의 소는 명문의 규정이 있는 경우에만 허용되는 것이므로 이를 허용하는 명문의 규정이 없는 우리 민법의 해석으로서는 당사자는 급부의 확정 자체를 소구할 수 없고[35] 일정한 급부의 확정을 전제로 한 이행의 소 또는 확인의 소를 제기할 수 있을 뿐이라고 하여야 한다.[36] 그리고 이 경우 법원의 판결에 의하기 전에 선택채권에 관한 규정(§§ 381, 384)을 유추적용하여 확정권이 일방 당사자로부터 상대방 당사자에게로 또는 제3자로부터 채무자에게로 이전한다고 해석될 여지가 있는지가 먼저 검토되어야 한다.[37] 만약 확정권의 이전이 긍정된다면 그와 같은 확정권의 이전 및 그에 따른 급부의 확정을 전제로 하여 당사자는 이행의 소 또는 확인의 소를 제기할 수 있을 것이다.[38] 만약 확정권의 이전이 허용될 수 없는 경우라면 어떠할 것인가? 일본의 경우에는 이 경우에도 당사자가 공평한 급부의 확정을 전제로 소를 제기할 수 있다는 견해가 있는 것으로 보인다.[39] 그러나 당사자가 공평한 급부의 확정을 전제로 소를 제기한다는 것은 이미 확정권의 이전을 전제로 하는 것일 뿐 아니라, 확정권의 이전이 허용되지 않는다는 것은 당사자가 당초의 확정권자에 의한 확정만을 의욕한 경우이므로 법원이 이를 대신하여 확정하는 것은 당사자의 의사에 반한다. 그러므로 이러한 경우에는 급부의 불확정으로 인하

34) 구주해(8), 72-73(송덕수). 이것이 '독일의 통설'이라고 한다.

35) 다만 '확정의무'가 존재한다고 해석될 경우에 확정의무자를 상대로 '하는 채무'의 이행으로서 확정할 것을 소구할 수는 있을 것이다. 그러나 그 강제집행은 간접강제에 의할 수밖에 없다.

36) 독일의 판례나 학설도, 채권자가 급부확정권을 행사한 경우, 채무자는 급부확정의 무효를 채권자가 제기한 이행의 소에서 주장할 수 있고, 채권자는 공평한 급부확정의 확인을 구하는 소를 먼저 제기할 필요는 없고, 바로 이를 전제로 한 이행의 소를 제기할 수 있으며, 법원으로서는 채권자가 제기한 이행의 소에서 먼저 형성판단을 할 필요 없이 이행의 공평성을 판단하면 된다고 한다. 그리고 채무자가 급부확정권을 행사하거나 그 행사를 게을리한 경우에도, 채권자는 이행의 소를 제기할 수 있고, 다만 법원은 형성판단을 내릴 수 있으나, 그 경우에도 판결의 주문에서 법형성의 내용이 표시될 필요가 없으며, 이 경우 판결 이유에서 이를 알 수 있을 뿐이라고 한다[이러한 의미에서 이를 "숨은 형성판결(verdecktes Gestaltungsurteil)"이라고 한다]. MünchKomm/Würdiger, § 315 Rn. 47, 48.

37) 이는 당사자의 의사해석에 따를 것이다. 당사자의 의사가 당초 확정권을 가진 당사자 또는 제3자만이 확정권을 행사할 수 있도록 하는 것이라면 확정권의 이전을 허용할 수 없을 것이고, 그렇지 않다면 가능한 범위 내에서는 적극적으로 선택채권에 관한 규정을 유추적용하여 확정권의 이전을 허용할 것이다.

38) 채권자는 일정한 급부의 확정을 전제로 채무자에 대하여 급부의 이행을 구하는 소를 제기할 수 있고, 채무자 역시 일정한 급부의 확정을 전제로 채권자에 대하여 그 급부의 이행을 제공한 뒤 채무부존재 확인의 소를 제기할 수 있을 것이다.

39) 日注民(10-I) 新版, 120(金山正信 · 直樹).

여 계약이 무효로 된다고 할 수밖에 없다.

그리고 독일민법의 경우 제3자가 자유로운 의사에 의한 확정권을 가지는 경우 제3자가 확정을 할 수 없거나 할 의사가 없는 때, 또는 이를 지연하는 때에는 계약은 무효라고 하나, 명문의 규정이 없는 우리 민법의 해석으로서는 '제3자가 자유로운 의사에 의한 확정권을 가지는 경우'를 당사자의 의사가 '제3자 외에 다른 사람에게는 확정권 행사를 허용하지 않는' 경우로 해석될 수 있을 때만[40] 이와 같이 볼 것이고, 그렇지 않다면 역시 선택채권에 관한 규정의 유추적용에 의하여 확정권의 이전을 허용하고, 이를 전제로 궁극적으로 법원의 판결에 의한 해결에 따를 것이다.

또한 독일민법은 급부의 확정이 채권자 또는 채무자의 자유로운 의사에 맡겨진 경우에 관하여는 별다른 규정을 두고 있지 않으나, 앞서 본 견해[41]에 의하면 이 경우에도 급부의 확정이 명백하게 불공평한 경우에는 확정이 구속력을 가지지 아니하고, 이때에는 상대방은 법원에 확정권자로 하여금 확정하게 할 것을 명하는 판결을 구하여야 하며, 확정권자가 상당한 기간이 지나도록 확정을 하지 않는 경우에도 마찬가지로 보아야 한다고 한다. 그러나 역시 당사자가 형성의 소로서 '확정' 그 자체를 소구할 수 있다고 하는 것은 의문이고, 이 경우에도 앞서 제3자가 자유로운 의사에 의한 확정권을 가지는 경우와 마찬가지로 볼 것이다.

마지막으로, 당사자가 추후 협의 또는 합의에 의하여 급부를 확정하기로 하였는데, 어느 일방 당사자가 협의 또는 합의에 응하지 아니한 경우, 또는 협의에 응하였더라도 결국 협상이 결렬되어 합의에까지 이르지 않은 경우에는 어떠할 것인가? 이러한 경우에도 역시 당사자가 다른 방법에 의한 급부확정을 바라지 않는 경우가 아니라면[42] 바로 급부의 불확정으로 인하여 채무가 소멸한다고 볼 것은 아니고, 당사자는 당해 계약 내용에 비추어 합리적인 급부내용을 정할 것을 전제로 법원에 급부에 관한 소를 제기할 수 있다고 보아야 할

40) 물론 제3자가 자유로운 의사에 의하여 확정하기로 한 경우에 이와 같이 해석될 경우가 많을 것이다.

41) 구주해(8), 73(송덕수).

42) 통상은 이와 같이 해석할 경우가 많을 것이다.

것이다. 판례도 이러한 태도를 취하고 있는 것으로 보인다.[43)44)]

2. 실현가능성

채권의 목적, 즉 급부는 실현가능한 것이어야 한다. 실현이 불가능한 급부를 목적으로 하는 채권은 성립하지 않거나 일단 발생하였더라도 소멸한다.

급부가 가능한지 여부는 사회의 거래관념(사회통념)에 의하여 판단하여야 한다(통설, 판례)[45)]. 따라서 단순히 절대적, 물리적으로 불능일 것만을 요구하는 것이 아니다. 또한 사회통념상 불능이면 그것이 일반인 모두에게도 불능인가(객관적 불능),

---

43) 대판 93.3.23. 92다39334, 39341(병합)(공 93, 1266): "위 임대차계약의 내용을 보면 대부기간은 1985. 5. 17.부터 1995. 5. 16.까지 10년간으로 하되 대부기간 완료 후에도 피고가 대부기간의 연장을 요구할 때는 원고는 이의 없이 대부기간을 연장한다(제2조). 임대료는 연 3,500,000원으로 하되(제3조 제1항) 3년간을 기준으로 3년이 경과한 후 물가상승요인 및 공공기관의 공인인상요금의 비율에 의거 원고와 피고의 합의에 의하여 인상지급한다(제3조 제3항)고 약정되어 있는 바, 위 임료증액에 관한 약정은 임대차기간이 10년으로 장기간이어서 그 기간 중에 물가상승 등 경제사정의 변동으로 약정한 임료가 상당하지 아니하게 된 경우에 대비하여 민법 제628조와 같은 취지에서 임대인인 원고에게 위 10년의 임대차기간 중 3년이 지났을 때마다 그 다음 3년간의 임료를 상호 합의에 의하여 증액할 수 있는 권리를 부여하는 동시에 임차인인 피고에 있어서는 3년간의 기간 중에는 경제사정의 변동으로 약정된 임료가 상당하지 아니하게 된 경우에도 임료인상을 할 수 없도록 하고 그 3년의 고정기간이 지난 후에도 원고의 일방적인 임료인상요구에 의하여 객관적으로 상당한 액수로 곧바로 임료가 변경되는 것은 아니고 원고와 피고에게 적정한 임료액의 합의를 위하여 신의에 따라 성실히 노력하도록 하여 그 인상금액에 관하여 합의가 성립되면 그것이 상당한 금액인 여부에 관계 없이 이에 의하는 것이고 한편 임료의 인상요인이 생겼는데도 임차인이 인상을 전혀 거부하여 합의가 성립하지 아니하는 경우에도 인상에 관한 합의가 없었다 하여 종전의 임료에 의하도록 하는 것은 신의칙이나 형평에 반한다고 할 것이므로 <u>인상액에 관한 협의가 있었으나 합의가 성립되지 아니한 경우에는 임료의 증액이 전혀 허용되지 않는 것은 아니고 물가상승요인 등을 고려하여 법원이 인정하는 상당한 액수의 임료에 의하는 취지의 약정이라고 볼 것</u>(이다.)"(밑줄은 필자)

대판 11.6.24. 2008다44368(공 11, 1451): "이 사건 계약 제29조 제3항 제1호의 취지에 비추어 볼 때, 위 규정에 따른 수수료율 조정사유가 발생하였음에도 <u>수수료율 조정을 위한 협의 결과 합의가 이루어지지 아니한 경우에는 법원이 여러 사정을 종합하여 합리적인 범위 내에서 위 계약조항에 따라 변경·적용할 수수료율을 정할 수 있다고 봄이 상당하다</u> 할 것이므로, 원심의 위와 같은 판단은 정당한 것으로 수긍할 수 있고, 거기에 계약해석에 관한 법리를 오해하는 등의 잘못이 있다고 할 수 없다."(밑줄은 필자)

44) 아울러, 당사자가 추후 협의에 의하여 급부를 확정하기로 하였는데 그에 관한 합의에 이르지 못한 경우 법원은 급부이행을 구하는 소송에서 보충적 계약해석을 통하여 급부 불확정성을 제거하거나 독민 § 313(행위기초에 장애가 생긴 경우 계약내용을 조정하는 근거 조항)에 의하여 일의적인 결론을 도출할 수 있다는 것에는, MünchKomm/Würdiger, § 315 Rn. 43 참조.

45) 대판 03.1.24. 2000다22850(공 03, 685) 등 다수: "채무의 이행이 불능이라는 것은 단순히 절대적·물리적으로 불능인 경우가 아니라 사회생활에 있어서의 경험법칙 또는 거래상의 관념에 비추어 볼 때 채권자가 채무자의 이행의 실현을 기대할 수 없는 경우를 말한다."

또는 채무자에게만 불능인가(주관적 불능)를 묻지 아니한다(통설).[46]

채무를 발생시키는 법률행위의 성립[47] 당시를 기준으로 이미 급부가 실현 불가능한 것이었으면 이를 원시적 불능이라고 하고, 법률행위의 성립 당시에는 급부가 가능하였으나 그 후에 급부가 불가능한 것으로 된 경우를 후발적 불능이라고 한다.[48]

원시적 불능인 급부를 목적으로 하는 채권은 성립하지 아니하고, 이를 내용으로 하는 계약은 원칙적으로 무효이다. 다만 계약을 체결할 당시에 그 불능

46) 그러나 김상용, 31은 "주관적 불능의 경우에는 채권이 유효하다."고 하고, 김주수, 49는 "가능인가의 여부는 당사자의 주관에 의하지 않고 객관적으로 결정하여야 한다."고 한다. 또한 구주해(9), 247-248(양창수)는, 우리 민법은 명시적이지 않더라도 내재적으로 주관적 불능과 객관적 불능의 구분을 채택하고, 원시적 불능을 이유로 계약을 무효로 돌리는 것은 객관적 불능의 경우에 한정하여야 한다고 한다.

47) 다수의 문헌은 '채권의 성립'이라고 표현하고 있으나, 엄밀히는 '법률행위의 성립'이라고 하여야 한다. '채권의 성립'시에 급부가 불가능이어서 '채권이 성립'하지 않는다고 하면, 이는 순환논법이다. 한편, 주석 채총(1), 95(제4판/안법영)는 채권의 성립 당시에는 불가능하더라도 이행기에는 가능한 경우에는 이행기를 기준으로 불능여부를 판단한다고 하면서, 대판 89. 11. 28. 89다카11777(공 90, 138)을 인용하고 있다(송덕수, 52도 유사한 취지로 보인다). 그러나 법률행위 당시 장차 이행기에 있어서 이행될 가능성이 있는지 여부를 판단하는 것이므로, 어디까지나 급부의 실현가능성의 판단시점은 법률행위시라고 하여야 한다. 위 대법원 판결도 "건축하도급계약 당시 그 건축공사에 대한 건설부장관의 사업계획승인, 원도급인의 하도급에 대한 승인, 건축부지의 확보 등이 갖추어져 있지 않았다 하더라도 그 계약의 목적이 된 토지상에 아파트건축공사를 하는 것이 법률상 금지 내지 제한되어 있었다는 특단의 사정이 없는 이상 계약 후 이를 보완할 수 있는 것이므로 그와 같은 사유만으로써는 위 하도급계약이 계약당시 그 계약목적이 실현 불가능한 것이어서 무효라고 할 수 없다."(강조점은 필자)라고 판시한 것으로, 이는 계약 이후의 사정에 비추어 계약 당시 계약의 이행이 확정적으로 불가능하였다고 볼 수 없다는 취지이므로, 이는 오히려 계약체결시를 불능 여부의 판단기준으로 본 사례이다.

48) 한편 판례는, 대판 91.12.24. 90다12243(전)(공 92, 642)에서 국토이용관리법상 토지거래허가를 받지 아니한 토지의 매매계약에 관하여, "토지의 소유권 등 권리를 이전 또는 설정하는 내용의 거래계약은 관할 관청의 허가를 받아야만 그 효력이 발생하고 허가를 받기 전에는 물권적 효력은 물론 채권적 효력도 발생하지 아니하여 무효라고 보아야 할 것인바, 다만 허가를 받기 전의 거래계약이 처음부터 허가를 배제하거나 잠탈하는 내용의 계약일 경우에는 확정적으로 무효로서 유효화될 여지가 없으나 이와 달리 허가받을 것을 전제로 한 거래계약(허가를 배제하거나 잠탈하는 내용의 계약이 아닌 계약은 여기에 해당하는 것으로 본다)일 경우에는 허가를 받을 때까지는 법률상 미완성의 법률행위로서 소유권 등 권리의 이전 또는 설정에 관한 거래의 효력이 전혀 발생하지 않음은 위의 확정적 무효의 경우와 다를 바 없지만, 일단 허가를 받으면 그 계약은 소급하여 유효한 계약이 되고 이와 달리 불허가가 된 때에는 무효로 확정되므로 허가를 받기까지는 유동적 무효의 상태에 있다."고 판시한 이래 이른바 '유동적 무효'의 법리를 확립하고 있다. 유동적 무효의 경우 법률행위 성립 당시 급부의 불능이 확정되지 아니하여 법률행위를 확정적으로 무효로 볼 수 없다는 점에서 원시적 불능의 경우와 구별되고, 일단은 법률행위 성립 당시 급부가 가능하지는 아니하여 채권이 성립하였다고 볼 수 없으므로 법률행위를 유효라고도 볼 수는 없다는 점에서 후발적 불능의 경우와 구별된다.

을 알았거나 알 수 있었을 자는 선의·무과실의 상대방에 대하여 상대방이 계약의 유효를 믿었음으로 인하여 받은 손해(신뢰이익)를 배상하여야 한다.[49][50] 그러나 원시적 불능인 급부를 목적으로 하는 채권을 성립하지 아니하는 것으로 하고, 이 경우 유책의 당사자로 하여금 신뢰이익의 배상만을 하도록 하는 것은 절대적인 것이라고 볼 수는 없으며, 당사자의 의사가 이와 다른 것이라면 그에 따라야 할 것이다. 따라서 불능인 급부의 채무자가 계약체결시에 이행가능성을 보증한 경우라면 급부가 원시적으로 불능이라고 하더라도 채무자는 상대방에 대하여 이행이익을 배상하여야 한다고 해석하여야 한다.[51] 한편 매매 기타 유상계약에 있어서 급부의 일부가 원시적으로 불능인 경우에는 채권은 성립하고 계약도 유효하나, 매도인의 담보책임(§ 574)이 문제된다.

급부가 후발적으로 불능인 경우에는 채권은 성립하고, 계약도 유효하다. 다만 그 불능이 채무자의 귀책사유로 인한 경우에는 본래의 급부를 내용으로 하는 채무는 손해배상채무로 전화(轉化)되어 존속한다(§ 390). 이때 당해 채무를 발생시킨 계약이 쌍무계약인 경우, 채무자의 본래의 급부채무가 손해배상채무로 존속하는 이상, 상대방의 반대급부채무도 어떠한 영향을 받지 않고 그대로 존속한다. 만약 쌍무계약에서 채무자의 급부가 채무자와 채권자 어느 누구의 귀책사유도 없이(불가항력 또는 제3자의 귀책사유에 의하여) 불능으로 된 경우에는 채무자의 채무는 소멸하고, 그것이 손해배상채무로 전화하는 것도 아님은 물론이나, 상대방(채권자)의 채무도 소멸한다(§ 537. 채무자 위험부담주의). 만약 쌍무계약에서

49) § 535(계약체결상의 과실). 자세한 내용은 해당 규정에 관한 주해 참조.

50) 그러나 § 535가 원시적 불능인 급부를 내용으로 하는 계약이 무효임을 전제로 하고 그 경우 신뢰이익의 배상만을 인정하는 태도에 관하여는 입법론적, 해석론적으로 비판하는 견해가 유력하다. 양창수, "계약체결상의 과실", 민법연구 제1권, 1991, 381 이하; 최흥섭, "우리 법에서「계약체결상의 과실」책임의 문제점과 재구성", 민학 11·12호, 1995, 251 이하 참조. 한편, 대판 11.8.25. 2011다43778(공 11하, 1932)은 아파트 분양자인 피고가 아파트 부지에서 진행되고 있는 문화재 발굴조사의 결과에 따라 장차 아파트 분양계약의 이행이 불가능하게 될 수도 있다는 사실을 알았거나 알 수 있었음에도 이를 수분양자들에게 고지하지 아니한 채무불이행으로 실제 아파트 공급의무의 이행이 불가능하게 됨으로 인하여 원고인 수분양자들이 입게 된 손해의 배상을 인정한 사안이다. 주석 채총(1), 96(제4판/안법영)은 이 판결을 "원시적 불능의 법리 적용을 해석론으로서 극복하려는 시도"라고 평가하고 있다. 그러나 위 사건의 사안은 분양대금의 10%인 손해배상예정액의 배상을 명한 것으로, 이것이 신뢰이익의 배상인지 또는 이행이익의 배상인지는 사안 자체로 명확하지 않으므로, 이를 원시적 불능 이론의 해석론적 극복 시도라고까지 평가할 것은 아니라고 생각된다.

51) 동지: 김형배, 46. 구주해(8), 77(송덕수)은 그러한 이론구성이 가능할지 의문이라고 한다.

채권자의 귀책사유에 의하여, 또는 채권자의 수령지체 중에 당사자 쌍방의 귀책사유 없이 채무자의 급부가 불능으로 된 경우에는 상대방(채권자)의 반대급부의무는 소멸하지 아니한다(§ 538).

3. 적법성

채권의 목적인 급부는 적법한 것이어야 한다. 즉, 강행법규에 반하는 것이어서는 아니 된다. 예컨대 15세 미만자의 근로제공을 내용으로 하는 급부(근기 § 64 I), 최저임금에 미달하는 임금을 지급할 것을 내용으로 하는 급부(최저임금법 § 6 III), 양도가 금지된 마약류 또는 총포·도검·화약류 등을 양도할 것을 내용으로 하는 급부(마약류관리법 § 3, 총검단속법 §§ 19, 21), 민법이 인정하지 않는 물권을 설정하기로 하는 급부 등은 급부가 부적법하여 성립하지 아니하고, 이러한 급부를 내용으로 하는 법률행위는 무효이다.

한편, 급부 자체는 적법한 것이라고 하더라도 그러한 급부를 내용으로 하는 계약 또는 법률행위가 위법한 동기 또는 목적을 가지고 있는 등으로 무효로 됨으로써 채권이 성립하지 않는 경우도 있다. 예컨대, 금전의 급부 자체는 적법하지만 범죄를 행하는 대가로 금전을 지급하기로 한 경우에는 그 계약은 무효이므로 금전채권이 성립하지 않는 것으로 된다.[52]

4. 사회적 타당성

채권의 목적인 급부는 사회적 타당성이 있어야 한다. 즉, 개별적인 강행법규를 위반하는 것이 아니라고 하더라도 선량한 풍속 기타 사회질서에 반하는 급부를 목적으로 하는 채권은 성립하지 아니하고, 이를 내용으로 하는 법률행위는 무효이다. 예컨대 인신매매나 불륜관계를 맺기로 약속하더라도 그에 관한 채권은 성립하지 않고, 그러한 계약은 무효이다.

한편, 급부 자체는 사회적 타당성을 갖추었더라도 법률행위가 전체적으로 사회적 타당성을 갖추지 못하여 무효가 됨으로써 채권이 성립하지 않을 수도 있다.[53] 판례는 "민법 제103조에 의하여 무효로 되는 반사회질서 행위는 법률

52) 이상과 같은 통설의 설명에 대하여, 이은영, 89-90은 "급부 하나만 놓고 적법성을 판단하는 것은 옳지 않고, 계약에 대하여 계약목적이나 쌍방급부의 균형 등 제반사정에 비추어 적법성을 심사하여야 한다."고 한다.

53) 이상과 같은 통설적 설명에 대하여 이은영, 89-90은 "급부 하나만 놓고 사회적 타당성을 판단하는 것은 옳지 않고, 계약에 대하여 계약목적이나 쌍방급부의 균형 등 제반사정

행위의 목적인 권리의무의 내용이 선량한 풍속 기타 사회질서에 위반되는 경우뿐 아니라, 그 내용 자체는 사회질서에 반하는 것이 아니라고 하여도 법률적으로 이를 강제하거나 그 법률행위에 사회질서에 반하는 조건 또는 금전적 대가가 결부됨으로써 반사회질서적 성격을 띠는 경우 및 표시되거나 상대방에게 알려진 법률행위의 동기가 반사회질서적인 경우를 포함"하고, "이상의 각 요건에 해당하지 아니하고 단지 법률행위의 성립 과정에서 불법적 방법이 사용된데 불과한 때에는, 그 불법이 의사표시의 형성에 영향을 미친 경우에는 의사표시의 하자를 이유로 그 효력을 논의할 수는 있을지언정, 반사회질서의 법률행위로서 무효라고 할 수는 없다."고 한다.[54)]

Ⅳ. 채무의 내용

1. 총　설

이와 같이 채권의 목적은 채무자의 일정한 행위, 즉 급부이고, 이를 채무자의 측면에서 보면, 채무자는 이러한 급부를 이행할 의무, 즉 급부의무를 부담하는 것이다. 그러나 채무자는 급부의무 외에도 신의칙상 요구되는 별도의 의무를 부담한다는 것이 일반적인 학설의 설명이다. 이하 채무의 내용에 관한 학설과 판례의 태도를 살펴본다.

2. 학　설[55)]

가. 급부의무

채무자의 급부의무는 채권의 목적인 급부를 이행하여야 할 의무이다.[56)] 이

에 비추어 사회적 타당성을 심사하여야 한다."고 한다.

54) 대판 84.12.11. 84다카1402(공 85, 163); 대판 92.11.27. 92다7719(공 93, 242); 대판 94.3.11. 93다40522(공 94, 1178); 대판 96.4.26. 94다34432(공 96, 1667); 대판 99.7.23. 96다21706(공 99, 1705); 대판 02.9.10. 2002다21509(공 02, 2428) 등.

55) 이하 김상용, 22-26; 김증한·김학동, 21-26; 김형배, 32-38; 윤철홍, 26-32; 이덕환, 12-17; 구주해(8), 81-83; 주석 채총(1), 106-114(윤법영) 등 참조.

56) 학설은 대체로 단순히 "급부의무"라고 표현함에 반하여, 구주해(8), 81(송덕수)은 "본래의 급부의무"라고 표현한다.

러한 급부의무는 다시 주된 급부의무와 종된 급부의무[57]로 나누어진다.[58] 주된 급부의무는 "채권관계의 종류를 결정하고 또 그것의 합의가 없으면 그러한 종류의 채권관계가 유효하게 존재할 수 없는 본질적인 급부의무",[59] "계약 당시에 당사자 사이의 합의에 의하여 특정되는 계약의 본질적인 내용을 이루고 있는 것",[60] "채권관계의 본질적 내용으로서 법적 유형을 결정짓는 주요 급부"[61] 등으로 설명되고, 종된 급부의무는 "채권관계의 종류를 결정하지 않는, 단지 부수적인 의미만을 가지는 급부의무",[62] "주된 급부의무의 이행이익의 실현을 위한 비본질적인 급부의무",[63] "주된 급부에 이바지하는 종속적 급부"[64] 등으로 설명된다. 주된 급부의무의 예로서는 매도인의 소유권이전의무, 매수인의 대금지급의무 등이, 종된 급부의무의 예로서는, 당사자간의 특약에 의하여 발생하는 것으로서, 임대차계약에서 임차인이 임차목적물을 수선하는 의무를 부담하기로 한 경우 임차인의 수선의무, 임대차종료 후 건물의 임차인이 경업피지의무를 지는 특약을 한 경우 임차인의 경업피지의무가, 법률규정에 의하여 발생하는 것으로서, 위임계약에서의 수임인의 보고의무(§683) 등이 거론된다.

종된 급부의무는 주된 급부의무와 같이 독립하여 소에 의하여 이행이 강제될 수는 있으나, 보충적 기능만을 갖는 점에서 주된 급부의무와 구별되고, 주된 급부의무와 종된 급부의무의 구별은 쌍무계약에서의 대가적인 의미에 있는 의무와 그렇지 않은 의무 사이의 구별과 동일하지는 않다는 설명,[65] 주된 급부의무와 종된 급부의무의 구별 실익은, 주된 급부의무는 쌍무계약에 있어서 서로 대가적 견련관계에 설 수 있다는 효과를 가져오고,[66] 주된 급부의무의 불이행에 있어서는 손해배상청구권 뿐만 아니라 해제권이 발생될 수 있는 데 반하여, 종된 급부의무의 불이행시에는 채권자에게 이행청구와 손해배상의 구제수단은 주어지지만 원칙적으로 계약해제에 의한 구제는 주어지지 않는다는

57) 학설은 대체로 "종된 급부의무"라고 표현함에 반하여, 구주해(8), 81(송덕수)은 "부수적 급부의무"라고 표현한다.
58) 그러나 김증한·김학동, 21 이하는 채무자의 의무를 급부의무와 부수적 의무로만 구별하고, 급부의무를 다시 주된 급부의무와 종된 급부의무로 분류하지는 않는다.
59) 구주해(8), 81(송덕수).
60) 이덕환, 12.
61) 주석 채총(1), 106(제4판/안법영).
62) 구주해(8), 82(송덕수).
63) 이덕환, 12.
64) 주석 채총(1), 106-107(제4판/안법영).
65) 구주해(8), 82(송덕수).
66) 김형배, 33-34.

설명[67] 등이 이루어지고 있다.

나. 기타의 의무

이러한 급부의무 이외에도 학설은 일반적으로 "채무를 완전히 이행하기 위하여 법률이나 신의칙 등에 기하여 채무자가 부담하여야 하는 의무"가 요구됨을 인정하고 있다. 그러나 이러한 급부의무 이외의 의무를 지칭하는 용어는 학자들마다 매우 다양하고,[68] 그 내용도 완전히 일치하고 있지는 않은 것으로 보인다.

예컨대, 송덕수 교수는 이러한 급부의무 이외의 의무를 '기타의 행위의무'라고 부르면서, 여기에 계약목적의 달성을 적극적으로 촉진하는 의무(성실의무, 배려의무, 고지의무 등)와 채권자의 완전성의 이익의 보호를 목적으로 하는 보호의무를 포함시키고 있다. 그리고 기타의 행위의무는 본래의 급부의무와는 달리 이행청구권이 아닌 단지 손해배상청구권만에 의하여 제재를 당하는 의무라고 설명하면서, 특정물 채무자의 선관주의 보관의무(§ 374), 채권자에게 신체적·재산적 손해를 가하지 않아야 할 의무를 그 예로 들고 있다.[69] 김형배 교수는 급부의무 이외의 의무를 '부수적 주의의무'와 '보호의무'로 나누면서, '부수적 주의의무'는 급부의무인 주된 채무의 내용을 제대로 실현하기 위하여 채무자가 적절한 배려와 주의를 베풀어야 하는 의무이고, 그 예로서 매매계약에서 소유권이전의무 등 급부의무를 본래의 채무 내용대로 실현하기 위하여 적절한 준비를 하고 목적물 인도시 목적물에 흠이 발생하지 않도록 주의해야 할 의무와 목적물의 사용방법을 매수인에게 알려주어야 할 의무 등을 그 예로 들고 있다. 그러나 송덕수 교수의 설명과는 다소 다르게, 대개의 부수적 주의의무는 고유의 목적을 가지고 있지 않으므로 그 이행만을 소구할 수는 없으나, 부수적 주의의무 자체에 고유한 목적이 주어져 있는 경우에는 채권자는 그 이행을 소구할 수 있다고 하고, 그 예로서 수임인의 보고의무(§ 683)를 들고 있다.[70] 그리고 '부수적 주의의

---

67) 김형배, 33-34; 이덕환, 12-13. 김상용, 24는 "주된 급부의무 불이행시와 종된 급부의무 불이행시 모두 채무자는 소를 제기하여 권리구제를 받을 수 있으나, 급부의무의 중심내용은 주된 급부의무"라고 설명하나, 해제의 가능성과 관련한 설명은 없다.

68) '기본의무 이외의 용태의무'(곽윤직, 69), '기타의 행위의무'[구주해(8), 81 이하(송덕수)], '부수의무'(김상용, 23), '부수적 의무'(김증한·김학동, 23 이하), '부수적 주의의무'(김형배, 34 이하) 등 다양하다.

69) 구주해(8), 82(송덕수).

70) 그러나 앞에서 본 것처럼, 구주해(8), 82(송덕수)는 수임인의 보고의무를 '부수적 급부의무'의 범주에 넣고 있다.

무'와는 구별하여, 채권관계 당사자 상호간의 완전성이익을 보호하기 위하여 요청되는 의무로서 '보호의무'를 인정하면서, 이를 채권채무관계의 성립 이전부터 계약관계 종료 이후에까지 광범위하게 적용되고, 제3자에 대해서까지도 인정될 수 있는 것으로서, 채무자의 급부의무의 성실한 이행을 위한 것을 넘어서 당사자가 일정한 결합관계를 맺고 있다는 사실 자체로부터 요청되는 상대방의 생명·신체·재산권을 침해하지 않도록 배려해야할 주의의무라고 설명한다. 그리고 이러한 보호의무를 위반하였을 경우에는 단순히 손해배상책임에 그치는 것이 아니라 계약의 해제권 또는 해지권이 발생한다고 한다.[71] 김증한·김학동 교수는 급부의무 이외의 의무를 '부수적 의무'라고 부르면서, 이를 채권자·채무자가 신의칙에 기하여 급부의 준비과정, 수행과정, 채권관계의 종료 이후에도 채권의 목적을 달성하기 위하여 필요한 행위 혹은 채권의 목적을 좌절시키지 않기 위하여 요구되는 행위를 할 의무로 파악한다. 그리고 여기에 특정물 인도채무자의 선관주의의무(§374), 임차인의 인용의무(§624), 통지의무(§634), 수임인의 보고의무(§683) 등을 포함시키고 있다. 그리고 일반적으로 부수적 의무는 그 이행을 소구할 수 없으나, 수임인의 보고의무와 같이 법률의 규정에 의하여 인정되는 것으로 독립성이 있는 의무에 대해서는 이행을 소구할 수 있으며, 부수적 의무의 위반시는 원칙적으로 계약을 해제할 수는 없으나, 예외적으로 계약의 목적을 달성할 수 없는 경우에는 해제권이 인정된다고 한다.[72]

3. 판 례

판례는 채무를 '주된 채무'와 '부수적 채무'로 구별하면서 그 구별 실익을 그 불이행으로 인하여 계약을 해제할 수 있는지 여부에 두고 있다. 즉, 판례는 "민법 제544조에 의하여 채무불이행을 이유로 계약을 해제하려면, 당해 채무가 계약의 목적 달성에 있어 필요불가결하고 이를 이행하지 아니하면 계약의 목적이 달성되지 아니하여 채권자가 그 계약을 체결하지 아니하였을 것이라고 여겨질 정도의 주된 채무이어야 하고 그렇지 아니한 부수적 채무를 불이행

71) 김형배, 34-39. 김상용, 25-26도 대체로 비슷한 설명인 것으로 보인다.

72) 김증한·김학동, 23-24. 한편, 김증한·김학동, 24-26은 이른바 '보호의무'에 관하여, 본래의 급부와의 관련성을 떠나서 별도로 보호의무를 인정하는 것은 지나치게 채무의 범위를 확대시키는 것이고, 우리 민법은 불법행위 요건에 관하여 일반요건주의를 취함으로써 불법행위 책임이 넓게 인정되므로 보호의무를 인정할 필요성도 없다는 등의 이유로 이를 독자적인 채무의 내용으로 파악하는 것에 대하여 비판하고 있다.

한 데에 지나지 아니한 경우에는 계약을 해제할 수 없다."는 법리를 거듭하여 선언하고 있고,[73] 이러한 '주된 채무'와 '부수적 채무'를 구별하는 기준에 관하여는, "주된 채무와 부수적 채무를 구별함에 있어서는 급부의 독립된 가치와는 관계없이 계약을 체결할 때 표명되었거나 그 당시 상황으로 보아 분명하게 객관적으로 나타난 당사자의 합리적 의사에 의하여 결정하되, 계약의 내용 · 목적 · 불이행의 결과 등의 여러 사정을 고려하여야 한다."고 하고 있다.[74]

판례에서 말하는 '주된 채무'는 학설에서 말하는 '주된 급부의무'와, 판례에서 말하는 '부수적 채무'는 학설에서 말하는 '종된 급부의무' 및 '기타의 행위의무', '부수적 주의의무' 등과 큰 틀에서 중첩될 수 있는 것으로 보이나, 판례가 '주된 채무'와 '부수적 채무'를 구별하는 것은 학설과 같이 채무 자체의 선험적인 성질결정으로부터 접근한다기보다는 어디까지나 '계약 목적의 달성 가능성', 궁극적으로는 '계약 해제의 타당성'을 염두에 둔 사후적 심사에서 비롯된 것으로 보이는바, 학설의 분류와 반드시 일치한다고 볼 수는 없다.

또한 판례는 공중접객업, 근로관계, 수익증권 판매 등 다양한 계약관계에서 발생하는 일방 당사자의 타방 당사자에 대한 안전배려의무 또는 보호의무를 인정하고 그에 따라 채무불이행(불완전 이행)에 기한 손해배상책임 또는 불법행위에 기한 손해배상책임을 인정하고 있다.[75] 판례는 이를 '신의칙상 인정되는 부

73) 대판 94.12.22. 93다2766(공 95, 611)(토지 매매계약에서 매수인이 매도인을 위하여 매매대상 토지 앞의 기존의 유수권을 보장하여 주는 등의 특약사항을 위반하였음을 이유로 한 매도인의 해제 불인정); 대판 96.7.9. 96다14364, 14371(공 96, 2453)(영상물제작공급계약에서 수급인이 예정된 일자에 시사회를 준비하지 못하였음을 이유로 한 도급인의 해제 불인정); 대결 97.4.7. 97마575(공 97, 1525)(상가분양계약에서 상가 내 기존 업종과 중복되지 아니하는 업종으로 영업하겠다는 특약을 수분양자가 위반하였음을 이유로 한 분양자의 해제 인정); 대판 01.11.13. 2001다20394, 20400(공 02, 37)(전대차계약에서 계약체결 후 중도금 수수시에 전차보증금의 반환을 담보하기 위하여 전대인이 그 소유 부동산에 근저당권을 설정하여 주기로 약정한 경우, 전대인의 근저당권설정의무 불이행으로 인한 전차인의 해제 불인정); 대판 05.7.14. 2004다67011(공 05, 1317)(상가 분양계약에서 분양자가 다른 수분양자들과 중복된 업종의 영업을 하는 수분양자와의 분양계약을 해제하기로 특약을 하였음에도 이를 위반하였다는 이유로 그 다른 수분양자들의 분양계약 해제를 인정).

74) 위 대결 97마575; 대판 2004다67011(주 73).

75) 대판 94.1.28. 93다43590(공 94, 824)(공중접객업자의 고객의 안전을 배려하여야 할 보호의무); 대판 99.2.23. 97다12082(공 99, 538)(사용자의 피용자에 대한 생명, 신체, 건강 보호의무); 대판 03.4.11. 2002다63275(공 03, 1163)(환자가 병원에 입원하여 치료를 받는 경우, 병원의 입원환자의 휴대품 등의 도난을 방지할 보호의무); 대판 07.9.6. 2004다53197(공 07, 1521)(증권투자신탁에서 위탁회사의 투자자에 대한 올바른 정보 제공 및 투자자를 배려하고 보호하여야 할 주의의무); 대판(전) 13.9.26. 2012다1146, 1153(공 13하, 1901)(이른바 키코(KIKO) 사건에서, 금융기관이 일반 고객과 장외파생상품 거래

수적인 의무'라고 표현하고 있다.

V. 채권의 목적의 분류

채권의 목적은 그 발생원인, 내용 및 양태 등의 기준에 의하여 다음과 같이 몇 가지로 나누어 볼 수 있다.

1. 제1차적 급부·제2차적 급부

급부를 제1차적 급부와 제2차적 급부로 나누어 설명하는 견해가 있다.[76] 그 내용은 다음과 같다.

제1차적 급부는 채권이 성립할 당시에 발생한 급부의무의 내용인 급부이고, 제2차적 급부는 제1차적 급부의무에 장애가 발생한 경우에 그에 갈음하거나 그와 병존하여 발생하는 급부의무의 내용인 급부이다. 예컨대 매매계약에 있어서 매도인의 소유권이전의무와 매수인의 대금지급의무는 각 제1차적 급부의무이고, 매도인의 소유권이전의무가 매도인의 귀책사유로 인하여 후발적으로 불능으로 되어 손해배상의무로 대체되거나, 매수인의 대금지급이 지체되어 매매대금에 대한 지체책임, 즉 지연손해금 지급의무가 발생하는 경우, 그 손해배상의무 및 지연손해금 지급의무는 제2차적 급부의무가 된다. 제2차적 급부의무는 단지 이러한 손해배상의무 뿐만이 아니라 계속적 채권관계의 소멸로 인한 청산의무나 계약이 해제됨으로 인한 원상회복의무도 기본적인 제1차적 급부의무를 전제로 하므로 제2차적 급부의무에 해당한다. 손해배상의무라고 하여 무조건 제2차적 급부의무인 것도 아니다. 불법행위로 인한 손해배상의무는 다른 기존의 급부의무를 전제로 하지 않고 불법행위로 인하여 바로 발생하므로 제1차적 급부의무이다. 제1차적 급부는 원칙적으로 이행기가 도래하면 이행을 청구할 수 있으나, 제2차적 급부는 채무불이행으로 인한 손해배

시 거래상 주요 정보를 적합한 방법으로 명확하게 설명하여야 할 신의칙상 의무); 대판 13.11.28. 2011다60247(공 14상, 12)(사용사업주의 파견근로자에 대한 보호의무 또는 안전배려의무); 대판(전) 14.8.21. 2010다92438(공 14하, 1812)(카지노 사업자의 카지노 이용자에 대한 예외적 보호의무 내지 배려의무); 대판 15.2.26. 2014다17220(공 15상, 537)(투자신탁 수익증권 판매회사의 고객에 대한 설명 및 보호의무).

76) 김상용, 24-25; 김형배, 33; 이덕환, 13; 구주해(8), 79-81(송덕수); 주석 채총(1), 103-106(제4판/안법영).

상의무에 있어서 채무자의 귀책사유와 같이 다른 부가적인 요건을 갖추어야 발생한다.

그러나 이러한 급부의 분류에 관하여는, 채무자의 손해배상의무는 반드시 급부의무의 불이행시에만 생기는 것이 아니고 부수적 행위의무의 불이행시에도 발생하며, 손해배상의무는 본래의 의무를 전제로 하고 그 불이행이 있으면 그 의무가 동일성을 가지면서 변형되는 것이므로, 이를 본래의 의무와 구별하여 별개의 의무의 한 형태로 볼 필요는 없다는 취지로 비판하는 견해가 있다.[77)]

2. 작위급부 · 부작위급부

급부의 내용은 채무자의 적극적인 행위인 작위일 수도 있고, 소극적인 행위인 부작위일 수도 있다. 적극적 행위를 내용으로 하는 급부가 작위급부이고, 소극적 행위를 내용으로 하는 급부가 부작위급부이다. 우리 민법상 명문의 규정은 없으나 강제이행의 방법과 관련하여 부작위급부도 채권의 목적이 될 수 있음을 간접적으로 인정하고 있다.[78)]

작위급부는 다시 '주는 급부'와 '하는 급부'로 나누어질 수 있다. 주는 급부는 물건 기타 객체의 인도를 내용으로 하는 급부이고,[79)] 하는 급부는 기타의 모든 채무자의 행위를 내용으로 하는 급부이다. 전형적으로 매매계약, 임대차계약에서 목적물을 매수인 또는 임차인에게 인도하는 급부는 주는 급부이고, 위임계약에서 수임인이 위임사무를 행하는 급부, 도급계약에서 수급인이 맡은 일을 완성하는 급부, 고용계약에서 피용자가 노무를 제공하는 급부 등은 하는 급부이다.[80)] 주는 급부는 채무자의 행위 자체보다는 급부결과에 중점이 놓여 있고, 이에 반하여 하는 급부는 채무자의 행위 자체가 중요한 의미를 가진다. 하는 급부에서는 주는 급부에 비하여 당사자간에 계속적인 거래관계가 형성되어 신의칙의 적용 가능성이 커지게 된다. 오늘날 주는 급부보다는 하는 급부의

77) 김증한 · 김학동, 24; 윤철홍, 27.

78) 독일민법의 경우 명문으로 부작위급부가 채권의 목적이 될 수 있음을 인정하고 있다(독민 § 241).

79) 구주해(8), 86(송덕수)은 채권과 같은 권리의 인도(양도)를 내용으로 하는 것도 물건의 인도와 유사하게 다루어져야 하므로 주는 급부라고 해야 한다고 한다.

80) 그러나 이들 각 전형계약에서 당사자가 행하는 급부는 주는 급부 또는 하는 급부 어느 하나에 한정되는 것이 아니다. 대부분의 경우 당사자는 주는 급부와 하는 급부 모두를 부담하게 된다.

중요성이 더 크게 부각된다.[81)]

주는 급부, 하는 급부, 부작위급부의 구별은 우선 강제집행의 방법에 있어서의 차이로 나타난다(§389). 대체로 주는 급부를 목적으로 하는 채무는 직접강제가, 하는 급부 중 대체적 작위채무를 목적으로 하는 채무는 대체집행이(민집 § 260), 하는 급부 중 일신전속적인 부대체적 작위채무를 목적으로 하는 채무는 간접강제가(민집 §261) 이루어지며, 부작위급부를 목적으로 하는 채무는 부작위채권이 방해제거청구권 또는 방해예방청구권으로 구체화될 경우 그 집행을 위하여 대체집행 또는 간접강제가 이루어진다.

부작위급부에 관하여 좀 더 살펴보면, 부작위급부는 다시 단순부작위급부와 인용급부(忍容給付)로 나누어 볼 수 있다.[82)] 단순부작위급부는 채무자가 일정한 행위를 하지 아니하는 것 자체가 채무의 목적으로 되는 급부이고, 인용급부는 채권자 또는 제3자가 행하는 일정한 행위를 수인하거나, 방해하는 행위를 하지 아니하는 것을 채무의 목적으로 하는 급부이다. 전자의 예로서는 일정한 소음을 내지 않는다거나 경업을 하지 않는 등 다종다양한 급부가 포함될 수 있고, 후자의 예로서는 임대인이 임대물의 보전에 필요한 행위(수선 등)를 임차인이 방해하지 않을 의무(§624), 사용차주가 차용물에 부속시킨 물건을 철거하는 것을 사용대주가 방해하지 않을 의무(§615) 등을 들 수 있다. 인용급부의 특색은 채권자 또는 제3자의 적극적인 행위를 전제로 하여 비로소 문제로 등장한다는 데에 있다.

부작위급부의 이행은 부작위의무가 있는 동안 해당 행위를 하지 않음으로써 이루어진다. 이때 채무자가 급부를 이행할 의사가 있었는지 여부는 중요하지 않다. 예컨대 어느 특정의 시간에 집회에 참석하지 않기로 하는 부작위 급부의 채무자가 다른 일로 바빠서 그러한 집회에 관하여 잊어버리고 있었다거나, 교통사고를 당하여 집회에 참석하지 못한 경우에도 채무자의 부작위급부는 이행된 것으로 된다. 부작위급부의 경우에도 일시적 부작위급부(예: 특정한 날짜에 TV에 출연하지 않기로 하는 채무)와 회귀적 부작위급부(예: 매일 밤 10시부터 다음 날 오전 6시까지는 피아노를 치지 않기로 하는 채무) 및 계속적 부작위급부(예: 향후 5년간 특정 지역에서 동종의 영업을 하지 않기로 하는 채무)를 생각해 볼 수 있는데, 일시적 부작위급부의 경우 이행기에 금지된 특정의 행위를 하지 않음으로써 이행이 이루어지고, 그

81) 주는 급부와 하는 급부의 구별은 로마법에서 연원하여 프랑스 민법에 규정되었고, 일본과 우리나라에서 그 영향을 받은 것이라고 한다. 자세한 설명은, 구주해(8), 86(송덕수) 참조.

82) 日注民(10-I) 新版, 63-64(金山正信 · 直樹) 참조.

로써 부작위채무는 소멸한다. 만약 이행기에 채무자가 부작위채무를 위반하면 부작위 상태를 회복하는 것은 불가능하게 되므로 그로써 부작위채무는 이행불능으로 되어 소멸하고, 다만 채무자의 귀책사유 유무에 따라 손해배상, 위험부담의 문제가 남게 된다. 회귀적 부작위급부와 계속적 부작위급부의 경우에는 개개의 위반행위가 있더라도 그 해당 시점에서의 부작위의무가 이행불능으로 소멸할 뿐, 전체로서의 기본적인 부작위의무는 소멸하지 않는다.[83] 회귀적, 계속적 부작위의무에 있어서는 채무자는 귀책사유 있는 위반행위를 함에 따라 손해배상책임을 짐은 물론이나, 경우에 따라 채권자는 채무자에 대하여 위반행위로 인한 어떠한 유형적 결과(예컨대, 건물 신축 부작위의무 위반으로 인하여 신축된 건물)의 제거청구권 또는 장래의 위반행위에 대한 예방청구권을 가지게 될 수 있다.

부작위급부도 그 자체 독립적인 존재목적을 가지고 있는 이상, 소에 의하여 이행이 청구될 수 있다.[84] 그러나 급부의무의 대상이 될 수 있을 정도로 독립적인 존재목적을 가지지 않는 부작위, 즉 채무자가 완전한 급부의무의 이행을 위한 수단 또는 그 당연한 전제로서 부작위의무를 부담할 뿐인 경우(피아노의 매도인이 물건을 인도하면서 매수인의 가구를 훼손하지 않아야 할 의무, 월요일 오전에 노무를 제공할 의무를 부담하는 피용자가 같은 시간에 다른 사용자에게 노무를 제공하지 않을 의무 등)에는 그 부작위의무는 별도로 소구될 수 없다.[85]

그 밖에 부작위급부는 성질상 일신전속적이어서 제3자가 이행할 수 없다는 점,[86] 부작위채무의 소멸시효는 위반행위가 있을 때로부터 진행한다는 점

83) 日注民(10-I) 新版, 76-77(金山正信 · 直樹) 참조. 구주해(8), 85(송덕수)는 부작위의무 위반의 경우에도 이행지체가 발생할 수 있다고 하면서, 병든 채권자를 위하여 시끄러운 기계를 돌리지 않기로 한 경우, 기계를 돌린 뒤 1일 후에도 채권자는 여전히 그 의무의 준수에 이익을 가지므로 지체를 인정하여야 한다고 한다. 그러나 이 경우 시끄러운 기계를 돌리지 않기로 한 채무가 일시적 부작위채무라면 채무자의 위반행위로 해당 부작위채무는 이행불능으로 되어 더 이상 지체의 문제는 발생하지 않는다고 보아야 할 것이고, 그것이 회귀적 또는 계속적 부작위채무라면 위반행위가 있었던 부분(기계를 돌린 회차 또는 기간)의 부작위채무는 이행불능으로 되고, 그 이후의 장래의 부작위채무는 여전히 존속하는 것으로 보면 굳이 지체 개념을 인정할 필요는 없을 것으로 생각된다.

84) 대판 12.3.29. 2009다92883(공 12상, 632): "당사자 사이에 일정한 행위를 하지 않기로 하는 부작위 약정을 체결하였는데 채무자가 이러한 의무를 위반한 경우, 채권자는 채무자를 상대로 부작위의무의 이행을 소구할 수 있고, 부작위를 명하는 확정판결을 받아 이를 집행권원으로 하여 대체집행 또는 간접강제 결정을 받는 등으로 부작위의무 위반 상태를 중지시키거나 위반 결과를 제거할 수 있다."

85) 구주해(8), 85(송덕수); MüchKomm/Bachmann, § 241 Rn. 20-24[독립적 부작위 의무(Selbständige Unterlassungspflichten)와 종속적 부작위의무(Unselbständige Unterlassugnspflichten)의 구별. 다만 종속적 부작위의무의 소구가능성은 원칙적으로 부정되나, 개개의 사안에서 이익형량에 의하여 소구가능성이 인정될 수 있다는 입장이다].

86) 이에 관하여 日注民(10-I) 新版, 81(金山正信 · 直樹)은, 예컨대 일정한 오수를 배출하

(§ 166 II) 등의 특징이 있다.

3. 특정물급부 · 불특정물급부

전술한 '주는 급부'는 다시 인도할 목적물이 특정되어 있는지 여부에 따라 특정물급부와 불특정물급부로 나눌 수 있다.[87] 그리고 불특정물급부는 인도해야 할 물건이 종류에 의하여 정하여지는 경우(종류채무)와 금전인 경우(금전채무)가 있다. 다만 금전의 경우에는 추상적인 일정한 가치를 표상할 뿐 그것이 개성을 가진 물건이라는 관념이 매우 희박하다는 특징이 있다.[88]

이러한 특정물급부와 불특정물급부를 나누는 실익은 이행의 방법, 이행의 장소, 급부불능의 인정 여부, 위험부담 등에 차이가 있다는 점에 있다. 이에 관하여는 § 373 이하의 주해에서 상술한다.

4. 가분급부 · 불가분급부

급부는 가분성 여부, 즉 그 본질 또는 가치를 훼손하지 않고 분할하여 실현할 수 있는지 여부에 따라 가분급부와 불가분급부로 나눌 수 있다. 가분급부와 불가분급부의 구별은 하는 급부와 주는 급부 모두에서 문제될 수 있다.

통상 불가분급부는 성질상 불가분인 것[89]과 성질상 가분이더라도 당사자의 의사표시에 의하여 불가분인 것[90]이 있다고 설명된다(§ 409 참조).[91] 그런데 이에 관하여 비판적인 견해는, 객관적인 성질상 급부가 불가분일지라도 당사자가 나누어 급부하기로 합의한 경우에는 그 급부는 가분급부라고 하여야 하므로 (예컨대 소 한 마리를 인도하기로 하는 채무에서 식용고기로 사용하기 위하여 채권자와 채무자 사이에 소 한 마리를 몇 부분의 고기로 나누어 인도하도록 하는 합의), 성질상의 불가분 급부는 가분급부로 한다는 합의가 없는 경우에만 인정되고, 결국 급부가 가분인

지 않기로 하는 부작위급부의 경우 채무자는 자신을 대신하여 다른 사람으로 하여금 배출물을 정화처리하도록 할 수 있다는 점에서 부작위급부에서도 제3자에 의한 이행가능성을 긍정하고 있으나, 이는 부작위 급부를 이행하기 위한 수단으로서의 '정화처리'를 제3자가 대신하는 것으로 볼 것이지, 부작위급부 자체를 제3자가 대신하는 것이라고 볼 수 있는지 의문이다

87) 물건뿐만 아니라 권리도 주는 급부의 객체로 보아야 한다는 입장에서는 권리를 이전하는 급부도 그 특정 여부에 따라 특정물급부와 불특정물급부로 나누어 볼 수 있다고 한다. 구주해(8), 87(송덕수) 참조.

88) 이러한 점에서 금전채무를 불특정물채무에 포함하는 것은 적절하지 못한다는 견해가 있다. 김상용, 35 참조.

89) 김상용, 35는 이를 '절대적 불가분급부'라고 한다.

90) 김상용, 35는 이를 '상대적 불가분급부'라고 한다.

91) 곽윤직, 24; 김상용, 35 등.

가 불가분인가는 먼저 당사자의 의사표시의 해석에 의하여 결정되고, 특별한 의사표시의 존재가 인정되지 않으면 급부의 객관적인 성질에 의하여 정하여진다고 한다.[92] 그런데 위 비판적인 견해가 성질상 불가분급부가 당사자의 의사에 의하여 가분급부로 되는 경우로 들고 있는 예, 즉 소 한 마리를 몇 부분의 고기로 나누어 인도하기로 한 경우에 있어서, 당사자의 합의가 없는 경우라면 통상의 '소 한 마리의 인도'라는 급부는 '살아 있는 소 한 마리 자체를 그대로 인도하는 것'이라고 할 것인 데 반하여, 당사자의 합의에 의하여 정하여진 새로운 급부는 '소 한 마리를 도살하여 그 부분인 고기를 인도하는 것'인바, 양자의 급부는 성질상 전혀 다른 것이라고 보아야 할 것이다. 즉, 소 한 마리를 살아 있는 채로 그대로 인도한다는 급부는 당사자의 의사에 의하여 가분으로 함으로써 그 본래의 가치를 훼손당하는 것이라고 할 수 있고, 이렇게 본다면 위와 같이 불가분급부 중 성질상 불가분인 것의 개념을 별도로 설정하는 것이 전혀 의미 없는 것은 아니라고 여겨진다.[93] 물론, 당사자가 합의에 의하여 '고기의 인도'라는 가분급부를 만들어낸 이상, 급부가 가분인가 또는 불가분인가는 결국 당사자의 의사에 따르는 것이라고 할 수 있고, 이러한 점에서는 위 비판적인 견해도 옳다. 결국 급부내용을 결정하기 위하여 가장 중요한 것은 당사자의 의사해석이라고 할 것인데, 이 경우 급부 자체의 객관적 성질이 중요한 해석기준이 될 것이다.

반대로 급부가 객관적인 성질상 가분일 경우에 이를 당사자가 불가분으로 하는 것은 언제나 급부의 본래의 가치를 훼손하지 않고도 이루어질 수 있다고 할 것이므로(예컨대, 100가마의 쌀을 인도하는 급부에 관하여, 언제나 100가마의 쌀을 한 번에 인도하기로 한 경우), '절대적 성질상의 가분급부'의 개념을 인정할 실익은 더욱 적다고 볼 수 있다.

불가분급부는 분할하여 이행할 수 없다. 그러나 가분급부라고 하더라도 원칙적으로 그 전부를 이행하여야 하고, 분할하여 이행하지 못한다.[94] 판례도 이와 마찬가지로 해석한다.[95] 그러나 당사자의 합의(채무자가 일부만을 이행하였는데, 채권자가 명시적인 이의 없이 이를 수령한 경우

92) 구주해(8), 88(송덕수). 이덕환, 24-25도 같은 취지로 보인다.

93) 주석 채총(1), 121, 각주 61(제4판/안법영)의 설명도 이와 비슷한 취지로 이해된다.

94) 구주해(8), 89(송덕수); 주석 채총(1), 121(제4판/안법영). 독민 § 266은 이를 명문으로 규정한다. 그러나 이은영, 86의 설명은 이와 다르다.

95) 대판 84.9.11. 84다카781(공 84, 1645): "채무의 일부 변제제공은 채무의 본지에 따른 이행의 제공이라 할 수 없고 이행제공의 효력이 발생할 수 없는 것이어서 그 채무의 일부를 공탁했다 하더라도 변제의 효력이 발생할 수 없다." 등 다수.

에는 묵시적인 일부이행에 관한 합의가 있었다고 볼 것이다[96])나 법률의 규정(예컨대, 어음 § 39 II, 수표 § 34 II)이 있는 경우에는 분할하여 이행할 수 있다. 경우에 따라서는 분할급부에 관한 합의나 이를 허용하는 법률규정이 없더라도 신의칙상 분할급부가 허용될 수 있다. 예컨대, 금전채무에서 변제한 금액이 전체 채무액에 근소하게만 부족하고, 그와 같이 부족한 변제를 하게 된 경위가 계산착오에 의한 경우에는 신의칙상 채권자는 일부 변제의 수령을 거절하지 못한다고 볼 여지가 있다.[97)]

가분급부와 불가분급부의 구별은 채무불이행으로 인한 계약의 법정해제(§ 543 이하) 및 다수당사자의 채권관계의 규율(§ 408 이하)에 관하여 실익이 있다.

불가분급부는 원칙적으로 일부 이행불능, 일부 이행지체의 문제가 생기지 않고, 따라서 일부 채무 불이행으로 인한 계약의 일부해제도 인정되지 않는다. 이와 달리 가분급부의 경우 일부 이행불능, 일부 이행지체가 문제될 수 있고, 따라서 불이행된 일부 급부에 관한 계약의 일부해제도 인정될 수 있다. 그러나 일부 불이행된 급부로 인하여 계약의 목적을 달성할 수 없을 경우에는 계약 전부를 해제할 수 있다고 보아야 할 것이다.[98)]

다수당사자의 채권관계에 있어서 가분급부의 경우 다른 특약이 없는 한 분할채무 또는 분할채권(§ 408)이 성립하고, 불가분급부의 경우 불가분채무(§ 411),

96) 대판 97.11.11. 97다37784(공 97, 3781): "채무의 액수에 관하여 다툼이 있는 경우에 채무자가 채무 전액의 변제임을 공탁원인 중에 밝히고 공탁을 하였는데, 채권자가 그 공탁금을 수령하면서 공탁공무원이나 채무자에게 채권의 일부로 수령한다는 등 이의 유보 의사표시를 한 바 없다면, 채권자는 그 공탁 취지에 따라 이를 수령하였다고 보아야 하지만, 공탁금 수령시 채무자에 대한 이의 유보 의사표시는 반드시 명시적으로 하여야 하는 것은 아니다." 대판 09.10.29. 08다51359(공 09하, 1980)도 같은 취지이다.

97) 대판 88.3.22. 86다카909(공 88, 669): "채권자에 대한 변제자의 공탁금액이 채무의 총액에 비하여 아주 근소하게 부족한 경우에는 당해 변제공탁은 신의칙상 유효한 것이라고 보아야 한다."(채무총액이 금 49,050,000원인데 채무자의 변제공탁금액이 48,986,300원으로서 63,700원이 부족한 금액이나 그 금액은 지급하여야 할 채무금액에 비하여 12/10,000에 해당하는 적은 금액인 점, 그렇게 된 것이 채무자의 계산방식의 착오에 의한 것인 점, 채권자가 채무자로부터 투자원금 30,000,000원에 대한 이득금으로 받는 금액이 불과 1년 남짓한 기간 동안 원금의 2/3정도에 육박하는 1,900여만 원인데 비하여 위 부족금 63,700원은 하루 남짓한 일수의 이득금에 불과한 점 등을 고려하여 일부 변제공탁이 신의칙상 유효하다고 본 사례); 대판 02.5.10. 2002다12871, 12888(공 02, 1379)(같은 취지).

98) 동지: 구주해(8), 89(송덕수); 주석 채총(1), 121-122(제4판/안법영). 또한 대판 1987. 7. 7. 86다카2943(공 87, 1307); 대판 1996. 2. 9. 94다57817(공 96, 887) 참조. 한편, 매매의 하자담보책임과 관련하여, 매매의 목적이 된 권리의 일부가 타인에게 속함으로 인하여 매도인이 그 권리 일부를 매수인에게 이전할 수 없는 경우, 매수인은 그 일부에 관한 대금감액을 청구할 수 있으나, 잔존 부분만이면 매수인이 이를 매수하지 아니하였을 경우에 선의의 매수인은 계약 전부를 해제할 수 있고(§ 572), 이는 수량을 지정한 매매에서의 목적물 일부 부족, 매매목적물 일부가 계약 당시 이미 멸실된 경우에도 준용된다(§ 574).

연대채무(§413) 또는 불가분채권(§409), 연대채권이 성립한다.

5. 일시적 급부·회귀적 급부·계속적 급부

급부를 이행하는 모습에 의한 구별이다.

일시적 급부(일회적 급부 또는 비계속적 급부라고도 한다)는 일시적인 작위 또는 부작위로 이행이 완결되는 급부이다. 급부가 전체로서 하나의 단위로 행하여지는 것으로 볼 수 있으면 일시적 급부에 해당하고, 반드시 그것이 하나의 행위에 의하여 이루어질 것을 요하는 것은 아니다. 예컨대, 매매대금을 수회에 걸쳐 분할하여 지급하는 것으로 정한 경우에, 급부는 여러 개의 행위(매매대금의 지급)에 걸쳐 행하여지지만, 이는 하나의 급부의 이행을 여러 개의 행위에 의하여 하기로 하는 급부의 방법을 정한 것에 불과할 뿐이고, 어디까지나 급부는 하나인 것으로 파악하여야 하므로, 이는 뒤에서 보는 회귀적 급부가 아닌 일시적 급부에 해당한다.[99)100)]

회귀적 급부는 일정한 시간적 간격을 두고 일정한 행위를 반복함으로써 이행하는 급부이다. 매일 우유나 신문을 배달하거나, 매월 이자나 차임을 지급하기로 하는 급부가 그 예이다. 회귀적 급부를 목적으로 하는 채무는 추상적인 '기본채무'가 있고, 이를 기초로 각각의 기간에 구체적이고 반복적으로 이행하여야 하는 '지분채무'가 발생하고, 이 '지분채무'의 목적인 급부를 '지분급부'라고 한다.[101)] 따라서 하나하나의 지분급부는 독립된 급부로 파악되고, 지분채무의 불이행은 채무 전체의 일부 불이행이 아니고, 독립한 하나의 급부에 관한 채무의 불이행이다.[102)] 그리고 지분급부의 이행으로 그 지분채무가 소멸할 뿐, 추상적인 기본채무가 소멸하는 것은 아니다.

계속적 급부는 일정한 기간 계속적으로 작위 또는 부작위를 함으로써 이행하는 급부로서, 계속적 채권관계에 있어서의 급부이다. 예컨대 임대차에 있어서 임대인이 임차인으로 하여금 목적물을 사용·수익하게 할 의무, 임치에

---

99) 동지: 이덕환, 25; 구주해(8), 89-90(송덕수).

100) 다만 할부거래의 경우에는 매매대금의 지급이 여러 차례에 나누어 행하여지는 결과, 매매대금 미지급에 따른 물건의 회수 및 매매대금 채무의 담보, 매도인의 파산 등에 따른 법률관계 등의 문제가 발생하고, 이를 규율하기 위하여 「할부거래에 관한 법률」이 적용된다.

101) 곽윤직 24-25; 김상용 36; 김증한·김학동 21; 김주수 51-52; 김형배, 50. 이에 대하여 송덕수, 59는 굳이 기본채무와 지분채무로 나누어 설명할 필요가 없고, 각 기간에 일정한 급부를 할 채무가 발생한다고 하면 충분하다고 한다. 특히 이자채권에 관하여 기본적 이자채무와 지분적 이자채무를 나누어 설명할 필요가 없다는 주장에 관하여는, 송덕수, "이자채권(상)", 사행 제392호, 1993, 36-37 참조.

102) 곽윤직 24-25; 김상용 36; 김주수 51-52.

있어서 수치인의 목적물 보관의무, 고용계약에 있어서 피용자의 노무제공의무, 위임계약에 있어서 수임인의 사무처리의무 등에 관한 급부가 계속적 급부이다. 그리고 가스 등을 일정 기간 계속하여 공급하기로 하는 경우와 같이, 계속적 공급계약에서의 목적물의 공급도 계속적 급부라고 할 수 있다.[103]

이와 같이 급부를 일시적, 회귀적, 계속적 급부로 구별하는 실익은, 이행지체, 이행불능, 동시이행의 항변권, 계약의 해제, 소멸시효의 기산점 등과 관련하여 나타난다. 계속적 급부나 회귀적 급부를 목적으로 하는 계약에서는 계약의 해제는 장래에 향하여만 효력을 발생하는 해지(§550)로서만 인정된다. 따라서 계약이 해제되더라도 소급효가 없으므로 원상회복의 문제는 발생하지 않고, 청산의 문제만이 남게 된다.[104] 또한 계속적 거래관계에서는 선이행의무를 부담하는 일방 당사자가 타방 당사자의 종전 반대급부의 이행이 이루어지지 아니한 경우 그 이행이 있을 때까지 또는 그에 관한 이행불안사유가 해소될 때까지 자신의 장래 채무 이행을 거절할 수 있는 이른바 불안의 항변권이 인정된다.[105] 또한 계속적 물품공급계약에서 발생한 대금채권은 각 급부에 관한 채권이 발생한 때로부터 개별적으로 소멸시효가 기산하고, 거래 종료일로부터 기산하는 것이 아니다.[106]

6. 대체적 급부 · 부대체적 급부

급부는 그 성질상 채무자 외에 다른 사람이 행할 수 있는가에 따라 대체적 급부(특정의 채무자 외의 제3자가 대신 할 수 있는 급부)와 부대체적 급부(특정의 채무자만이 행하여야 하는 급부)로 나뉜다. 후자의 예로서는 인간문화재가 공연을 하기로 하는 급부를 들 수 있다. 다만, 대체적 급부의 경우에도 당사자들의 합의에 의하여 제3자에 의한 급부 이행을 금지할 수 있을 것이다.

---

103) 만약 가스 등을 일정한 회기마다 반복하여 공급하기로 한 것이라면 이는 회귀적 급부로 보아야 할 것이고, 일정한 기간 동안 일정한 조건의 충족 여부에 따라 공급이 이루어지는 경우라면(예컨대 가스의 피공급자가 사용하는 만큼 실제 공급이 이루어지는 경우) 이는 계속적 급부로 보아야 할 것이다. 이러한 측면에서 보면 회귀적 급부와 계속적 급부의 구별은 상대적인 것이고, 회귀적 급부는 계속적 급부의 한 특수한 경우로 볼 수도 있을 것이다.

104) 대판 94.11.22. 93다61321(공 95, 61); 대판 96.7.26. 96다14616(공 96, 2606) 등 참조.

105) 대판 95.2.28. 93다53887(공 95, 1442); 대판 01.9.18. 2001다9304(공 01, 2237); 대판 02.9.4. 2001다1386(공 02, 2312) 등 참조.

106) 대판 64.8.31. 64다35(정보); 대판 78.3.28. 77다2463(공 78, 10757); 대판 92.1.21. 91다10152(공 92, 874) 참조.

대체적 급부와 부대체적 급부를 구별하는 실익은 대체적 급부를 목적으로 하는 채권은 원칙적으로 제3자에 의한 변제(§ 469 I), 대체집행(§ 389 II), 채무인수(§ 453 I)가 가능한 데 반하여, 부대체적 급부를 목적으로 하는 채권은 그것이 불가능하다는 데에 있다.

第 373 條(債權의 目的)

金錢으로 價額을 算定할 수 없는 것이라도 債權의 目的으로 할 수 있다.

차례

Ⅰ. 서 설

채권의 성립을 위해서는 일반적인 요건, 즉 목적인 급부의 확정성, 실현가능성, 적법성, 사회적 타당성을 갖추어야 함은 물론이다(본절 전론 III 참조). 본조는 이러한 급부의 적극적인 요건을 갖추었다면, 급부가 금전적으로 가액을 산정할 수 없는 것인 경우에도 채권은 성립한다는 취지, 즉 급부의 금전적 가액 산정 가능성은 채권의 성립을 위하여 급부가 갖추어야 할 요건이 아니라는 취지를 선언하고 있다.

로마법에서는 급부는 금전적 가치를 가질 것이 요구되었고, 금전배상 이외의 강제집행의 방법도 인정되지 아니하였다. 그런데 그 후 독일의 보통법시대에 와서는 채권의 목적이 금전적 가치를 가져야 하는지에 관하여 학설이 크게 나뉘었고, 독일민법상으로는 이에 명시적인 규정을 두지는 아니하였다. 일본의 구민법에서는 채권의 목적은 금전적으로 평가할 수 있는 정당한 이익이 있어야 함을 요구하고 있었으나, 현행 일본민법은 그 태도를 바꾸어 명시적으로 급부의 금전적 평가 가능성이 요구되지 않는다는 취지의 규정을 두고 있다(일민 § 399). 이에 관하여는 사회의 발달로 물질적 이익 외에 교육적 이익, 학문적 이익 등도 계약관계에서 목적으로 하는 경우가 많으므로 이를 법률상으로도 인정할 필요가 있고, 또한 금전적인 평가가 가능한 것에만 급부를 한정하면 그에 해당하는지 여부를 두고 다툼이 일어날 가능성이 많다는 점 등이 그 입법

이유로 제시되었다.[1)]

우리 민법도 일본민법(의용민법) § 399를 모델로 하여 본조를 규정하였다. 본조의 입법연혁에 비추어 위와 같은 일본민법의 입법취지는 본조의 존재의 의로서 원용할 수 있을 것이다. 즉, 본조는 사회가 발전함에 따라 아직 시장이 형성되지 아니하여 금전적으로 평가하기 곤란한 재화나 용역의 경우에도 당사자 사이에 거래 또는 약속의 대상이 될 수 있고, 이를 가능한 법적인 보호 밑에 두고자 하는 것에서 의의를 찾을 수 있을 뿐만 아니라, 종래 다툼의 대상이 되어 왔던 급부의 금전적 가액 산정 가능성이 채권의 목적의 요건인지 여부의 문제를 입법적으로 해결하였다는 데에도 그 의의가 있다고 할 것이다. 다만 모든 사회생활상의 관계가 채권의 목적이 될 수는 없으며, 법률이 아닌 도덕이나 종교의 영역에 맡겨 두어야 하는 생활관계도 있을 수 있다. 그러나 법에 의한 규율을 할 것인지는 당사자가 법률의 보호를 받고자 하는 의사가 있는지 여부에 따라 결정할 것이고, 본조는 그러한 도덕이나 종교의 영역에 가까운 생활관계라도 그것이 금전적 평가가 불가능하다는 이유만으로 선험적으로 법의 보호영역으로부터 배제되지 아니한다는 것을 선언하고 있는 것이다.

법률의 규정에 의하여 발생하는 채권의 경우에는 해당 법률 규정에서 직접 급부의 요건을 정하고 있으므로 본조의 적용이 없고, 본조는 법률행위에 의하여 발생하는 채권의 경우에만 적용된다.

Ⅱ. 본조의 내용

1. '금전으로 가액을 산정할 수 없는 것'의 의미

가. 금전적 가액 산정의 대상

본조에서 금전으로 가액을 산정할 수 있는지의 여부가 문제가 되는 것은 '채권의 목적' 즉 급부이고, 채권의 목적물이 아니다. 그러나 채권의 목적물의 가액은 채권의 목적의 가액을 산정하는 데에 관계가 없다고는 할 수 없고, 오히려 큰 영향을 미칠 수도 있다.

채무 중 '주는 채무'의 경우, 예컨대 부동산의 소유권이전의무의 경우에는

1) 로마법, 독일법, 일본법에서의 자세한 입법연혁 등에 관하여는, 구주해(8), 92-94(송덕수); 日注民(10-I) 新版, 147-148(金山正信 · 直樹) 참조.

원칙적으로 목적물인 부동산의 금전적 가치가 대체로 그대로 급부의 금전적 가치가 된다고 볼 수 있다. 이에 반하여 '하는 채무'의 경우, 예컨대 채권자가 소유한 보석을 가공하여 주기로 하는 채무의 경우, 보석의 금전적 가치가 급부의 금전적 가치에 영향을 미치기는 하겠으나, 양자가 동일하게 되는 것은 아니다. 이 경우 '보석가공'이라는 급부의 가치는 해당 '보석가공' 시장에서의 통상적인 동종의 역무의 가격으로 평가될 경우가 많을 것이다. '부작위 채무'의 경우, 예컨대 다른 점포의 인근에서 경업을 하지 아니할 것을 내용으로 하는 채무에 있어서는 부작위 채무를 위반함으로 인하여 그 다른 점포가 입게 되는 영업손실을 당해 부작위 급부의 가치로 볼 수 있을 것이다.

위와 같이 '주는 채무'의 경우에는 통상 급부의 금전적 가액을 산정하는 것이 상대적으로 용이할 수 있으나, 그것이 언제나 가능한 것은 아니고(예컨대 목적물의 시장가격이 형성되지 아니한 경우), '하는 채무'와 '부작위 채무'의 경우에는 급부의 금전적 가액을 산정하는 것이 가능하더라도 '주는 채무'에 비하여는 상대적으로 어려운 경우가 많으며, 경우에 따라서는 그 가액 산정이 불가능한 경우나 객관적으로는 금전적 가치가 없다고 볼 수 있는 경우(예컨대, 채권자를 위하여 기도를 드리기로 하는 채무)도 적지 않을 것이다. 그러나 이러한 모든 경우에 있어서 급부의 금전적 가액 산정 불능 및 금전적 무가치는 그것이 채권의 목적으로 됨에 방해가 되지 않는다는 것이 바로 본조가 규정하는 바이다.

나. 금전적 가액 산정의 기준

금전으로 가액을 산정할 수 없다는 것은 두 가지 의미로 파악할 수 있다. 첫째는 일반적·객관적으로 가액을 산정할 수 없다는 의미이고, 둘째는 채권자의 주관적인 입장에서 가액을 산정할 수 없다는 의미이다. 학설에는 어느 의미로 보아도 무방하다는 견해[2)]와 전자의 의미로 보아야 한다는 견해[3)]가 있다.

채권자의 주관적인 관점을 기준으로 하면, 채권자의 입장에서 금전적 가액을 산정할 수 없는 급부란 거의 상정할 수 없는 것이므로(예컨대 채권자를 위하여 기도하여 주기로 한 급부와 같이 아무리 시장에서 가격이 형성되지 않은 급부라 하더라도, 채권자는 그에 자신의 주관적인 금전적 가치를 부여할 수 있을 것이다)[4)], 본조의 존재의의는 거의 없는 것으로 되고 만다. 본조는 금전적 가치를 산정할 수 없는 급부가 존재함을 전제로 하고 있기 때문이다. 다만, 금전적 가액 산정에 관한 어떠한 기준을 택하

2) 곽윤직, 22; 김주수, 47.

3) 송덕수, 53; 이덕환, 22.

4) 가령 채권자로 하여금 "채무자가 기도를 하지 않는 대신 얼마를 받기를 원하는지?"를 질문해 봄으로써 급부의 금전적 가치평가가 가능할 것이다.

더라도 본조가 금전적 가액 산정이 불가능한 것도 채권의 목적으로 할 수 있다고 정하고 있는 이상, 실질적인 결과에 차이를 가져오는 것은 아닐 것이다.

다. '금전적 가액 산정 불가능'의 의미

본조에서 금전적 가액의 산정이 불가능하다는 것은 금전적 가치를 가지고는 있으나 이를 실제로 산정할 수 있는 방법이 없다는 것은 물론이고, 본래 금전적인 가치를 가지지 않는다는 것도 포함한다. 즉 금전적 가액 산정이 불가능한 이유를 묻지 아니한다.

2. 보호할 가치 있는 이익의 필요성

본조에서 채권의 목적이 금전적 가액산정의 가능성을 요구하지 않고 있음에도, 이와는 별개로 채권의 목적은 '보호할 가치 있는 이익'을 갖추어야 한다고 하는 견해[5]가 있다. 이 견해에 의하면, 채권은 재산권의 일종이므로 채권의 목적인 급부가 효용성을 가져야 하고, 따라서 법적 의무로 되는 것은 '법적으로 보호할 가치 있는 급부이익'이 있는 경우에 한정된다고 한다. 그리고 '친구와 영원히 우정을 나눌 것을 약속한 것'은 이러한 사회적 효용성을 결여하여 채권이 성립되지 않는다고 한다.

이에 대하여 '보호할 가치 있는 이익'은 채권의 목적의 요건이 아니라고 하는 견해[6]가 있다. 이에 의하면, 보호할 가치 있는 이익을 요구하는 것은 재산적 가치를 요구하는 것과 마찬가지로 채권의 정신적 재화 매개기능을 발휘할 수 없게 할 뿐 아니라, 모호한 표준을 한계로 제시하여 분쟁을 일으키는 등의 문제가 있고, 계약자유의 원칙에 위배된다고 한다.

사견으로는, 다음과 같은 이유에서 '보호할 가치 있는 이익'을 별도로 채권의 목적의 요건으로 요구하는 것은 타당하지도, 필요하지도 않다고 생각한다.

당사자가 자유로운 합의 하에 어떠한 채권을 성립시키기로 한 이상, 거기에 당사자가 추구하는 채권자의 이익이 존재함은 분명할 것이다. 여기에서 '보호할 가치 있는 이익'을 채권의 목적의 요건으로 요구하는 견해는 이러한 당사자가 추구하는 채권자의 이익 중에서도 법질서에 의하여 보호되어야 할 가치가 있는 것과 그렇지 않은 것을 가려내야 한다는 것으로 이해된다. 그런데 여

5) 이은영, 88; 주석 채총(1), 128-129(제4판/안법영). 김주수, 47은 "법의 보호를 받을만한 가치가 있는 사회생활상의 이익이 있어야 함은 말할 나위도 없다."고 하여, 역시 같은 입장인 것으로 이해된다.

6) 송덕수, 53; 이덕환, 22; 구주해(8), 99(송덕수).

기서 '보호할 가치가 없는 것'이라는 것이 구체적으로 무엇을 의미하는지가 분명하지 않다. 만약 '법질서가 용인하지 않는 것'이라는 의미라면 이는 급부의 요건 중 '적법성' 또는 '사회적 타당성', 즉 선량한 풍속 기타 사회질서라는 잣대로 충분히 걸러낼 수 있을 것이다. 만약 그것이 '굳이 법질서가 나서서 보호해 주어야 할 필요가 없는 것'[7]이라는 의미라면 이는 그러한 한도 내에서 최소한의 의미는 있을지 모른다. 그러나 당사자가 어떠한 이익을 추구하기로 하고 그에 관하여 법질서에 의한 보호를 받고자 의욕하였음에도 법질서가 나서서 보호해 줄 필요가 없는 것이란 과연 무엇일지 의문이다. 이를 상정해 보자면 급부의 내용이 확정불가능하거나 실현불가능한 경우일 것이다. 그러나 이 역시 '확정성', '실현가능성' 등의 별도의 급부의 요건으로 판단하면 족하다.[8] 자칫하면 '보호할 가치 있는 이익'이라는 별도의 추상적 요건을 설정함으로써 이를 둘러싼 분쟁이 발생할 여지가 있을 뿐 아니라, 급부의 요건을 지나치게 제약하여 사적자치의 원칙에 역행하고 금전적 평가가 불가능한 급부도 되도록 채권의 목적으로 편입하여 법의 보호를 주고자 하는 본조의 취지를 상당 부분 퇴색하게 할 우려가 있다.

3. 호의관계와의 구별

금전으로 가액을 산정할 수 없는 것이라도 채권의 목적으로 할 수 있다고 하더라도, 당사자 사이의 모든 약속이 채권을 발생하게 하는 것은 아니다. 일정한 행위가 채권의 목적이 되기 위하여는 적어도 채권관계라는 법률관계가 형성되어야 하고, 법률관계로까지 고양되지 아니한 일상생활상의 의례적인 관계, 즉 호의관계(好意關係, Gefälligkeitsverhältnisse)에서는 채권이 성립하지 않는다.[9] 예컨대 친구를 위하여 음식을 만들어 주기로 하거나, 잠시 책을 빌려주

7) 이는 이미 당사자가 법질서에 의하여 채권관계로서 보호를 받겠다는 의사(법적 구속의사)를 이미 가지고 있음을 전제로 하는 것이다(즉, 그럼에도 법질서가 보호해 줄 필요가 없다는 것이다). 이러한 점에서 뒤에서 보는 호의관계에서의 급부는 이에 해당하지 않는다. 왜냐하면 호의관계에서는 당사자의 법적 구속의사가 결여되어 있기 때문이다.

8) 앞서 '보호할 가치 있는 이익'을 요구하는 견해가 든 예인 '친구와 영원히 우정을 나눌 것'은 아마도 급부의 확정성이 없는 경우에 해당할 것이다.

9) 다만 호의관계에서도 급부의무 이외의 '기타의 행위의무' 또는 '보호의무'가 발생할 수는 있으며, 이 경우 그 위반으로 인한 손해배상청구권이 발생한다는 취지의 설명은, 김형배, 41; 구주해(8), 100(송덕수) 참조. 나아가 호의관계에서 불법행위로 인한 손해배상청구권이 발생할 수 있음은 판례도 인정하고 있다. 즉, 판례는 호의로 다른 사람을 자신의 자동차에 동승시키고 가던 중 과실로 교통사고를 발생한 경우, 즉 이른바 호의동승의 사례에서 운전자의 호의동승자에 대한 불법행위에 기한 손해배상책임을 인정하고, 다만 일정한

기로 약속하였다고 하더라도 고용계약 또는 사용대차계약이 성립하는 것은 아니다.[10)]

채권관계와 호의관계를 구별하는 기준은 당사자가 법률에 의한 구속을 받고자 하는 의사, 즉 법적인 구속의사(Rechtsbindungswille)가 있는지 여부이다. 이는 결국 당사자의 의사해석의 문제, 즉 법률행위 해석의 문제이다. 따라서 일반적인 법률행위 해석의 방법에 따라 채권관계인지 호의관계인지 여부를 가려내야 한다.[11)12)] 이때 당사자가 약속한 행위의 금전적 가액을 산정할 수 있는지 여부도 당연히 그 판단요소가 된다. 즉, 금전적 가액 산정이 불가능한 경우에는 호의관계로 볼 여지가 많아지게 된다. 그러나 그러한 사정만으로 당사자의 법률관계를 호의관계로 단정하여서는 안 된다는 것이 바로 본조가 규정하는 바이다.

Ⅲ. 금전으로 가액을 산정할 수 없는 채권의 효력

금전으로 가액을 산정할 수 없는 급부를 목적으로 하는 채권의 효력도 금전으로 가액을 산정할 수 있는 급부를 목적으로 하는 일반의 채권의 효력과 다를 바가 없다. 즉, 채무자가 이를 이행하지 않을 경우 채권자는 법원에 그 이행판결을 소구할 수 있고, 그 판결에 기하여 강제집행을 할 수도 있다. 이 경우 그 채무의 내용에 따라 직접강제, 대체집행, 간접강제 중 적합한 강제집

경우 배상책임을 경감하고 있다. 대판 92.5.12. 91다40993(공 92, 1842) 등 다수.

10) 김형배, 39-40; 구주해(8), 100(송덕수); 주석 채총(1), 130(제4판/안법영) 참조.

11) 김형배, 40; 구주해(8), 100(송덕수); 주석 채총(1), 130(제4판/안법영).

12) 대판 95.3.17. 93다46544(공 95, 1704)(농공지구 내 토지를 매도한 지방자치단체가 매수인의 자금융통의 편의를 위하여 매수인에게 시설자금을 대출하는 금융기관에 대하여 "매수인이 토지대금을 완납하고 매수인 명의로 소유권이전등기를 경료함과 동시에 위 금융기관에 대하여 선순위의 근저당을 설정하도록 조치할 것을 확약한다."는 취지의 각서에 의하여 취하기로 약정한 조치 속에는 매수인에게 토지에 관한 소유권이전등기 소요서류를 교부하기에 앞서 위 금융기관에게 이를 사전에 통지하고 나아가 위 금융기관이 매수인과 사이에 선순위의 근저당권을 설정하기 위한 준비를 마쳤는지 여부를 확인하는 조치가 당연히 포함되어 있는 것으로 해석함이 상당하고, 지방자치단체가 위와 같은 조치를 취할 의무는 이른바 호의관계에서 부담하는 단순한 협조의무에 그치는 것이 아니라 위 금융기관과 한 약정에 따라 위임계약상의 수임인 또는 그와 유사한 지위에서 부담하게 되는 법적 의무라고 할 것이므로, 만일 지방자치단체가 그러한 조치의무를 이행하지 않음으로 말미암아 위 금융기관에게 손해를 입혔다면 지방자치단체로서는 다른 특별한 사정이 없는 한 그 손해를 배상할 책임이 있다고 한 사례) 참조.

행 방법을 사용할 수 있는 점도 역시 일반의 채권과 마찬가지이다.

또한 금전으로 가액산정이 불가능한 급부를 목적으로 하는 채권에 있어서도 채무자의 이행불능, 이행지체, 불완전이행이 있는 경우 손해배상책임이 발생한다(이설 없음). 이때 손해배상은 원칙적으로 금전에 의하여 한다(§ 394). 비록 급부 자체는 금전에 의한 가액 산정이 불가능하다고 하더라도 급부를 이행하지 않음으로 인하여 발생하는 채권자의 손해는 금전에 의한 가액산정이 가능할 수 있다. 그러나 급부의 가액 산정이 불가능한 경우에는 그 불이행으로 인한 손해의 가액산정도 불가능한 경우가 많을 것이다. 이러한 경우에는 정신적 손해배상(위자료)에 의할 수밖에 없을 것이다.[13)]

금전으로 가액을 산정하는 것이 불가능한 급부를 목적으로 하는 채권도 재산권인가에 관하여 의문이 제기될 수 있으나, 그러한 채권도 위와 같이 불이행이 있는 경우 금전에 의한 손해배상채권으로 전화(轉化)될 수 있으므로, 역시 재산권으로 보는 데에 이설이 없다.

13) 민법상 명문의 규정은 없으나, 학설과 판례는 채무불이행의 경우에도 위자료에 의한 배상을 인정하고 있다.

第374條(特定物引渡債務者의 善管義務)

特定物의 引渡가 債權의 目的인 때에는 債務者는 그 物件을 引渡하기까지 善良한 管理者의 注意로 保存하여야 한다.

차례

Ⅰ. 서　설

본조는 특정물을 인도하는 의무를 부담하는 채무자가 그 특정물을 인도하기까지 이를 선량한 관리자의 주의로 보존하여야 함을 규정하고 있다. 즉, 특정물채권에 있어서 채무자가 특정물을 인도할 때까지 이를 보존할 의무를 부담한다는 것과, 그 보존의무의 내용 또는 그때 기울여야 하는 주의의 정도를 규정하고 있다.

본조는 일본민법 § 400[1]를 모델로 하여 만들어졌고, 그 내용도 거의 동일하다. 일본 구민법 § 334는 특정물채무자가 부담하는 채무가 유상인가 무상인가에 따라 주의의무의 정도를 다르게 정하고 있었으나(유상인 경우에는 선량한 관리자의 주의, 무상인 경우에는 자기의 물(物)에 기울이는 것과 동일한 주의), 현행 일본민법의 기초자는 목적물 인도의무에 관하여는 원칙적으로 동일하게 선량한 관리자의 주의의무를 지도록 하고, 임치와 같이 주의의무가 경감되는 경우에는 별도의 규정을 두어 해결하는 것이 합리적이라는 취

1) 일민 § 400은 '채권의 목적물이 특정물의 인도인 때에는 채무자는 그 인도를 하기까지 선량한 관리자의 주의로써 그 물을 보존하여야 한다."고 규정한다.

지에서 일본민법 § 400를 두었다고 한다.[2)]

굳이 본조가 규정되지 않았어도 특정물채무자는 신의칙상 본래의 급부의무 외의 채무로서 선량한 관리자의 주의로써 특정물을 보관할 의무를 부담할 의무를 부담한다고 해석하여야 한다는 점에서 본조는 예시적 규정에 지나지 않는다는 견해가 있다.[3)] 그러나 본조가 규정되지 않은 상태에서 특정물채무자가 기울여야 할 주의의무의 정도가 필연적으로 선량한 관리자의 주의라고 해석될지는 의문이다. 본조는 특정물채무자가 부담하는 주의의무의 정도를 명시적으로 선언하는 적극적인 의미를 가진다고 보아야 할 것이다.

본조는 임의규정이므로 당사자의 합의에 의하여 배제할 수 있다.

Ⅱ. 특정물의 인도

1. 특정물채권

대부분의 민법학자들은 '특정물채권'을 '특정물의 인도를 목적으로 하는 채권'이라고 정의한다. 그런데, 특정물채권을 이와 같이 정의하는 학자들 중에서도 다수의 학자들은 특정물 채권에는 특정물의 점유 이전뿐만이 아니라 소유권의 이전도 포함한다고 설명한다.[4)]

그런데 통설은 급부를 '작위급부'와 '부작위급부'로 나누고, '작위급부'를 다시 '하는 급부'와 '주는 급부'로 나누며, '주는 급부'는 다시 '특정물급부'와 '불특정물급부'로 나누는데, 여기서 '주는 급부'는 물건의 인도를 내용으로 하는 급부라고 정의하고, '특정물급부'는 인도할 목적물이 특정되어 있는 급부라고 정의한다.[5)] 만약 통설이 '특정물급부'를 목적으로 하는 채권을 '특정물채권'과 동일한 것으로 보고 있다면 이러한 통설의 설명은 전체적으로 다소 모순이 있는 것처럼 보인다. 그러나 통설이 '특정물채권'을 단순히 '특정물급부'를 목적으로 하는 채권뿐만 아니라, 채권의 목적물(Objekt)이 특정물인 경우를 모두

---

2) 日注民(10-I) 新版, 161-162(金山正信 · 直樹) 참조.

3) 구주해(8), 104(송덕수).

4) 강봉석 15; 곽윤직 25; 김상용, 37; 김증한 · 김학동 27; 윤철홍, 33-34; 이은영 91-92; 이덕환, 27.

5) 다만 이러한 통설에 대하여, 송덕수 교수는 '주는 급부'에는 물건의 인도뿐 아니라 '권리의 양도'도 포함되고, 같은 맥락에서 '특정물급부'에는 물건뿐 아니라 '권리'가 특정되어 있는 경우를 포함한다고 정의한다. 이에 관하여는 본절 전론 V. 참조.

포함하는 것으로 파악하고 있다면 이러한 모순은 없다.

문제는 본조와의 관계에서 특정물채권을 어떻게 정의할 것인가이다. 본조는 '특정물의 인도가 채권의 목적인' 경우를 규정한다. 여기에서 '특정물에 관한 권리의 양도가 채권의 목적인' 경우에까지 본조의 적용범위를 확장할 것인지, 또는 이에 본조를 유추적용할 것인지가 문제된다. 일견 보면, 예컨대 특정물의 매매계약에서 매도인은 특정물의 소유권을 매수인에게 양도할 의무를 부담하고, 다른 약정이 없으면 이때 매도인은 매수인에게 특정물의 소유권을 양도할 때까지 선량한 관리자의 주의로 특정물의 소유권이 소멸되거나 다른 제한물권 등의 부담을 안지 않도록 할 주의의무를 부담한다고 할 수 있다. 그러나 이러한 매도인의 주의의무의 내용이 반드시 본조를 유추적용함으로써 얻어질 수 있는 결론은 아닐 것이다. 더구나 위와 같은 유추적용을 긍정하는 입장에 서면서 동시에 본조를 § 462의 전제규정으로 본다면, 특정물의 소유권 양도에 관하여도 § 462를 유추적용하여야 자연스러울 것인데, 이는 아무래도 수긍하기 어렵다.

따라서 적어도 본조의 해석과 관련해서는 통설과 같이 '특정물채권'을 '특정물의 인도를 목적으로 하는 채권'이라고 정의하되, 여기에서 '특정물의 인도'에는 '특정물에 관한 소유권의 이전'은 포함하지 않는다고 해석함이 타당하다.

한편 여기서의 특정물채권은 '특정채권'과는 구별하여야 한다. 강학상으로 '특정채권'은 채권의 성립 당시에 내용이 특정되어 있는 급부, 즉 '특정급부'를 목적으로 하는 채권을 의미하는 말로 사용된다.[6] 따라서 특정물의 인도뿐만 아니라 급부 자체가 특정되어 있기만 하면 모두 특정채권이라고 부를 수 있다. 즉, 특정채권은 특정물채권을 포함한다. 한편, 판례는 채권자대위권(§ 404)에서 금전채권 이외의 채권을 가리키는 용어로도 특정채권이라는 용어를 사용한다.[7]

2. 특정물

특정물이라고 함은 당사자가 물건의 개성을 중요시하여 '다름 아닌 이 자동차', '다름 아닌 이 책'이라고 하는 것과 같이 구체적으로 지시한 물건을 말한다. 즉 이와 달리 물건의 종류, 품질, 수량 등 추상적인 기준에 의하여 정하

6) 김동훈, 114; 구주해(8), 108-109(송덕수).
7) 대판 92.10.27. 91다483(공 92, 3233) 등.

여지는 불특정물 또는 종류물(후술 § 375 주해 참조)과 대비된다.

이와 같이 특정물인지 불특정물인지 여부는 당사자의 의사에 의하여 주관적으로 결정된다. 그러므로 특정물·불특정물의 구분은 거래통념에 의하여 일반적, 객관적으로 결정되는 부대체물·대체물의 구분과 일치하지 않는다. 일반적으로 부대체물은 특정물로, 대체물은 불특정물로 거래되는 경우가 많을 것이나, 반드시 그렇지 아니하다. 즉 대체물이라도 당사자가 특정물로 지정할 수 있는데, 예컨대 같은 시기에 생산된 같은 브랜드의 와인이라고 하더라도 당사자가 어느 하나의 와인을 지정하여 계약의 목적물로 삼았다면, 이는 특정물로 취급되어야 한다. 그리고 대체물을 임대차 또는 임치의 목적물로 삼은 경우, 임차인이나 수치인은 당초 인도받았던 '그' 물건을 반환하여야 하므로 이는 특정물이 되고, 위임계약에서 수임인이 위임사무를 처리함에 있어 제3자로부터 받은 물건은 그것이 대체물이라고 하더라도 위임인에 대한 관계에서 위임인의 소유로 특정된 특정물이라고 보아야 한다.[8)]

3. 특정물의 '인도'

특정물의 인도는 특정물의 점유를 이전하는 것이다. 여기서 '인도'는 반드시 현실의 인도만을 의미하는지 또는 그 외에도 간이인도(§ 188 II), 점유개정(§ 189), 목적물반환청구권의 양도에 의한 인도(§ 190)를 포함하는지에 관하여 최근에 이를 논하는 학자는 거의 없으나, 과거 긍정설과 부정설의 학설의 대립이 있었고, 어느 견해를 취하든지 구체적인 경우에 차이를 가져오지는 않으나 적어도 점유개정의 경우에는 채무자에게 선관주의 보존의무를 인정하여야 하는데, 그러자면 그 외의 간편한 인도의 경우도 모두 본조의 '인도'에 포함된다고 해석하여야 한다는 학설이 있었다.[9)]

이 문제에 관하여는, 일본에서는 주로 채권이 성립함과 동시에 간편한 인도방법에 의한 인도가 이루어지지 않고, 채권의 성립시기와 인도시기 사이에 시간적 간격이 있는 경우 그 동안 채무자의 특정물 보관의무를 인정할 것인가와 관련하여 학설의 대립이 있는 것으로 보이는데,[10)] 사견으로는, 간이인도의

8) 대판 62. 12. 16. 67다1525(집 17(4)민, 189)(수임인이 비료수입 대행계약에 따라 자신의 명의로 비료를 수입하였으나 위임인에게 이를 인도하지 아니한 경우, 이를 특정물로 본 사례).

9) 학설의 내용에 대하여는, 구주해(8), 106-107(송덕수) 참조.

10) 이에 관하여 자세한 것은 日注民(10-I) 新版, 183-187(金山正信·直樹) 참조.

경우 채무자의 특정물 보관의무를 인정할 별다른 실익이 없으나, 점유개정 및 목적물반환청구권의 양도에 의한 인도에 있어서는 채권의 성립시기와 점유개정 또는 목적물반환청구권의 양도에 의한 인도시기 사이에 간격이 있는 경우, 적어도 그 기간 동안은 채무자의 특정물 보관의무를 인정할 실익이 있다고 생각된다. 예컨대, 매도인이 매매계약과 동시에 매수인에게 매매목적물을 인도하지 아니하고 그 이후에 점유개정의 방법으로 매매목적물을 인도하는 경우, 매도인은 그 시점까지는 선량한 관리자의 주의로서 매매목적물을 보관할 의무를 부담하고, 이를 위반하여 목적물이 멸실 또는 훼손되는 경우 매수인에 대하여 손해배상 책임을 부담한다고 하여야 한다.[11] 따라서 전체적으로 본조의 인도에는 현실의 인도뿐만 아니라 위와 같은 간편한 방법에 의한 인도가 모두 포함된다고 해석함이 타당하다.

4. 특정물채권의 발생

특정물채권은 계약에 의하여 발생하는 것은 물론이고, 법률의 규정에 의해서도 발생할 수 있다.

즉, 특정물채권은 증여, 매매, 교환, 사용대차, 임대차, 임치, 위임, 도급 등 각종 전형계약을 포함한 당사자의 자유로운 계약에 의하여 발생할 수 있고, 이 경우 특정물 인도의무가 반드시 주된 의무일 필요도 없으며, 소유권 이전의무와 함께 발생할 수도 있고(전형적으로 매매, 증여, 교환, 위임,[12] 도급[13]의 경우) 그렇지 않을 수도 있다(전형적으로 사용대차, 임대차, 임치의 경우). 또한 특정물채권을 발생시키는 계약이 유상인지 무상(대표적으로 사용대차의 경우)인지도 묻지 아니한다.

그리고 점유자가 점유의 침탈을 당한 경우(§ 204 I), 계약의 법정해제에 의한 원상회복(§ 548), 사무관리에서 사무관리자가 물건을 받거나 과실을 수취한 경우

11) 점유개정의 방법으로 목적물을 인도한 이후에도 매도인은 계속하여 목적물을 점유하고 있게 되나, 이때에는 매도인이 반드시 본조에 의한 선관주의의무를 부담한다고 할 것은 아니고, 그 점유권원이 되는 계약관계에 따른 주의의무를 부담한다고 할 것이다. 만약 매도인이 무상의 사용임치에 따라 점유하는 것이라면 '자기재산과 동일한 주의의무'를 부담하고(§ 695), 임대차에 따라 점유하는 것이라면 '기본형'의 주의의무로서 본조에 따른 선관주의의무를 부담한다고 할 것이다.

12) 수임인은 위임사무처리로 취득한 물건을 위임인에게 인도하고 그 소유권도 이전할 의무가 있다(§ 684).

13) 수급인이 자기의 재료와 노력으로 물건을 만든 경우 원칙적으로 그 물건에 대한 소유권을 원시취득하는데, 이 경우 수급인은 도급인에게 물건을 인도하고 그 소유권을 이전할 의무가 있다.

(§ 738, § 685), 부당이득에서 부당이득을 취한 자가 금전 이외의 목적물을 원물 그대로 보관하고 있는 경우(§ 747 I) 등 법률의 규정에 의해서도 특정물채권은 발생할 수 있다.

특정물채권은 채권 성립 당시부터 채권의 목적물이 특정되어 있는 경우에만 인정되는 것은 아니다. 채권 성립 당시에는 채권의 목적물이 특정되어 있지 않았더라도 그 후에 특정이 되면 그때부터는 특정물채권이 된다. 후술하는 종류채권이나 선택채권에서 목정물이 특정된 경우에 그러하다.[14]

Ⅲ. 선량한 관리자의 주의로 보존할 의무

특정물채권의 채무자는 '선량한 관리자의 주의'로써 목적물을 인도할 때까지 목적물을 보관하여야 한다. 즉 본조는 특정물채권의 채무자는 목적물을 인도할 때까지 목적물을 보존할 의무를 부담함을 선언하고, 이때 이러한 보존의무를 이행함에 있어서 기울어야 할 주의의 정도를 '선량한 관리자의 주의'로 규정하고 있는 것이다. 본조는 임의규정이므로 당사자가 계약에 의하여 다른 주의의무를 정할 수 있고(이설 없음), 또한 다른 법률의 규정이 있으면 그에 따른다(예컨대 무상임치에서의 수치인은 임치물을 '자기 재산과 동일한 주의'로 보관하여야 한다. § 695 참조).

1. 선관주의의무

특정물채권의 채무자가 목적물을 보존함에 있어서 베풀어야 하는 '선량한 관리자의 주의'는 통상 줄여서 '선관주의'라고 부른다.[15] 민법에서는 본조뿐 아니라 법인의 이사(§ 61), 유치권자(§ 324 I), 질권자(§ 343), 위임계약의 수임인(§ 681), 후견인(§ 956) 등에 대하여서도 선관주의의무를 부과하고 있다. 이와 같이 볼 때 선관주의의무는 민법상 주의의무의 원칙이라고도 말할 수 있다.[16]

14) 선택채권은 특정에 의하여 반드시 특정물 채권이 되는 것은 아니다. 그것은 금전채권으로 될 수도 있고, 종류채권으로 될 수도 있다(물론 종류채권이 다시 특정을 통하여 특정물채권으로 될 수는 있다). 한편 종류채권은 특정이 되어 특정물채권으로 되더라도 완전히 종류채권으로서의 성질을 상실하는 것은 아니다. 후술 § 375 및 § 380 이하 주해 참조.

15) '선량한 관리자의 주의'는 프랑스 민법에서의 '선량한 가부(家父)의 주의(les soins d'un bon père de famille)(불민 § 1374)', 독일 민법에서의 '거래상 필요한 주의(die im Verkehr erforderliche Sorgfalt)'(독민 § 276 II)에 대응하는 것이라고 한다. 김형배, 53 참조.

16) 판례는 임대차에 관하여 임차인의 임차목적물의 보존에 관한 선관주의의무를 인정하고

선관주의라 함은 거래상 일반적·객관적인 평균인이 기울여야 할 주의를 의미한다. 이와 같이 선관주의에서의 주의의 정도는 구체적인 채무자의 능력이나 경험을 기준으로 하는 것이 아니라, 추상적으로 평균적인 사람을 상정하고, 그러한 사람이 가진 능력이나 경험을 기준으로 하는 것이다. 다만 선관주의의무가 위와 같이 추상적 평균인을 기준으로 한다고 하여 언제나 같은 정도의 주의의무가 요구된다는 것은 아니다. 선관주의 주의의무의 정도는 채무자의 지위와 목적물의 성질 등 구체적인 계약내용 및 계약체결 이후의 상황에 따라 달라질 수 있다. 예컨대 유치권자와 위임계약에서의 수임인이 부담하는 선관주의의무의 정도는 반드시 같다고 할 수 없고, 또한 고가의 부동산의 인도의무를 부담하는 채무자와 일상적인 동산의 인도의무를 부담하는 채무자가 각각 부담하는 선관주의의무의 정도는 같지 않을 것이다. 즉, 선관주의의무가 추상적 평균인을 기준으로 한다는 것은, 같은 계약내용 및 계약체결 이후의 상황 등을 가정할 때 평균인이라면 어느 정도의 주의를 기울일 것인가를 표준으로 한다는 의미로 이해하여야 한다.[17)]

위와 같이 선관주의의무의 판단기준이 추상적이고 객관적인 것이므로, 이러한 선관주의의무를 다하지 못하는 것을 '추상적 과실(culpa in abstracto)'이라고 한다. 이에 대하여 민법이 개별적인 채무자의 능력에 대응한 구체적인 기준에 따른 주의의무를 규정하는 경우가 있다. 즉, 민법은 임치계약에서 무상수치인이 임치물을 보관함에 있어 기울여야 할 주의의무에 관하여 '자기재산과 동일한 주의'를(§ 695),[18)] 친권자가 법률행위의 대리권 또는 재산관리권을 행사함에 있어서 기울여야 할 주의의무에 관하여 '자신의 재산에 관한 행위와 동일한 주의'를(§ 922), 상속인이 상속재산을 관리함에 있어 기울여야 할 주의의무에 관하여 '고유재산에 대하는 것과 동일한 주의'를 각 규정하고 있다. 통설에 의하면 이는 모두 개별적인 채무자의 능력과 경험을 기준으로 한 주의의무를 부과한 것이고, 따라서 이를 위반하는 것을 '구체적 과실(culpa in concreto)'이라고 한다.

이에 대하여 위와 같이 민법이 정하고 있는 '자기재산과 동일한 주의' 등은 개별적인 채무자의 능력과 경험을 기준으로 한 것이 아니라, 단순히 '선관

있다. 대판 94.10.14. 94다38182(공 94, 2988) 등.

17) 동지: 日注民(10-I) 新版, 178(金山正信·直樹).

18) 이와 달리 상인은 무상수치인이라도 선관주의의무를 부담한다. 상 § 62.

주의의무보다 낮은 정도의 주의의무'를 정한 것이고, 따라서 그 위반은 '구체적 과실'이 아니라 다만 '낮은 정도의 객관적 과실'이라고 하는 견해가 있다.[19] 통설에 의할 때 평균인보다 능력과 경험이 모자라는 채무자라면 그에게 부과되는 주의의무는 평균인에 대하여 부과되는 주의의무보다 가벼운 것이 될 것이므로 위 소수설과 크게 다르지 않을 것이다. 문제는 평균인보다 능력과 경험이 뛰어난 채무자(예컨대 보관할 목적물에 관하여 전문적인 식견을 가지고 있는 채무자)의 경우인데, 통설을 논리적으로 일관한다면 이 경우 채무자에 대하여 평균인보다 더 높은 정도의 주의의무를 부과하는 셈이 될 것이다. 그러나 통설도 이러한 결과를 용인하는 것으로 보이지는 아니한다.[20] 무상수치인 등에 대하여 민법이 '자기재산과 동일한 주의' 등을 부과하는 취지는 계약의 무상성 등 이와 유사하게 볼 수 있는 법률관계의 특성을 고려하여 민법이 일반적인 선관주의의무에 비하여 경감된 주의의무를 부과하려는 취지로 보아야 할 것이므로, 결국 '자기재산과 동일한 주의의무'는 평균인의 주의의무의 정도를 그 상한으로 한다고 해석하여야 할 것이다. 그렇다면 통설과 위 소수설은 실질적으로 차이를 가져오지는 않으나, 통설이 좀 더 민법의 문언에 부합하는 해석이라고 생각된다.

2. 보존의무

본조는 특정물채권의 채무자가 물건을 '보존할 의무'를 부담함을 정하고 있다. 여기에서 '보존'이라고 함은 자연적 또는 인위적인 멸실·훼손으로부터 목적물을 보호하여 그것의 가치를 유지하는 것을 말한다. 이러한 보존에 필요한 행위가 무엇인지는 목적물의 성질 기타 구체적인 상황에 맞추어 거래관념에 따라 개별적으로 정할 수밖에 없다. 그것은 사실행위뿐만 아니라 법률행위일 수 있고, 경우에 따라서는 부패하기 쉬운 물건을 처분하여 금전으로 환가하는 처분행위가 될 수도 있다. 그러나 목적물의 개량(경제적 가치 증가)은 보존행위에 포함되지 않는다. 즉 특정물채무자는 목적물을 개량할 의무는 없다.

목적물의 보존에 필요한 비용은 특약이 없는 한 원칙적으로 보존의무를 부담하는 채무자가 부담하여야 한다. 다만 채권자의 수령지체로 인하여 목적물의 보관비용이 증가한 때에는 채권자가 이를 부담하여야 한다(§403). 예외적으

19) 이은영, 93-94.

20) 명시적으로 이러한 결과를 부정하는 것으로는 구주해(8), 110(송덕수). 그 밖에 통설을 취하는 다른 문헌도 모두 '자기재산과 동일한 주의'는 선관주의에 비하여 주의의무를 경감한 것이라고 설명하는 점에서 역시 이와 같이 볼 수 있다.

로 매매에 있어서는 매수인이 수령지체에 빠지더라도 보존비용을 특정물채무자인 매도인이 부담하여야 한다. 이 경우 § 587에 의하여 매도인은 목적물이 매수인에게 인도되기까지의 과실수취권을 가지는데, 이는 곧 목적물의 실제 인도시까지의 보존비용도 매도인이 부담함을 의미하는 것으로 해석되기 때문이다.[21)22)]

3. 선관주의에 의한 보존의무의 존속기간

본조의 선관주의에 의한 보존의무가 발생하는 시기(始期)는 특정물채권이 발생할 때부터이다. 다만 임대차, 사용대차 및 임치에서는 실제로 차주 또는 수치인이 목적물을 인도받은 때로부터 이 의무를 부담한다.

본조의 선관주의에 의한 보존의무의 종기(終期), 즉 특정물채무자는 언제까지 이 의무를 부담하는가에 관하여, 본조는 '물건을 인도하기까지'라고 규정하고 있는바, 이의 해석에 관하여 과거에 '실제로 인도할 때까지'라고 해석하는 견해와, '인도해야 하는 시기', 즉 이행기라고 해석하는 견해의 대립이 있었으나, 현재에 와서는 거의 모든 학설이 전자, 즉 '실제로 인도할 때까지'로 해석하고 있다.

다만 이행기 이후 이행지체 또는 수령지체가 발생할 경우에는 본조에 의한 선관주의에 의한 보존의무가 그대로 적용되지는 않는다. 즉, 이행지체가 발생한 경우에는 채무자는 자기에게 과실이 없이 발생한 손해에 대하여도 배상책임을 지고(§ 392), 채권자가 수령지체에 빠진 때에는 채무자는 고의 또는 중과

21) 대판 81.5.26. 80다211(공 81, 13969): "특정물의 매매에 있어서 그 목적물이 매수인에게 인도되지 아니하였으면 매수인이 대금지급을 지체하여도 매도인은 매수인에게 동 인도가 이루어지기 이전의 기간 동안의 목적물의 관리보존비의 상환이나 매매대금의 이자상당액의 손해배상청구를 할 수 없다."

22) 한편 임대차에 있어서는 임대인이 계약 존속 중 임대차 목적물을 사용·수익에 필요한 상태로 유지하게 할 의무를 부담하므로(§ 623), 이를 주의하여야 한다. 이와 관련하여 대판 10.4.29. 2009다96984(공 10상, 995)는, "목적물에 파손 또는 장해가 생긴 경우 그것이 임차인이 별 비용을 들이지 아니하고도 손쉽게 고칠 수 있을 정도의 사소한 것이어서 임차인의 사용·수익을 방해할 정도의 것이 아니라면 임대인은 수선의무를 부담하지 않지만, 그것을 수선하지 아니하면 임차인이 계약에 의하여 정하여진 목적에 따라 사용·수익할 수 없는 상태로 될 정도의 것이라면, 임대인은 그 수선의무를 부담한다."고 한다[대판 12.3.29. 2011다107405(공 12상, 675)도 같은 취지]. 아울러, "임대차계약 존속 중에 발생한 화재가 임대인이 지배·관리하는 영역에 존재하는 하자로 인하여 발생한 것으로 추단된다면, 그 하자를 보수·제거하는 것은 임대차 목적물을 사용·수익하기에 필요한 상태로 유지하여야 하는 임대인의 의무에 속하며, 임차인이 하자를 미리 알았거나 알 수 있었다는 등의 특별한 사정이 없는 한, 임대인은 화재로 인한 목적물 반환의무의 이행불능 등에 관한 손해배상책임을 임차인에게 물을 수 없다."는 대판(전) 17.5.18. 2012다86895, 86901(공 17 상, 1268) 참조.

실이 없으면 불이행으로 인한 책임을 지지 않는다(§401). 따라서 특정물채무자가 본조에서 규정하는 선관주의에 의한 보관의무를 그대로 지는 경우는, 이행지체도, 수령지체도 발생하지 않은 경우, 예컨대 불가항력으로 인하여 또는 불확정기한의 도래사실을 알지 못하여(§387 I 2문) 이행기에 이행하지 못한 경우, 또는 유치권이나 동시이행의 항변권과 같은 이행의 지연을 정당화할 수 있는 사유가 있는 경우에 한정된다.

Ⅳ. 선관주의 보존의무 위반의 효과

1. 채무불이행 책임

이에 관하여는 일반적으로 다음과 같은 내용이 설명되고 있다. 즉, "채무자가 선관주의의무에 위반하여 목적물을 멸실 또는 훼손한 경우에는 이로 인하여 발생한 손해를 배상할 의무를 부담한다. 이에 반하여 채무자가 선관주의의무를 다한 경우에는, 목적물이 멸실되거나 훼손되었다고 하더라도 채무자는 그로 인한 책임을 지지 않는다."고 한다.[23] 그러나 그 손해배상책임의 발생 여하에 관한 근거가 반드시 명확하게 제시되지는 않고 있다.

이에 관하여는 특정물채무자의 선관주의 보존의무와 목적물 인도의무를 분리하여 다음과 같이 설명하는 견해가 있다.[24] 즉, 채무자가 선관주의 보관의무를 다하였음에도 목적물이 멸실 또는 훼손된 경우에는 선관주의 보존의무는 이른바 '기타의 행위의무'이자 결과채무가 아닌 '행위채무'로서 결과와 관계없이 채무자가 자신의 할 바를 다 하였으므로 면책이 되고, 이 경우 목적물 인도의무에 관하여는 채무불이행(이행불능 또는 불완전이행)이 있게 되나, 채무자는 귀책사유(과실)가 없으므로 역시 면책된다고 한다. 그리고 채무자가 선관주의 보관의무를 다하지 못하여 목적물이 멸실 또는 훼손된 경우에는 동시에 선관주의 보관의무의 불이행 및 목적물 인도의무의 불이행(이행불능 또는 불완전이행[25])이 있게 되고, 채무자는 그로 인한 손해배상책임을 지게 된다고 한다.

---

23) 강봉석, 18; 곽윤직, 27; 김동훈, 117; 김상용, 39; 김증한·김학동 22; 김주수, 55; 김형배, 55; 윤철홍, 36-37; 이덕환, 30; 장재현, 40; 정기웅, 32.

24) 구주해(8), 114-115(송덕수).

25) 목적물이 멸실된 경우에는 이행불능과 불완전이행이 함께 존재하나, 불완전이행의 보충적인 성격 때문에 이행불능으로만 설명된다고 한다.

역시 특정물채무자의 선관주의 보존의무와 목적물 인도의무를 분리하는 입장에서 또 다른 견해는,[26] 채무자의 선관주의 보존의무 위반이 없이 목적물이 멸실 또는 훼손된 경우에는 선관주의 보존의무 위반이 없으므로 채무자는 손해배상책임을 지지 아니하고, 채무자가 선관주의 보존의무를 위반하여 목적물이 멸실 또는 훼손된 경우에는 채무자는 선관주의 보존의무의 위반으로 인한 손해배상책임을 진다고 한다. 즉, 목적물 인도의무의 불이행이 아니라, 선관주의 보존의무의 불이행만을 손해배상책임의 근거로 설명하고 있다.

이에 대하여, 특정물채무자의 선관주의 보존의무와 목적물 인도의무를 분리하는 것에 의문을 표시하면서, 보존의무의 불이행은 곧 인도의무의 불이행이 된다고 하는 전제에 선 견해는,[27] 채무자가 선관주의 보존의무를 이행한 경우에는 채무자는 목적물의 멸실·훼손으로 인한 아무런 책임을 지지 않으며, 채무자가 선관주의 보존의무를 위반하여 목적물이 멸실·훼손된 경우에는 불완전이행(훼손) 또는 이행불능(멸실)로 인한 손해배상책임을 진다고 설명한다.[28]

사견으로는 선관주의 보존의무와 목적물 인도의무를 철저하게 분리하여 선관주의 보존의무 위반의 효과를 설명하는 것은 타당하지 않다고 생각한다. 앞에서 보았듯이 특정물채무는 어디까지나 특정물을 '인도'하는 것을 목적으로 하는 채무이고, 민법이 본조에서 채무자에게 특정물의 보존의무를 부과하는 것은 이러한 채무자의 특정물 인도의무를 채무의 본지에 맞게 이행할 수 있도록 하기 위한 수단을 마련한 것에 불과하다고 보아야 할 것이다. 따라서 채무자가 선관주의 보존의무를 다한 경우에는 목적물의 인도의무에 관한 귀책사유가 없으므로 책임을 지지 않음은 당연하고, 채무자가 선관주의 보존의무를 위반한 경우에는 목적물의 인도의무의 불완전이행(훼손) 또는 이행불능(멸실)으로 인한 손해배상책임을 진다. 즉, '선관주의 보존의무의 위반'을 그 자체 별도의 채무불이행으로 파악하여 이를 근거로 손해배상책임이 발생한다고 할 필요는 없다.

한편, 이와 같이 채무자가 선관주의 보존의무를 위반하였다는 점에 관한

---

26) 이병준, "급부목적물의 멸실과 훼손", 고시연구 31권 9호(366호), 2004, 126-127.

27) 남효순, "특정물의 보존의무에 관한 소고", 고시계 461호, 1995, 130-136.

28) 한편, 이은영, 96은 "채무자의 귀책사유로 인하여 이행기에 목적물을 인도하지 못하였다면 채무불이행책임이 발생하고, 채무자나 그의 이행보조자가 선관주의로 보존하지 못하여 목적물이 멸실·훼손된 경우에 채무자의 과실이 인정된다."고 하고 있는바, 이 역시 같은 입장으로 보인다.

증명책임은 누가 부담하는가? 이와 같이 채무자의 선관주의 보존의무의 위반 여부는 그의 목적물 인도의무 불이행에 관한 귀책사유 유무의 판단에 관한 문제일 뿐이다. 따라서 일반적인 채무불이행에 있어서와 마찬가지로, 채권자는 채무자의 선관주의 보존의무 위반을 증명할 필요가 없고, 채무자가 자신의 책임을 면하기 위하여 스스로 선관주의 보존의무를 다하였음을 증명하여야 한다.[29)]

2. 목적물의 인도의무 - 현상인도의무

§ 462는 "특정물의 인도가 채권의 목적인 때에는 채무자는 이행기의 현상대로 그 물건을 인도하여야 한다."고 규정하고 있다. 이 조항의 해석에 관하여는, 특히 본조와의 관계에서 학자들 사이에 학설이 갈리고 있다.

제1설은, 채무자는 선량한 관리자의 주의를 가지고 목적물을 보관한 후에, 그 목적물을 인도할 때의 현상 그대로 인도하여야 하며, 또한 그것으로 충분하다는 의미라고 한다. 즉, 채무자는 이행기까지 목적물이 훼손된 경우에는 인도할 때의 현상, 즉 훼손된 상태 그대로 인도하면 되고, 목적물이 멸실한 때에는 인도의 의무를 벗어나며, 다만 채무자가 선량한 관리자의 주의를 게을리 하여 목적물을 멸실·훼손케 한 경우에는 손해배상책임을 진다고 한다.[30)]

제2설은 제1설에 비판을 가하면서 § 462에 의하여 채무자의 현상인도가 인정되는 범위에 제한을 가하려고 한다. 즉, 제1설은 § 462를 목적물에 일어난 일체의 변화를 대상으로 한다고 이해하였기 때문에, 이는 채무불이행, 원시적 불능, 하자담보책임, 위험부담 등 민법상 다른 법제도와 경합을 일으켰고, 그 결과 그 변화에 대한 법적인 규율은 이들 다른 제도에 의한 해결에 맡겨지게 되어, 위 규정은 실효성 없는 장식적인 규정이 되었다고 한다. 따라서 § 462는 '채무의 대상인 본래의 특정물과 법적 동일성을 잃기까지에는 이르지 않은 변화가 있는 경우'에만 인정되는 것이므로, 채무자가 선관주의의무를 다하여 특정물을 보존하였다고 하더라도 목적물의 훼손 등이 법적 동일성을 유지할 수 없을 정도로 큰 경우에는 § 462에 의하여 유효한 변제로서의 인도로 인정되지 아니하므로, 채권자는 목적물의 수령을 거절할 수 있다고 한다.[31)]

29) 대판 91.10.25. 91다22605, 22612(반소)(공 91, 2822) 참조.
30) 곽윤직, 27; 장재현, 40; 정기웅, 32.
31) 김상용, 428-429; 김형배, 687; 윤철홍, 436-437; 이은영, 100.

제3설은, 제1설과 달리, 본조의 선관주의 보존의무와 § 462에 의한 목적물 인도의무를 분리하여, 채무자가 본조의 선관주의 보존의무를 다하였는지 여부와 관계없이 채무자는 이행기의 현상대로 목적물의 인도의무를 부담하고, 그것은 또한 유효한 변제제공이 되므로 채권자는 수령을 거절하지 못한다고 한다. 다만 채무자가 선관주의 보존의무를 다하지 못한 경우에는 현상대로의 목적물 인도의무와 함께 손해배상책임을 진다고 한다.[32]

사견으로는 제3설이 그 결론에 있어서 옳다고 생각한다.

우선 제1설은 채무자의 목적물 보관에 관한 주의의무 위반 여부에 따라 채권자의 수령거절 가능 여부를 달리하는 점에서 타당하지 않다. 이 견해는 채무자가 목적물 보관에 관한 선관주의를 다하지 아니하여 목적물이 훼손된 경우(목적물이 멸실된 경우에는 채무자의 목적물 인도의무가 이행불능으로 소멸한다고 하는 점에서는 이 견해와 제3설이 다르지 않다) 채권자의 수령거절권을 인정하는데, 이 경우 기존의 목적물 인도의무는 어떻게 되는지 명확한 설명이 없다. 이 경우 기존의 목적물 인도의무는 채권자의 수령거절로 인하여 확정적으로 이행불능이 되어 소멸하는 것인가?[33] 만약 채권자가 수령거절을 하지 않고 이를 수령하면 이는 이행불능이 아닌 불완전이행으로 되고, 다만 훼손된 부분에 관한 손해배상을 청구할 수 있는 데 그치는 것인가? 채권자의 선택에 따라서 기존 채권관계의 운명이 달라지는 것이라면 이는 법률관계를 불안정하게 한다. 좀 더 근본적으로는 '특정물을 이행기에 현상대로 인도할 것'을 통상적인 거래관계에서의 당사자의 의사로 보는 점에서 이 견해는 취하기 어렵다. 대부분의 특정물채무는 매매와 같은 유상계약에 기하여 발생하고, 이 경우 매수인의 통상적인 의사는 아무리 매도인이 이행기까지 선관주의의무를 다하여 물건을 보존하였다고 하더라도 훼손되지 않은(하자 없는) 물건의 인도를 받는 것이라고 보아야 한다.

다음으로 제2설은 '법적 동일성'을 인정하는 기준을 어디에 두어야 하는지 그 자체로 모호하다는 것이 문제이다. '계약의 목적, 계약이익, 거래관행, 선관주의의무'등에 의하여 구체적인 경우에 따라서 결정할 수밖에 없다고 하나,[34] 여전히 그 개념이 불명확하기는 마찬가지이다. 만약 여기서 '법적 동일성'을 상실하는 범위를 지나치게 넓게 파악한다면(예컨대 채권자가 이를 수령한 뒤 일부 훼손된 부분을 수리하여 사용할 수 있는 정도에도 법적 동일성을 상실하는 것으로 본다면) 심지어 채무자가 선관주의 보존의무를 게을리하지 않은 경우에까

32) 이덕환, 31; 구주해(8), 119(송덕수); 이병준(주 26), 126-127.
33) 이 견해에서는 채무자의 목적물을 수선할 의무(추완채무)는 인정하지 아니한다.
34) 김형배, 687.

지 채권자에게 수령거절권을 부여하는 것이 되어 부당하다. 반대로 '법적 동일성'을 상실하는 범위를 좁게 파악한다면(예컨대, 물리적으로 파괴되어 원래 당사자가 의도한 목적물과 도저히 같은 물건으로 볼 수 없다거나 형체는 남아있으나 본래의 기능을 상실한 경우에 이르러야 법적 동일성을 상실하는 것으로 본다면) 이 경우 제2설에서는 법적 동일성을 상실한 목적물에 대하여 채권자에게 수령거절권을 부여하는데, 제3설도 이러한 경우에까지 § 462에 의하여 채권자가 목적물의 수령을 거절할 수 없다고 해석하는 것은 아니라고 여겨지므로[35] 이렇게 보는 이상 결론에 있어 제2설과 제3설의 차이는 없다. 그러나 제2설은 § 462의 적용국면을 추상적이고 불명확한 '법적 동일성' 여부에 의존하도록 한다는 점에서 타당하지 않은 것이다.

따라서 제3설이 결론적으로는 타당하다. 다만, 다음과 같은 점에서는 이 견해를 보충 또는 수정하고자 한다.

제3설 중 목적물이 훼손된 경우 채무자가 본래의(훼손되지 않은 완전한) 목적물의 인도의무를 면하고, 따라서 채무자가 목적물을 현상대로 인도하면 이는 채무의 내용에 좇은 유효한 변제의 제공으로 되어 채권자는 수령을 거절할 수 없다고 설명하는 견해가 있다.[36] 그리고 이 견해는 채무자의 선관보존의무 위반으로 목적물이 훼손된 경우에는 그러한 선관보존의무 위반 및 목적물 인도의무 불이행(불완전 이행)으로 인한 손해배상책임을 인정한다.[37] 그러나 § 462는 일부불능이나 대체물에 의한 급부가 불가능한 특정물채무의 특성, 즉 채무자의 선관의무 위반 여부와 무관하게 목적물의 현상에 변경이 발생하더라도 특정물 인도채무는 현실적으로 '현상 그대로' 이행할 수밖에 없다는 특수성을 고려하여, 원칙적으로 채권자가 특정물 인도의 수령을 거절하지 못하도록 하는 특칙을 둔 것이라고 해석함이 타당하다.[38] 즉 목적물이 훼손된 경우 채권자가 목적물의 현상대로의 인도의 수령을 거절하지 못하는 것은 채무자가 본래의 완전한 목적물 인도의무를 면하기 때문이 아니라, § 462가 특별히 채무자의 훼손된 목적물의 인도를 유효한 변제로 인정하고, 채권자의 수령거절권을 배제하였기 때문이다. 그리고 앞에서 보았듯이 채무자의 선관보존의무 위반으로 목적물이

35) 구주해(8), 120(송덕수)는 "사회통념에 비추어 목적물이 동일성을 유지할 수 없도록 본질적으로 변경된 경우"를 멸실로 보아야 한다고 한다. 그러나 한편, "목적물은 그 존재가 완전히 없어지지 않는 한 언제나 남아있는 것 모두가 인도되어야 하고, 목적물이 파괴되어 여러 조각으로 나누어진 때에도 마찬가지"라고 하나, 목적물이 파괴되어 사실상 원상회복이 불가능한 상태로 된 경우라면 이러한 경우는 목적물의 멸실에 준하는 것으로 보아, 채무자가 이를 인도하려고 하더라도 채권자는 그 수령을 거절할 수 있다고 봄이 타당하다. 후술 참조.

36) 구주해(8), 119(송덕수).

37) 구주해(8), 114-115(송덕수).

38) 이병준(주 26), 126-127 참조.

훼손된 경우에는 채무자의 손해배상책임이 발생함은 물론이나, 이는 선관보존의무 위반 그 자체로 인한 것이라기보다는 채무자의 목적물 인도의무의 불완전이행으로 인한 것이라고 봄이 타당하다. 선관보존의무는 목적물 인도의무의 수단적인 의미를 가짐에 불과하기 때문이다.[39)]

이와 같이 볼 때, 목적물의 멸실·훼손으로 인한 특정물채무의 법률관계는 다음과 같이 보아야 한다. 먼저 채무자의 선관보존의무의 위반 여부와 무관하게, 목적물이 훼손된 경우 채무자는 그 현상대로 인도할 수 있고, 채권자도 그 수령을 거절하지 못한다.[40)] 다만 채무자가 선관보존의무를 위반한 경우에는, 채무자는 목적물의 인도와 아울러 불완전이행으로 인한 채무불이행책임을 진다. 다음으로 목적물이 멸실된 경우에는 목적물 인도의무는 당연히 이행불능으로 소멸하고, 다만 채무자가 선관보존의무를 위반한 경우에는 이행불능에 대한 손해배상책임을 지고, 채무자가 선관보존의무를 위반하지 않은 경우에는 채무자는 특정물채무에 관련한 모든 채무를 면한다. 다만 이 경우 목적물의 '훼손'과 이행불능을 가져오는 '멸실'의 경계를 획정할 필요가 있다. 사견으로는 사회통념상 목적물이 회복불가능할 정도로 본래의 동일성을 상실한 경우, 즉 훼손된 목적물이 채권자에게 실질적인 경제적 가치를 가져올 수 없거나, 수리가 불가능할 정도로 파괴되어 본래 당사자가 의도한 목적물의 기능을 전혀 발휘할 수 없는 것이 되거나, 또는 채권자가 이를 수리하는 데 당초 목적물의 객관적 가치를 상회하는 비용이 드는 경우 등에는 멸실로 취급하여도 좋을 것이다.[41)] 따라서 이러한 경우에는 잔존한 유형적인 목적물이 존재하더라도 채무자는 이를 채권자에게 인도할 의무가 없고, 채권자가 이를 수령하지 않더라도 수령지체에 빠지는 것이 아니다.[42)]

---

39) '1. 채무불이행책임' 부분 참조.

40) 다만, 훼손된 물건의 인도로써 계약의 목적을 달성할 수 없는 경우에 채권자는 계약을 해제할 수 있고, 이 경우에는 물건의 수령을 거절할 수 있다. 이는 계약해제에 따른 별도의 효과이다.

41) 이러한 면에서 '법적인 동일성'을 기준으로 내세우는 제2설과 비슷한 점도 있으나, 본문에서 말하는 '동일성'은 목적물의 훼손과 멸실을 구별하는 기준으로서 여기서의 '동일성'이 인정되지 않으면 목적물의 인도가 '유효한 변제가 되지 아니하여' 채권자가 수령을 거절할 수 있는 것이 아니라, 목적물이 멸실한 것으로 보기 때문에 이행불능으로 되어 변제 및 수령의 문제가 발생하지 않는 것이고, '동일성'이 인정되지 아니하는 범위(즉 멸실로 보게 되는 경우)는 예외적인 경우에 한정되어, 비교적 명확하다는 점에서 제2설에서 말하는 '법적인 동일성' 기준과 다르다.

42) 본조와 § 462를 둘러싼 이러한 학설의 대립은 근본적으로 우리 민법이 물권변동에 관한 형식주의를 취하고 쌍무계약에서 위험부담에 관하여 채무자부담주의를 취하고 있음에도 이와 달리 물권변동에 관한 의사주의, 쌍무계약에서의 위험부담에 관한 채권자부담주의를

한편 § 462는 채무자가 '이행기'의 현상대로 목적물을 인도하여야 한다고 정하고 있는데, 이행기 이후에 목적물이 훼손된 경우의 법률관계가 문제된다. 특정물채무자는 이행기가 지난 이후에도 목적물을 채권자에게 인도할 의무를 부담하고, 이 경우 특정물채무의 특성상 목적물을 있는 그대로, 즉 현상대로 인도할 수밖에 없다. 따라서 이행기 이후에 목적물이 훼손된 경우에도 채무자는 그 훼손된 상태대로 목적물을 인도할 의무를 부담하고, 채권자가 이를 수령하지 않으면 수령지체에 빠진다. 즉, § 462에서의 '이행기'는 '실제 이행할 때'로 새겨야 한다.[43] 다만 이행기 이후에는 채무자의 이행지체, 채권자의 수령지체, 또는 이행지체도, 수령지체도 아닌 경우인지에 따라서 목적물의 훼손에 따른 채무자의 손해배상책임 유무가 달라질 수 있을 뿐이다.

특정물의 인도는 채무의 성질 또는 당사자의 의사표시로 달리 정하지 아니하면 채권이 성립할 당시에 그 물건이 있던 장소에서 하여야 한다(§ 467 I). 다만 임치물의 경우에는 그 물건을 보관한 장소에서 반환하여야 하고, 수치인이 정당한 사유로 인하여 그 물건을 전치한 때에는 현존하는 장소에서 반환할 수 있다(§ 700).

V. 관련 문제

1. 위험부담

이와 같이 특정물채무에서 채무자가 선관주의 보존의무를 다하였음에도 목적물이 멸실 또는 훼손된 경우, 채무자는 목적물의 인도의무를 면하거나(멸실의 경우), 현상대로 목적물을 인도하면 되고, 손해배상책임을 지지도 아니한다. 즉, 목적물의 멸실 또는 훼손으로 인한 불이익은 채권자에게 돌아간다. 이를 통상 '급부위험(Leistungsgefahr)'을 채권자가 부담한다고 한다.

한편 특정물채무가 쌍무계약에서 발생한 경우, 목적물이 채권자와 채무자 쌍방의 책임 없는 사유로 멸실되는 등으로 특정물채무의 이행이 불능으로 된

취하고 있는 일본 민법의 § 483(우리 민법의 § 462와 같은 내용의 조문)을 그대로 수용한 입법상의 잘못에 기인하는 것이라고 할 것이다[이에 관하여 자세한 것은, 김대정, "특정물채무자의 현상인도의무에 관한 민법 제462조의 개정방안", 중앙법학 제16집 제4호, 2014. 12., 7 이하(특히 41 이하 결론 부분) 참조]. 그러나 기왕 이와 같이 입법된 이상 가능한 조문의 존재 의의를 살리는 방향으로 해석함이 타당하다고 본다.

43) 동지: 김준호, 20; 구주해(8), 121-122(송덕수).

때에는 채무자는 상대방인 채권자에 대하여 반대급부를 청구할 수 없게 된다(§ 537). 즉, 채무자가 '반대급부의 위험(Gegenleistungsgefahr)'[44]을 부담한다. 반면 채권자의 책임 있는 사유로, 또는 채권자의 수령지체 중에 당사자 쌍방의 책임 없는 사유로 특정물채무의 이행이 불능으로 되는 경우에는 채무자는 채권자에 대하여 반대급부를 청구할 수 있다(§ 538). 즉, 채권자가 반대급부의 위험을 부담한다. 이러한 쌍무계약에서의 반대급부 위험의 문제는 목적물이 멸실되는 등으로 특정물채무의 이행이 불능으로 된 때에만 발생함에 주의하여야 한다. 다시 말하면 목적물이 훼손되는 데에 그쳐 목적물 인도의무가 이행불능에 이르지는 아니한 때에는, 급부가 가분적이어서 일부 불능이라고 볼 수 있는 예외적인 경우를 제외하고는, 반대급부 위험의 문제는 발생하지 아니한다.

2. 하자담보책임

한편, 매매 등 유상계약에 기한 특정물매매에서 목적물이 훼손된 경우 채무자의 하자담보책임이 인정될 수 있는가? 특정물에 관하여 채권 성립 이전부터 존재한 하자, 즉 원시적 하자가 존재하는 경우에 § 580에 의하여 채무자의 하자담보책임이 성립함은 학설, 판례상 다툼이 없다. 여기서는 채권 성립 이후 발생한 하자, 즉 후발적 하자의 경우 하자담보책임이 성립하는지의 문제이다. 이에 관하여는 특정물의 하자담보책임에 관한 § 580이 원시적 하자에만 인정되는지(계약성립시설 또는 원시적 하자설) 또는 후발적 하자에도 인정되는지(위험이전시설[45] 또는 원시적·후발적 하자설)에 관하여 학설상 다툼이 있고,[46] 판례는 의용민법 시대의 것으로서 계약성립시설을 취한 것이 있다.[47] 사견으로는 매매계약 등 유상계약의 당사자는 계약 당시 하자 없는 물건을 염두에 두고 이행기에도 이러한 하자 없는 물건이 인도될 것을 기대한다고 봄이 타당하고, 따라서 계약 체결 후 후발적으로 하자가 발생한 경우에는 이러한 기대가 어그러져 대가관계의 불균형이 초래되므로 이를 사후적으로 교정할 수단이 필요하다는 점에서[48] 후발적인 하자가 발생한 경우에도 하자담

---

44) 또는 '대가위험(Preisgefahr)'이라고도 한다.

45) 이는 매매목적물에 대한 위험이전시기까지 발생한 하자에 대하여 하자담보책임을 인정한다는 입장이다. 여기에서 위험이전시기를 언제로 볼 것인지에 관하여 동산에 관하여는 이를 인도시로 보는 데 일치해 있으나, 부동산에 관하여는 등기시라고 보는 견해와 인도시라고 보는 견해가 갈리고 있다. 구주해(14), 502-505(남효순) 참조.

46) 이에 관하여 자세한 것은, 구주해(14), 501-505(남효순) 참조.

47) 대판 58.2.13. 4290민상762(정보).

48) 채무자가 선관보존의무를 게을리 한 때에는 그의 불완전 이행으로 인한 손해배상책임이

보책임을 인정함이 타당하다고 생각한다.[49] 다만, 채무자의 선관보존의무 위반이 있는 경우에는 하자담보책임과 채무불이행책임이 경합하게 될 것이다.

3. 추완청구권

특정물채무자가 선관보존의무를 위반하여 목적물이 훼손된 경우에 채무자는 목적물을 수리하여 인도할 의무가 있는지, 즉 특정물채권자에게 목적물에 대한 추완청구권(追完請求權)[50]이 인정되는지가 문제된다.

다수설은 우리 민법이 채무불이행의 경우 금전배상주의(§ 394)를 택하고 있다는 근거에서 이를 부정한다.[51] 소수설은 목적물의 흠이 수리, 기타의 방법으로 쉽게 추완할 수 있는 경우에 신의칙에 기초해 채권자의 추완청구권을 인정하여야 하고, 또한 채무자의 노력으로 쉽게 추완할 수 있음에도 손해배상책임을 부과하는 것이 가혹한 경우 채무자가 채권자로 하여금 추완을 허락하도록 요구할 수 있는 '추완허락청구권'도 인정하여야 한다고 한다.[52]

사견으로는 적어도 특정물 인도의무에 한하여서는 § 462에 의하여 채무자가 수리를 하지 아니하고 채권자에게 인도하더라도 채권자는 이를 수령하여야 하고, 그렇지 아니하면 채권자지체에 빠짐은 앞서 본 것과 같다. 즉 채권자가 채무자에게 목적물의 수리를 요구하며 목적물의 수령을 거절하면 채권자지체에 빠진다. 그러나 채권자는 일단 훼손된 목적물을 수령한 경우라도 그 목적물의 인도가 채무자의 불완전이행인 이상(§ 462가 훼손된 물건의 인도를 채무의 본지에 따른 이행으로 보는 것이 아니고 단지 이를 유효한 변제로서 인정하는 것에 지나지 않음은 앞에서 서술한 바와 같다), 채무자에 대하여 목적물 훼손에 관한 손해배상을 청구할 수 있음은 물론, 이와 선택적으로 훼손된 부분에 관한 수리도 청구할 수 있다고 보아야 할 것이다. 그리고 이는 신의칙 자체에 기한 것이라기보다는 불완전이행 자

인정될 것이므로 대가관계 불균형이 교정될 수 있을 것이나, 채무자의 선관보존의무 위반 없이 목적물이 훼손된 때에는 하자담보책임을 인정하지 아니하면 대가관계의 불균형을 교정할 수단이 없게 되어 특히 부당하다.

49) 동지: 구주해(8), 120-121(송덕수). 아울러 같은 맥락의 입장으로 이해할 수 있는 것으로, 김형배, "하자담보의 성질", 고려대학교 법과대학 법률행정연구소 법률행정론집 제19집, 1981, 142와 권영준, "매도인의 하자담보책임", 민법학의 회고와 전망, 한국민사법학회, 1993, 573은 위험이전시설을 취하면서, "매수인이 매매의 목적물에 하자가 있다는 것을 알게 되는 것은 일반적으로 목적물의 인도를 받은 후이고 그 하자가 매매계약 전부터 있었느냐 그 후에 발생했느냐 하는 것은 매도인이 민법 제374조에 의한 선관주의의무를 다했다는 입증을 거친 후라야 명백해 진다"는 것을 그 논거로 들고 있다.

50) 또는 보완청구권(補完請求權)이라고도 한다.

51) 김동훈, 119; 김주수, 56; 김증한·김학동, 30; 김준호, 20; 송덕수, 64; 윤철홍, 37; 이덕환, 31.

52) 이은영, 101-102.

체의 효과로서 '완전물급부청구권'으로부터 파생되어 나오는 권리라고 파악함이 타당하다(이는 본래의 이행청구권이 신의칙에 기하여 수정된 형태라고 볼 수 있을 것이다).[53] 또한 채권자는 훼손의 수리요구 대신 손해배상청구권을 행사할 수 있음은 물론이나, 경우에 따라, 예컨대 훼손의 정도가 극히 미약하여 보수만으로도 쉽게 완전물급부를 실현할 수 있을 때와 같은 예외적인 경우에는 신의칙상 채무자도 손해배상을 하는 대신 훼손 부분에 대한 보수(수리)를 할 것을 요구할 수 있는 권리를 가진다고 볼 수 있을 것이다.[54]

4. 천연과실의 귀속

특정물로부터 발생한 과실은 과실을 수취할 권한이 있는 자에게 속한다(§ 102). 따라서 특정물채무에서 목적물을 인도할 때까지 발생한 과실도 개별 계약관계에서 과실수취권이 누구에게 있는지에 따라서 누구에게 귀속될 것인지가 결정될 것이다. 만약 특정물채무자에게 과실수취권이 있는 것으로 해석되는 경우에는 목적물을 인도할 때까지 특정물로부터 발생한 과실은 당연히 채무자에게 귀속되어야 함이 원칙이다. 다만 특정물채무의 이행기 이후에 실제 목적물 인도시까지 발생한 과실도 채무자에게 귀속되어야 한다고 볼 것인지가 문제이다. 특정물채무의 이행이 지연됨으로써 발생한 과실이 채무자에게 귀속된다고 하면 이는 부당하다. 따라서 이행기 이후에 발생한 과실은 채권자에게 귀속된다고 봄이 타당하고, 따라서 채무자는 특정물과 함께 이행기 이후에 발생한 과실을 채권자에게 인도하여야 한다(통설).

다만 매매(기타 성질이 유사한 유상계약 포함)의 경우에는 매수인이 이미 대금을 지급하지 아니한 이상 이행기가 지났다고 하더라도 실제 인도시까지 목적물로부터 발생한 과실은 모두 매도인에게 귀속하고(§§ 587, 567),[55] 수임인이 위임사무 처리로 받은 물건으로부터 수취한 과실 및 수치인이 임치된 물건으로부터 수취한 과실은 이행기 이전이라도 위임인 및 임치인에게 속함(§§ 684 I, 701)을 유의하여야 한다.

53) 구주해(9), 310-311(양창수); 구주해(14), 538-539(남효순) 각 참조.

54) 구주해(14), 539(남효순) 참조.

55) 대판 04.4.23. 2004다8210(공 04, 873): "민법 제587조는 매매당사자 사이의 형평을 꾀하기 위하여 매매목적물이 인도되지 아니하더라도 매수인이 대금을 완제한 때에는 그 시점 이후의 과실은 매수인에게 귀속되지만, 매매목적물이 인도되지 아니하고 또한 매수인이 대금을 완제하지 아니한 때에는 매도인의 이행지체가 있더라도 과실은 매도인에게 귀속되는 것이므로 매수인은 인도의무의 지체로 인한 손해배상금의 지급을 구할 수 없다."

第 375 條(種類債權)

① 債權의 目的을 種類로만 指定한 境遇에 法律行爲의 性質이나 當事者의 意思에 依하여 品質을 定할 수 없는 때에는 債務者는 中等品質의 物件으로 履行하여야 한다.

② 前項의 境遇에 債務者가 履行에 必要한 行爲를 完了하거나 債權者의 同意를 얻어 履行할 物件을 指定한 때에는 그때로부터 그 物件을 債權의 目的物로 한다.

차례

Ⅰ. 서 설

본조는 채권의 목적물이 종류와 수량으로만 정해진 경우에 채무자가 이행할 목적물의 품질에 관한 기준을 정하고(제1항), 이 경우 채무자가 이행할 목적물을 구체적으로 정하는 방법을 정하고 있다(제2항).

이는 본조의 표제로부터도 알 수 있듯이 종류채권에 관한 규정이다. 종류채권은 이와 같이 채권의 성립 당시 목적물이 종류와 수량으로만 지정되어 있으므로 그 이행을 위해서는 이행에 이르기까지 목적물이 구체적으로 특정될 필요가 있다. 본조는 이를 위하여 목적물의 특정을 위한 기준과 방법을 정하고 있는 것이다. 그러나 특히 본조 제2항은 목적물 특정을 위한 방법 그 자체뿐만 아니라 채권자에게 급부위험이 이전되는 시점을 정하는 기준이 된다는 점에서도 중요한 의의를 가진다.

이러한 종류채권이 유효하게 성립할 수 있음은 계약자유의 원칙상 당연하다.[1] 당사자는 거래의 다양한 모습과 사정에 따라 계약 당시에는 목적물을 구체적으로 특정하지 못하고 그 특정을 위한 기준만을 정해 놓은 후 나중에 구체적으로 그러한 기준에 따라 목적물을 특정할 현실적인 필요가 있는 것이다. 이러한 종류채권은 특히 자본주의 시장경제가 고도로 발달한 사회에서 대량생산과 대량소비를 매개하는 상품거래의 일반적인 모습이 된다. 그러나 종류채권은 상품의 매매뿐 아니라, 증여, 교환, 소비대차, 임대차, 소비임치, 혼장임치, 유증 등 다양한 법률관계로부터 발생할 수 있다.

본조는 독일민법 § 243[2]이 정하고 있는 바를 부분적으로 수정하여 받아들인 일본민법 § 401을 다시 본받아 이를 거의 같은 내용으로 규정하고 있다.[3]

본조는 임의규정이므로, 당사자들은 본조와 다른 내용의 계약을 체결할 수 있다.

Ⅱ. 종류채권의 의의

종류채권은 일반적으로 '일정한 종류에 속하는 일정량의 물건의 인도'를 목적으로 하는 채권이라고 정의된다. 반면, 종류채권을 '목적물이 종류와 수량에 의하여 정하여지는 채권, 즉 일정한 종류에 속하는 물건의 일정량의 급부를 목적으로 하는 채권'이라고 정의하는 견해도 있다.[4] 두 정의방식의 차이는 반드시 목적물의 인도를 목적으로 하는 채권만을 종류채권이라고 할 것인가, 또는 목적물이 종류와 수량에 의하여 정하여지기만 하면 반드시 목적물의 인도가 아니라도 목적물에 대한 권리의 이전 또는 예컨대 목적물에 대한 수리 등 '하는 급부'를 목적으로 하는 채권도 종류채권이라고 할 것인가에 있다. 본조가 § 374와는 달리 명시적으로 목적물의 '인도'라는 표현을 사용하지 않고 있

1) 채권의 목적의 요건으로서 '확정성'이 요구되는바, 종류채권의 목적물 이 채권 성립 당시 종류와 수량만으로 지정되어 있어 아직 특정되지 않았다고 하더라도 이행에 이르기까지 특정될 수 있는 이상 처음부터 '확정성'의 요건은 갖춘 것이 된다. 채권의 목적의 요건으로서의 '확정성'에 관하여는 본절 전론 Ⅲ. 1. 참조.

2) 독민 § 243(종류채무) ① 종류만으로 정하여진 물건에 대하여 채무를 지는 사람은 중등의 종류 및 품질을 가지는 물건을 급부하여야 한다. ② 채무자가 그러한 물건의 급부를 위하여 채무자측에서 필요한 바를 행한 때에는, 채권관계는 그 물건에 한정된다.

3) 본조의 자세한 연혁 및 외국의 입법례에 관하여는 구주해(8), 127-134(송덕수) 참조.

4) 송덕수, 65.

을 뿐 아니라, 목적물에 관한 소유권 이전 등 목적물 인도 외의 다른 급부에 관하여도 본조를 적용하지 않을 특별한 이유는 없으므로, 후자와 같이 종류채권을 정의하는 것이 옳다고 생각한다.

이와 같이 종류채권은, '이 자동차', '이 책'과 같이 채권의 성립 당시에 이미 특정된 물건을 급부의 목적으로 하는 특정물채권(§374)과 달리, '2015년형 자동차 1대', '민법주해 제2판 채권(1) 10권'과 같이 채권 성립 당시에는 목적물의 종류와 수량만이 정해져 있고, 구체적인 목적물의 특정은 채권 성립 이후에 이루어질 것을 예정하고 있는 채권이다. 이러한 점에서 종류채권을 특정물채권과 대비하여 불특정물채권이라고 하기도 한다. 그러나 금전채권(§376)도 불특정물채권에 포함된다고 봄이 타당하므로 종류채권이 불특정물채권과 정확히 일치하는 것은 아니다.

종류채권에서 목적물의 '종류'는 목적물을 다른 목적물과 구별하도록 하는 일정한 공통된 성질에 의하여 규정된다. 이러한 목적물의 공통된 성질을 강학상 '종류표지(Gattungsmerkmale)'라고 부른다. 종류표지의 예로서는, 물건의 성질, 제작년도, 출고년도, 생산지, 가격 등 다양한 목적물의 성질을 들 수 있다. 종류채권 목적물의 종류는 하나의 종류표지에 의하여 정하여질 수도 있고, 복수의 종류표지에 의하여 정하여질 수도 있다. 단순히 '자동차'라고만 하면 '자동차'라고 하는 하나의 종류표지에 의하여 종류가 정하여지는 반면, '2015년형 빨간색 자동차'라고 하면 여기에 출고년도와 색상이라는 두 개의 종류표지가 더 부가된 것이다.

이와 같이 종류표지가 적게 부착될수록 당해 목적물의 범위는 넓게 되고, 종류표지가 많이 부착될수록 당해 목적물의 범위는 좁게 된다. 종류표지가 극단적으로 많이 부착되면 사실상 목적물이 특정되어 이를 종류채권이 아닌 특정물채권으로 보아야 하는 경우가 있을 수 있고, 반대로 종류표지가 적고 추상적이거나 불명확한 경우에는 목적물의 특정이 불가능하여 급부의 '확정성' 결여로 인하여 채권을 무효로 보아야 할 가능성도 생각해 볼 수 있다. 그러나 종류표지가 추상적이고 불명확함을 이유로 채권을 무효로 돌리는 데에는 신중하여야 한다. 따라서 이러한 경우에는 먼저 거래의 관행을 고려하거나 보충적인 해석을 통하여 가능하면 종류표지를 구체화하고 명확히 하여 목적물의 특정을 시도해 보아야 한다.[5)]

5) 구주해(8), 136(송덕수); 주석 채총(1), 150(제4판/안법영) 참조.

이러한 종류표지는 당사자가 자유로운 의사에 의하여 부착할 수 있다. 즉, 종류표지는 당사자의 의사에 따르는 것이므로 목적물의 객관적인 성질 자체에 구속되는 것이 아니다. 이러한 점에서 특정물채권과 종류채권의 구별은 대체물과 부대체물의 구별에 좌우되는 것이 아니다. 달리 말하면, 대체물과 부대체물의 구별은 목적물의 객관적인 성질이 다른 물건으로 대체가능한지 여부, 즉 물건의 개성이 중요시 되는지 여부에 따라 구별되는 것이지만, 종류물과 특정물은 개개의 거래에서 당사자가 목적물의 개성을 중시하여 이를 동종의 다른 물건으로 대체할 수 있는 것으로 정하였는지 여부에 따라 구별되는 것이다. 따라서 일반적으로 대체물은 종류물이 되기 쉽고, 부대체물은 특정물이 되기 쉬우나, 반드시 그런 것은 아니고 부대체물도 종류물이 될 수 있고, 대체물도 특정물이 될 수 있다. 예컨대 일반적으로 각 세대마다 개성을 가지고 있어 부대체물로 여겨지는 아파트를 매매의 목적물로 한 경우에도 당사자는 '30평형 아파트 10채'라는 식으로 개개의 아파트의 개성을 무시하고 종류로서만 매매의 목적물로 삼을 수 있고, 일반적으로 개성이 중요하지 않은 쌀이나 금 같은 경우에도 '이 한 포대의 쌀', '이 한 덩어리의 금괴'라는 식으로 당사자가 특정물로 지정하여 거래할 수 있다.

한편 종류채권은 급부의 객체가 물건인 경우를 일컫고, 따라서 본조도 급부의 객체가 물건인 경우에 적용되는 것이 원칙이다(이는 본조에서 '물건'이라는 용어를 사용하고 있는 것으로부터도 분명하다). 그러나 급부의 객체가 물건이 아니면서 급부의 내용을 종류에 의하여 표시한 경우가 있다. 예컨대 어떤 회사의 보통주 몇 주, 우선주 몇 주를 양도하기로 한 경우,[6] 일정한 경력 이상의 노동자를 파견하기로 한 경우 등이 그러한데, 이러한 경우는 본조가 직접 적용되는 것은 아니지만 유추적용되어야 할 것이다.[7] 한편 금전은 본래 일정한 추상적인 가치를 표상하는 데에 그 본질이 있기 때문에, 그 특성상 금전에 대하여는 종류채권에 관한 규정이 적용 또는 유추적용될 수 없고, 이에 따라 민법도 금전채권에 관하여는 별도의 규정을 두고 있다(§§ 376-378). 다만 당사자가 절대적으로 일정한 종류의 금전으로써 급부할 것을 정한 이른바 '절대적 금종채권'은 목적물인 금전을 가치표상의 수단으로서보다는 단순히 물건으로 다루고자 하는 것이기 때문에, 이는 금전채권이 아

6) 이러한 경우는 주권이 발행되지 않은 경우는 물론이거니와, 주권이 발행된 경우에도 양도의 대상은 추상적인 권리인 주식이지 물건인 주권이 아니다.

7) 동지: 구주해(8), 136-137(송덕수).

니라 종류채권으로 보아야 하고, 따라서 본조가 적용되어야 한다.[8)]

Ⅲ. 다른 채권과의 구별 등

종류채권과 특정물채권 및 금전채권과의 구별은 앞의 종류채권의 의의에 관한 서술에서 본 바와 같다. 따라서 아래에서는 종류채권과 선택채권, 임의채권과의 구별 및 종류채권의 일종인 제한종류채권의 개념에 관하여 살펴본다.

1. 선택채권과의 구별

선택채권은 채권의 목적인 급부가 선택적으로 정하여진 채권이다. 선택채권과 종류채권은 모두 채권의 목적이 채권 성립 당시 특정되어 있지 않고, 그 이후의 특정을 거쳐 급부가 확정된다는 점에서 공통점이 있다. 그러나 선택채권은 각각 다른 개성을 가진 수 개의 급부가 존재하다가 선택권의 행사에 의하여 그 중 어느 하나가 이행하여야 할 급부로 확정되는 것인 점에서, 개개의 급부가 개성을 지니지 아니한 채 종류표지에 의하여 동종의 급부로 묶여 있을 따름이고 그 후의 특정에 의하여 구체적인 급부목적물이 확정되는 종류채권과 구별될 수 있다. 종류채권과 선택채권을 구별하는 실익은, 특정 내지 선택의 방법 및 이행불능에 의한 특정의 인정 여부에 차이가 있다는 점(본조와 선택채권에 관한 §§ 380-385 대비), 목적물의 품질에 관한 제한이 있는 여부(선택채권에 관하여는 본조 I과 같은 규정이 없다), 특정 내지 선택의 소급효 유무(종류채권에 관하여는 § 386과 같은 규정이 없다)에 있다.

그러나 종류채권에서 종류표지가 더욱 많아지고 상세하게 될수록, 그에 따라 급부목적물의 범위가 더욱 좁아지게 될수록 종류채권과 선택채권의 구별은 어렵게 된다. 특히 일정범위의 부대체물 가운데 일정 수량을 급부하기로 하는 채권이 뒤에서 보는 제한종류채권인지 또는 선택채권인지가 문제된다. 예컨대 1,000㎡의 토지 중 300㎡의 소유권을 이전하기로 한 경우, 어떤 목장에 있는 100마리의 젖소 중 30마리를 매수하기로 한 경우 등에 있어서 제한종류채권과 선택채권 중 어느 것이 발생한 것으로 볼 것인지가 문제로 된다. 결국 그 구별은 당사자의 의사해석에 의할 수밖에 없을 것이다. 즉, 당사자가 각 목적물의 개성을 중시한 것인 때에는 이를 선택채권이라고 할 것이고, 그렇지 않은

8) 절대적 금종채권에 관하여는 후술 § 376 주해 III. 2. 참조.

경우에는 이를 종류채권이라고 보아야 한다. 다만 위의 예와 같이 부대체물이 급부의 목적물으로 된 사례에서는 당사자가 일정 범위의 토지 중 어느 부분의 토지인지, 일정 범위의 젖소 중 어떠한 젖소인지에 관하여 이해관계를 가지고 이를 중요시하는 것이 일반적이고, 이와 달리 채권자의 입장에서 어느 목적물에 의하여 채무가 이행되더라도 무관하다고 볼 수 있는 특별한 사정이 없다면, 통상은 선택채권으로 해석하여야 할 것이다.[9)10)]

선택채권과 종류채권은 결합될 수 있다. 예컨대 선택가능한 급부 모두가 종류채권으로 이루어질 수도 있고, 선택가능한 급부 중 일부는 특정물채권, 다른 일부는 종류채권으로 이루어질 수도 있다. 이러한 경우에는 우선 선택권의 행사에 의하여 일정한 급부가 정하여지고, 그 이후에 선택된 급부가 특정물채

9) 동지: 곽윤직, 28-29; 김상용, 41-42; 김주수, 58; 김형배, 59; 구주해(8), 141(송덕수). 이에 대하여 오수원, "부대체물을 목적으로 하는 종류채권의 특정", 조선대 법학논총 제15집 제2호, 2008, 344-345는, 선택채권에 비하여 종류채권에 관한 규정이 채권자와 채무자의 이익을 모두 고려하고 있으므로 종류채권과 선택채권 중 어느 것인지 불분명할 때에는 종류채권으로 추정하여야 한다고 한다.

10) 대법원 판결은 토지나 아파트와 같은 부동산의 양도가 문제가 된 사안에서 이를 제한종류채권으로 본 경우와 선택채권으로 본 사례로 나누어지고 있다. 제한종류채권으로 본 사례로는, 대판 03.3.28. 2000다24856(공 03, 1025)(채무자가 채권자에 대하여 19필지 토지 중 7,000평을 양도하기로 하는 제소전 화해를 한 사안); 대판 09.1.30. 2006다37465(공 09상, 211) 및 대결 09.1.30. 2006마930(정보)(토지구획정리조합이 사업시행 수탁자에게 지급할 사업비로 체비지를 이전하여 주기로 한 사안); 대판 07.12.13. 2005다52214(공 08상, 3)(주택조합이 조합아파트 건립을 위하여 조합원들로부터 토지를 매수하면서 잔대금은 조합원들 배정분 아파트 중 4세대의 분양권을 부여하기로 하는 분양계약을 체결한 사안)가 있고, 선택채권으로 본 사례로는, 대판 72.7.11. 70다877(정보)(위임인이 수임인의 선택에 따라 수임인에 대하여 위임계약에 따른 보수로 일정 면적의 토지를 양도하기로 한 사안); 대판 00.5.12. 98다23195(공 00, 1368)(공유수면매립공사의 공사대금 등을 지급하기 위하여 매립토지 중 100평을 양도하기로 한 사안); 대판 04.2.13. 2003다10612(정보)(17필지 중 '제1토지 외 1필지 중 100평'을 매도하기로 한 사안); 대판 11.6.30. 2010다16090(공 11하, 1519)(1필지 토지 중 교환대상인 토지의 면적에 상응하는 부분을 이전하여 주기로 한 사안); 대판 14.1.23. 2011다57685(정보)(토지구획정리조합이 사업시행 수탁자에게 지급할 사업비로 체비지를 이전하여 주기로 한 사안)가 있다. 특히 위 2010다16090 판결 및 2011다57685 판결은 "토지소유자가 1필 또는 수필의 토지 중 일정 면적의 소유권을 상대방에게 양도하기로 하는 계약을 체결한 경우, …… 위치와 형상이 중요시되는 토지의 특성 등을 감안하여 볼 때 특별한 사정이 없는 한 위치가 특정된 일정 면적의 토지 소유권을 양도받을 수 있는 권리를 가지는 것으로 보아야 할 것이고, 따라서 위와 같은 계약에 있어서 양도받을 토지의 위치가 확정되지 않았다면 상대방이 토지소유자에 대하여 가지는 채권은 민법 제380조 소정의 선택채권에 해당하는 것으로 보아야 한다."고 판시한다. 한편, 제한종류채권의 성립을 긍정한 위 대법원 2000다24856 판결, 2006다37465 판결, 2006마930 결정도 채무자가 이행에 필요한 행위를 하지 아니하거나 지정권자인 채무자가 지정권을 행사하지 않는 경우 선택채권에서의 선택권 이전에 관한 § 381을 준용하여야 한다고 한다.

권인 경우에는 그 특정물로 급부목적물이 확정되고, 선택된 급부가 종류채권인 경우에는 다시 본조에 의한 특정을 거쳐 급부목적물이 확정된다.[11)]

2. 임의채권과의 구별

임의채권이라 함은 채무자가 이행하여야 할 본래의 급부가 확정되어 있고, 다만 일방 당사자가 다른 급부에 의하여 본래의 급부를 갈음할 수 있는 권리(대용권)를 가지고 있는 채권이다. 이와 같이 임의채권은 채권의 성립 당시부터 급부 자체는 확정되어 있다는 점에서 채권 성립시에는 종류표지에 의하여 급부의 범위가 정해져 있어 급부가 확정되어 있지는 않은 종류채권과 구별된다.

임의채권도 종류채권과 결합될 수 있다. 예컨대, 채무자가 어떠한 종류채무를 본래의 채무로 부담하되, 추후 다른 종류채무로 본래의 채무를 갈음할 수 있는 대용권을 가지는 경우는 임의채권과 종류채권이 결합된 형태라고 할 수 있다.[12)]

3. 제한종류채권의 개념

제한종류채권(Beschränkte Gattungsschuld)이란 어느 한정된 범위 내에 있는 종류물 가운데 일정량의 급부를 목적으로 하는 채권이다. 이는 '한정종류채권' 또는 '재고채권(Vorratsschuld)'이라고도 한다. 예컨대 '특정 창고에 보관하고 있는 쌀 중 10가마'를 양도하기로 한 경우 '특정 창고에 보관'이라는 한정된 범위 내에서 '쌀 10가마'라는 종류물에 관한 채권, 즉 제한종류채권이 성립한다.[13)] 그러나 '특정 창고에 입고되는 쌀 중 처음 입고되는 10가마'라고 하거나 '특정 시점에 특정 창고에 보관하고 있는 쌀 전부'라고 하는 경우에는 처음부터 급부목적물이 특정되어 버리므로 특정물채권이 성립한다.

---

11) 선택채권에 관하여 자세한 것은 후술 § 380 이하의 주해 참조.

12) 임의채권에 관하여 자세한 것은 후술 후론[임의채권] 참조.

13) 이는 대판 56.3.31. 4288민상232(정보)의 사안이다. 그 외에도 판례가 제한종류채권으로 인정한 사례로는, 신축할 아파트 중 일정 세대의 분양권, 일정한 토지 중 일부 면적을 급부목적물로 삼은 경우(주 9 참조), 보유주식의 일정수량을 담보로 제공하기로 한 경우[대판 94.8.26. 93다20191(공 94, 2510)] 등이다. 한편 대판 15.2.26. 2014다37040(공 15상, 545)은 채무자의 채권자에 대한 주식 2,000주 반환의무는 특정물채무가 아니라 종류채무에 해당하므로, 채무자가 그 보유주식을 제3자에 매각하여 이를 보유하고 있지 않더라도 이를 다시 취득하여 반환할 수 없어 이행불능이라고 단정할 수 없다고 하고 있다. 판시에서 '제한종류채권'이라고 명시하고 있지는 아니하나, 필연적으로 채무자의 주식양도의무는 '시중에 유통되는 해당 회사의 주식'이라는 한정된 범위를 전제로 하고 있다는 점에서 제한종류채권이라고 보아야 할 것이다.

이러한 제한종류채권의 법적 성격에 관하여는 독일이나 일본에서는 그것이 특정물채권이라는 등의 이견이 있었으나, 현재 독일이나 일본에서는 물론 우리나라에서도 제한종류채권도 종류채권의 일종이라는 데에 이설이 없다.[14] 즉, 제한종류채권도 급부의 목적물이 종류표지와 수량에 의하여 정하여진다는 점에서 종류채권과 같고, 다만 급부의 대상물이 특정한 범위 내로 한정된다는 점에서만 일반의 종류채권과 구별되고, 그로 인한 특수성이 있을 뿐이다.

특히 제한종류채권의 특수성으로서는 이행불능으로 인한 급부위험부담 내지 채무자의 조달의무가 문제된다. 즉, 일반적인 종류채권에서는 사실상 이행불능이 발생할 여지가 없고, 채무자는 적어도 목적물의 특정이 이루어지기 이전에는 시장에서 무한정으로 같은 종류의 물건을 조달하여야 하는 의무를 부담하는 반면, 제한종류채권에서는 원칙적으로 정하여진 일정한 범위 내에서만 이러한 조달의무를 부담하고, 그 범위 내의 물건이 전부 멸실되는 경우에는 이행불능이 발생할 수 있다. 이와 같이 제한종류채권은 채무자의 조달의무를 경감하여 주는 의미가 있다. 또한 목적물의 특정 이후 다른 물건으로 대체할 수 있는 이른바 변경권이 인정되는지와 관련해서도 차이가 있을 수 있다. 이에 관하여는 후술한다(VI.3.마. 참조).

구체적인 경우에 제한종류채권이 성립하는지 또는 단순한 종류채권이 성립하는지는 계약해석에 의하여 결정할 문제이다. 즉, 급부의 목적물을 일정한 범위로 제한하려는 당사자의 의사가 있었는지에 의하여 제한종류채권의 성립 여부를 결정하여야 한다. 이러한 의사가 명시적으로 있어야 하는지가 문제될 수 있으나, 이에 관하여는 채무자 스스로 생산한 물건과 동일한 종류의 물건의 급부가 약속된 경우에는 원칙적으로 제한종류채권이 성립한다고 하는 견해가 있다.[15] 예컨대 상품의 생산자가 그가 생산하는 종류의 상품을 매도하는 경우 또는 농부가 농산물을 매도하는 경우에는 자신의 재고에 한정시킨다는 언급이 없어도 원칙적으로 제한종류채권이 발생한다고 한다.[16]

일정 범위의 부대체물 중 일정수량을 급부하기로 하는 채권을 선택채권

14) 구주해(8), 140(송덕수); 日注民(10-I) 新版, 302(金山正信·直樹) 참조.

15) 구주해(8), 141(송덕수).

16) 구주해(8), 141(송덕수). 김증한·김학동, 33도 어떤 물건을 생산하는 자가 그 생산물의 일정량을 정기적으로 공급하기로 한 경우 특별한 사정이 없는 한 제한종류채권으로 보아, '공장에 불이 났거나 파업으로 인하여 물건을 생산할 수 없게 된 경우'에는 채무자는 시장에서 같은 종류의 다른 물건을 조달하여 공급할 의무를 지지 않는다고 한다.

으로 볼 것인지 또는 제한종류채권으로 볼 것인지에 관하여는 앞에서 살펴보았다.

Ⅳ. 종류채권의 특성 - 조달채무성

1. 일반적인 종류채권

종류채권에 있어서 채무자는 급부하기 위하여 준비한 물건이 급부의 목적물로 특정되기 이전에 채무자의 귀책사유로 인하여, 또는 불가항력 등 그의 귀책사유 없이 멸실된다고 하더라도 원칙적으로 그 채무를 면하지 못한다.[17] 즉, 채무자는 동종의 물건을 다시 시장에서 조달하여 채권자에게 급부하여야 한다. 이러한 의미에서 종류채무는 '조달채무'라고도 불린다.[18]

그러나 종류채권도 예외적으로 목적물의 특정이 이루어지기 전에 이행불능으로 되는 경우가 있다. 즉, 종류채권이 이행불능으로 되지 않는 것은 기본적으로 같은 종류의 물건이 시장에 무수히 많이 있다는 것을 전제로 하는 것인데, 시장에 존재하는 종류물이 전부 소멸한 경우라면 종류채무도 이행불능으로 된다. 또한 시장에 종류물이 존재하여 종류물의 조달이 절대적·물리적으로 불가능한 것이 아니더라도 사회통념상 채무자가 종류물을 조달하는 것을 기대하기 어려운 경우에도 이행불능을 인정할 수 있을 것이다. 따라서 모든 종류물이 압수된 경우, 종류물의 수입 또는 거래가 금지되거나 생산이 중단된 경우, 종류물을 조달하는 데에 사회통념상 상당하지 않은 시간과 비용이 소요되는 경우에도 이행불능이 인정되어야 한다.[19]

그러나 단순히 채무자가 물건을 조달할 신용, 경험 또는 자력이 없다거나,

---

17) 대판 15.2.26. 2014다37040(공 15상, 545): "주식은 주주가 출자자로서 회사에 대하여 가지는 지분으로서 동일 회사의 동일 종류 주식 상호 간에는 그 개성이 중요하지 아니한 점, 이 사건 주식보관증에는 피고가 소외 회사(필자가 비실명화 하였음) 주식 2,000주를 보관하고 있다고 기재되어 있을 뿐 피고가 보관하는 주권이 특정되어 있지 아니한 점을 고려하여 보면, 피고의 원고에 대한 주식반환의무는 특정물채무가 아니라 종류채무에 해당한다. 따라서 피고가 소외 회사 주식을 취득하여 반환할 수 없는 등의 특별한 사정이 없는 한, 피고 보유 주식이 제3자에게 매도되어 피고가 이를 보유하고 있지 않다는 사정만으로는 피고의 주식반환의무가 이행불능이 되었다고 할 수 없다."(밑줄은 필자) 참조.

18) '종류는 소멸하지 않는다(genus perire non censetur)'는 로마법의 법언이 이러한 법리를 반영하고 있다고 한다. 주석 채총(1), 155(제4판/안법영).

19) 구주해(8), 144(송덕수) 참조.

물건의 가격이 등귀하였다는 사정만으로는 채무자가 조달의무를 면한다고 보기 어렵다. 다만 이러한 사정 때문에 채무자가 장차 상당한 기간이 지나더라도 동종의 물건을 조달할 수 없다고 여겨질 경우에는 이행불능으로 채무자는 조달의무를 면한다고 볼 수 있다. 그러나 이러한 경우 통상은 채무자의 귀책사유가 인정되어 채무자는 채무불이행에 따른 손해배상책임을 져야 할 것이다.[20]

이와 같이 종류채권에서는 원칙적으로 목적물이 특정되기 이전에는 목적물의 멸실에 불구하고 채무자가 급부의무를 면할 수 없으므로, 급부위험을 채무자가 부담한다. 그러나 목적물이 특정된 이후에는 목적물이 멸실된 경우 채무자는 다른 물건에 의한 급부의무를 면하므로, 결국 급부위험은 채권자에게 이전하는 것이 된다. 그러나 이러한 급부위험과 달리 쌍무계약에서의 대가위험은 별개로 고찰하여야 한다(위험부담에 관하여는 VI.3.라.에서 후술한다).

2. 제한종류채권

제한종류채권에서도 일반적인 종류채권과 마찬가지로 원칙적으로 목적물의 특정 이전에는 재고 내의 물건 일부가 멸실되었다고 하더라도 이행불능이 발생하지 않으며, 채무자는 재고에 속하는 다른 동종의 물건으로 급부를 이행하여야 한다.

그러나 급부의 대상으로 되는 종류물의 범위가 한정된다는 제한종류채권의 특성으로부터 일반적인 종류채권에 비하여 목적물의 특정 이전에도 이행불능이 발생할 여지는 더 커지게 된다. 말하자면 제한된 범위 내의 종류물, 즉 재고가 모두 멸실되면 제한종류채무는 이행불능으로 되고, 따라서 채무자는 급부의무를 면한다. 만약 제한된 범위의 종류물의 일부가 멸실되어 잔존하는 물건으로는 급부해야 할 수량에 부족하게 된 경우에는 그 모자라는 수량만큼의 일부 이행불능이 발생하여 그 한도 내에서 채무자는 급부의무를 면한다(다만 이 경우 잔존하는 물건에 관하여 당연히 특정이 이루어지는가에 관하여는 다툼이 있다. 이에 관하여는 VI.2.마.에서 후술한다).

이와 같이 재고에 속하는 종류물의 멸실로 인하여 전부 또는 일부 이행불능이 발생한 경우, 그 멸실에 관하여 채무자의 과실이 있으면 채무자는 채권자에 대하여 손해배상책임을 부담한다. 다만 이러한 경우 채무자의 과실을 판단

20) 동지: 구주해(8), 144(송덕수). 주 17의 대법원 14다37040 판결에서도 채무자가 해당 주식을 취득하여 반환할 수 없는 예외적 사정에 의하여 주식양도채무가 이행불능에 이를 가능성을 인정하고 있다.

하는 기준, 즉 채무자가 재고 내의 종류물에 대하여 어떠한 주의의무를 부담하는지가 문제될 수 있다. 일반적인 종류채권에서는 채무자는 원칙적으로 시장에 존재하는 종류물을 조달하여 급부할 의무를 부담하므로 이러한 주의의무를 논할 여지가 거의 없으나, 제한종류채권에서는 급부의 잠재적 대상으로 되는 한정된 범위의 종류물이 존재하므로 이러한 점이 문제된다. 우리나라에서 이에 관하여 뚜렷하게 논의하는 학설은 없으나,[21] 사견으로는 선량한 관리자로서의 주의의무를 부담한다고 보아야 할 것으로 생각한다. 제한종류채권의 채무자는 장차 자신의 재고로부터 일정한 수량의 급부를 할 의무를 부담하므로 이는 적어도 자신이 장차 이행하여야 할 수량에 해당하는 종류물이 재고에 남아있도록 유지할 의무를 전제로 한다고 할 수 있다. 비록 이러한 재고유지의무는 채무자 자신의 재고를 유지하는 일이지만 채권자에 대한 급부의무를 원활히 이행하기 위한 수단으로서 부담하는 것이므로, 이를 단순히 '자기의 재산에 대한 것과 동일한 주의의무'에 그치는 것이라고 보기는 어렵고, 특정물채무자와 마찬가지로 선량한 관리자로서의 주의의무라고 봄이 타당하다. 또한 재고에 속하는 물건이 멸실되어 이행할 수량보다 적은 수의 물건이 남음으로써 당연히 종류물의 특정이 이루어진다는 입장으로부터 본다면(후술 VI.2.마.참조), 재고에 속하는 물건이 한꺼번에 멸실되는 경우에도 이론적으로는 목적물이 하나씩 멸실되어 전부 멸실되는 경우와 차이를 두기는 어렵고, 후자와 같은 경우 목적물이 조금씩 멸실되어 남은 물건의 수가 이행할 수량과 같아지는 순간 그 남은 물건으로 종류물의 특정이 이루어지고, 그에 따라 § 374가 적용 내지 유추적용됨으로써 당연히 그 남은 물건에 대한 채무자의 선관주의 보존의무가 발생한다고 할 수 있으므로, 이와 같이 보더라도 채무자의 선량한 관리자로서의 주의의무를 인정함이 타당하다고 할 수 있다.

제한종류채권에서 남은 종류물 전체로 채권자들을 만족시킬 수 없는 경우

---

21) 일본의 경우, 특정 저수지에 저장 중인 '타르' 중 일정량을 인도하는 것을 목적으로 하는 제한종류채권에 관하여, 채무자는 특정물 보관에 관하여 요구되는 선량한 관리자의 주의의무를 부담하는 것은 아니지만 적어도 자신의 재산에 있어서와 동일한 주의의무를 부담한다고 한 하급심 판결(日札幌高函館支判 1962(昭 37). 5. 29.)이 있고, 이에 대하여 이 사건과 같이 제한종류채권의 목적물 전체의 범위가 비교적 협소할 경우에는 채무자가 선관주의 의무를 부담한다고 하여야 한다고 비판하는 견해와, 다시 이에 대하여 '협소함'의 기준이 문제이고, 채무자가 이러한 주의의무에 반하여 목적물이 멸실된 때에는 채무자는 변경권(후술)을 행사하여 다른 동종의 물건으로 대체할 수 있으므로 그에게 주의의무를 부담하게 하더라도 그다지 의미가 없다고 비판하는 견해가 있다. 日注民(10-I) 新版, 319-320(金山正信 · 直樹) 참조.

신의칙상 채무자는 채권자들이 가지는 채권의 비율에 따라 급부할 의무가 있다고 하는 견해가 있다.[22] 그러나 신의칙을 근거로 다른 채권자들이 경합한다는 이유만으로 강제집행 이전 단계에서 채권자들이 가진 종류물의 급부에 관한 실체적 권리가 비율적으로 축소된다고 할 수 있는지 의문이다.[23]

제한종류채권에서도 재고 내의 물건 중에서 특정이 이루어진 이후 채무자가 특정된 물건 외에 재고 내에 있는 다른 물건 또는 나아가 재고 외의 물건으로도 이행할 수 있는가의 문제, 즉 이른바 변경권의 문제가 발생하는바, 이에 관하여는 후술한다(VI.3.마. 참조).

V. 목적물의 품질 - 본조 제1항

1. 품질의 결정

종류채무에서는 급부할 목적물의 종류와 수량이 정하여져 있으나, 그와 같이 정하여진 종류에 속하는 물건도 모두 품질이 균일하지 않으므로, 그 중 어떠한 품질의 물건으로 급부할 것인지가 문제된다. 예컨대, 채무자가 백미 1가마니를 인도할 의무를 부담한 경우, 같은 백미라고 하더라도 하등품, 중등품, 상등품 등의 품질로 분류될 수 있으므로, 그 중 어떠한 품질의 백미를 인도할 것인지가 문제되는 것이다. 이에 관하여 본조 I은 법률행위의 성질이나 당사자의 의사에 의하여 먼저 품질을 정하도록 하고, 이에 의하여 품질을 정할 수 없을 때에는 중등품질의 물건으로 이행하도록 하고 있다.

종류물의 품질은 법률행위의 성질에 의하여 결정될 수 있다. 예컨대, 소비대차(§ 598)와 소비임치(§ 702)에 있어서는 당연히 법률관계의 성질상 채무자는 처음에 채권자로부터 받은 물건과 동일한 품질의 물건으로 반환하여야 한다.

또한 사적자치의 원칙상 당사자는 채무자가 급부할 물건의 품질을 자유로운 의사에 의하여 결정할 수 있다. 이러한 종류물 품질결정에 관한 당사자의

22) 구주해(8), 145(송덕수). 독일의 통설, 판례라고 한다.

23) MünchKomm/Emmerich (7. Aufl. 2016), § 243 Rn. 17도 이러한 통설, 판례의 '비율적 급부의무(Repartierungspflicht)' 이론에 의문을 표시하면서 "채무자는 원칙적으로 스스로 공급부족에 대비할 의무를 부담하고, 이를 제대로 행하지 아니하여 재고가 일시에 부족하게 된 경우에는 책임을 진다. 그 밖에는 § 275 및 우선주의(Prioritätsprinzip)에 따른다."고 하고 있다(독민 § 275는 급부불능 등의 경우 채무자의 급부의무를 배제하는 규정이다).

합의는 채무를 성립시키는 계약 당시에 있을 수도 있고, 그 이후에 있을 수도 있다. 이러한 당사자의 합의는 명시적 또는 묵시적으로 행하여질 수 있고, 의사표시 해석의 일반원칙에 따라 그 내용이 확정된다. 따라서 의사표시가 명확하지 않은 경우에는 관습에 의하여 목적물의 품질이 결정될 수 있다(§106).

법률행위의 성질과 당사자의 의사 중 어느 것이 우선하는 기준이 되는가에 관하여 논의가 있다. 이에 관한 학자들의 견해는, 법률행위의 성질이 우선한다고 하는 입장,[24] 당사자의 의사가 우선한다고 하는 입장,[25] 양자 사이에는 선후관계가 없으며 병렬적인 관계라는 입장[26]으로 나뉜다. 생각건대, 민법이 '법률행위의 성질'과 '당사자의 의사'를 병렬적으로 열거하고 있다고 하더라도, 실제로는 '법률행위의 성질'도 '당사자의 의사'의 일종으로 보아야 할 것이다. 즉, 법률행위의 성질이 '소비대차' 또는 '소비임치'이므로 채무자는 받은 물건과 동일한 품질의 물건으로 반환하여야 한다고 하는 경우, 이는 결국 당사자의 법률행위가 '소비대차' 또는 '소비임치'라는 민법상 전형계약으로 해석이 된다는 것에 지나지 않는 것이기 때문이다. 만약 당사자의 의사가 채무자가 당초 받은 물건과 다른 품질의 물건을 반환한다는 것이라면 이는 이미 소비대차도, 소비임치도 아닌 다른 무명계약으로 해석될 뿐이다.[27] 결국 민법의 규정은 사실상 같은 것을 '법률행위의 성질'과 '당사자의 의사' 두 가지로 달리 표현하고 있는 것에 지나지 아니한다.

목적물의 품질을 법률행위의 성질 내지 당사자의 의사에 의하여 정할 수 없는 때에는 중등품질의 물건으로 급부하여야 한다. 즉, 이는 당사자의 의사가 명확하지 아니할 경우 적용되는 보충규정이다.

앞서 서술한 바와 같이 본조 I은 독일민법 및 일본민법과 동일한 취지를 규정하고 있는데, 이와 다소 달리, 프랑스민법의 경우 채무자는 최상등품의 물건을 제공할 의무는 없되, 최하등품을 제공하지 못한다고 규정하고 있고, 스위스민법은 채무자는 중등의 품질 아래의 물건을 제공하지 못한다고 규정한다.[28] 즉, 우리 민법은 프랑스 민법이나 스위스 민법과 같이 채무자에게 일단

24) 강봉석, 23; 곽윤직, 29; 김상용, 42; 김준호, 22; 김형배, 60; 이은영, 106-107; 정기웅, 36.
25) 김동훈, 126; 김주수, 59; 김증한 · 김학동, 33; 윤철홍, 43.
26) 송덕수, 68(다만, 굳이 양자에 순위를 둔다면 사적자치의 원칙상 오히려 당사자의 의사가 첫째의 표준이라고 한다); 주석 채총(1), 158(제4판/안법영).
27) 이와 같은 취지의 설명으로, 구주해(8), 146, 주 77(송덕수).
28) 이에 관하여는 구주해(8), 132-134(송덕수) 참조.

종류물의 품질을 정할 수 있는 재량을 부여하되 소극적으로 그러한 재량에 제한을 가하는 규정형식이 아니라, 채무자로 하여금 중등품을 급부할 의무를 부담하도록 하여 적극적인 규정형식을 취하고 있다.

이와 같이 채무자는 중등품으로 급부하여야 하므로, 채무자는 하등품으로 급부할 수 없고, 채권자도 상등품을 요구할 수 없다. 급부할 물건이 중등품인지 여부에 관하여 다툼이 있는 경우에는 법원이 이를 정하는 수밖에 없다. 물건의 품질을 결정함에 있어서는 당사자의 의사와 거래관념에 의하여야 할 것인데, 특별한 사정이 없는 한 이행기와 이행지에서 통용되는 거래관념을 기준으로 할 것이다.[29] 제한종류채권의 경우에는 제한된 범위(재고) 내의 물건 중 중등품을 급부하면 된다. 따라서 재고 내의 물건들이 재고 밖의 물건들에 비하여 품질이 떨어지거나 품질이 뛰어나더라도, 채무자로서는 재고 내의 물건들만을 비교하여 그 중 중등품을 급부하면 족하다.[30]

채무자가 중등품 이상의 물건, 즉 고품질의 물건으로 급부할 수 있는지에 관하여는 대부분의 학설은 원칙적으로 채무자가 고품질의 물건으로 급부하더라도 채권자에게 유리하고 거래목적도 달성될 수 있으므로 채무불이행이 성립하지 않으나, 예외적으로 상등품이 거래목적에 적합하지 않거나 채권자에게 불리하게 되는 경우에는 채무불이행이 성립할 수 있음을 인정하고,[31] 채무불이행이 성립할 수 있는 예외적인 경우로서 상등품이 채권자 개인의 취미 등 급부이익에 적합하지 않거나, 또는 대가의 증대, 판매부진을 초래하여 채권자에게 불리한 경우를 들고 있다.[32] 이에 대하여 상품의 품질이 고급화되어 가는 시대적 추이에 비추어, 상등품으로 인도하여도 채무불이행이 성립하지 않는다고 하는 견해도 있고,[33] 위 다수설이 상등품의 급부가 채권자에게 불리하게 되는 경우로서 예로 드는 '대가가 증대하는' 경우는 「독점규제 및 공정거래에 관한 법률」 때문에 거의 발생하지 않을 것이고, 판매부진을 초래하는 경우는 채권자로서는 상등품을 중등품 가격으로 판매하면 판매부진이 일어나지 않는다고 비판하면서 극히 예외적인 경우를 제외하고는 상등품의 급부가 채무불이행

29) 구주해(8), 146-147(송덕수); 주석 채총(1), 158(제4판/안법영).

30) 구주해(8), 148(송덕수).

31) 곽윤직, 29; 김동훈, 126; 김주수, 60; 김증한 · 김학동, 33; 김형배, 60; 이덕환, 37; 이은영, 60; 정기웅, 37; 주석 채총(1), 164(제4판/안법영).

32) 곽윤직, 29; 김주수, 60; 김형배, 60; 정기웅, 37; 주석 채총(1), 164(제4판/안법영) 참조.

33) 김상용, 42.

이 되지 않는다고 하는 견해도 있다.[34] 고품질의 물건이 다수설이 지적하는 바와 같이 특별히 거래목적에 적합하지 않거나 채권자에게 불리하게 되는 예외적인 경우가 아니라면 채무불이행이 발생하지 않음은 물론, 본조 II 등에 의한 특정이 일어날 수 있다. 만약 위와 같은 예외적인 경우라면 아래 '품질위반의 효과'에서 서술하는 바와 같은 하등품의 급부가 이루어진 경우와 마찬가지로 보면 될 것이다.[35]

2. 품질위반의 효과

채무자가 법률행위의 성질이나 당사자의 의사에 의하여 정하여진 종류물의 품질에 미치지 못하는 물건으로, 또는 이와 같은 방법에 의하여 품질이 정하여지지 아니한 경우에 있어서 중등품에 미치지 못하는 물건으로 본조 II에서 정한 특정을 위한 행위를 하더라도 특정의 효과는 발생하지 않는다.[36] 본조 II에서는 '전항의 경우에'라고 하고 있는바, 본조 I에서 정한 품질에 미치지 못하는 물건에 의하여서는 특정이 성립할 수 없기 때문이다. 즉 채무자가 품질 미달의 물건으로 '이행에 필요한 행위를 완료'하거나 '채권자의 동의를 얻어 이행할 물건을 지정'하더라도 특정의 효과가 발생하지 않는 것이다.[37] 그리고 채무자가 위와 같은 품질 미달의 물건을 제공하더라도, 이는 채무의 본지에 좇은 이행이 되지 아니하므로, 채권자는 위와 같은 품질 미달의 물건을 수령할 의무

34) 구주해(8), 149(송덕수).

35) 채무자가 잘못하여 상등품의 물건을 급부한 경우에 이를 반환청구할 수 있는지에 관하여, 원칙적으로 이는 부정되어야 하고, 다만 착오의 문제가 발생할 수 있음을 지적하는 것으로는, 구주해(8), 375(송덕수) 참조.

36) 통설이다. 김동훈, 131; 송덕수, 68; 이은영, 113; 이덕환, 45; 정기웅, 40; 구주해(8), 147; 주석 채총(1), 160. 김상용, 46은 "하자 있는 물건의 급부는 채무의 내용에 좇은 이행이 되지 못하므로 하자 없는 물건이 존재하는 한, 특정 후에도 채무자는 하자 없는 물건으로 인도하여야 한다."고 하여 분명하지 아니하나, 역시 하자 있는 물건에 대하여는 특정의 효력이 발생하지 아니한다는 취지로 보인다. 그리고 김형배, 66은 "종류물이 매매의 목적물인 경우에 특정된 목적물에 하자가 있는 때에는 원칙적으로 채무의 내용에 좇은 이행을 위한 특정이 있다고 볼 수 없으므로 하자 있는 물건을 제공하더라도 이행이 있었다고 할 수 없다."고 하여, 특정의 효과를 부정하는 것으로 보이나, 특정의 문제와 이행의 문제, 그리고 종류매매의 경우와 종류매매가 아닌 경우를 명확히 구별하지 않고 있어 분명하지 아니하다.

37) 채무자가 채권자의 동의를 얻어 물건을 지정한 경우에는 그것이 품질 미달의 물건이더라도 특정의 효과가 발생한다고 하여야 하는 것이 아닌지 의문이 제기될 수 있으나, 본조 제2항 후단에서 정한 '채권자의 동의'란 물건 자체에 대한 것이 아니라 채무자의 지정권 행사에 대한 동의를 의미하므로(후술), 이와 같은 '채권자의 동의'가 있었다는 사정만으로 특정의 효과가 발생한다고 볼 것은 아니다.

가 없고, 따라서 수령을 거절하고 다시 적합한 품질의 물건의 급부를 요구할 수 있다(§461). 그렇게 하더라도 수령지체가 발생하지 않는다(§400).

본조 II에서 정한 방식이 아닌 다른 방식에 의한 특정이 이루어지는 경우, 즉 당사자가 합의에 의하여 특정을 하거나 채권자 또는 제3자가 지정권을 행사하여 품질 미달의 물건(하자 있는 물건)에 특정을 행하는 경우는 어떠한가? 이에 관하여 논하는 문헌은 많지 않으나, 다음과 같이 설명하는 견해가 있다.[38] 즉, 당사자 사이의 합의에 의하여 특정이 이루어지는 경우, 품질미달(즉 하자)이 채권자에 의하여 인식될 수 있었던 것(즉 숨겨진 하자가 아닌 경우)이었을 때에는 일단 특정이 생기고, 채권자는 그에게 중대한 과실이 없는 한 특정을 위한 그의 의사표시를 취소할 수 있다(§109). 반면 문제된 하자가 숨겨진 것인 때에는 물건의 수령 후에 하자가 발견된 경우에도 소급하여 특정이 행하여지지 않은 것이 되어 채권자는 완전한 급부를 청구할 수 있다. 따라서 적어도 채권자에 의한 점검을 거친 다음 하자 있는 물건의 급부가 이행으로서 인용된 때에는 일단 특정이 행하여진 것이므로, 하자담보책임의 문제만을 남긴다고 한다. 그리고 지정권 행사에 의하여 특정이 이루어진 경우에는 지정권의 행사가 적절하게 이루어지지 않았다는 것을 이유로 하자 있는 물건의 지정을 무효로 하여 지정권 행사가 없었던 상태로 돌려야 한다고 한다. 또 다른 견해는[39] 당사자 사이의 계약에 의하여 특정이 이루어지는 경우에는 목적물 선정계약의 중요부분의 착오를 이유로 이를 취소할 수 있는지가 선결문제가 되고, 지정권의 행사에 의하여 특정하는 경우에는 채무자가 이행에 필요한 행위를 완료한 경우와 같이 특정의 효과가 부정되어야 한다고 한다.

사견으로는, 채권자가 하자 있는 물건임을 알고 합의에 의하여 특정한 경우나 지정권을 행사한 경우에는 당연히 특정의 효력을 인정하여야 할 것이다. 이 경우는 채권자가 하자 있는 물건임에도 그 물건으로 급부를 수령하겠다는 의사가 있다고 보아야 하기 때문이다. 그러나 채권자가 하자 있는 물건임을 알지 못한 경우에도, 그 알지 못한 데에 과실이 있는지를 불문하고 특정에 관한 합의가 있거나 채권자가 지정권을 행사하면 그로써 특정의 효력이 발생한다고 보아야 한다. 그 이유는 다음과 같다. 우선 당사자의 합의에 의한 특정 및 채권자의 지정권 행사에 의한 특정은 본조 II에서 정하고 있는 특정 방법이 아니

38) 김형배, 66.
39) 김주수, 63.

므로, 본조 I에서 정하는 품질적합성을 특정의 효력의 발생요건으로 정하고 있는 본조 II이 바로 적용되지 아니한다. 그리고 합의에 의한 특정이나 채권자에 의한 지정권 행사의 경우에는 본조 II에서 정하는 특정방법과는 달리 채권자가 특정에 관여하는바, 이와 같이 일단 채권자의 관여에 의하여 특정행위가 이루어진 이후에는 채무자는 그로 인하여 특정의 효력이 발생한 것을 신뢰하여 그 특정된 목적물을 보관하고 이를 가지고 채무를 이행할 준비를 하게 되므로, 채무자를 더 이상의 조달의무나 급부위험으로부터 해방시켜 줄 필요성이 강하게 요청된다. 이 경우 만약 특정한 물건에 하자가 있었다는 이유만으로 특정의 효력을 부정하게 되면, 채무자가 일응 특정된 목적물에 의하여 이행을 준비하던 중에 그 목적물이 불가항력으로 멸실된 경우에도 채무자는 다시 물건을 급부할 의무를 부담하게 되어 부당하다.[40] 다만, 채권자로서는 목적물 특정의 합의나 지정권 행사에 목적물의 품질에 관한 착오가 있었음을 이유로 특정을 취소할 수 있는 가능성이 있다.[41][42] 채권자는 목적물이 특정된 이상 이를 수령하기 이전에 하자의 존재를 알게 되었더라도 일단 이를 수령하여야 한다. 그러나 채권자는 목적물을 수령한 이후 채무자에 대하여 불완전이행으로 인한 손해배상책임이나 하자담보책임을 물을 수 있을 것이다.

그리고 이와 같이 보는 이상, 본조 II에 의한 특정이 행하여졌으나 그 물건에 하자가 있어 특정의 효과가 발생하지 않은 경우에도 채권자가 후에 이를 일단 수령하면 그 시점에서 특정이 이루어진다고 보아야 할 것이다. 물건을 수령하는 시점에서 채권자는 그 물건을 검사하여 이를 일단 이행의 목적물로 인정하는 것으로 볼 수 있으므로, 사실상 당사자의 합의에 의한 특정이 이루어지는 것과 같다고 할 수 있기 때문이다.[43] 한편 제3자의 지정에 의하여 목적물

---

40) 물건에 하자가 없어 특정의 효과가 발생한 경우에는 당연히 급부위험이 채권자에게 이전하여 채무자는 불가항력에 의한 멸실의 경우 다른 물건에 의한 급부의무가 없는데, 채무자의 관여 없이 특정이 이루어진 물건에 숨은 하자가 있었다는 이유만으로 채무자가 다시 급부의무를 부담하는 것은 부당하다.

41) 반대: 이은영, 113. 동 견해에 의하면, 착오법리에 따른다면 채권자는 중요부분의 착오와 중과실 없음의 두 요건을 갖춘 때에만 취소할 수 있게 되어 부당하고, 채권자의 지정과 동의에는 그 지정된 물건이 채무의 내용에 적합할 것이라는 점이 당연한 전제로 되어 있으므로 그 전제가 충족되지 않으면 지정 및 동의의 의미도 상실된다고 한다.

42) 하자가 숨은 하자가 아닌 경우에는 채권자의 중과실이 인정되어 취소가 인정되지 않는 경우가 많을 것이다.

43) 그 밖의 다른 근거를 들자면, 본조 II의 방법에 의한 특정은 종류물채무의 이행, 즉 종류물 중 일정한 물건의 급부를 이행하기 위한 수단으로서 인정되는 것이다. 따라서 비록 하자 있는 물건이라고 하더라도 채권자가 일응 이를 유효한 변제로서 인정하고 수령한 이

이 특정되는 경우에는 특정행위 자체에 채권자의 관여가 없었다는 점에서 본조 II에 의한 특정과 같게 취급하여야 할 것이다. 즉, 목적물에 하자가 있으면 특정의 효과는 발생하지 않으며, 이 경우 제3자는 다시 다른 물건으로 지정을 하거나 만약 제3자가 지정권을 행사하지 않으면 채무자가 이행에 필요한 행위를 완료함으로써 특정하는 수밖에 없을 것이다.[44] 다만 채권자가 하자 있는 물건을 수령하면 역시 그 시점에서 특정이 이루어진 것으로 보아야 함은 앞서 본조 II에 의한 특정이 이루어진 경우와 마찬가지이다.

이와 관련하여 특히 종류물의 매매, 즉 종류매매에 있어서 § 581에 의한 하자담보책임과 종류물의 특정 여부 및 특정의 시기의 관련이 논의된다. 종류매매에 관한 매도인의 하자담보책임에 관하여 규율하고 있는 § 581에 의하면, 품질미달의 하자 있는 물건이 급부된 경우, 매수인은 수령한 물건을 반환하고 다른 물건의 급부를 요구할 수 있다(완전물급부청구권, § 581 II). 그리고 이와 선택적으로 매수인은 하자 있는 물건을 반환하지 아니하고 계약해제 내지 손해배상청구를 할 수도 있다(§ 581 I, § 580, § 575 I).[45] 여기에서 하자 있는 물건에 관하여 일응 특정을 위한 행위 등이 이루어진 경우에도 매수인이 § 581에 의한 완전물급부청구권 또는 계약해제 및 손해배상청구권의 어떠한 권리를 행사하는지에 따라서 그러한 권리의 행사 시점에 특정의 효력이 발생하는지, 또는 일단 발생한 특정의 효력이 소급적으로 소멸하는 것인지 등이 문제된다.

이에 관하여는, 하자 있는 물건에 관하여는 본조 II 등의 방법에 의한 특정의 효력이 발생하지 않음을 전제로, 매수인이 계약해제 내지 손해배상청구권을 행사하는 경우에는 그 시점에 급부된 하자 있는 물건에 특정이 일어나나, 만약 매수인이 완전물급부청구권을 행사하는 경우에는 특정이 일어나지 않는다고 설명하는 견해가 있다.[46] 다른 견해는 매도인이 '일응' 특정하여 인도하

상, 더 이상 종류물채무의 '이행'을 위한 특정을 인정할 근거는 없어진다고 할 수 있다. 만약 이와 달리 채권자가 하자 있는 물건을 수령하였음에도 특정이 일어나지 않는다고 해석하면, 채무자의 급부위험은 채권자에게 이전되지 않는 결과 불가항력에 의하여 채권자가 수령한 목적물이 멸실되는 경우 그 목적물에 하자가 존재하였다는 이유만으로 채무자는 다른 목적물을 다시 급부하여야 한다는 부당한 결과가 되고 만다. 특히 종류매매에 있어서는 하자 있는 동산이라도 매수인이 이를 수령함으로써 목적물에 대한 소유권은 매수인에게 이전하는데, 특정조차 되지 않은 물건의 소유권을 매수인이 취득하는 결과는 받아들이기 곤란하다.

44) 이에 관하여는 후술 VI. 2. 나. 부분 참조.

45) 다만 계약해제권은 계약의 목적을 달성할 수 없는 경우에만 행사할 수 있다. 따라서 통상 완전물급부청구가 가능한 경우에는 계약해제권은 인정되지 않을 것이다.

46) 이덕환, 37; 구주해(8), 147-148(송덕수). 김형배, 66-27도 같은 취지의 설명으로 이

는 물건을 매수인이 '특정된 것으로 여겨' 수령한 경우에는 § 581 I의 하자담보권을 행사함으로써 종국적으로 특정되고, 매수인이 § 581 II의 하자담보권을 행사하는 경우에는 매도인이 매수인에게 인도한 물건에 대한 '일응의' 특정은 소급적으로 실효된다고 설명한다.[47] 또 다른 견해는 § 581의 규정이 본조에 의한 특정의 효력에 영향을 미치는 것을 부정하고, 또한 종류매매에서 비록 하자 있는 물건이더라도 본조 II 등에 의한 특정이 이루어지면 그로써 특정의 효력이 발생함을 전제로,[48] "§ 581에서 매수인에게 완전물청구를 인정한다고 해서 새삼 이미 실현된 종류물의 특정을 부정할 필요는 없고", "계약을 해제하거나 대금감액청구권을 행사하면 그때에 비로소 특정의 효과가 생기는 것이 아니라, 물건이 특정되었기 때문에 특정된 물건에 존재하는 하자를 이유로 그러한 책임을 인정하는 것"이라고 한다.[49]

사견에 의하면 결과적으로 두 번째 견해가 타당하다. 우선 전제가 되어야 할 것은, 앞서 본 것처럼 특정을 위한 채무자, 채권자 또는 제3자의 행위가 있었으나 물건에 하자가 있어 특정의 효력이 발생할 수 없다고 하더라도, 채권자가 그 하자 있는 물건을 수령하면 그 시점에서는 일단 특정의 효력이 발생한다는 것이다.[50] 이와 같이 볼 때에 매수인이 § 581 I에 의한 계약해제 내지 손해배상청구권을 행사하는 경우에는 그 특정의 효력은 그대로 유지된다. 반면 매수인이 § 581 II에 의한 완전물급부청구권을 행사하는 경우에는 물건의 수령 시점에서 발생한 특정의 효력은 소급적으로 소멸하는 것으로 된다. 이 경우는 매도인이 다른 하자 없는 물건에 의하여 다시 특정을 시도하여야 할 것이다. 이는 민법이 종류물 매매에 관하여 매수인의 완전물급부청구권을 인정하는 것과의 체계적인 해석상 불가피한 결과이다.[51]

한편, 채무자가 일단 품질미달의 물건을 급부하였다가 나중에 적합한 품질

해된다.

47) 주석 채총(1), 161-162(제4판/안법영).

48) 구주해(14), 548(남효순)은 이러한 입장이 통설이라고 하나, 앞서 본 바와 같이 현재의 통설은 이와 다르다.

49) 구주해(14), 548-550(남효순).

50) 물론 이와 같이 매수인의 목적물 수령에 특정의 효과를 부여한다고 하여 하자 있는 물건의 급부로써 매도인에 의한 종류채무의 완전한 이행이 인정되는 것은 아니다. 하자 있는 물건의 급부는 채무의 내용에 좇은 이행이 되지 아니함이 원칙이고, 요건이 갖추어지면 매도인은 채무불이행(불완전이행)의 책임을 질 수 있다(물론 하자담보책임과의 경합을 인정하는 입장을 전제로 한다).

51) 이와 같이 볼 때에 § 581 I에서 "특정된" 목적물에 하자담보책임을 인정하는 민법의 태도가 자연스럽게 이해된다.

의 물건을 다시 급부하는 것이 가능한지의 문제가 있다. 앞서 본 것처럼 채권자가 목적물을 수령한 때에는 목적물의 특정이 이루어진다고 할 것인데, 이와 같이 급부한 물건 대신 다른 물건을 급부하기 위해서는 채무자가 이러한 특정의 구속력을 부인하여야 하므로, 이는 뒤에서 보는 종류채무자의 변경권을 인정할 것인지의 문제와 관련된다. 그러나 채권자가 목적믈 일단 수령한 이후에는 해당 목적물에 이익을 가진다고 할 것이므로 채권자의 동의 없이 채무자가 일방적으로 변경권을 행사하여 다른 물건을 급부하는 것은 허용될 수 없다고 할 것이다.[52] 뿐만 아니라, 채권자가 하자 있는 목적물을 수령한 이후에는 앞서 본 바와 같이 채무자에게 하자담보책임을 물어 완전물급부청구 외에도 계약해제권 또는 손해배상청구권을 행사할 수 있고, 경우에 따라 채무불이행에 기한 손해배상청구권 등을 행사할 수 있는바, 채무자가 변경권을 행사하는 것은 이러한 채권자의 선택권을 침해하는 결과가 되므로, 이러한 점에서도 이는 허용될 수 없다고 할 것이다.[53]

Ⅵ. 종류채권의 특정 - 본조 제2항

1. 특정의 의의

종류채권은 급부의 목적물이 처음부터 특정되어 있지 아니하고 종류와 수량에 의하여 추상적으로만 정하여져 있을 뿐이므로, 채무의 이행을 위하여 정하여진 종류에 속하는 물건 중에 어떠한 물건으로 급부할 것인지를 구체적으로 정하는 과정을 거치지 않을 수 없다. 이러한 과정을 종류채권의 특정(Konkretisierung) 또는 집중(Konzentration)이라고 한다. 이러한 종류채권의 특정은 종류채무의 이행을 위하여 필요한 과정이므로 종류채무가 이행되는 시점까지 특정이 이루어져야 하고, 또 그것으로 족하다.

이러한 종류채권 특정의 기본적 의의는 본조 II에서 "그 때로부터 그 물건을 채권의 목적물로 한다."라는 문구에 압축적으로 표현되어 있다. 특정은 바로 종류채무자의 조달부담의 한계를 설정하는 데에 근본적인 기능이 있는 것이다.

---

52) 후술 VI. 3. 참조.

53) 동지: 구주해(8), 148(송덕수); 주석 채총(1), 165(제4판/안법영).

2. 특정의 방법 및 시기

본조 II은 '채무자가 이행에 필요한 행위를 완료하는 것'과 '채무자가 채권자의 동의를 얻어 이행할 물건을 지정하는 것'의 두 가지를 대표적인 특정의 방법으로 인정하고 있다. 그러나 본조 II은 임의규정이므로, 계약자유의 원칙상 당사자는 합의에 의하여 직접 목적물을 특정할 수도 있고, 제3자에게 목적물의 지정권을 부여하여 그로 하여금 목적물을 특정하도록 할 수도 있으며, 다른 여러 가지 방법에 의한 목적물 특정 방법이 있을 수 있다. 그리고 본조 II이 정한 것과 다른 관습이 있으면 그에 따라 특정될 수도 있다. 또한 특히 제한종류채무와 관련하여 종류물의 멸실에 의하여 특정이 일어날 수 있는지도 문제된다.

본조는 특정의 방법뿐 아니라 특정의 시기('채무자가 이행에 필요한 행위를 완료한 때' 및 '채무자가 채권자의 동의를 얻어 이행할 물건을 지정한 때')도 규정하고 있는데 이 역시 당사자가 달리 정할 수 있다.

가. 당사자의 합의에 의한 특정

당사자가 합의에 의하여 급부할 목적물을 정한 때에는 그로써 목적물의 특정이 이루어진다. 이때 단지 당사자의 합의에 의하여서만은 특정이 이루어지지 않고 사실상 목적물을 다른 종류물과 분리하여야 한다.[54)]

판례[55)]는 재건축조합인 피고가 조합원인 원고들에 대하여 신축아파트 중 4채의 소유권을 이전하여 주기로 한 사안에서, "피고 조합은 2002. 3. 9. 조합원 배정분 48세대의 호수를 추첨을 통하여 배정하게 되었는데, 그 중 305호, 405호, 605호, 705호(다음부터 이 사건 아파트 4세대라고 한다)는 위 분양계약에 따라 원고들에게 이전하여 주기로 결정하고 처음부터 호수 추첨대상에서 제외하였으며, 그 무렵 원고들에게 이 사건 아파트 4세대가 원고들에게 이전할 아파트로 확정되었다는 내용의 통지를 한 사실을 인정한 다음, 이 사건 분양계약 체결 당시 원고들과 피고 조합 사이에 그 목적물 특정 방법에 관하여, 나중에 조합원들 사이에 아

---

54) 곽윤직, 31; 송덕수, 71; 윤철홍, 45; 주석 채총(1), 166-167(제4판/안법영). 그러나 당사자 합의에 의한 특정의 경우에는 뒤에서 보는 지정권 행사에 의한 특정이나 채무자의 행위에 의한 특정과는 달리 반드시 목적물을 다른 종류물로부터 분리하여 떼어내는 사실행위가 있을 것까지 요구되는 것은 아니고, 해당 목적물이 다른 종류물과 구별되어 인식할 수 있는 상태에 있으면 족하다고 할 것이다. 日注民(10-I) 新版, 238(金山正信·直樹) 참조. 위 일본 주석서에서는 진주 10개가 옆으로 나란히 케이스에 들어있는 경우, 당사자가 '제일 오른쪽 진주 1개'를 급부의 목적물로 하기로 합의한 때를 특정이 이루어지는 예로 들고 있다.

55) 대판 07.12.13. 2005다52214(공 08상, 3).

파트 호수 추첨이 있을 때 이를 특정하기로 하는 합의가 있었고 위 합의에 따라 위와 같이 이 사건 아파트 4세대를 이 사건 분양계약의 목적물로 특정하였다고 보아야 하며, 설령 그렇지 않더라도 채무자인 피고 조합이 호수 추첨 후 채권자인 원고들의 동의를 얻어 이행할 물건을 지정한 호수 추첨 직후에 특정되었다"고 판단한 원심을 수긍하였다.[56)]

나. 지정권의 행사에 의한 특정

당사자가 계약에 의하여 급부목적물을 특정할 수 있는 권한, 즉 지정권을 당사자 일방 또는 제3자에게 부여한 경우, 그 지정권자가 지정권을 행사함으로써 급부목적물은 특정된다. 본조 II 후단에서 "채무자가 채권자의 동의를 얻어 이행할 물건을 지정한 때"라고 함은 채무자에게 이러한 지정권이 주어진 경우를 규정하고 있는 것이다.[57)]

여기에서 '채권자의 동의'는 급부목적물 자체에 대한 것이 아니라 '채무자가 지정권을 행사함'에 대한 것이다.[58)]

지정권은 일종의 형성권으로, 지정권자의 상대방에 대한 일방적인 의사표시에 의하여 그 효력이 발생한다. 제3자가 지정권을 행사하는 경우에는 채권자와 채무자 쌍방에 대한 의사표시를 요한다. 다만 이 경우에도 목적물을 다른 종류물과 물리적으로 떼어놓거나 명확히 구별할 수 있는 표시를 하여 두는 등의 '분리'가 이루어져야 지정권 행사에 의한 목적물 특정의 효력이 생긴다.[59)]

56) 즉 당사자의 합의에 의하여 목적물이 특정되었거나 채무자의 지정권 행사에 의하여 특정되었다고 본 사안이다. 그러나 이 사안에서 피고의 채무를 선택채무가 아닌 종류채무로 본 데에는 의문이 있다.

57) 이와 같은 통설의 설명에 대하여, 본조 II은 당사자가 약정에 의하여 채무자에게 지정권을 부여한 경우가 아니라, 지정권 부여에 관한 당사자 사이의 약정이 없는 경우 법률의 규정에 의하여 보충적으로 채권자의 동의를 요건으로 채무자에게 지정권을 인정한 것으로 본다는 취지를 규정하는 것이라는 견해가 있다(이덕환, 41. 동소에서 '채무자의 동의'는 '채권자의 동의'의 오기인 것으로 이해된다). 그러나 채권자의 동의하에 채무자가 지정권을 행사하는 경우와 당사자 사이의 약정에 의하여 채무자에게 지정권을 부여한 경우를 구별할 이유가 무엇인지 의문이다. 그리고 지정권 부여에 관한 당사자 사이의 약정이 없으면 채권자의 동의를 요건으로 채무자에게 지정권을 인정할 것이 아니라(채권자가 채무자의 지정권 행사에 동의하면 채무자에게 지정권이 부여됨은 계약자유의 원칙상 당연한 것이다) 본조 II 전단에 의하여 채무자가 이행에 필요한 행위를 완료함으로써 특정이 이루어지는 것으로 보아야 할 것이다.

58) 적어도 최근의 학설 중에는 이설이 없다. 일본에서도 이와 같이 해석함이 통설이나 이에 대하여 일민 § 401 II(본조 II에 해당)의 동의는 급부목적물 자체를 그 대상으로 한다는 취지의 학설이 있다고 한다. 日注民(10-I) 新版, 238(金山正信·直樹), 239-241 참조.

59) 이설 없음. 당사자의 합의에 의하여 목적물을 특정할 경우에 반드시 목적물을 다른 종류물로부터 분리하는 사실행위가 필요한 것은 아니라고 하는 일본의 학설도 지정권의 행사

지정권자가 지정권을 행사하지 않는 경우 선택채권에 관한 §§ 381, 384를 유추적용하여 지정권의 이전을 허용할 것인지에 관하여 학설은 대립하고 있다. 소수의 학설은 "당사자 간에 지정권자에 대한 합의가 없는 것이 아니며 또한 그렇게 합의를 하였을 특별한 연유가 있었을 것으로 법률의 규정에 의하는 것이 분쟁을 최소화할 수 있다."거나,[60] 유추적용을 부정하면 "채무자가 지정권을 행사하지 않고 또는 채무의 이행에 필요한 행위를 하지 않는 경우에는 특정을 할 수 없는 문제가 생기고, 이것은 채권자의 기대에 어긋난다."[61]는 이유로 유추적용을 긍정하는 데 반하여, 다수의 학설은 유추적용을 부정하고 지정권자가 지정권을 행사하지 않는 경우에는 지정권이 부여되지 않은 경우와 같이 채무자가 이행에 필요한 행위를 완료함으로써, 즉 본조 II 전단에 의하여 특정이 이루어질 수 있을 뿐이라고 한다.[62] 판례는 제한종류채권에 있어서, "당사자 사이에 지정권의 부여 및 지정의 방법에 관한 합의가 없고, 채무자가 이행에 필요한 행위를 하지 아니하거나 지정권자로 된 채무자가 이행할 물건을 지정하지 아니하는 경우에는 선택채권의 선택권 이전에 관한 민법 제381조를 준용하여 채권의 기한이 도래한 후 채권자가 상당한 기간을 정하여 지정권이 있는 채무자에게 그 지정을 최고하여도 채무자가 이행할 물건을 지정하지 아니하면 지정권이 채권자에게 이전한다."고 하여 § 381의 유추적용[63]을 긍정하고 있다.[64][65]

생각건대, 앞서 살펴본 바와 같이 선택채권에 있어서는 급부의 개성이 중요하게 여겨지므로 급부의 선택권이 누구에게 있는가에 따라서 당사자의 이해관계에 큰 영향을 끼치는 데 반하여 종류채권에 있어서는 목적물 사이의 품질 등의 차이는 있을 수 있으나 목적물의 개성이 선택채권과 같이 중요하게 여겨지지 아니하므로 지정권이 누구에게 부여되어 있는가는 당사자의 이해관계에

에 의한 특정이 이루어지는 경우에는 이러한 사실상의 분리행위가 필요하다고 하고 있다. 日注民(10-I) 新版, 238(金山正信 · 直樹), 242.

60) 장재현, 45.

61) 김준호, 22-23.

62) 김상용, 45; 김형배, 61; 송덕수, 71; 윤철홍, 45-46; 이덕환, 39; 정기웅, 37; 주석 채총(1), 167(제4판/안법영).

63) 판례는 '준용'이라고 표현하고 있으나, '유추적용'이 더 적합한 용어일 것이다.

64) 대판 03.3.28. 2000다24856(공 03, 1025). 대판 09.1.30. 2006다37465(공 09상, 211); 대결 09.1.30. 2006마930(정보)도 같은 취지이다.

65) 일본의 과거 大審院 시절의 판례는 제한종류채권에서 지정권 불행사시 선택채권에서의 선택권불행사에 관한 규정의 유추적용을 긍정하였으나, 그 후 最高裁判所는 태도를 바꾸어 이를 부정하고 있다고 한다. 日注民(10-I) 新版, 238(金山正信 · 直樹), 243-244 참조.

미치는 영향이 선택채권에 비할 바가 아니다. 즉 선택채권에서의 급부의 선택은 채무의 내용을 결정적으로 확정하는 의미가 있는 반면, 종류채권에서의 급부목적물의 지정은 채무를 이행하기 위한 수단으로서 목적물을 특정하는 데에 주된 의미가 있다. 이러한 점을 고려하면 선택채권에 관한 규정을 종류채권에 쉽사리 유추적용할 것은 아니고, 오히려 종류채권에 있어서 지정권 불행사의 경우에 관하여 선택채권과 같은 자세한 규정을 두지 않은 이유도 종류채권을 선택채권과 달리 취급하려는 입법자의 의사로 봄이 타당할 것이다. 이 경우 채무자가 지정권을 행사하지 않으면 본조 II 전단에 의하여 채무자가 이행에 필요한 행위를 완료함으로써 특정이 이루어지게 되나, 채무자가 이행에 필요한 행위를 하지도 않는 경우에는 목적물을 특정할 수 없게 된다.[66] 그러나 이것이 부당한 것은 아니다. 이 경우에는 채무자에게 이행지체 또는 이행불능으로 인한 손해배상책임을 부담하게 하면 족하다.[67] 만약 채무자가 전보배상을 하여야 하는 경우라면 중등품을 기준으로 목적물의 가액을 산정하면 될 것이다(본조 I). 그리고 채권자 또는 제3자가 지정권을 행사하지 않는 경우에도 채권자 또는 제3자에 지정권이 부여되지 않은 것과 같이 채무자가 이행에 필요한 행위를 완료함으로써 특정이 이루어진다고 보아야 할 것이다.[68]

한편, 앞서 본 것처럼 판례는 제한종류채권에 관하여 선택채권의 규정을

66) 채무자가 지정권을 행사하지 않는 경우에는 이행에 필요한 행위를 하지도 않는 경우가 대부분일 것이다.

67) 종류채무에서 급부목적물을 특정할 수 없다고 하여 계약이 '채권 목적의 확정성 결여'로 무효로 된다고 볼 수는 없다. 어디까지나 종류채무에서의 특정은 급부이행을 위한 수단에 불과하여 채무의 내용을 결정하는 것은 아니고, 종류채무에 있어서 급부의 내용은 '일정한 종류에 속하는 일정한 수량의 목적물의 이전'으로 확정되어 있다고 보아야 하기 때문이다.

68) 이 경우 채무자는 채권자의 지정권 불행사로 이행기를 도과하였다고 하더라도 그에게 귀책사유가 없는 경우가 많으므로 이행지체로 인한 손해배상책임을 지지 않는 경우가 보통일 것이고, 채무자는 궁극적으로 변제제공을 하여 채무불이행책임을 면할 수 있고(§§ 460, 461), 채권자를 채권자지체에 빠지게 할 수 있다(§ 400). 통상 변제제공 행위와 채무자의 목적물 특정을 위한 행위는 동시에 이루어지는 경우가 많을 것이다(변제제공과 종류채권의 특정과의 관계에 대하여는 후술). 한편 주석 채총(1), 168(제4판/안법영)은 채권자가 지정권을 행사하지 않는 경우 § 460을 유추적용하여 채권자가 지정권을 행사하지 않으면 채무자는 그 행사 여부를 최고할 수 있고, 상당한 기간 내에 급부목적물을 지정하지 않으면 지정권이 부여되지 않은 경우와 마찬가지로 본조 II 전단에 따라 채무자가 이행에 필요한 행위를 완료했을 때 특정된다고 한다. 그러나 채권자의 지정권 행사기간이 별도로 정하여져 있으면 채무자의 최고는 불필요하다고 할 것이고, 만약 채권자의 지정권 행사기간이 정하여져 있지 않다면 채무자는 채권자의 지정권 행사에 필요한 상당한 기간이 지나면 바로 본조 II 전단에 따른 특정에 나아갈 수 있다고 볼 것이고 별도로 채권자에 대한 지정권 행사의 최고를 특정의 요건으로 볼 것은 아니다(물론 실제 거래 현실에서는 채권자에 대하여 지정권 행사를 최고하는 경우도 많을 것이다).

유추적용함을 긍정하고 있으나, 판례의 사안은 일정 토지 중 일부 면적을 급부하는 것을 채무의 목적으로 하거나(대판 03.3.28. 2000다24856), 여러 필지의 체비지 중 일부 필지의 급부를 목적으로 하는 것으로(대판 09.1.30. 2006다37465), 목적물의 개성이 중요하다는 점에서 판례에서 문제된 채권은 제한종류채권이라기보다는 선택채권에 더 가까운 것으로 생각된다.

다. 채무자의 행위에 의한 특정(본조 제2항 전단)

1) 의 의

본조 II 전단은 '채무자가 이행에 필요한 행위를 완료'한 때 종류물이 특정된다고 정하고 있다. 이는 당사자의 합의 또는 당사자가 미리 정한 지정권자에 의한 지정권 행사에 의하여 특정이 이루어지지 않는 경우에 적용되는 보충규정의 성격을 갖는다고 볼 수 있다. 이는 종류채무에 있어서는 선택채권과 달리 어느 목적물에 의하여 이행을 하더라도 당사자의 이해관계에 결정적인 영향을 미치는 경우는 흔하지 않으므로 채무자가 목적물을 골라 그로써 채무를 이행하는 자연스러운 사태의 경과에 따라 목적물이 특정되는 것을 원형으로 삼은 것이라고 이해할 수도 있을 것이다. 본조 II 전단은 이와 같이 목적물의 특정의 방법을 정한 데에도 의의가 있으나, 목적물의 특정시기, 나아가 그로 인하여 채무자가 조달의무를 면하고 급부위험이 채권자에게 이전되는 시기를 정하고 있음에 더 큰 실제적 의의가 있다고 할 것이다.

채무자가 이행에 필요한 행위를 완료한다고 함은 '채무의 내용에 따라서' 즉, 채무 본래의 뜻에 맞게 그 이행을 위하여 하여야 하는 행위를 다하는 것을 의미한다. 따라서 이러한 이행에 필요한 행위는 구체적인 채권관계의 내용으로부터 그 범위가 확정되어야 할 것인바, 종류물로부터 인도할 물건을 단순히 분리해 놓는 것으로 부족하고, 그렇다고 반드시 이를 인도할 것까지를 요구하는 것도 아니다.[69)]

이와 관련하여 다수의 견해[70)]는 본조에서의 이행에 필요한 행위를 완료한다는 것은 곧 변제의 제공(§ 460) 또는 이행의 제공(§ 400)과 같은 의미라고 보고 있다. 이에 대하여 소수의 견해[71)]는 양자가 많은 경우 일치하지만 반드시 일치하지는 않는다고 한다.

69) 김형배, 61; 구주해(8), 152(송덕수).

70) 강봉석, 24; 곽윤직, 29; 김동훈, 127; 김상용, 43; 김증한·김학동, 34; 김형배, 61-62; 윤철홍, 44; 이덕환, 39; 이은영, 111; 장재현, 46; 정기웅, 37.

71) 김주수, 62; 송덕수, 72, 구주해(8), 152(송덕수); 주석 채총(1), 169(제4판/안법영).

사견으로는 소수설에 찬동한다. 소수설이 논거로 들고 있는 바와 같이 본조에서 채무자가 이행에 필요한 행위를 다한다고 함은 종류물의 특정의 요건으로서 조달위험 및 급부위험의 이전 등을 그 주된 효과로 함에 대하여, 변제의 제공 또는 이행의 제공은 채무자로 하여금 채무불이행 책임을 면하게 하고 채권자를 채권자지체에 빠지게 하는 요건으로서의 주된 기능을 가지고 있으므로, 양자는 그 존재의 평면을 달리하는 제도로 보아야 한다. 따라서 많은 경우 양자는 일치하나 반드시 일치하는 것은 아니다. 특히 뒤에서 다시 보는 바와 같이 특정 내지 변제의 제공을 위하여 일정한 경우 구두의 제공이 요구되는 경우가 있는데, 이 경우 종류물의 특정을 위해서는 채무자가 목적물을 다른 종류물로부터 분리하여 놓을 것이 요구되나, 변제의 제공을 위해서는 단지 채무자가 채권자의 요구에 응하여 물건을 인도할 수 있을 정도의 준비를 하고 채권자에 구두의 제공을 하면 족하고 반드시 물건의 분리를 요하지는 않는 것으로 해석된다. 그리고 변제의 제공은 채권자가 기한의 이익을 포기하지 않는 이상 이행기에 행하여져야 그 효력을 발생하나, 특정의 요건으로서의 채무자의 행위는 반드시 이행기에 행하여질 것을 요건으로 하지 아니한다.[72)]

한편 채무는 보통 채무자가 급부장소와 관련하여 부담하는 이행행위의 내용에 따라 지참채무, 추심채무, 송부채무로 나누어지고, 종류채무가 그 중 어느 것에 해당하는가에 따라서 채무의 내용이 달라지므로 '채무자가 이행에 필요한 행위를 완료'한 시점도 다르게 된다. 이하에서는 이들 각각의 경우로 나누어 본다.

2) 지참채무의 경우

지참채무(持參債務, Bringsschuld)라 함은 채무자가 목적물을 채권자의 주소지 등 지정된 장소에 '가지고 가서' 인도하여야 하는 채무이다. 대부분의 학설은 채무자가 채권자의 주소지에서 이행하여야 하는 채무를 지참채무로 보고 있으나, 채권자의 주소지 외에 채권자와 채무자가 합의한 제3의 장소에 채무자가 물건을 가지고 가서 인도하기로 한 채무도 지참채무로 봄이 마땅하다.[73)]

---

72) 김주수, 62; 주석 채총(1), 169(제4판/안법영). 구주해(8), 155(송덕수)는 아래에서 보는 추심채무에 관하여 추심기간이 정하여져 있는 경우 추심기간이 만료되기 전에 채무자가 목적물을 분리하여 채권자에게 수령을 최고하더라도 채권자지체는 일어나지 않는 반면 특정의 효과는 발생한다고 한다.

73) 동지: 송덕수, 72; 구주해(8), 152-153(송덕수). 주석 채총(1), 171(제4판/안법영)도 같은 취지로 보인다. 구주해(8), 153(송덕수)은 '신부가 장만한 혼수를 장차 생활할 곳으로 가져다주기로 한 경우', '화환을 연주회장으로 배달하게 한 경우'를 그 예로 들고 있다.

채권자의 주소지이든 채권자와의 합의에 의하여 정한 다른 장소이든 채무자가 그곳으로 물건을 가지고 간다는 점에 있어서는 아무런 차이가 없고, 그러한 이상 변제의 제공이나 종류물의 특정에 관하여는 같은 법리가 적용되어야 하기 때문이다. 다만 뒤에서 보는 추심채무의 경우에도 제3의 장소를 채무이행지로 정할 수 있고, 이때에는 지참채무와의 구별이 문제되나, 이는 당사자의 의사해석의 문제이다. 채무이행을 위하여 채무자가 제3의 장소에 채무자가 물건을 가지고 가는 것으로 족하다고 해석되면 이를 지참채무로 볼 것이고, 거기에 더하여[74] 채권자가 그 제3의 장소에 와서 물건을 수령하여 갈 것까지도 요구된다고 해석되면 이는 추심채무로 보아야 한다.[75][76]

민법은 급부장소에 관하여 당사자가 특별히 정하지 아니한 때에는 특정물채무 이외의 채무에 있어서는 채권자의 주소지에서(영업에 관한 채무는 채권자의 영업소에서) 하도록 정하고 있으므로(§ 467), 종류채무도 원칙적으로 지참채무인 것으로 이해된다.

지참채무인 종류채무에 있어서는 채무자가 채권자의 주소지 등 이행이 이루어질 장소에서 현실로 이행제공을 한 시점, 즉 목적물이 채권자의 주소지 등 이행장소에 도달하여 채권자가 언제라도 이를 수령할 수 있는 상태에 놓이게 된 때에 채무자가 이행에 필요한 행위를 완료한 것이 되어 특정이 이루진다. 채무자가 채무이행을 준비하여 목적물을 분리하거나, 그 취지를 채권자에게 통지한다거나, 운송기관에 위탁하여 물건을 발송하는 것만으로는 특정의 효과가 발생하지 않고, 물건이 이행장소에 도달하여야 하는 것이다.[77] 구법시대의 판례 중에는 '특정창고에 소재한 백미의 일부를 목적으로 한 매매계약에 따른 제한종류채권의 경우 창고주에 대한 하도지시만으로는 목적물이 특정되었다고 볼 수 없다'고 한 것이 있다.[78]

74) 물론 추심채무인 경우에는 채무자가 제3의 장소에 물건을 가져갈 것이 반드시 요구되는 것도 아니다. 가령 처음부터 채무자 또는 채권자의 주소지가 아닌 제3의 장소에 물건이 있을 수도 있다. 채무자로서는 제3의 장소에 물건이 '현존하도록' 할 의무를 부담하는 것일 따름이다.

75) 전자의 경우에는 채무자가 제3의 장소에 물건을 가져가는 것으로 이행행위를 완료한 것으로 보게 되고 별도로 채권자에 대한 구두의 제공은 필요하지 않게 되나, 후자의 경우에는 채권자의 수령행위라는 별도의 행위가 필요하므로 채무자가 제3의 장소에 물건이 놓이게 한 후 구두의 제공을 할 것이 요구된다(§ 460).

76) 제3의 장소가 채권자의 영역에 가까운 곳이라면 지참채무로, 채무자의 영역에 가까운 곳이라면 추심채무로 볼 여지가 많을 것이다.

77) 물론 물건이 이행장소에 도달한다는 것은 그 전에 목적물이 다른 종류물로부터 분리되었음을 전제로 하는 것이다.

78) 대판 56.3.31. 4288민상232(정보).

따라서 목적물이 채권자의 주소지 등 이행장소에 도달하기 전에 멸실된 경우, 가령 채무자가 물건을 운송업자에 위탁하였으나 운송 도중에 물건이 멸실된 경우에도 아직 특정이 이루어지지 아니하였으므로 급부위험은 채권자에게 이전하지 않게 되고, 따라서 채무자는 다시 다른 종류물을 특정하여 채무를 이행하여야 한다.

이와 같이 지참채무에 있어서 목적물의 특정을 가져오는 채무자의 행위는 대부분의 경우 변제제공, 특히 현실의 제공과 일치하게 된다. 그러나 앞서 본 바와 같이 개념상으로 양자는 구별되어야 한다.

다만 지참채무에 있어서도 채권자가 미리 급부목적물의 수령을 거절한 경우에는 추심채무에서와 마찬가지로 채무자는 목적물을 급부장소까지 가지고 갈 필요가 없고 목적물을 분리하여 급부에 필요한 준비를 마친 뒤 채권자에게 목적물의 수령을 최고하는 구두의 제공을 하면 특정이 이루어진다고 보아야 한다(이설 없음). 그러나 후술하는 지참채무에 있어서와 같이 여기서의 구두의 제공은 목적물의 분리를 요건으로 한다는 점에서 이를 요건으로 하지 않는 변제제공으로서의 구두의 제공과 차이가 있다.

3) 추심채무의 경우

추심채무(推尋債務, Holschuld)란 채권자가 채무자의 주소지 또는 당사자가 합의한 제3의 장소[79]에 와서 목적물을 '가지고 가야', 즉 추심하여야 하는 채무이다. 앞서 본 것처럼 민법은 지참채무를 원칙으로 하고 있다고 해석되므로, 추심채무로 되기 위해서는 당사자 사이에 별도의 합의가 있어야 한다.

추심채무에 있어서는 이와 같이 채무의 이행을 위하여 채권자의 추심행위가 필요하므로, 채무자의 이행에 필요한 행위는 '채무자의 주소지 또는 합의된 제3의 장소에 목적물을 분리하여 채권자가 언제든지 와서 목적물을 수령할 수 있는 상태에 두고, 채권자에게 그러한 취지를 통지하여 채권자에 수령을 최고하는 것'이 되고, 따라서 그때 목적물의 특정이 이루어진다고 설명된다(§ 460 단서 참조).[80] 즉 추심채무에 있어서도 단순히 구두의 제공을 하는 것으로는 특

---

79) 앞서 지참채무에 관하여 본 바와 같이 다수설은 채무자의 주소지가 이행장소인 경우만을 추심채무로 보고 있으나, 소수설은 당사자가 합의한 제3의 장소가 이행장소인 경우에도 추심채무가 성립할 수 있다고 하고 있다. 구주해(8), 154(송덕수) 참조. 동소에서는 '채무자가 그의 주소지 이외의 장소에서 곡물을 수확하는 경우에 채권자로 하여금 곡물수확장소로 와서 곡물을 인도받도록 하는 경우'를 제3의 장소를 이행장소로 정한 추심채무의 예로 들고 있다.

80) 통설이다. 이에 대하여 이은영, 111-112는 추심채무의 경우에도 채무자가 "목적물을 준

정이 일어나지 않으며, 반드시 목적물을 다른 종류물과 분리하는 것이 요구된다. 이는 채무불이행을 면하기 위한 변제제공으로서의 구두제공(§ 460 단서)에서 이러한 목적물의 분리가 요구되지 않는 것과 차이가 있다.[81] 이와 같이 특정을 위하여 목적물의 분리를 요구하는 것은 그렇지 않으면 급부의 위험이 어떤 객체에 관하여 이전되는 것인지 확정할 수 없기 때문에 불가피한 것이다.[82] 목적물을 분리시키기 전에 먼저 통지, 최고를 한 경우에는 채권자가 수령하러 올 때까지 목적물을 분리시키면 그 시점에 특정이 이루어진 것으로 보아야 한다.[83]

채권자의 주소가 불명인 경우 채권자에 대한 최고의 통지는 공시송달의 방법(§ 113)에 의하여야 하고, 다만 채무자에게 책임 없는 사유로 통지를 할 수 없는 경우에는 목적물을 분리하는 등 이행의 준비를 완료하면 특정이 생기고 채권자에 대한 최고는 불필요하다고 함이 다수설이다.[84] 이에 대하여 처음부터 채권자의 주소불명을 알고 채무를 부담함과 같은 경우를 제외하고는 사실상 최고가 불능이므로, 수령최고를 요하지 않고 이행의 준비를 한 때에 특정이 생긴다고 하는 소수설이 있다.[85] 채권자가 미리 수령거절 의사를 명백히 하고, 이를 번의할 가능성도 없는 경우에 채무자는 자신의 채무불이행책임을 면하기 위하여 구두의 제공도 필요 없다고 할 것인바,[86] 이러한 경우 추심채무에서 종류물 특정을 위한 구두제공도 역시 필요 없다고 하여야 할 것이다.

4) 송부채무의 경우

송부채무(送付債務, Schickenschuld)의 개념 및 송부채무에 있어서 종류물의 특정이 이루어지는 시기에 관하여는 견해가 갈린다.

다수의 견해는 송부채무란 채권자의 주소나 채무자의 주소 이외의 제3의 장소에 목적물을 송부하여야 하는 채무라고 정의하고, 이 경우 제3의 장소가 채무 본래의 이행장소이면 지참채무의 경우와 같이 목적물이 제3의 장소에 도

비하여 현실제공하고 목적물을 분리 · 지정해 놓아야" 특정이 생긴다고 하여 현실제공이 필요할 뿐, 구두의 제공은 필요 없다는 입장인 것으로 보인다.

81) 김상용, 44; 김주수, 62; 김형배, 63, 주 1; 구주해(8), 154-155(송덕수); 주석 채총(1), 174-175(제4판/안법영).

82) 구주해(8), 155(송덕수).

83) 장재현, 47.

84) 김형배, 63; 이덕환, 40; 구주해(8), 155(송덕수); 주석 채총(1), 175(제4판/안법영).

85) 김주수, 61.

86) 대판 76.11.9. 76다2218(공 76, 9498) 등.

달하여 채권자가 수령할 수 있는 상태에 놓이게 된 때(현실의 제공시)에 목적물의 특정이 이루어지되, 다만 제3의 장소가 본래의 이행장소는 아니지만 채권자의 요청에 따라 채무자가 호의(好意)로 그 제3의 장소로 목적물을 송부하는 경우에는 목적물을 분리하여 발송할 때에 특정이 이루어진다고 설명한다.[87)]

이에 대하여 소수의 견해는 송부채무란 채무자가 목적물을 채권자의 주소지 또는 합의된 제3의 장소에 송부하여야 하는 채무로서, 채무자가 목적물을 분리하여 운송기관에 맡겨 해당 장소로 송부(탁송)하면 이행에 필요한 행위를 다한 것이 되어 특정이 생긴다고 한다.[88)]

생각건대, 다수의 견해와 소수의 견해의 근본적인 차이는, 다수의 견해는 원칙적으로 송부채무에서 채무자의 '이행에 필요한 행위(이행행위)'의 내용을 단지 운송기관에 탁송하는 것만으로 종료되는 것이 아니라 약속된 제3자의 장소에 물건이 도달하여 채권자로 하여금 수령이 가능하도록 놓이게 하는 것까지로 파악하여 여기에서의 '송부'를 목적물을 그와 같이 이행장소(합의된 제3의 장소)에 놓이게 하기 위한 수단 정도로만 보고 있음에 대하여, 소수의 견해는 송부채무에서의 채무자의 이행행위의 내용을 목적물을 분리하여 탁송하는 것까지만으로 파악하여 여기에서의 '송부'를 채무자 이행행위의 주된 내용으로 보고 있는 데에 있다. 그러나 다수의 견해는 다른 채무유형, 특히 지참채무와 구별되는 별도의 채무유형인 송부채무라는 개념을 인정하여 논의하는 실익이 거의 없게 만든다[89)]는 점에서 취하기 어렵고, 소수의 견해와 같이 송부채무를 파악함이 타당하다고 할 것이다. 즉, 앞서 본 것처럼 지참채무에는 채권자의 주소지를 이행장소로 하는 경우 뿐 아니라 합의된 제3의 장소를 이행장소로 하는 경우도 포함된다고 보아야 할 것인데, 채무자가 제3의 장소에 직접 목적물을 '가지고' 가는 경우와 운송기관에 맡겨 그 장소에 도달하게 하는 경우 다 같이 그 장소에 목적물이 놓여 채권자가 수령할 수 있는 상태에 놓이

87) 곽윤직, 30; 김동훈, 128; 김상용, 45; 김주수, 61; 김준호, 23-24; 김형배, 63-64; 윤철홍, 45; 장재현, 47; 정기웅, 38-39.

88) 김증한·김학동, 34; 송덕수, 73; 이덕환, 41; 이은영, 112; 구주해(8), 156(송덕수); 주석 채총(1), 176-178(제4판/안법영); MünchKomm/Emmerich, § 243 Rn. 27. 독민 § 447 I는 송부매매(Versendungskauf)에서 매도인이 운송인 등에게 물건을 인도한 때 매수인에게 위험이 이전한다고 규정한다.

89) 다수설 스스로 송부채무를 "하나의 독립된 특정방법의 표준으로 볼 필요는 없다."고 하고 있음이 이를 드러낸다. 곽윤직, 30; 김동훈, 128.

게 된 때에 특정이 이루어진다고 설명한다면 도대체 양자를 구별하여 그 하나는 지참채무라고 하고 다른 하나는 송부채무라고 할 실익이 무엇인지 의문이다. 양자는 다 같이 지참채무로 파악하되 다만 후자의 경우는 채무자가 직접 물건을 가지고 가는 대신 운송기관[90]을 이용하는 차이가 있는 것에 불과하고, 또 그와 같이 보면 충분하다. 그렇다면 송부채무를 목적물의 특정, 즉 급부위험의 이전과 관련하여 의미 있는 것으로 보기 위해서는 소수의 견해와 같이 송부채무에 있어서는 목적물의 탁송이 이루어지는 때에 특정이 이루어지는 것으로 파악함이 타당하다. 물론 앞서 본 것처럼 우리 민법은 지참채무를 원칙으로 하고 있기 때문에 이와 같은 의미에서의 송부채무가 존재한다고 보기 위해서는 별도의 합의가 있어야 하나, 이는 채무자의 이행행위의 범위를 어디까지로 볼 것인가에 관한 당사자 의사해석의 문제이다.

나아가 이와 같이 볼 때 다수의 견해와 같이 송부채무의 이행장소를 채무자와 채권자의 주소지가 아닌 제3의 장소로 한정하고 채권자의 주소지를 이행장소에서 제외하는 것도 타당하다고 할 수 없다. 채무자가 목적물을 탁송함으로써 특정이 이루진다는 점에서는 이행장소가 제3의 장소이거나 채권자의 주소지이거나 아무런 차이를 둘 이유가 없기 때문이다. 이러한 측면에서는 지참채무와 추심채무는 '급부장소(이행장소)'와 '급부효과발생장소'가 동일한 데 대하여(다만 지참채무는 급부장소와 급부효과발생장소가 채권자의 주소지 또는 채권자의 영역에 가까운 장소로서 일치하고, 추심채무는 급부장소와 급부효과발생장소가 채무자의 주소지 또는 채무자의 영역에 가까운 장소로서 일치한다고 할 수 있을 것이다), 송부채무는 이와 달리 '급부장소'(채무자의 주소지)와 '급부효과발생장소'(채권자의 주소지 또는 합의한 제3의 장소)가 서로 일치하지 않는 경우라고 특징적으로 말할 수도 있을 것이다.[91]

그리고 다수의 견해가 '채권자의 요청에 따라 채무자가 호의(好意)로 제3의 장소로 목적물을 송부하는 경우'에는 목적물을 분리하여 발송할 때에 특정이 이루어진다고 일률적으로 설명하는 것도 적절하지 않다. 호의란 아무런 규범적 효력을 발생할 수 없는 것인데, 당초 정한 급부장소와 다른 장소로 송부하여 달라는 채권자의 요청에 응하여 채무자가 그와 같이 하였다면 이는 급부장소를 변경하는 법적인 효력을 가진 합의라고 보는 것이 일반적일 것이다. 다만 이때 단순히 급부장소를 변경하는 것을 넘어서서 채무자의 이행에 필요한 행위의 내용까지도 변경한 것인지, 즉 지참채무 또는 추심채무를 송부

90) 이 경우 운송기관은 채무자의 이행보조자의 지위에 있다고 볼 수 있다.
91) 구주해(8), 156(송덕수); 주석 채총(1), 176, 각주 94(제4판/안법영) 참조.

채무로 변경한 합의까지 존재하는 것인지는 개별적, 구체적인 사정에 따라 결정하여야 하는 의사해석의 문제에 해당한다. 일반적으로 말하여 원래의 채무가 지참채무였던 경우에는, 이행장소를 채권자의 주소지에서 채권자의 요청에 의하여 제3의 장소로 변경하여 채무자가 제3의 장소로 물건을 송부하기로 한 경우에도 이러한 사정만으로 쉽사리 송부채무로 변경하기로 합의하여 특정의 시기를 채무자가 물건을 탁송한 시기로 앞당긴 것이라고 보기는 어려울 것으로 생각된다. 반면 당초의 채무가 추심채무인 경우에는, 채권자의 요청에 따라 채무자가 제3의 장소 또는 채권자의 주소지로 송부하여 주기로 하였다면, 채권자가 '물건을 가져가는' 절차를 생략하기로 한 것이기 때문에 송부채무로 변경하기로 합의하였다고 볼 여지가 많을 것이다.

요컨대, 송부채무에 있어서는 채무자가 목적물을 분리하여 운송기관에 맡겨 채권자의 주소 기타 합의된 제3의 장소로 물건을 송부함으로써 이행에 필요한 행위를 다한 것이 되어 특정이 이루어지고,[92] 급부위험이 채권자에게 이전됨으로써, 운송 도중에 목적물이 멸실되더라도 채무자는 다른 물건을 다시 송부할 필요가 없다. 물론 이 경우에 발송의 위탁은 주소를 올바르게 기재하고 또 약정에 따라 운송료를 선납하는 등의 명시적, 묵시적 계약조건에 맞게 이루어져야 한다.[93] 송부채무에서도 채권자가 목적물의 수령을 미리 거절하는 경우에는 채무자는 목적물을 송부할 필요 없이 추심채무와 같이 목적물의 분리 및 수령통지(채권자의 수령거절 의사의 번의 가능성이 없다면 수령통지는 생략할 수도 있다)에 의하여 특정이 이루어진다고 볼 것이다.[94]

라. 강제집행에 의한 특정

일정량의 종류물을 목적으로 하는 채권의 강제집행은 집행관이 채무자로부터 이를 수취하여 채권자에게 인도함으로써 이루어지는바(민집 § 257 이하), 집행관이 목적물을 수취한 때에 특정된다고 볼 것이다.[95] 강제집행의 경우에는 채무자의 '이행에 필요한 행위'를 법률에 의하여 강제력을 부여받은 집행관이 대신한다고 볼 수 있고, 채권자로부터 집행위임을 받은 집행관이 목적물을 수취함으로써 해당 목적물에 의하여 채권의 만족이 이루어질 것임이 확실하게

92) 따라서 운송인으로 하여금 채권자에게 송부하도록 하기 위하여 운송인에게 송부한 때에는 아직 특정이 이루어진 것이 아니다. 구주해(8), 156, 주 123(송덕수).

93) 구주해(8), 156(송덕수).

94) 구주해(8), 156(송덕수); 주석 채총(1), 178(제4판/안법영).

95) 주석 채총(1), 179(제4판/안법영).

되기 때문이다.

마. 목적물의 멸실에 의한 특정

종류채권, 특히 제한종류채권에 있어서 종류에 속하는 물건이 멸실되어 이행해야 할 수량 이하의 종류물만이 남게 된 경우에는 종류채권은 특정된다고 보아야 한다. 잔존 물건이 급부할 수량에 미달하는 경우에는 그와 같이 수량이 부족하게 된 데에 채무자의 과실이 있는지 여부에 따라 채무불이행에 따른 손해배상의 문제가 남게 될 것이다.[96] 이에 대하여 종류채권에 관하여는 선택채권에 관한 § 385와 같은 규정이 없을 뿐 아니라, 특정은 당사자의 합의 또는 채무자의 행위 기타 법률의 규정에 의하지 않고는 생길 수 없으므로, 멸실되지 않은 잔존 부분은 단지 종류채권의 급부대상이 되는 것에 불과하고, 그 부분에 당연히 특정이 생긴다고 할 수 없고, 부족하게 된 부분에 관한 채무자의 손해배상책임을 인정할 것인지에 관하여도 특정 이전에 채무자에게 제한된 종류물에 관한 어떠한 주의의무를 인정할 것인지 분명하지 않다는 이유에서 이에 반대하는 견해가 있다.[97]

그러나 종류물의 멸실 이후 급부할 수량에 이하의 물건만이 남게 된 경우에 특정을 인정하지 않을 이유는 없다. '특정'이란 말 그대로 종류물 중 어느 것을 급부의 대상으로 할 것인지를 정하는 것이므로, 멸실로 인하여 급부할 수량 이하의 물건만이 남게 되면 그 남은 물건으로 이행하는 외에는 현실적으로 다른 방법이 없는 이상, 특정은 당연히 이루어지게 되고, 당연히 채무자는 다른 물건으로 이행하여야 하는 부담, 즉 조달부담을 벗어나게 된다(즉 급부위험이 채권자에게 이전하게 된다). 그러므로 채무자가 이행할 물건을 분리한다거나 채권자와 채무자의 합의 또는 어느 일방의 지정권 행사 등에 의하여 이행할 물건을 정하는 등의 절차는 무용한 것이 되고, 채무자가 급부위험을 채권자에게 이전하기 위하여 물건의 멸실 사실을 채권자에게 통지한다거나(추심채무의 경우), 남은 물건을 채권자의 주소지 등으로 가지고 간다거나 송부하는 등(지참채무 및 송부채무의 경우)의 행위를 요하는 것도 아니다.[98] 그리고 멸실되어 급부하여야 할 수량에 모자라게 된 물건에 관하여 채무자는 선량한 관리자로서의 주의의무를 부담한다고 할 수 있고, 따라서 채무

96) 동지: 구주해(8), 156(송덕수).

97) 주석 채총(1), 178-179(제4판/안법영).

98) 물론 이는 특정에 관한 논의일 뿐이다. 즉 채무자의 변제제공과 관련하여서는 당연히 채무자는 수령의 최고 등 구두의 제공이나 물건의 지참 및 송부 등 현실의 제공 행위를 하여야 한다.

자가 이러한 주의의무를 위반한 경우 채권자에 대한 손해배상책임을 지게 됨도 당연히 긍정하여야 한다.[99)]

3. 특정의 효과

가. 특정물채권으로 전화(轉化)하는가?

종류물이 특정되면 그때부터 그 특정된 물건을 채권의 목적물로 한다(본조 II). 여기에서 종류물 특정의 효과는 '그 물건을 채권의 목적물로 한다.'는 것이 되는바, 그 의미를 어떻게 해석할 것인가가 문제로 된다.

이에 관하여 다수의 학설은 종류채권은 특정에 의하여 동일성을 상실하지 않고 특정물채권으로 변한다고 설명한다.[100)] 이에 대하여 소수의 학설은 이를 부정한다. 즉, 소수의 학설은 "종류채무는 특정 후에 특정물채무에서의 선관의무와 위험부담의 법리가 준용되는 등 특정물채무에서와 유사한 법률관계가 생기지만, 종류채무가 특정에 의해 특정물 채무로 변경되는 것은 결코 아니다."라고 하거나,[101)] "종류채권은 비록 특정되더라도 처음부터 특정한 물건의 인도를 목적으로 하는 특정물채권과 전적으로 같은 것으로 될 수는 없다."고 하거나,[102)] "급부목적물이 특정된 후에는 채무자의 조달부담이 그 물건에만 한정되고 급부위험이 채권자에게 이전됨으로써 특정물채권에 준하는 법률관계가 형성되지만, 특정에 의해 채권관계의 급부대상 그 자체가 특정물로 변경되는 것은 아니다."라고 한다.[103)]

생각건대, 중요한 것은 종류물이 특정됨으로 인하여 어떠한 효과가 발생하는 것으로 파악할 것인가의 문제이지, 종류채권이 특정물채권으로 전화(轉化)하는 것으로 규정할 것인가의 문제가 아니다. 그런데 자세히 들여다보면 다수설은 특정에 의하여 종류채권이 특정물채권으로 전화하는 것을 인정하면서도 그에 일정한 예외를 인정하고 있고, 소수설은 종류채권이 특정물 채권으로 전화하는 것을 부정하지만, 종류채권의 특정으로 특정물채권에서 인정되는 것과

---

99) 이에 관하여는 전술 IV. 2. 참조.
100) 강봉석, 27; 곽윤직, 31; 김동훈, 130; 김상용, 45; 김준호, 24; 김형배, 64; 송덕수, 74; 윤철홍, 47; 이덕환, 42; 장재현, 47-48; 정기웅, 39, 구주해(8), 157(송덕수). 김주수, 62는 "종류채권의 목적물이 특정되면 그 이후에는 특정물채권과 같은 효과를 가지게 된다."고 한다.
101) 이은영, 116.
102) 김증한·김학동, 36.
103) 주석 채총(1), 183(제4판/안법영).

유사한 법률관계가 형성되는 것을 전적으로 부인하는 것은 아닌 것으로 보여, 결과적으로는 큰 차이는 없는 것으로 보인다. 즉, 다수설에서도 그 범위에 있어서 차이는 있지만 대부분이 특정된 목적물이 멸실된 경우 등에 있어서 채무자가 다른 종류물로 급부할 수 있는 권리, 즉 변경권을 가짐을 긍정하여 특정물 채권과는 다른 특성이 있음을 인정하고 있고, 소수설도 다수설과 마찬가지로 종류물이 특정됨으로 인하여 채무자는 특정된 목적물에 대한 선관주의 보존의무를 부담하고, 채무자가 조달의무로부터 해방되고 급부위험이 채권자에게 이전하는 등 결과적으로 특정물채권과 유사한 법률관계가 형성됨을 인정하고 있다.[104)] 달리 말하면 다수설은 특정에 의한 법률관계를 '특정물채권'의 법률관계로 우선 인정한 후에 그와 다른 특성은 이를 '신의칙'을 근거로 한[105)] 예외로 구성하여 설명하는 반면, 소수설은 그러한 '특정물 도그마'를 부정하고, 종류채무 고유의 성질과 종류채무에서 '특정'이라는 제도의 존재의의 내지 존재목적으로부터 특정의 효과를 개별적으로 설명하려는 시도로 생각된다.

그렇다면 결과에 있어서는 큰 차이가 없더라도 굳이 특정물 채권관계라는 틀에 맞추어 종류물 특정에 따른 법률관계를 설정하고 그에 대한 예외를 굳이 신의칙과 같은 일반법리를 끌어들여 설명하는 것보다는 소수설과 같이 종류채무 자체의 성질로부터 특정의 효과를 설명하려는 방식이 더 자연스럽고 바람직한 태도로 보인다. 그리고 실제로도 일단 특정물채무로의 전환을 인정하고 들어가면 설명하기 어려운 경우가 발생한다. 즉, 특정물채권에 있어서는 목적물의 인도장소는 당사자 의사표시나 채무의 성질에 의하여 정하여지지 않는 한 채권성립 당시 목적물이 있었던 장소가 되나(§467 I), 종류채권에 있어서는 채권자의 주소지가 목적물의 인도장소가 됨이 원칙이다(§467 II). 그렇다면 다수설과 같이 목적물의 특정에 의하여 종류채권이 특정물채권이 된다고 보고, 채권성립 당시 및 특정이 이루어질 당시에도 목적물이 채무자의 주소지에 있었다고 본다면 목적물의 특정에 의하여 목적물의 인도장소가 채권자의 주소지로부터 채무자의 주소지로 바뀐다고 볼 것인가? 즉, 지참채무가 특정에 의하여 갑자기 추심채무로 바뀐다고 할 것인가? 다수설을 취하는 학자들 중에서도 이러한 결과를 용인하는 분은 없는 것으로 보인다. 그렇다면 이 경우를 '특정물채

---

104) 김증한·김학동, 35; 이은영, 115-116; 주석 채총(1), 181-184(제4판/안법영).

105) 예컨대, 곽윤직, 32; 김상용, 46; 김주수, 63; 김형배, 65; 윤철홍, 47; 구주해(8), 159(송덕수).

권으로의 전화'의 또 다른 예외로 인정할 것인가? 예외로 인정한다면 어떠한 근거에서 그렇게 할 것인가? 등의 어려운 문제가 발생한다.

결론적으로 종류물의 특정에 의하여 종류채권이 특정물채권으로 바뀌는 것은 아니라고 할 것이다.

나. 급부목적물의 한정(채무자의 조달의무로부터의 해방, 급부위험의 이전)

종류물이 특정된 때에는 그때로부터 그 물건을 채권의 목적물로 한다(본조 II). 대부분의 학설은 여기에서의 '그 물건을 채권의 목적물로 한다'는 의미를 다음과 같이 해석한다. 즉, 채무자는 종류물이 특정됨으로 인하여 해당 목적물에 의하여서만 급부의무를 부담한다. 채무자는 종류물이 특정되기 이전에는 그가 급부하려던 물건이 멸실된 경우에도 다른 종류물에 의하여 급부할 의무, 즉 조달의무를 부담하지만, 특정이 이루어진 이후에는 목적물이 멸실된 경우에도 채무자는 다른 종류물에 의한 급부의무를 부담하지 않으며(조달의무로부터의 해방), 다만 채무자의 귀책사유 없이 목적물이 멸실된 경우에는 채무자는 더 이상의 급부의무를 부담하지 않아 종류채무는 소멸하게 되고(급부위험의 채권자로의 이전. 즉 목적물의 멸실에 의하여 채권자는 이행이익을 상실하는 불이익을 입게 된다), 채무자의 귀책사유로 인하여 목적물이 멸실된 경우에는 채무자는 채권자에 대하여 이행불능으로 인한 손해배상책임을 질 뿐 역시 다른 종류물에 의한 급부의무는 부담하지 않는다. 그리고 종류물이 특정된 이후 목적물이 훼손된 경우도 채무자는 그 훼손된 상태대로의 목적물을 인도하면 되고, 다른 종류물을 조달하여 급부할 의무를 부담하지 않는다. 다만 훼손에 대한 귀책사유가 있을 경우 채무자는 그에 따른 손해배상책임을 지게 된다.

이에 대하여 일부의 학설은, 목적물이 특정된 이후 멸실 또는 훼손된 경우에 채무자가 다른 종류물에 의한 대체급부를 할 의무가 있다고 한다. 이들 견해에 의하면, 목적물이 특정된 후 멸실되었을 경우 채권자가 채무자에게 다른 종류물에 의한 급부를 청구하면 채무자는 정당한 이유 없이 이를 거절하지 못한다고 하거나,[106] 목적물이 특정된 이후 훼손된 경우 채권자는 그 목적물의 수령을 거절하고 다른 완전물 인도를 청구할 수 있다고 한다.[107]

생각건대, 종류채무는 목적물의 특정이 이루어지지 않은 상태로는 그 이행이 불가능하고, 이행과정의 어느 시점에서는 이행이 이루어질 구체적인 수량

106) 이은영, 116-117. 김형배, 64도 "특정된 목적물이 채무자의 귀책사유로 멸실된 경우에도 그 급부가 가능한 한 다른 종류물에 의한 급부의무를 인정하는 것이 타당하며 또한 거래계의 실질에도 부합한다."고 하여 같은 취지로 보인다.

107) 김증한 · 김학동, 37-38.

의 목적물의 확정, 즉 특정이 불가피한바, 본조 II은 특정에 의하여 해당 물건이 종류채무의 목적물로 됨을 규정하고 있는 것이다. 이와 같이 종류채무의 특정은 이행할 목적물을 확정하기 위하여 필요한 것이지만, 이는 동시에 채무자가 조달의무 부담으로부터 해방되는 시점 내지 급부위험을 채권자에게 이전시키는 시점을 획정하는 데에도 큰 의의가 있는데, 위 일부 견해는 이와 같은 특정의 의의를 거의 형해화하여, 특정이 이루어진 이후에도 채무자가 무한정의 조달의무를 부담하는 결과, 즉 특정된 목적물이 멸실되더라도 다른 물건에 의한 급부의무를 계속하여 부담하는 결과를 인정하는 것이다. 이는 채무자에게 지나친 부담을 지우고 종류채무의 사회적 효용성을 현저히 저해할 뿐만 아니라, 채무자가 조달의무로부터 해방되고 급부위험을 채권자에게 이전하게 되는 시점을 불명확하게 하여 법률관계를 불안정하게 하는바, 위와 같은 견해는 취하기 어렵다.[108)109)]

다. 선관주의 의무의 부담

이와 같이 급부목적물이 특정된 이후에는 채무자는 원칙적으로 그 물건으로 이행하여야 하므로, 채무자는 이를 채권자에게 인도하기까지 선량한 관리자의 주의의무로 보존하여야 한다고 함이 타당하다(이설 없음).

다수설과 같이 특정에 의하여 종류채권이 특정물채권으로 바뀐다고 하는 입장에서는 이는 특정물채권에 관한 § 374가 적용되는 결과 당연한 것이라고 설명하나, 소수설과 같은 입장에서는 특정에 의하여 채무자의 조달부담이 한정됨으로써 특정된 물건에 대해서만 인도의무를 부담하므로 § 374가 준용(유추적용)되는 것이라고 설명한다.[110)]

채무자가 이러한 선관주의 의무를 다하지 못하여 목적물이 멸실 또는 훼손되는 경우에는 채권자에 대하여 채무불이행에 따른 손해배상책임을 진다. 그러나 이는 선관주의 의무 위반 그 자체로 인한 것이라기보다는 채무자가 종

108) 그런데 위 소수의 견해 스스로도 종류채권에 있어서 이와 같은 특정의 기능, 즉 채무자의 조달의무로부터의 해방 내지 급부위험의 채권자로의 이전의 기능을 전적으로 부정하지는 않고 있다(김증한·김학동, 35; 이은영, 115). 그러면서도 이와 같이 특정 후 목적물의 멸실, 훼손시 채무자의 대체급부의무를 인정하는 것이 어떻게 매끄럽게 설명될 수 있는 것인지 의문이다.

109) 한편 종류매매와 기타 유상계약에 있어서는 특정된 목적물이 훼손되어 하자가 있는 경우에 채권자(매수인)는 하자담보책임을 물어 완전물급부청구권을 행사할 수 있으므로(§ 581 II) 그러한 한도 내에서는 채무자는 특정된 후 훼손된 물건 대신 다른 물건을 급부할 의무를 부담한다.

110) 이은영, 115; 주석 채총(1), 184(제4판/안법영).

류채무의 내용에 좇은 급부의무(목적물 인도의무)를 이행하지 못함으로 인한 것이라고 해야 한다.[111)]

라. 대가의 위험 문제

종류채권이 쌍무계약에 의하여 발생한 경우, '대가(반대급부)의 위험'도 문제가 되나, 이는 종류채권의 특정에 의하여 영향을 받는 것이 아니고, §§ 537, 538에 의하여 규율된다.

§ 537에 의하면 종류채무가 당사자 쌍방의 책임 없는 사유로 이행불능이 된 때에 채무자는 채권자에 대하여 대가(예컨대 매매대금)를 청구할 수 없다(채무자 위험부담주의). 그러나 채권자의 수령지체 중에 당사자 쌍방의 책임 없는 사유[112)]로 인하여 이행불능이 된 때에는 채무자는 대가를 청구할 수 있다(§ 538 I 2문. 채권자 위험부담주의). 즉, 채권자의 수령지체는 대가위험을 채권자에게 이전하는 기준이 된다.

수령지체는 채무자의 이행의 제공(변제제공)이 있었음에도 채권자가 이를 수령하지 아니한 때 성립하는바(§ 400), 본조 II 전단에서 정한 바와 같이 채무자의 행위에 의하여 특정이 이루어지는 경우, 특히 지참채무에 있어서 수령지체가 발생하면 특정도 이미 이루어진 때가 많을 것이다(즉 채무자가 채권자의 주소지로 분리한 목적물을 가지고 갔음에도 채권자가 이를 수령하지 않으면 필연적으로 특정에 뒤따라 수령지체가 발생하게 된다). 이와 같이 특정의 시기와 수령지체가 발생하는 시기의 시간적 간격이 거의 없는 경우에는 특정에 의한 급부위험의 이전과 수령지체에 의한 대가위험의 이전은 시기적으로 거의 일치하게 된다. 그러므로 이 경우 특정 및 채권자지체 이후 목적물이 멸실하면 채무자는 더 이상의 급부의무는 면하면서 채권자에 대하여 대가의 지급을 청구할 수 있게 된다.

그러나 추심채무나 송부채무에 있어서는 채무자가 목적물을 분리하여 채권자에게 최고한 때(추심채무의 경우) 또는 채무자가 물건을 송부한 때(송부채무의 경우)[113)] 특정이 이루어지는 반면, 수령지체는 그로부터 채권자가 목적물을 채무자의 주소지로 와서 수령해 가지 않은 때(추심채무의 경우) 또는 물건이 채권자의 주소지 등에 도달하였음에도 채권자가 이를 수령하지 아니한 때(송부채무의 경우)에 수령지체가 발생하게 되어 급부위험의 이전시기와 대가위험의 이전시기는 일치하지 않을 수 있

111) 특정물채권(§ 374)에 관한 주해 IV. 1. 참조.

112) § 401에 의하면 채권자지체 중에는 채무자는 고의 또는 중대한 과실이 없으면 채무불이행으로 인한 모든 책임이 없는바, § 538 I 2문에서의 "당사자 쌍방의 책임 없는 사유"에는 채무자의 경과실에 의한 경우도 포함한다는 것이 통설이다[구주해(13), 108(최병조)]. 즉, 채무자는 고의 또는 중대한 과실이 없으면 수령지체 중에 목적물이 멸실되더라도 반대급부를 청구할 수 있다.

113) 물론 송부채무에 있어서 물건의 송부시에 특정이 이루어진다는 소수설에 따른 것이다.

게 된다. 그리고 당사자의 합의에 의한 특정이나 지정권 행사에 의한 특정이 이루어지는 경우에도 역시 특정의 시기와 수령지체가 발생하는 시기는 차이가 벌어지는 경우가 대부분일 것이다. 이와 같이 특정의 시기와 수령지체가 발생하는 시기의 간격이 발생할 경우, 특정이 이루어진 이후 아직 수령지체가 발생하기 전에 목적물이 멸실되면, 채무자는 특정에 의하여 조달의무로부터 해방됨에 따라 다른 종류물에 의한 이행의무는 면하게 되는 반면, 수령지체가 발생하지는 아니하였으므로 원칙적으로 대가위험을 채무자가 부담함에 따라 채무자는 채권자에 대하여 대가를 청구할 수 없다.[114)115)]

마. 채무자에 대한 특정의 구속성(변경권) 문제

종류채권이 특정된 이후에 채무자가 다른 종류물로 바꾸어 다시 특정 후 이행하는 것이 가능한가? 이는 채무자가 특정의 효력에 구속되는가의 문제로서 통상 채무자에게 특정된 물건에 대한 '변경권'이 있는가의 문제로 논의된다. 이는 특히 특정이 이루어진 후 아직 대가위험이 채권자에게 이전이 되지 않은 상황에서 목적물이 불가항력에 의하여 멸실된 경우 채무자가 반대급부를 받기 위하여 다른 종류물에 의한 이행을 할 수 있는지, 또는 목적물이 특정된 후 채권자가 일단 수령을 거절하거나 수령을 받을 수 없어 채무자가 이후 다시 이행하기까지 목적물을 보관하는 데 비용이 드는 것을 회피하기 위하여 우선 목적물을 타에 매각하거나 자신의 다른 종류물 재고와 혼치하여 보관하였다가 후일 다른 종류물로 이행하는 것이 가능한지 등의 문제로 나타난다.

이에 관하여 종류채권이 특정에 의하여 특정물채권으로 변한다고 하는 견해를 취하는 다수설의 입장에서는 채무자는 특정 이후에는 특정된 그 물건으로만 급부하여야 하므로 이러한 변경권은 인정되지 않는다고 함이 논리적인 귀결이다. 그러나 이와 달리 종류채권이 특정에 의하여 특정물채권으로 변하는 것이 아니라고 하는 소수설을 취하는 학자는 물론이고, 다수설을 취하는 학자들 중에서도 변경권이 전혀 인정되지 않는다는 견해를 취하는 학자는 없고, 예외 없이 변경권을 인정하고 있다. 다만 이러한 변경권을 예외로 파악할 것인

114) 한편 송부채무에 있어서 물건의 송부시에 특정이 이루어진다는 입장을 따르고, 목적물이 변제장소에 도달하여 채권자가 수령을 하지 않을 때 수령지체가 발생한다고 하면서도, 채무자의 급부위험 뿐만 아니라 반대급부의 위험도 채권자지체가 성립하지 않더라도 채무자가 물건을 송부할 당시에 채권자에게 이전한다는 견해는, 주석 채총(1), 191-192(제4판/안법영) 참조. 그러나 이러한 입장은 § 538 I의 규정과 맞지 아니하고, 달리 이러한 입장을 정당화할 만한 근거도 찾기 어려워, 의문이다.

115) 이러한 법률관계에 관한 설례로서는 구주해(8), 158(송덕수) 참조.

지 또는 원칙으로 파악할 것인지의 논조의 차이가 있을 뿐이다.

종류채권에 있어서 당사자의 의사는 특정된 목적물로만 이행하여야 한다는 것이라기보다는 어떠한 종류에 속하는 일정량의 물건으로 이행하여야 한다는 데에 있고, 따라서 특정이 이루어지더라도 채권자는 원칙적으로 그 특정된 물건 자체에 대하여 특별한 이익을 가지고 있지 않다고 보아야 한다. 이러한 의미에서 종류채권에서의 특정은 채무 이행을 위하여 목적물을 확정하기 위한 수단으로서, 채무자를 조달의무로부터 벗어나게 하는 기준시점으로서 기능하는 데에 일차적인 의의가 있다. 따라서 채무자는 이러한 조달의무로부터의 해방이라는 이익을 스스로 포기할 수 있고, 그리하여 채무자가 다시 채무의 내용에 좇아 다른 종류물에 의하여 특정을 하여 이행하더라도 통상적으로 채권자의 이익을 해하는 것으로는 되지 않으므로, 채무자에게는 원칙적으로 이러한 변경권이 인정된다고 함이 타당하다.

그러나 당초의 목적물의 특정 자체에 채권자가 이익을 가지거나 이러한 변경권의 행사가 채권자에게 불이익한 것으로 되는 경우에는 변경권은 인정되지 않아야 할 것이다. 한편 다수의 학설은 채권자에게 불이익하게 되는 경우뿐 아니라, 채권자의 반대의 의사표시가 있는 경우에도 변경권이 인정되지 않아야 한다고 한다.[116] 그러나 객관적으로 변경권의 행사가 채권자에게 불이익하지 않다면 채권자의 반대의 의사표시가 있다는 이유만으로 변경권 행사를 허용하지 않는 것은 타당하다고 할 수 없다.[117]

한편, 채권자가 특정된 목적물에 이익을 가져 채무자의 변경권 행사가 제약되는 예로서는, 채권자가 목적물의 특정에 관여하였거나 목적물을 검사한 경우가 들어지고 있다.[118] 이와 비슷한 맥락에서 당초의 특정이 채무자의 행위 또는 채무자의 지정권 행사에 의한 것이 아니라, 당사자의 합의 또는 채권자나 제3자의 지정권 행사에 의하여 이루어진 것이라면, 당초의 특정에 채권자가 이익을 가진다고 볼 경우가 많을 것이다. 처음부터 민법에서 정한 원칙과 다른 방법으로 목적물을 특정하도록 한 점에서 그와 같이 목적물을 특정하는 데에

116) 강봉석, 27; 곽윤직, 32; 김동훈, 131; 김상용, 46; 김준호, 24; 윤철홍, 47-48; 이덕환, 44; 주석 채총(1), 189(제4판/안법영).

117) 동지: 김증한·김학동, 37(주 1); 송덕수, 76; 이은영, 115.

118) 송덕수, 75; 이덕환, 44; 주석 채총(1), 189(제4판/안법영). 일반적으로는 이와 같이 볼 수 있을 것이나, 개별 거래관계에서의 당사자의 구체적인 이익상황을 고려하여 변경권 허용 여부를 결정함이 타당할 것이다.

채권자의 이익이 있다고 볼 여지가 많기 때문이다[119]. 그 밖에도 채권자가 목적물의 감정을 실시한 경우, 목적물에 자신의 물건을 부착시킨 경우,[120] 채무자가 특정된 사실을 채권자에게 통지한 경우[121] 등이 특정된 목적물에 채권자의 이익이 존재하는 경우의 예로서 들어지고 있다. 또한 채권자가 목적물을 수령하기 이전에 미리 목적물을 제3자에 처분하였거나 처분할 가능성이 있는 경우에도 채무자의 변경권 행사는 허용되지 않는다고 할 것이다.[122] 특별히 논의되고 있지는 아니하나, 특정 이후 채권자가 목적물을 수령하기 이전에 목적물이 채무자의 귀책사유로 멸실 또는 훼손된 경우 채무자의 변경권 행사를 허용할 것인지가 문제될 수 있는바, 이러한 경우에는 채권자의 손해배상채권이 성립하므로 채무자가 변경권의 행사로 이를 저지하는 것은 허용될 수 없다고 보는 견해도 생각할 수 있으나, 채무자가 동종, 동질, 동량의 물건을 다시 본래의 채무의 내용에 따라 급부하는 이상 채권자에게 불이익하다고 볼 수 없으므로, 신의칙상 채권자는 그 수령을 거절할 수 없다고 봄이 타당할 것이다.

제한종류채권의 경우에는 변경권과 관련하여 좀 더 고찰할 문제가 있다. 먼저 제한된 범위(재고) 내의 일정 수량의 물건을 특정하였으나, 채무자가 다시 재고 내의 다른 종류물로 변경권을 행사하는 것은 일반적인 종류채권과 마찬가지로 허용될 것이다. 그런데 채무자가 재고 외의 종류물로 변경권을 행사하는 것은 허용될 것인가? 이는 재고 내의 물건이 멸실되어 급부하기로 한 목적물의 수량보다 적은 수량만이 남게 된 경우, 채무자가 자신의 채무불이행 책임을 면하거나, 반대급부를 얻기 위하여 재고 밖의 물건에 의하여서라도 급부하기를 바랄 때 문제가 된다. 이는 제한종류채권에 의하여 종류물의 범위에 제한을 가한 당사자의 의사가 어떠한 데에 있는가, 즉 당사자의 의사해석에 의하여 결정할 문제이다. 많은 경우 제한종류채권을 성립시키는 당사자의 의사는 채무자의 조달의무의 범위를 한정하여 그의 부담을 덜어주려는 데에 있다. 이러한 경우에는 채무자로 하여금 이러한 자신의 이익을 포기하고 재고 밖의 물

119) 예컨대 당사자의 합의나 채권자 또는 제3자의 지정권 행사에 의하여 특정을 하도록 한 경우에는 종류물 중에서도 적합한 품질을 결정하거나 하자 여부를 가리는 데 전문적인 지식이 필요하거나 신중한 절차를 거칠 필요가 있기 때문인 경우가 많을 것이다. 이러한 경우에는 일단 이러한 과정을 거쳐 특정이 이루어지면 다시 특정을 하는 데에 상당한 비용이 소요되거나 다시 특정을 하더라도 품질 등을 둘러싸고 분쟁이 발생할 가능성이 높다.

120) 이은영, 115.

121) 주석 채총(1), 189(제4판/안법영).

122) MünchKomm/Emmerich, § 243 Rn. 33.

건으로 다시 급부하는 것을 막을 이유는 없다. 그러나 특정 재고로부터 물건을 특정하는 데에 채권자의 이익도 있다고 해석되는 경우에는 채무자의 재고 밖의 물건에 의한 변경권 행사는 허용되지 않을 것이다.[123)]

Ⅶ. 증명책임

종류채무에 있어서 급부된 물건이 약정된 종류에 속하는 사실 및 일정한 품질(다른 약정이 없으면 중등품)을 갖춘 사실은 채무자가 증명하여야 한다. 만약 채무자가 하등품으로 이행하고자 하는 때에는 그가 그러한 약정이 있는 사실을 입증하여야 하며, 채권자가 상등품을 청구하고자 하는 때에는 역시 그가 그러한 약정의 존재 사실을 증명하여야 한다.

특정이 이루어진 사실은 그로 인하여 자신에게 유리한 효과, 즉 급부위험의 이전이 발생하였음을 주장하고자 하는 채무자가 증명하여야 한다.

채무자가 변경권을 행사하여 다른 물건으로 급부하고자 할 때 채권자가 이를 저지하기 위해서는 자신이 이미 특정된 물건에 이익을 가지고 있음을 증명하여야 한다.

123) 반드시 변경권과 관련한 논의는 아니지만, 같은 취지의 설명으로, 구주해(8), 140(송덕수) 참조.

第 376 條(金錢債權)

債權의 目的이 어느 種類의 通貨로 支給할 것인 境遇에 그 通貨가 辨濟期에 强制通用力을 잃은 때에는 債務者는 다른 通貨로 辨濟하여야 한다.

차례

Ⅰ. 서 설

본조는 금전의 급부를 목적으로 하는 채권, 즉 금전채권, 그 중에서도 특정의 통화로 지급하기로 약정한 상대적 금종채권의 이행방법에 관하여 규정하고 있다. 일반적으로 금전채권은 급부되는 통화의 종류 자체보다는 그 통화가 표상하는 일정한 금액, 즉 가치의 이전에 중점이 놓여 있으므로, 본조는 이러한 금전채권의 특색을 고려하여 당사자가 특정한 종류의 통화로 지급하여야 하는 경우 변제기에 그 통화가 강제통용력을 상실하더라도 채무자는 다른 통화에 의하여 변제할 의무가 있음을 규정하고 있는 것이다.

의용민법 § 402 I은 "채권의 목적물이 금전인 때에는 채무자는 그 선택에 좇아 각종의 통화로써 변제할 수 있다."는 규정을 두고 있었으나, 현행 민법은 이 조항을 삭제하였다. 이는 가치채권인 금전채권의 성질상 굳이 명문으로 위와 같은 규정을 두지 않아도 이는 당연한 내용이라고 여긴 때문인 것으로 추측된다.[1)] 위 의용민법 조항이 정하고 있던 바는 본조가 당연히 전제하고 있는 것이라고 해석하는 견해도 있다.[2)]

이 조항은 임의규정으로서 당사자가 일정한 종류의 통화로써만 지급할 것을 약정한 경우(후술하는 이른바 절대적 금종채권)에는 본조가 적용되지 않으며, 채무자는 강제통용력이 상실된 통화이더라도 그로써 급부하여야 유효한 변제가 된다.

1) 김증한·김학동, 39.
2) 김형배, 69. 곽윤직, 33; 송덕수, 77, 이은영, 119도 명시적이지는 않으나 이와 같이 해석하고 있는 것으로 보인다.

Ⅱ. 금전의 의의와 종류

1. 의　　의

일상생활에서 금전이라는 용어가 광범위하게 사용되고 있으나, 이는 지폐나 주화를 지칭하기도 하고 일정한 가치나 재산을 의미하기도 하는 등 다양한 맥락에서 여러 가지 의미로 사용되고 있는 것으로 보인다. 우리 민법상으로도 금전이라는 용어는 여러 조항에서 사용되고 있으나, 그 의미가 반드시 동일하지는 않으며, 우리 민법은 금전을 정의하는 규정은 별도로 두고 있지 않다.

금전의 개념을 완벽하게 정의하는 것은 불가능할 것이나, 주로 법적인 개념 이전의 경제학적 개념으로서의 금전은 그 기능의 측면에서 개념정의가 폭넓게 시도되고 있으며,[3] 이것이 법적인 금전 개념에도 어느 정도 투영된다고 할 수 있다. 경제학에서는 주로 금전과 거의 같은 의미로 화폐라는 용어를 사용하는데, 화폐의 역할은 일반적으로 교환의 매개, 지급수단, 가치의 척도, 가치저장의 네 가지 기능을 수행하는 것으로 설명된다.[4] 결국 이러한 기능을 수행하는 것이면 넓은 의미에서 금전에 해당한다고 말할 수 있을 것이다.

금전이란 전형적인 의미에서는 일정한 유체적 형태를 갖춘 화폐를 의미하고, 이를 '대상적 금전'이라고 표현하기도 한다.[5] 본조도 이러한 유체적, 대상적 금전을 전제로 하고 있다. 이러한 의미에서의 금전은 가치를 표창, 저장, 이전하는 수단으로서 일차적인 의미가 있는 것이지만, 이러한 금전도 일종의 유체물인 이상 동산으로서의 성질도 아울러 가진다. 그렇다면 금전의 소유권 이전을 위해서는 원칙적으로 물권적 합의와 점유의 이전이 필요할 것이다(§188 I). 그러나 통설적인 견해는 금전은 고도의 유통성을 지닌 특수한 동산이라는 점에서 단순히 금전의 점유에 소유권을 부여한다. 즉, 금전의 소유권에 있어서는 '점유와 소유가 일치'하고 따라서 금전의 점유가 항상 그 소유의 권원이 된다고 한다. 그리고 이어지는 맥락에서 금전에 관하여는 물권적 반환청구권(§213)이 인정되지 아니하고, 금전은 선의취득(§§249, 250)의 대상이 되지도 아니한다고 한

3) 법학에서 뿐만 아니라 경제학에서도 금전, 즉 화폐에 대하여 보편적으로 인정되는 정의를 내리는 것은 불가능한 것으로 보고 있고, 기능적으로 화폐를 설명할 수밖에 없다고 하고 있다. 경제학자 힉스(Hicks)는 "화폐의 기능을 수행하는 것이면 그것이 화폐이다(money is what money does)"라는 유명한 말을 남겼다고 한다. 정운찬·김홍범, 화폐와 금융시장(4판), 2012, 68, 주 8 참조.

4) 정운찬·김홍범(주 3), 67-70.

5) 주석 채총(1), 238 이하(제4판/안법영).

다. 그러나 이에 대하여는 금전도 일반적인 동산과 달리 취급하여서는 안 된다는 반대의 학설도 유력하다.[6]

그러나 오늘날에 있어서는 아래에서 보는 바와 같이 유체물로서의 화폐를 떠나서, 본질적으로는 추상적인 금전적 가치 자체 또는 금전적 가치에 대한 청구권으로서 마치 유체물인 화폐와 동등한 기능을 수행하는 예금화폐와 전자화폐[7]가 등장하여 널리 이용되고 있다(금전의 '탈유체화'). 이러한 예금화폐와 전자화폐를 민법상 금전으로 파악할 것인가에 관하여는 학설상 논란이 있으나,[8] 이러한 예금화폐와 전자화폐의 성격규정 자체는 논의의 실익이 크지 아니하고, 오히려 예금화폐와 전자화폐에 의한 금전채무 이행의 효과를 어떻게 파악할 것인가의 문제가 더욱 의미가 있다고 할 것이다(이에 관하여는 후술한다).

다만 위와 같은 금전의 기능이 제대로 수행되기 위해서는 그것이 사회 전반적으로 널리 통용될 것을 전제로 한다. 따라서 일부에서 어떤 재화가 지불수단으로 사용된다고 하더라도 사회 전반에 걸쳐 널리 통용되지 않고 있다면 이는 금전이라고 할 수 없고, 반면 어떤 물건이 일반적으로 널리 지불수단으로 사용되고 있다면 비록 일부의 사람들이 그에 의한 지불의 수령을 거절하더라도 이는 의연히 금전으로 보는 것이 옳을 것이다.[9] 한편, 최근에는 비트코인(bitcoin)과 같이 온라인 네트워크상에서 블록체인 기술을 통하여 생성되는 전자적 신호에 가치가 부여되어 거래 및 투자 수단으로 활용되는 이른바 가상화폐(virtual currency) 또는 암호화폐(crypto currency)가 등장하였다. 이러한 가상화폐 내지 암호화폐는 아직 사회 전반에 걸쳐 널리 통용되고 있는 수준은

---

6) 이상 학설의 대립 등 자세한 내용에 관하여는 관련 조문의 주해 및 구주해(4), 190-192(이인재); 구주해(5), 434-438(이인재); 주석 채총(1), 237-247(제4판/안법영); 최수정, "민법상 금전의 개념과 금전채권의 특질", 비교사법 10권 1호, 2003, 11-15 각 참조.

7) 예금화폐와 전자화폐를 함께 '기장금전' 또는 '지로금전'이라고 부르기도 한다. 주석 채총(1), 212-214, 254-262(제4판/안법영); 최수정(주 6), 7-9 참조.

8) 최수정(주 6), 9는 "민법의 해석 안에 경제적인 관점을 끌어들여 금전의 개념을 폭넓게 인정하고 기장금전도 그 안에 포함시킴으로 해서 부가적인 문제들과 혼란을 야기하기보다는, 오히려 금전의 개념을 통화로서의 화폐로 한정하는 것이 법률의 규정방식에도 상응하고 법해석에서도 일관성과 명확성을 기할 수 있다."고 하여 예금화폐와 전자화폐를 민법상 금전으로 보지 않음에 대하여, 주석 채총(1), 255(제4판/안법영)은 "화폐금전과 지로금전은 양태적 차이가 있는 것에 불과하여 법적으로도 대등한 금전성을 인정하여야 할 것이다."라고 하여 예금화폐와 전자화폐를 민법상 금전으로 보고 있는 것으로 이해된다. 아울러 손진화, 전자금융거래법, 제2판, 2008, 146-147은 전자화폐의 법적 성질에 관하여 이를 채권으로 보는 견해와 자유화폐로 보는 견해의 대립이 있다고 하면서 자유화폐설을 지지한다.

9) 구주해(8), 162(이공현).

아니므로 그 명칭에 불구하고 이를 금전 또는 화폐로 파악하기는 어려울 것이다. 현재 가상화폐 등에 대한 법적인 규제도 이루어지지 않고 있다. 그러나 향후 가상화폐를 통한 거래가 증가할 가능성을 배제할 수 없으므로 그에 대한 적절한 규제를 모색할 필요가 있다.[10)11)]

2. 종　류

금전, 즉 화폐는 법률상 강제통용력을 가지는지 여부 및 화폐를 만드는 소재 등의 기준에 따라 다음과 같이 분류된다.

가. 법정화폐 · 자유화폐

국가가 법률에 의하여 강제통용력을 인정한 화폐를 법정화폐, 법화(法貨) 또는 통화(通貨)라고 한다. 우리나라에서 현재 강제통용력을 가진 통화는 한국은행이 발행한 지폐인 한국은행권과 금속화폐인 주화의 두 가지가 있다(한국은행법 § 47, 48, 53 참조).[12)] 통화가 강제통용력이 인정된다는 것은 수령강제가 인정된다는 것, 즉 당사자 사이의 다른 약정이 없는 한, 채권자는 금전채권의 통화에 의한 이행을 수령거절할 수 없고, 만약 수령거절하는 경우에는 수령지체가 성립한다.[13)]

한편 법률에 의한 강제통용력은 없으나 거래에서 실제로 금전으로서 유통되는 것을 자유화폐라고 한다. 자유화폐의 예로서는 피점령국에서 사실상 거래계에 유통되는 피점령국의 기존 통화와 같이,[14)] 통화가 강제통용력을 상실하였으나 사실상 유통되고 있는 경우를 들 수 있다. 자유화폐는 강제통용력이

---

10) 2024. 7. 19.부터 가상자산 이용자 보호 등에 관한 법률이 시행되어 가상화폐를 포함한 가상자산에 대한 규율이 이루어지고 있다.

11) 한편 대법원은 "비트코인은 경제적인 가치를 디지털로 표상하여 전자적으로 이전, 저장 및 거래가 가능하도록 한, 이른바 '가상화폐'의 일종인 점, 피고인은 음란사이트를 운영하면서 사진과 영상을 이용하는 이용자 및 음란사이트에 광고를 원하는 광고주들로부터 비트코인을 대가로 지급받아 재산적 가치가 있는 것으로 취급한 점에 비추어 비트코인은 재산적 가치가 있는 무형의 재산"이라고 보아야 한다고 하면서 비트코인의 몰수가 가능하다고 한 원심 판결을 수긍하였다[대판 18.5.30. 2018도3619(공18하, 1244)].

12) 한국은행법 § 47은 "화폐의 발행권은 한국은행만이 가진다."고 하여 한국은행권과 주화 모두 한국은행에 발행권이 귀속됨을 정하고 있고, 동법 § 48은 "한국은행이 발행한 한국은행권은 법화로서 모든 거래에 무제한 통용된다."고 하며, 동법 § 53 II에서는 주화에 동법 § 48을 준용함으로써 한국은행권과 주화에 강제통용력을 부여하고 있다. 한편 대한민국의 화폐단위는 원이고, 원은 계산의 단위가 되며, 100전으로 분할된다. 원은 영문으로 WON으로, 전은 영문으로 JEON으로 각 표기한다(한국은행법 § 47의2).

13) 구주해(8), 163(이공현); 주석 채총(1), 248, 249(제4판/안법영).

14) 주석 채총(1), 250(제4판/안법영) 참조.

없으므로 채권자가 그 수령을 거절할 수 있음이 원칙이다. 채권자가 수령한 경우의 효력에 관하여는 채권자가 수령에 동의한 이상 자유화폐라고 하더라도 금전인 이상 반대의 의사표시가 없는 한 통상의 변제라는 견해와 대물변제라는 견해가 있다고 한다.[15)]

이와 관련하여 대법원 판결 중에는 8·15 해방으로 인하여 일본의 통치권이 종료된 이후 일본은행권을 북위 38도선 이남지역에서 법화로 인정하지 아니한 1945. 9. 7.의 태평양미국육군사령부포고 제3호가 발령되기 전에 일본은행권에 의하여 토지매매대금이 지불되어 채권자가 수령 후 그 추완을 요구하였으나 채무자가 이에 응하지 아니하였다는 이유로 매매계약의 해제를 주장하는 사안에서, "(계약 당시인) 1945. 9. 2. 당시에 일본은행권이 국내 전반에 공연 통용됨은 현저한 사실이요, 태평양미국육군사령부포고 제3호 그 공포 전에 일본은행권에 의한 일반거래의 효력에 소장을 초래할 바 아니므로" 토지매매대금을 일본은행권에 의하여 지급한 것은 적법하다고 판시한 것이 있다.[16)] 이 판결이 통화의 강제통용력에 관하여 설시한 것이라고 보는 견해가 있으나,[17)] 위 판결 자체에서도 알 수 있듯이 1945. 8. 15. 이후 일본의 통치권이 종료됨으로써 일본은행권은 법화로서의 지위를 상실하였으므로 1945. 9. 2. 체결된 계약관계에 관한 위 판결의 사안에서 일본은행권의 강제통용력은 인정될 수 없다. 판결의 논리만으로는 반드시 분명하지는 않으나, 일본은행권이 비록 강제통용력은 없으나 아직 거래계에서 널리 통용되고 있는 사정, 즉 관습에 의하여 일본은행권에 의한 변제의 효력을 인정한 것이라고 보아야 할 것이다.[18)]

외국의 통화는 우리나라에서 강제통용력이 없으므로 일종의 자유화폐라고도 할 수 있다. 그러므로 수령강제는 인정되지 않는다. 다만 민법은 §§ 377,

---

15) 구주해(8), 163(이공현).

16) 대판 48.4.22. 4280민상373(정보).

17) 구주해(8), 163(이공현).

18) 한편 대법원은 1945. 12. 4. 피고가 원고의 조선은행권을 절취한 사안에서, "법화가 아닌 일본은행권을 절취한 자가 그 일부로 채무를 변제하고 다른 일부는 조선은행권과 교환한 경우에는 태평양 미국육군사령부포고 제3호는 일본은행권을 법화로 인정하지 아니함에 불과하고 그 외의 경제적 가치의 상실과 소지의 금지를 규정한 것이 아닐 뿐더러, 위 일본은행권은 교환가치가 있다 할 것이므로 위 일본은행권을 절취당한 자는 위 절취한 자가 법률상 원인 없이 이득한 금액상당의 손실을 보았다 할 것이다."라고 하였는바[대판 46.8.13 4279민상14(정보)], 이에 비추어 보더라도 대법원이 1945. 9. 2. 당시의 일본은행권의 강제통용력을 인정하지 아니하였음은 분명하다.

378에서 지급방법 등에 관한 특칙을 마련하고 있다.

나. 상품화폐 · 금속화폐 · 지폐 · 예금화폐 · 전자화폐[19)]

이는 화폐의 소재 및 발달과정에 따른 분류이다.

물물교환시대를 벗어나면서 특정의 재화가 다른 재화들의 교환의 매개로서 기능하였는데, 이러한 교환성 높은 재화를 상품화폐라고 한다. 이러한 상품화폐의 역할을 수행한 것은 주로 직물, 곡물, 피혁, 가축 등이었다. 그러나 상품화폐는 다양한 규모와 형태의 거래를 담당하기 위한 단위별 가치측정이 어렵고, 소액으로 분할하는 것이 불가능하였을 뿐 아니라, 운반이나 보관 등에 어려움이 있었으므로 이를 극복하기 위하여 금속화폐가 등장하였다.

금속화폐는 금속으로 주조한 화폐로서 금화, 은화 등이 그 예이다. 금속화폐는 위에서 본 상품화폐의 단점을 극복한 것으로서 특히 국가의 화폐발행 독점권을 뒤에 업고 널리 통용되었으나, 정부가 전쟁이나 대규모 공사, 왕실의 소비자금으로 사용하기 위하여 함량 미달의 재료를 사용하여 화폐량을 늘이거나, 개인이 주화의 가장자리를 도려내거나 용해한 후 함량 미달의 악화로 다시 주조하는 등의 악화가 양화를 구축하는 "그레샴의 법칙"에 따른 문제가 등장하게 되었다.

이에 등장한 것이 지폐인데, 은행권이 그 대표적인 것이다. 지폐는 위조의 위험이 더 커지기는 하였으나 발행비용을 저감시키고 단위를 설정하는 데에 훨씬 신축적인 장점이 있었다. 특히 금 등의 지급준비금 없이도 지폐를 정부의 신용에 의하여 발행하는 불환지폐(inconvertible paper money)가 등장하면서 화폐의 역사에 획기적인 전환점이 마련되었다. 즉, 종전의 화폐가치는 그것의 내재적인 가치와 밀접한 관련성이 있었던 데 반하여, 불환지폐는 그것이 나타내는 명목가치와 소재의 가치가 완전히 분리되기에 이른 것이다.

한편 금융의 현대화가 이루어져 은행의 공신력이 높아지면서 예금자가 요구하는 즉시 현금을 인출할 수 있는 요구불예금 및 그에 연결된 어음 · 수표가 일반적 교환수단으로 등장하게 되었다. 이러한 예금화폐는 본질적으로는 금융기관에의 예금, 즉 금전소비대차계약에 기한 채권이라고 할 수 있음에도 언제든지 공신력 있는 금융기관에 대한 청구로써 인출하여 현금화할 수 있다는 점에서

19) 아래는 주로 정운찬 · 김홍범(주 3), 55-65 참조.

전통적인 의미에서의 화폐와 다름없는 기능을 한다. 예금화폐가 화폐(금전)인지 또는 단지 채권에 불과한 것인지에 관하여는, 경제학적으로는 대체로 금전성을 인정하는 것으로 보이나, 앞에서 본 것처럼 법적으로는 논란이 있다.

최근에는 전자화폐(electronic money)의 등장으로 금전의 형태가 더욱 다양하게 전개되고 있다. 전자화폐는 다양한 형태가 존재하므로 일의적으로 정의하기는 쉽지 않으나, 대체로 공중정보망과 연결된 전자매체나 IC(integrated circuit)카드에 전자기호로 화폐가치를 저장하였다가 거래에 사용하는 선불형 전자지급수단을 일컫는다. 법적으로는 전자금융거래법에서 "이전 가능한 금전적 가치가 전자적 방법으로 저장되어 발행된 증표 또는 그 증표에 관한 정보로서 일정한 기준[20]을 충족하는 것"이라고 정의하고 있다.[21] 전자화폐의 법적 성질에 관하여는 앞에서 본 것처럼 채권설과 자유화폐설의 대립이 있다.

Ⅲ. 금전채권

1. 의 의

금전채권이란 넓은 의미에서는 금전의 지급을 목적으로 하는 채권을 두루 가리키나, 좁은 의미에서는 화폐의 인도 그 자체보다는 '일정 금액', 즉 그 화폐가 표창하는 일정한 가치를 이전하는 것을 목적으로 하는 채권, 말하자면 '금액채권' 내지 '가치채권'을 의미한다. 따라서 뒤에서 보는 특정한 종류의 화폐를 인도하는 것을 목적으로 하는 '절대적 금종채권'과 특정의 금전을 인도하는 것을 목적으로 하는 '특정금전채권'은 넓은 의미의 금전채권에는 포함되나, 좁은 의미의 금전채권에는 해당하지 아니한다.

---

20) 전자금융거래법 § 2 xv. 가. 대통령령이 정하는 기준 이상의 지역 및 가맹점에서 이용될 것, 나. 발행인 외의 제3자로부터 재화 또는 용역을 구입하고 그 대가를 지급하는 데 사용될 것, 다. 구입할 수 있는 재화 또는 용역의 범위가 5개 이상으로서 대통령령이 정하는 업종 수 이상일 것, 라. 현금 또는 예금과 동일한 가치로 교환되어 발행될 것, 마. 발행자에 의하여 현금 또는 예금으로 교환이 보장될 것.

21) 한편, 전자금융거래법에서는 이와 같은 전자화폐와 '선불전자지급수단'을 구별하고 있는데, 선불전자지급수단은 전자화폐와 다른 점에서는 동일하나 구입할 수 있는 재화나 용역의 업종 범위가 전자화폐에 비하여 제한적이고, 반드시 환금이 보장되지 않는다는 점에서 구별된다(전자금융거래법 § 2 xiv).

이와 같이 좁은 의미의 금전채권은 화폐 자체의 개성보다는 그 화폐가 표창하는 가치에 중점이 놓이므로 종류채권에서 문제되는 특정의 문제가 발생할 여지가 없고, 이행불능이나 위험부담의 문제 역시 원칙적으로 발생할 수 없다. 다만 경제사정의 급격한 변화로 인하여 화폐가치가 변동함에 따라 사정변경의 원칙의 적용 여부가 문제될 수 있다(후술 4. 참조).

이와 같은 좁은 의미의 금전채권이 종류채권인지에 관하여, 다수의 견해는 금전채권도 일종의 종류채권이나 다만 위와 같은 특수한 성질을 가지고 있을 뿐이라고 설명한다.[22] 이에 대하여 소수의 견해는 위와 같은 금전채권의 특성을 고려할 때 금전채권은 종류채권이 아니라고 한다.[23] 한편, 뒤에서 보는 절대적 금종채권이 종류채권이고, 특정금전채권이 특정물채권인 점에 관하여는 이설이 없다.

금전채권의 발생원인은 매우 다양하다. 우선 금전채권은 계약 등 법률행위에 의하여 발생할 수 있음은 물론이다. 법률행위에 의하여 발생하는 경우에도 매매, 이자부소비대차, 임대차, 고용, 도급, 유상임치 등 유상행위 뿐만 아니라 증여, 무이자부소비대차, 무상임치, 유증 등 무상행위에 의하여도 발생한다. 뿐만 아니라 금전채권은 법률의 규정에 의해서도 발생하는데, 채무불이행과 불법행위에 기한 손해배상채권은 금전배상의 원칙상 금전채권임이 원칙이고(§§ 394, 763), 부당이득 반환채권도 가액을 반환할 경우에는 금전채권이 성립한다(§ 747 I). 그 밖에 유증(§ 1073 이하), 부양(§ 974 이하)의 규정에 의하여 금전채권이 발생할 수도 있고, 벌금, 과태료도 금전채권이다.

앞서 살펴본 화폐의 기능으로부터 알 수 있듯이, 금전은 일반적인 가치척도이자 교환수단으로서 자본주의경제에서 가장 핵심적인 기능을 담당하고 있다. 즉, 금전은 단순히 상품의 교환을 매개할 뿐 아니라, 자본의 축적수단이자 생산의 필수적인 요소가 되고, 금전 그 자체가 거래의 대상이 되어 금융시장이 고도로 발달함에 따라 이러한 금전의 자본주의경제 형성적인 기능은 더욱 촉진된다. 특히 이러한 '신용경제'의 발달로 인하여 '미래의 금전취득'을 주된 내용으로 하는 금전채권의 중요성은 더욱 부각된다. 그리고 이와 더불어 금전

22) 김동훈, 135; 김주수, 64-65; 김준호, 25; 윤철홍, 50; 이덕환, 47; 정기웅, 43; 구주해(8), 165(이공현).

23) 김상용, 47; 김증한·김학동, 38; 최수정(주 6), 20. 독일의 학설, 판례도 금전채권은 종류채권이 아니라고 한다. MünchKomm/Grundmann (7. Aufl. 2016), § 245 Rn. 84.

채권의 확실한 이행을 보장하기 위한 담보제도 및 금전채권의 유동화, 증권화를 도모하는 증권거래제도 등도 더욱 정교화, 복잡화되어 그에 따른 법률문제를 야기하고 있다. 특히 금전채권을 매개로 하는 경제주체들의 투기적 경향으로 말미암아 금융시스템 자체가 붕괴되는 금융위기의 가능성이 언제든지 도사리고 있어 이를 적절히 규제할 수 있는 대응책이 필요하게 된다. 나아가 자본주의 경제의 발달과 더불어 부의 불균등한 분배는 더 심각한 사회경제적 문제로 대두되고, 자본을 가진 자본가 계급과 자본이 없는 노동자 계급 사이의 더욱 합리적인 이해조정이 요구되고 있다.

이러한 금전채권의 원활한 순기능을 보장하고 역기능을 제어하기 위해서는 다양한 법적 장치가 적절하게 마련될 것이 요구된다. 민법은 금전채권에 관하여는 단 3개의 조문(§ 376 및 외화채권에 관한 §§ 377, 378 포함)만을 두고 있고, 그 내용도 단편적인 것에 그치고 있으며, 전통적인 실물화폐를 전제로 하고 있다. 따라서 금전채권을 올바로 이해하기 위해서는 민법 외에도 금전채권을 둘러싼 다양한 법제도를 먼저 파악할 필요가 있다.

2. 금전채권의 종류

가. 금액채권

금액채권은 일정한 금전가치의 이전을 목적으로 하는 채권이다. 금액채권에 있어서는 지급되는 화폐의 종류는 중요하지 않고 오직 이전될 가치만이 중요하다. 예컨대 '100만 원을 지급한다.'고 하는 채권은 오직 100만 원의 가치이전을 목적으로 할 뿐이므로 원칙적으로 100만 원을 어떤 종류의 화폐로 지급하는지, 예컨대 1만 원 권, 5만 원 권 중 어떠한 통화로 지급하는지는 중요하지 않고, 이들 통화의 인도로써 100만 원의 가치가 이전되면 위 채권의 목적은 달성된다. 이것이 바로 금액채권이고, 가장 좁은 의미에 있어서의 금전채권이라고 할 수 있다. 금액채권은 금전의 가치측정의 수단, 재화교환의 매개물로서의 기능이 가장 전형적으로 드러나는 경우이다.

금액채권과 구별될 수 있는 것으로서 '금전가치채권'이 거론되기도 한다.[24] 금액채권에서는 위와 같이 일정한 액수의 금전의 단위로써 명목적으로 가치가 표시되는 반면, 금전가치채권은 장래 이행할 시점에서의 다른 재화의

24) 금전가치채권을 논의하는 문헌으로서는, 주석 채총(1), 201-203(제4판/안법영); 최수정(주 6), 17-19 참조.

금전가치에 의하여 이전할 가치를 정하는 채권이다. 금전가치채권은 장래의 금전가치의 변동에 따른 위험을 회피하는 수단이 된다는 데에 의의가 있다. 금전가치채권의 예로서는 손해배상청구권, 공용징수 보상청구권, 또는 부양료청구권 등이 예시된다.[25)]

금액채권인지 금전가치채권인지의 구별은 일차적으로 당사자의 의사해석의 문제이지만, 특별한 사정이 없으면 금액채권으로 해석된다. 그러나 양자의 차이는 채권의 목적인 금액이 처음부터 명목적으로 확정되어 있는가, 또는 장래의 금전가치에 의하여 이행기에 확정되는가에 따라 구별되고, 금전가치채권에 있어서도 이행기에 있어서는 결국 일정한 액수의 금전에 의하여 이행될 수밖에 없기 때문에, 금전가치채권도 금액채권의 일종으로 보아도 무방할 것이다.

나. 금종채권

금종채권은 특정한 종류에 속하는 금전의 일정수량의 급부를 목적으로 하는 채권이다. 예컨대, 100만 원을 지급하되 이를 전부 1만 원 권의 지폐로 지급하기로 약정하는 경우이다.

금종채권은 상대적 금종채권과 절대적 금종채권으로 구분된다.

상대적 금종채권은 특정한 종류의 화폐로 지급하기로 하였으나 채권의 목적은 해당 화폐에 의하여 표창되는 가치를 이전하는 데에 있는 경우이다. 본조는 이와 같은 상대적 금종채권에 관하여 규정하고 있다. 이러한 특정한 종류의 화폐에 의한 지급약정은 다른 통화의 강제통용력을 배제하고 있다는 점에서 그러한 약정의 효력에 의문이 생길 수 있으나, 본조는 그 유효성을 인정함을 전제로 하고 있다. 따라서 채무자는 원칙적으로 약정에 따라서 정하여진 화폐의 종류로 이행할 의무가 있으나, 만약 해당 화폐가 강제통용력을 상실하는 등으로 그 이행이 불가능하게 된 경우에는 채무자는 여전히 다른 통화에 의하여 변제하여야 한다. 이는 금전채권의 본질, 즉 금전가치의 이전이라는 당사자 의사를 고려한 것이다. 이와 같이 상대적 금종채권의 본질 또한 일정한 금전가

25) 주석 채총(1), 202(제4판/안법영); 최수정(주 6), 18-19. 그 밖에도 최수정(주 6), 19는 '매매대금을 매매계약 체결일로부터 1개월 후의 시가로 정하기로 한 경우'[대판 78.6.27. 78다551,552(공 78, 10972)]를 금전가치채권의 예로 들고 있고, 주석 채총(1), 202(제4판/안법영)은 유류분 산정에서 금전으로 이루어진 증여재산의 가액산정시 상속개시 당시의 화폐가치로 환산하는 것을 금전가치채권의 예로 들고 있다. 그러나 유류분과 관련한 증여재산의 가치환산은 유류분 반환채권을 계산하기 위한 수단으로서 증여재산의 가액을 산정하기 위한 방법일 뿐, 거기에서 증여재산의 반환채권 자체가 문제되는 것은 아니므로 금전가치채권이 성립하는 것은 아니다.

치의 이전에 있고, 이행할 화폐 종류의 약정은 단지 그 지급방법에 관한 약정에 지나지 않으므로, 이는 앞서 본 금액채권과 본질적으로 다르지 아니하다.

이와 달리 절대적 금종채권은 반드시 특정 종류의 화폐로만 지급하여야 하는 채권이다. 예컨대, 수집의 목적으로 1983년 발행의 500원 권 10매를 인도하는 것을 목적으로 하는 채권은 절대적 금종채권이다. 본조는 임의규정이므로, 이러한 절대적 금종채권도 유효하게 성립한다. 절대적 금종채권의 경우에는 특정된 종류의 통화가 강제통용력을 잃더라도 채무자는 이를 그대로 지급하여야 하고, 다만 해당 종류의 통화가 거래계에 존재하지 않게 되면 채무는 이행불능으로 된다. 절대적 금종채권에서 금전가치는 중요하지 않고, 해당 종류의 화폐는 순전히 종류물로서만 다루어지고 있으므로, 이는 금전채권이라기보다 종류채권으로 보아야 한다.

다. 특정금전채권

특정금전채권은 '특정의 금전'의 급부를 목적으로 하는 채권이다. 예컨대, 진열 또는 수집의 목적으로 특정한 금전의 매매, 임대차 등의 계약을 체결하거나, 봉금(封金)의 임치나 운송 등을 위하여 특정한 금전을 급부하는 경우가 이에 해당한다. 특정금전채권은 금전채권으로서의 특색은 전혀 없고, 특정물채권에 지나지 아니한다. 특정금전채권과 절대적 금종채권은 전자는 채권성립 당시에 이미 급부하여야 할 금전이 특정되어 있음에 반하여, 후자는 급부할 금전의 종류만이 정하여져 있을 뿐, 구체적으로 특정되어 있지 않다는 점에서 차이가 있다.

라. 외국금전채권(외화채권)

외국의 금전 내지 통화의 급부를 목적으로 하는 채권을 외국금전채권 또는 외화채권이라고 한다. 외국의 통화는 우리나라에서는 통화로서의 효력이 없으나 거래계에서 금전의 기능을 하고 있는 한 이는 금전채권으로 볼 수 있다.[26] 외화채권도 개념상 외화금액채권, 외화금종채권, 특정외국금전채권 등으로 나눌 수 있다.

---

26) 통설이다. 이에 대하여는 외화채권은 금전채권이 아닌 종류채권으로 보아야 한다는 반대 견해가 있다. 오수원, "외화채권자의 급부대용청구권과 외화판결의 강제집행", 인권과 정의 422호, 2011. 12., 77 이하.

3. 금전채권의 이행

가. 금액채권의 이행

채무의 변제는 채무자가 채무의 내용에 좇은 현실제공을 하여야 하는바(§460), 금액채권에 있어서 채무의 내용은 일정한 금전적 가치를 이전하는 데에 있으므로, 화폐(유체물로서의 금전)의 지급은 전형적인 금액채권의 이행방법이 된다. 통화는 강제통용력이 있으므로 통화에 의한 금액채권의 변제는 당연히 효력이 있고, 채권자는 그 수령을 거절할 수 없다. 채무자는 특약이 없는 한 그의 선택에 따라 각종의 통화, 즉 1종 혹은 수종의 통화로 변제할 수 있다. 그러나 금액채권의 변제에 있어서도 채무자는 신의성실의 원칙에 의한 제약을 받게 되므로, 예컨대 채권자를 괴롭히기 위하여 100만 원의 변제를 소액의 주화만으로 지급하는 것은 신의칙에 반하여 채권자는 그 수령을 거절할 수 있다고 보아야 할 것이다.[27]

자유화폐에 의한 지급은 원칙적으로 채권자의 동의가 없는 한 적법한 금액채권의 이행이 되지 못한다. 그러나 예외적으로 자유화폐가 널리 통용되고 있다면 이러한 관습의 효력에 의하여 자유화폐에 의한 변제의 효력이 인정되는 경우가 있을 것이다.

자기앞수표나 우편환, 전신환, 신용 있는 은행이 발행·배서한 수표나 지급보증부 수표와 같이 실제 거래에서 현금과 동일한 가치를 가지는 것으로 인식되고 통용되는 유가증권에 의한 지급도 금액채권의 유효한 변제가 된다는 견해가 있다.[28] 그러나 채권자의 은행계좌가 압류되거나 은행이 채권자에 대한 반대채권과 상계할 수 있고, 특히 오늘날 은행 자체가 도산할 가능성도 배제할 수 없는 이상, 이러한 자기앞수표 등의 지급을 현금의 변제와 완전히 동일시하기는 어렵다. 따라서 이는 대물변제로 파악함이 타당하다.[29] 그러나 실제 거래에서 이러한 자기앞수표에 의한 지급 등이 광범위하게 이루어지고 있는 이상, 자기앞수표 등에 의한 변제에 관하여는 사전에 채권자의 명시적인 반대의 의사표시가 없는 이상 채권자에 의한 묵시적 승낙이 있는 것으로 보아야 할 경우가 대부분일 것이다.

---

27) 구주해(8), 169(이공현).

28) 강봉석, 29; 구주해(4), 40(김대휘); 최수정(주 6), 22-23.

29) 대판 61.12.21. 4294민상324(집9민, 130)는 "은행의 자기앞수표는 현금과 동일시하여 현금과 같이 거래되므로 원고가 취득한 본건 수표는 …… 상품대금 지불 대신 거래되었다고 추정 못할 바 아니므로"라고 하였다.

그러나 채무자 또는 제3자가 발행한 약속어음을 교부하거나[30] 당좌수표[31]를 지급한 때, 신용카드로 결제한 때에는 그것만으로는 유효한 금액채권의 변제가 되지 않음이 원칙이고, 이는 채무의 이행을 위하여 교부되거나 지급된 것으로 볼 수 있을 따름이며, 어음금이 실제로 지급되거나 수표나 대금이 실제로 결제된 때에 비로소 유효한 변제가 있다고 할 것이다.

예금화폐에 의한 지급, 즉 채무자가 채권자의 금융기관 계좌에 금전을 송금하거나 이체하는 것을 적법한 금액채권의 이행으로 볼 것인가?[32] 즉, 이를 본래의 금액채무의 변제로 볼 것인가 또는 대물변제로 볼 것인가가 문제된다. 이를 대물변제로 보는 견해[33]는 경우에 따라 채권자의 은행계좌가 압류되거나, 은행이 자신의 채권과 상계하거나 나아가 은행이 파산하는 경우도 있을 것이므로 금전의 지급과 동일하게 볼 수 없다는 이유로, 이는 대물변제로서 채권자의 승낙이 있는 때에 변제와 같은 효력을 발생한다고 한다. 다만 채권자의 명시적인 승낙이 없더라도 채권자가 계좌번호를 알려주거나 당해 거래관계에 송금이나 이체의 관습이 존재하는 때, 또는 채권자가 이의 없이 용인하는 때에는 각 이에 관한 승낙과 추인이 있는 것으로 볼 수 있다고 한다.[34] 이에 대하여 다른 견해[35]는 예금화폐[36]도 그 구체적 기능에 비추어 금전성을 승인하여야 하므로 계좌이체에 의한 지불은 대물변제가 아니라 본래의 채무이행으로서

30) 대판 90.5.22. 89다카13322(공 90, 1343); 대판 97.3.28. 97다126, 133(공 97, 1221); 대판 03.5.30. 2003다13512(공 03, 1434).

31) 대판 77.4.12. 76다943(정보).

32) 과거 이러한 송금 내지 자금이체는 서면인 장부상의 기재에 의하여 이루어졌으나 오늘날은 대부분 컴퓨터와 연결된 금융통신망을 통하여 전자적 신호에 의한 전송에 의하여 이루어진다. 전자금융거래법에서는 "전자자금이체"를 "지급인과 수취인 사이에 자금을 지급할 목적으로 금융회사 또는 전자금융업자에 개설된 계좌에서 다른 계좌로 전자적 장치에 의하여 자금을 이체하는 것"이라고 정의하고 있다(동법 § 2 xi). 전자자금이체의 경우 "거래지시된 금액의 정보에 대하여 수취인의 계좌가 개설되어 있는 금융회사 또는 전자금융업자의 계좌의 원장에 입금기록이 끝난 때" 지급의 효력이 발생한다(동법 § 13 I i).

33) 최수정(주 6), 24; 손진화(주 8), 120-121.

34) 최수정(주 6), 24, 주 67은, 독일의 경우에도 계좌이체가 변제인지 또는 대물변제인지에 관하여 다툼이 있어 왔으나 학설과 판례는 대체로 이를 대물변제로 보아 채권자의 승낙 여하에 따라 변제의 효력을 인정하고 있다고 한다. 이 경우 채무자가 채권자의 승낙이 있음을 입증하여야 하는지, 또는 채권자가 계좌이체를 명시적, 묵시적으로 거절하여야 하는지에 관하여 학설의 대립이 있고, 판례는 전자의 견해를 취하면서 묵시적 승낙을 인정한다는 것에, MünchKomm/Grundmann, § 245 Rn. 110 참조.

35) 주석 채총(1), 264-265(제4판/안법영).

36) 위 견해는 이를 '지로금전'이라고 표현한다.

의 금전의 지급이라고 한다.[37] 사견으로는 앞서 자기앞수표 등의 경우와 마찬가지로 전자의 견해가 타당하다고 생각한다.[38]

전자화폐의 경우는 어떠한가? 이에 관하여도 전자화폐는 현금에 비하여 위조·변조 가능성이 더 높고, 은행의 파산 등의 위험도 높다거나, 전자화폐는 법정통화가 아니어서 채무의 본지에 따른 지급수단이 될 수 없다는 등의 이유에서 대물변제로 봄이 타당하다고 하는 견해[39]와 전자화폐도 지로금전의 일종으로서 금전의 기능을 하므로 그 지급은 대물변제가 아니라 금전의 지급과 같이 보아야 한다거나[40] 전자화폐도 현금과 동일한 기능을 하는 자유화폐의 성질을 가지고 있으므로 대물변제가 아닌 금전채무의 이행으로 보아야 한다는 등[41] 전자화폐에 의한 지급을 대물변제가 아닌 변제로 보아야 한다는 견해가 대립하고 있다. 전자화폐도 통화가 아니고 궁극적으로 전자화폐 발행자에 의한 현금으로의 교환이 보장되어야 하는 것이므로, 채권자에게 일방적인 수령을 강제할 수는 없다. 이러한 의미에서 전자화폐에 의한 금액채무의 지급 역시 채권자의 동의를 전제로 하는 대물변제로 보아야 한다. 전자금융거래법 § 17은 "전자화폐보유자가 재화를 구입하거나 용역을 제공받고 그 대금을 수취인과의 합의에 따라 전자화폐로 지급한 때에는 그 대금의 지급에 관한 채무는 변제된 것으로 본다."고 규정하고 있는데, 이 역시 수취인의 전자화폐 지급에

37) 그러나 이 견해는 다른 한편 채권자의 은행계좌의 압류가능성 등을 이유로 "계좌이체를 통한 지로금전의 지불이 변제제공의 효력을 갖는가는 일차적으로 거래관계 당사자의 의사, 그리고 거래관행을 고려하여 구체적 이해관계를 개별적으로 판단"하여야 한다고도 한다[주석 채총(1), 267(제4판/안법영)].

38) 판례는, "채권자가 아닌 제3자 명의로 개설된 예금계좌에 채무자가 현금을 입금시켰다고 하더라도 예금명의자인 제3자가 당해 금전채권에 대한 변제의 제공을 받을 수 있는 지위에 있지 아니하는 한 그 입금이 채무 내용에 좇은 현실의 제공이라고 볼 수 없을 것이지만, 채권자가 금융기관으로서 채무자에게 금전채무의 이행방법으로 제3자 명의로 개설된 예금계좌에 입금할 것을 요청하였고, 그 예금계좌가 채권자의 관리 하에 있어 채권자가 즉시 인출할 수 있는 지위에 있는 경우에는, 채권자 명의로 개설된 예금계좌에 아무런 유보 없이 입금시킨 경우와 마찬가지로, 채무자가 입금한 금원이 그 예금계좌에 들어가 입금기재된 때에 그에 따른 <u>변제의 효력</u>이 발생한다."(밑줄은 필자)고 하고 있으나[대판 98.7.24. 98다7698(공 98, 2209)], 위 판례가 계좌이체의 법적 성질을 대물변제가 아닌 변제라고 본 것이라고 단정하기는 어렵다.

39) 김택주, "전자화폐에 의한 결제와 법적 문제", 동아법학 제27호, 2000, 102; 이은영, "전자상거래와 소비자법 - 계약의 이행을 중심으로 -", 비교 5권 2호, 1998, 125; 정경영, "전자화폐의 법적구조", 이십일세기 상사법의 전개: 하총 정동윤선생 화갑기념, 1999, 549.

40) 주석 채총(1), 266(제4판/안법영).

41) 손진화(주 8), 153.

대한 동의를 전제로 한 것으로, 여기에서의 '변제'는 민법상 '대물변제'로 해석할 것이다.

금액채권은 일정한 화폐가치의 이전에 그 본질이 있으므로, 불가항력에 의한 이행불능이 문제될 여지가 없고, 다만 이행지체만이 문제될 뿐이다. 그리고 금액채권은 가분채권의 전형으로서, 다수당사자의 채권관계(§ 408)나 채무의 이행에 관하여 가분채권에 관한 규정이 전형적으로 적용된다. 금액채권의 이행장소에 관하여는 민법상 별도의 규정이 없으므로, 일반원칙에 따라 채권자의 현주소 내지 현영업소가 이행지가 된다(§ 467 II). 다만 매매의 목적물의 인도와 동시에 대금을 지급할 경우에는 그 인도장소가 금액채무인 매매대금채무의 이행장소로 되고(§ 586), 이는 매매 이외의 유상계약에 준용된다(§ 567). 따라서 예컨대 임차인의 보증금 지급채무는 임대차목적물의 인도와 동시에 이행될 경우에는 그 인도장소가 이행장소가 된다.

나. 금종채권의 이행

앞서 본 바와 같이 상대적 금종채권의 경우 당사자가 정한 특종의 통화가 변제기에 강제통용력을 상실할 경우에는 다른 통화에 의하여 변제하여야 한다. 본조에서 말하는 '변제기'는 이행기만을 말하는 것이 아니고, 실제 이행기가 지난 후이더라도 채무자가 실제로 지급하는 이행의 시점까지 포함하는 것으로 해석함이 상당하다. 따라서 채무자는 이행기를 지나 실제 이행하는 시점에 약정한 통화의 강제통용력이 상실되면 다른 통화에 의하여 변제하여야 한다.[42] 또한 본조에서 '강제통용력을 잃은 때'라고 함은 약정한 화폐의 조달에 객관적인 장애사유가 있는 경우를 예시한 것이라고 보아야 한다. 따라서 법령에 의하여 강제통용력이 상실되는 경우 뿐 아니라 사실상 거래계에서 통용되지 아니하여 통화로서의 가치를 상실한 경우도 포함한다.[43] 상대적 금종채권은 본질상 금액채권과 같으므로, 그 밖에 위에서 본 금액채권의 이행에 관한 설명이 그대로 타당하다.

이와 달리 절대적 금종채권은 약정한 특종의 통화가 변제기에 강제통용력을 상실할 경우 채무자는 그 특종의 통화를 그대로 지급하여야 하고, 다른 통화로 변제할 의무는 없다. 절대적 금종채권은 종류채권이므로, 그 이행에 관하여는 § 375가 적용되어 종류물의 특정이 문제된다(자세한 것은 § 375 주해 참조).

---

42) 동지: 주석 채총(1), 279-280(제4판/안법영).
43) 동지: 주석 채총(1), 280(제4판/안법영).

다. 특정금전채권의 이행

특정금전채권은 특정물채권이므로 § 374가 적용된다. 따라서 채무자의 선관주의에 의한 '특정의 금전'의 보관의무가 문제된다(자세한 것은 § 374 주해 참조). 금액채권에 관한 법리가 적용될 여지는 없다.

라. 외국금전권(외화채권)의 이행

외화채권도 개념상 외화금액채권, 외화금종채권, 특정외국금전채권 등으로 나눌 수 있고, 이에 관하여는 앞서 본 금액채권, 금종채권, 특정금전채권에 관한 설명이 대체로 타당할 것이다. 다만 민법은 §§ 377, 378에서 외화채권의 이행에 관한 특칙을 두고 있다(자세한 것은 해당 주해 참조).

4. 금전채권의 특수성

가. 민법상 특칙

현행 민법은 금전채무의 가치채무로서의 특성 및 사회경제적 기능 등을 고려하여 특칙을 두고 있다(§ 397). 이러한 민법상 금전채무에 관한 특칙은 좁은 의미의 금전채무, 즉 금액채무와 상대적 금종채무(외화금액채무, 상대적 외화금종채무 포함)에 관하여만 적용된다.

즉, 일반적으로 채무불이행의 경우 채권자는 손해배상을 청구하기 위하여 손해의 발생 및 손해액을 증명하여야 하나, 금전채무에 관하여는 채권자는 손해를 증명할 필요가 없다(§ 397 II 전단). 그리고 이 경우 채무자는 과실 없음을 항변하지 못한다. 즉 무과실 책임을 진다(§ 397 II 후단). 또한 채무자가 금전채무의 이행을 지체하면 그 성질상 당연히 손해가 발생하는 것으로 되고, 다른 약정이 없는 한 법정이율에 의하여 손해배상액이 정하여 진다(§ 397 I). 자세한 내용은 해당 조문의 주해 참조.

나. 화폐가치 변동에 따른 이해관계의 조정[44)]

1) 명목주의와 실질주의

금전의 실질적인 가치는 그것이 가지는 재화의 구매력의 변동에 따라서 항상 변화한다. 그럼에도 불구하고 일상적으로 금전은 그 실질가치와는 무관하게 액면가액에 의하여 통용된다. 즉, 금전채권에 있어서 금전채권의 성립시로부터 이행시까지 시간적 간격이 있고, 그 사이에 금전의 실질적 가치가 변동

44) 이하의 서술은 좁은 의미의 금전채권, 즉 금액채권과 상대적 금종채권에 관하여만 해당된다.

된다고 하더라도 이를 고려하지 아니하고 계약상 표시된 일정한 액면상의 금전을 그대로 채권액으로 고정시키는 것을 명목주의라고 한다. 우리 민법상 명문의 규정은 없으나, 본조를 비롯한 금전채권에 관한 규정은 당연히 명목주의를 전제로 하고 있다고 해석된다.[45)]

이에 대하여 가치가 안정된 금과 같은 다른 재화 또는 다른 나라의 통화를 기준으로 하여 화폐의 실질적 가치의 변동에 따라 채권액을 증감하는 것을 실질주의라고 한다.

2) 화폐가치담보약관

이와 같이 금전채무에 관하여 명목주의가 관철되는 결과, 금전채권의 성립시로부터 이행시까지 사이에 화폐가치가 하락하거나 평가절하가 이루어지는 경우, 그로 인한 손실은 채권자에게 귀속되어 불공평한 결과가 발생하고 금전채권의 실질적인 가치가 불안정하게 되어 금전채권의 효용성마저 저하되는 결과가 초래될 수 있다. 이러한 명목주의에 따른 위험을 회피하기 위하여 화폐가치를 일정하게 유지하고자 당사자는 금전채권에 특약을 부가하기도 하는데, 이러한 특약을 화폐가치담보약관이라고 부른다.[46)] 이에는 주로 금·금화 또는 안정된 외화 등을 기준으로 금전채권의 실질적 가치를 유지하는 방법 등이 사용된다.

화폐가치담보약관 중 가장 고전적이고 전형적인 것은 금약관인데, 여기에는 금화약관 내지 금화채권약관과 금화가치약관 내지 금가치약관 두 가지가 속한다. 먼저 금화약관 내지 금화채권약관은 채무자가 금화 또는 금으로 지급할 것을 약정하는 것이고(예컨대, 100만 원의 채무를 변제기에 100만 원의 금화 또는 동액의 가치를 가진 금으로 지급할 것을 약정하는 것), 금화가치약관 내지 금가치약관은 계약 당시 단위 분량당 일정액으로 계산한 일정량의 금화 또는 그와 동일한 가치를 가지는 다른 통화로 지급할 것을 약정하는 것이다(예컨대, 100만 원의 채무를 계약 당시 금 1그램당 x원으로 계산한 y그램의 금 내지 금화, 또는 그와 동일한 가치를 가진 다른 통화로 지급할 것을 약정하는 것). 전자는 화폐가치가 폭락한 경우에는 적당한 대책이 되지만, 평가절하의 대책으로는 되지 아니하고, 후자는 평가절하의 경우에도 적절한 대응책이 될 수 있으므로 국제간의 거

45) 구주해(8), 166(이공현); 주석 채총(1), 269(제4판/안법영); 최수정(주 6), 17-18. 한편 독일민법에서는 명목주의가 임의법규 내지는 객관적인 법의 하나로 평가되고 있고, 프랑스민법도 금전 소비대차에 있어서는 명문으로 명목주의를 채택하고 있는 등 오늘날 문명국가에서는 거의 예외 없이 명목주의를 금전채권에 관한 원칙으로 채택하고 있다고 한다. 구주해(8), 166(이공현); 최수정(주 6), 18 각 참조.

46) 주석 채총(1), 270(제4판/안법영)은 이를 '가치담보약정'이라고 부른다.

래에서는 후자가 주로 이용되고, 금화가 유통되지 않는 현재에서는 그 중에서도 금가치약관만이 사용된다.[47)]

금약관은 금가치의 상대적 안정성에 착안한 것이나 금시장 자체의 불안정성과 더불어 근래에는 금 이외에 다양한 가치척도가 활용되고 있다. 이러한 화폐가치담보약관으로는, 채권액을 일정량의 지정 상품의 시장가격을 기준으로 정하는 상품가격약관, 물가지수를 기준으로 정하는 지수약관, 외국화폐를 기준으로 하는 외국화폐약관 등을 그 예로 들 수 있다. 우리나라에서는 외국화폐약관 중에서도 미화를 기준으로 하는 불화약관(弗貨約款)이 흔히 이용된다. 외국화폐약관은 외관상 외국금전채권과 비슷한 모습을 보이나, 외국통화는 단지 채권액을 결정하는 척도가 될 뿐 채권 그 자체는 내국통화로써 표시되며, 그 지급 역시 내국통화에 의하여만 이루어지는 것이므로 진정한 의미에서의 외국금전채권은 아니고, 부진정외국금전채권 또는 외국금전가치채권에 해당한다.[48)49)]

과거 이러한 화폐가치담보약관은 평가절하에 의한 화폐가치조정의 효과를 무력화함으로써 통화의 강제통용력을 제한하고 법률이 정하는 각종 통화 사이의 가치 비율을 변경하는 셈이 되므로 이를 무효라고 하는 견해가 있었으나, 평가절하는 특약이 있는 금전채권의 가치내용을 변경하는 효력까지 있는 것은 아니고, 우리나라에서는 별도로 화폐가치담보약관을 제한하는 입법도 이루어지지 아니하였을 뿐 아니라,[50)] 화폐가치담보약관이 통화의 강제통용력 그 자체를 부정하는 것이 아니라 화폐가치의 하락이나 평가절하에 의하여 생긴 가치의 변동을 저지하려는 것이므로, 그 유효성을 인정하는 데에는 별다른 이설이 없다.[51)]

어떤 금전채권에 화폐가치담보약관이 붙어있는지 여부, 이를 금화약관과 금가치약관 어느 것으로 해석할 것인지 등은 결국 당사자의 의사해석의 문제

---

47) 구주해(8), 167-168; 주석 채총(1), 271-272(제4판/안법영); 양승태, "외국금전채권의 이행에 따르는 제문제", 재판자료 제34집, 1986, 23.

48) 주석 채총(1), 272(제4판/안법영); 양승태(주 47), 23 참조.

49) 부진정외국금전채권 내지 외국금전가치채권에 대하여는 후술 § 377 주해 참조.

50) 제1차 세계대전 중의 독일, 오스트리아, 이탈리아, 벨기에, 그리스 등과 1931년 이래로는 스칸디나비아 제국, 폴란드, 브라질, 미국, 캐나다 등이 법률로써 금약관을 금지 또는 폐기하고 있었다고 한다. 양승태(주 47), 24.

51) 김상용, 55; 김형배, 73; 윤철홍, 53; 구주해(8), 167-168; 주석 채총(1), 270-271(제4판/안법영); 양승태(주 47), 24; 최수정(주 6), 27.

인바, 이는 채권(계약)의 준거법에 의하여야 하고, 금화가 주조되지 않는 나라는 물론, 주조되는 나라에서도 명백한 반대의 의사표시가 없는 한 금약관은 금가치약관으로 해석함이 보통이라고 한다.[52]

3) 사정변경의 원칙

이와 같이 화폐가치담보약관 등의 설정을 통하여 당사자는 명목주의 하에서 금전가치의 변동에 따른 위험을 회피할 수 있다. 그러나 당사자가 이러한 사전의 조치를 마련하여 놓지 않은 경우에도 민법은 화폐가치의 변동이 발생한 경우 이를 조정할 수 있는 개별 근거조항으로, § 286(지상권에서의 지료증감청구권), § 628(임대차에서의 차임증감청구권), § 978(부양관계의 변경 또는 취소) 등을 두고 있다.

나아가 이러한 개별적인 조항을 떠나서도, 통상의 금전거래에서 예상할 수 없었던 경제적 격변으로 인하여 화폐가치가 급격하게 변동할 경우 이를 명목가액대로 이행하도록 하면 당사자 사이에 심한 불공평을 초래하게 되므로, 일반적인 법리로써 계약내용을 변경, 조정하거나 계약의 해제 등을 인정할 것인지가 문제된다. 즉, 명목주의 하에서 금전의 가치는 언제든지 그 재화구매력에 따라 변동될 여지가 있으므로 당사자는 이러한 위험을 계산하여 예컨대 이자율 등 계약 내용에 반영하게 되나, 당사자가 미처 예상하지 못하였고 따라서 대처할 수도 없었던 급격한 통화팽창 등 경제적 격변이 일어날 경우에는 비교적 안정적인 화폐가치가 유지된다고 하는 명목주의의 전제가 상실되므로 기존의 계약내용을 그대로 강제하는 것이 과연 공정한 결과인지에 의문이 제기되는 것이다.

대표적으로 제1차 세계대전 이후 독일에서 급격한 통화팽창으로 화폐가치가 폭락하였을 때, 금전채권관계에 관한 사건들에서 독일 법원은 신의칙으로부터 파생되는 행위기초론(die Lehre von der Geschäftsgrundlage)을 근거로, 화폐가치의 하락으로 인하여 손해를 본 당사자가 채권액의 증액평가(Aufwertung)를 청구할 수 있는 권리를 인정하고, 상대방이 이를 거절한 경우에는 계약을 해제할 수 있도록 하였다. 이러한 판례이론은 그 후 입법화되어 1925년 증액평가법(Aufwertungsgesetz) 등으로 이어졌다.[53] 이는 이른바 사정변경의 원칙(clausula rebus sic stantibus)을 금전채권관계에 적용한 사례로

52) 양승태(주 47), 25. 아울러 화폐가치담보약관의 유효성, 특히 금약관금지법 또는 그 폐기법이 제정되어 있을 때의 준거법에 관하여는 양승태(주 47), 25-26 참조.

53) 이상 김주수, 70-71; 김형배, 71; 구주해(8), 172(이공현); 주석 채총(1), 273(제4판/안법영) 참조.

평가된다.[54)]

금전채권관계에 이러한 사정변경의 원칙을 적용할 것인가에 관하여, 학설 중에는 엄격한 요건과 신중한 적용을 전제로 이를 긍정하는 견해[55)]와 이를 해석론에 의한 채무액 변경은 사회적 불안정을 야기한다는 이유로 이를 부정하는 견해[56)]가 발견된다.

대법원은 구민법이 적용되던 당시 일반론으로서 사정변경의 원칙의 적용을 부정하였다. 즉 대판 55.4.14. 4286민상231(정보)은 "채권을 발생시키는 법률행위 성립 후 그 성립 당시 환경이 된 사정에 당사자 쌍방이 예견하지 못하고 또 예견할 수 없었던 변경이 발생한 결과, 본래의 급부가 신의형평이 요구하는 바에 따라 그 급부의 내용을 적당히 변경할 것을 상대방에게 제의할 수 있다는 규범인 소위 사정변경의 원칙은 현행민법의 해석상 용납되지 않는다."고 판시하였고,[57)] 그 이후 계속하여 구민법 하에서 같은 입장을 재확인하면서 그러

54) 이러한 사정변경의 원칙은 각국의 입법이나 판례법에 의하여 받아들여지고 있는데, 독일의 행위기초론 외에, 영미법에서는 '계약목적 부도달의 법리'(the doctrine of frustration of contract), 프랑스법의 '불예견론'(la theorie de l'imprevision) 등으로 받아들여지고 있고, 이태리, 그리스, 네덜란드에서는 이미 명문으로 입법화한 이래, 유럽계약법에서도 사정변경으로 계약의 이행이 가혹할 경우 1차적으로 당사자 간의 조정을 유도하고 당사자 간에 합의를 이루지 못할 경우 법원이 사정변경을 이유로 계약의 해소 또는 계약내용을 조정할 수 있도록 규정하였다. 이에 따라 독일은 2002년 민법 개정을 통하여 기존의 행위기초론을 입법화하였고(독민 § 313), 프랑스에서도 유럽계약법과 유사한 내용으로 입법화하는 개정안이 2008년 발표되었다. 우리나라에서도 2012년 민법개정안 § 538의 2로 "계약성립의 기초가 된 사정이 현저히 변경되고 당사자가 계약의 성립 당시 이를 예견할 수 없었으며, 그로 인하여 계약을 그대로 유지하는 것이 당사자의 이해에 중대한 불균형을 초래하거나 계약을 체결한 목적을 달성할 수 없을 때에는 당사자는 계약의 수정을 청구하거나 계약을 해제 또는 해지할 수 있다."는 사정변경에 관한 신설 조항이 마련되었다. 백태승, "'키코'(KIKO)계약과 사정변경의 원칙", 고시계 제54권 제7호, 2009, 61-62; 김재형, "계약의 해제·해지, 위험부담, 사정변경에 관한 민법개정안", 서울대학교 법학 제55권 제4호, 2014, 53-55 참조.

55) 김증한·김학동, 44; 송덕수, 83; 이덕환, 56.

56) 이은영, 122.

57) 사안: 일간지를 발간하는 신문사 원고 X가 1950년 5월 27일 수입상 피고 Y와 홍콩산 신문용지 10톤을 톤당 4,000환씩에 매입하기로 하는 매매계약을 체결하고 같은 해 6월 16일 목적물을 인도하기로 약정하였는데, 아직 이행이 이루어지지 않고 있던 중, 같은 해 6월 25일 발생한 한국전쟁으로 경제사정의 일대변혁이 일어나 신문용지의 품귀로 인한 시가앙등과 화폐가치의 저락 등으로 당시 신문용지 10톤의 시가가 10만환 정도에 이르러 당초의 계약에 따라 신문용지 10톤을 톤당 4,000환씩의 대가를 받고 X에게 인도하는 것은 매우 어렵게 되었다. 이에 원고 X는 피고 Y에게 매매의 목적물인 신문용지의 인도를 청구하였고, 피고 Y는 사정변경의 원칙에 따라 본건 매매계약은 이미 해제되었다고 항변하였다. 이 사건의 원심법원은 매매목적물인 신문용지의 인도기일은 1950년 6월 16일로서 확정기일이었는데, 피고 Y가 인도기일에 신문용지를 원고 X에게 인도하지 않았고, 한국전쟁은 그 인도기일이 도과한 후에 발생한 것이므로, 피고 Y의 목적물인도채무의 불이

한 전제 하에 금전채권관계에 사정변경의 원칙의 적용을 부정하였다.[58] 대법원은 현행 민법이 시행된 이후에도 한동안 같은 입장에 서서 금전채권관계에 사정변경의 원칙을 적용하지 아니하였는데,[59] 대판 2007.3.29. 2004다31302(공 07, 601)가 "사정변경으로 인한 계약해제는, 계약성립 당시 당사자가 예견할 수 없었던 현저한 사정의 변경이 발생하였고 그러한 사정의 변경이 해제권을 취득하는 당사자에게 책임 없는 사유로 생긴 것으로서, 계약내용대로의 구속력을 인정한다면 신의칙에 현저히 반하는 결과가 생기는 경우에 계약준수 원칙의 예외로서 인정되는 것이고, 여기에서 말하는 사정이라 함은 계약의 기초가 되었던 객관적인 사정으로서 일방당사자의 주관적 또는 개인적인 사정을 의미하는 것은 아니다."라는 취지의 판시를 한 이래 일반론으로서는 일정한 요건 하에 사정변경의 원칙이 인정될 수 있음을 내비치고 있으나,[60] 실제로 금전채권관계에 사정변경의 원칙을 적용하여 계약내용을 변경하거나 계약해제를

행 후에 야기된 사정변경을 전제로 한 피고 Y의 주장은 부당하다는 취지로 피고 Y의 항변을 배척하고 원고 X의 청구를 인용하였다. 이에 피고 Y가 상고하였다.

58) 대판 55.12.8. 4288민상423(정보)(부동산 매매에 관하여 소유권이전등기의무와 잔대금 지급의무가 불이행 상태로 장기간 계속되었고, 그 사이에 경제사정의 변경으로 매매 목적물의 가격이 등귀하였다 하더라도 대금액을 당연히 증액하여야 할 근거는 없는 것이므로, 이행기에 잔대금을 청구하지 아니한 매도인이 대금의 증액을 일방적으로 청구할 권리는 없다고 판시); 대판 56.3.10. 4288민상234,235(정보)(매매계약 당시에 비하여 부동산 가격이 571배 폭등한 사안에서 그에 비례한 금전채무액의 증액을 부정) 등.

59) 대판 63.9.12. 63다452(집11(2)민, 131)(원고가 1948. 11. 국가로부터 부동산을 매수한 후 계약금으로 10만원을 지급하고 한국전쟁을 겪은 후 소유권이전등기를 청구하였는데, 당시 2차례의 화폐개혁으로 법정교환비율이 1/1,000에 이르렀고, 물가의 앙등으로 화폐가치가 폭락한 사안에서, 매매계약을 맺은 때와 그 잔대금을 지급할 때와의 사이에 장구한 시일이 지나서 그 동안에 화폐가치의 변동이 극심하였던 탓으로 매수인이 애초에 계약할 당시의 금액표시대로 잔대금을 제공한다면 그 동안에 앙등한 매매목적물의 가격에 비하여 그것이 현저하게 균형을 잃은 이행이 되는 경우라 할지라도 민법상 매도인으로 하여금 사정변경의 원리를 내세워서 그 매매계약을 해제할 수 있는 권리는 생기지 않는다고 판시); 대판 91.2.26. 90다19664(공 91, 1082)(매매계약체결 후 9년이 지났고 시가가 올랐다는 사정만으로 계약을 해제할 만한 사정변경이 있다고 볼 수 없고, 매수인의 소유권 이전등기 절차이행 청구가 신의칙에 위배된다고도 할 수 없다고 한 원심을 수긍); 대판 92.6.12. 92다12384, 92다12391(반소)(공 92, 2144)(매매계약 체결 후 부동산의 시가가 등귀하였고, 매수인이 잔대금 지급기일을 경과한 지금까지 매매대금 중 7분의 6에 해당하는 금원을 지급하지 아니한 채 매매계약 후 19년이 지난 후에 소유권이전등기청구의 소를 제기하였다 하더라도 이러한 사유만으로 그 청구가 신의칙에 반하고 권리남용에 해당한다고 볼 수 없다고 한 원심을 수긍).

60) 이후 같은 취지의 판시를 한 것으로, 대판 11.6.24. 2008다44368(공 11하, 1451); 대판 12.1.27. 2010다85881(정보); 대판(전) 13.9.26. 2012다13637(공 13하, 1916); 대판(전) 13.9.26. 2013다26746(공 13하, 1954); 대판 14.5.16. 2011다5578(정보); 대판 14.6.12. 13다75892(정보).

인정한 사례는 찾아볼 수 없다.[61]

4) 지급유예(moratorium)

이미 살펴본 바와 같이 금전채무에 있어서 화폐 자체가 모두 멸실되지 않는 이상 이행불능이 성립되지 않고, 채무자는 채무불이행의 과실 없음을 들어 항변할 수 없다. 그러나 천재지변이나 경제공황 등의 비상사태에 처하여 경제가 혼란에 빠진 경우에도 금전채권의 채무자에게 원칙에 따라 채무불이행의 책임을 묻는다면 오히려 사회·경제 전체를 더 깊은 혼란에 빠뜨리게 하는 결과를 가져올 수 있다. 따라서 이러한 경우에 국가는 일정 기간 금전채무의 지급유예 조치를 취하는 수가 있다.

지급유예의 조치가 취하여지면 정하여진 기간 동안의 이행지체의 효과는 면제되나, 그 밖의 효과에는 영향이 없다. 그리고 지급유예의 효력 발생 이전에 이미 발생한 이행지체의 효과도 특별한 사정이 없는 한 영향이 없음은 물론이다. 지급유예가 내려진 나라에서 이행청구의 소가 제기된 때에는 그 채권준거법의 여하를 묻지 아니하고 일률적으로 그 조치가 적용되는 것이 보통이다. 지급유예는 그 발령국 안에서는 절대적 강행성을 가지기 때문이다. 법정지국 외의 나라에서 지급유예 조치가 내려진 경우 실무상으로는 이행지법에 의하려는 태도와 채권관계의 준거법에 의하려는 태도로 나누어지나, 지급유예는 단순한 이행의 문제라기보다 채무의 실질에 관련된 문제이므로 채권준거법에 의함이 타당하고,[62] 채권준거법에 의할 경우, 우리나라 법이 채권준거법이라면 § 397를 고려할 때 제3국에서의 지급유예가 이행지체 책임을 면제하는 효과를 가져온다고 보기는 어렵다고 하는 견해가 있다.[63]

우리나라에서는 1953년 및 1962년 통화개혁시 지급유예조치가 있었고(1953. 2. 15. 대통령긴급명령 제13호 §§ 16, 17, 1962. 6. 9. 긴급통화조치법 §§ 15, 16), 1972년 경제의 안정과 성장에 관한 긴급명령에 의한 사채 및 당좌예금의 지급유예조치가 있었다(1972. 8. 2. 대통령긴급명령 제15호 §§ 13, 14).

61) 다만 대법원은 계속적 보증과 같은 계속적 채권관계에 관하여는 일찍부터 사정변경의 원칙을 적용하여 계약해지를 인정하고 있고[대판 90.2.27. 89다카1381(공 90, 756) 등 다수], 계약에 기한 금전채권이 아닌 불법행위로 인한 위자료 채권과 관련하여, 불법행위시와 사실심 변론종결일 사이에 통화가치에 상당한 변동이 생긴 경우 지연손해금은 불법행위시가 아닌 사실심 변론종결일로부터 발생한다고 한다[대판 11.1.13. 2009다103950(공 11상, 319); 대판 12.3.29. 2011다38325(공 12상, 657)].

62) 주석 채총(1), 276(제4판/안법영); 양승태(주 47), 20.

63) 구주해(8), 174(이공현); 양승태(주 47), 20-21.

第 377 條(外貨債權)

① 債權의 目的이 다른 나라 通貨로 支給할 것인 境遇에는 債務者는 自己가 選擇한 그 나라의 各 種類의 通貨로 辨濟할 수 있다.

② 債權의 目的이 어느 種類의 다른 나라 通貨로 支給할 것인 境遇에 그 通貨가 辨濟期에 强制通用力을 잃은 때에는 그 나라의 다른 通貨로 辨濟하여야 한다.

차례

Ⅰ. 외화채권의 의의 · 개관

외화채권(외국금전채권)이란 외국의 금전 내지 통화의 급부를 목적으로 하는 채권을 말한다(본조 I). 외국환거래법에서는 외화채권을 "외국통화로 표시된 채권 또는 외국에서 지급받을 수 있는 채권"이라고 정의함으로써(외환 § 3 I xii) 민법보다 개념을 넓게 규정하고 있으나 이는 외국환거래법의 고유한 입법목적에서 비롯한 것이므로, 민사법적인 관점에서는 본조에서 규정하는 바에 따라 위와 같이 좁게 파악할 것이다.

외국의 통화는 우리나라에서 강제통용력이 있는 통화로서의 효력이 없고, 자유화폐에 불과할 뿐이므로 그 수령강제는 인정될 수 없으나, 당사자의 약정 등에 의하여 채권자는 외국의 통화에 의한 급부를 수령하여야 할 경우가 있으며, 이러한 경우 외화채권이 발생한다. 이와 같이 외국통화는 강제통용력이 없으나, 외화채권도 외화로 표시된 금전적 가치를 이전하는 데에 목적이 있다는 점에서 금전채권의 일종으로 보는 데에 대부분의 학설이 일치한다.[1)]

1) 이에 대하여는 외화채권은 강제통용력이 없는 외화의 지급을 목적으로 한다는 점에서

오늘날 무역, 투자, 결제 등 국제거래에서는 세계 공통으로 통용되는 통일 화폐가 존재하지 아니하는 이상 특정 국가의 통화가 지급할 화폐로 될 수밖에 없고, 이러한 경우 특정 법역(法域)을 기준으로 그 지역 이외의 다른 지역의 통화에 의하여 지급하여야 하는 외화채권관계가 발생한다.

본조는 이러한 외화채권, 그 중에서도 외화금액채권과 상대적 외화금종채권의 이행에 관하여 규정하고 있다. 그러나 외화채권은 국제간의 거래에서 발생하는 경우가 대부분이므로 통화 및 계약관계에 관한 준거법의 결정이 문제되고, 외국환의 거래에 대한 공법적인 규제 또한 외화채권관계를 파악하는 데에 염두에 두어야 한다.

Ⅱ. 외화채권의 종류

1. 외국금액채권 · 외국금종채권 · 특정외국금전채권

외화채권도 금전채권의 성질을 가지는바, 금전채권의 종류에 상응하여 외국금액채권 · 상대적 및 절대적 외국금종채권 · 특정외국금전채권의 분류가 가능하다.

본조 I은 외국금액채권을, 본조 II은 상대적 외국금종채권을 각 규정하고 있는바, 이들은 금액채권의 실질을 가지는 것으로서 좁은 의미의 외화채권이라고 할 수 있다. 절대적 외국금종채권은 종류채권, 특정외국금전채권은 특정물채권의 실질을 가지는바, 좁은 의미의 외화채권에 포함되지 아니한다.

2. 진정외화채권 · 부진정외화채권

진정외화채권은 채권자가 외국통화의 급부청구권을 가지는 채권이다. 이에 대하여 부진정외화채권은 예컨대 우리나라 근로자가 해외취업을 하면서 그 금액은 외국의 통화로 정하였으나, 실제 그 지급은 우리나라의 통화로 지급받기로 한 경우와 같이, 외국의 통화는 금전채무의 목적이 되는 금액을 우리나라 통화에 의하여 계산하는 기준으로 기능할 뿐인 경우이다. 부진정외화채권에 있어서는 채권자는 외국통화의 급부청구권을 가지지 않고 단지 내국통화의

일종의 종류채권으로 보아야 한다는 반대견해가 있다. 오수원, "외화채권자의 급부대용청구권과 외화판결의 강제집행", 인권과 정의 422호, 2011. 12., 77 이하.

급부청구권을 가질 뿐인바, 부진정외화채권의 실질은 외화채권이 아닌 단순한 내국통화에 의한 금전채권이다. 이는 외국통화에 의한 화폐가치담보약관이 붙은 금전채권과 유사하다.[2)] 이때 외화채권의 금액을 정하는 데에 사용되는 통화를 계산통화(money of account), 또는 계약통화(money of contract)라 하고, 계산통화에 의하여 정하여진 채권액을 실제 구체적으로 이행하는 데에 사용되는 통화를 지급통화(money of payment)라고 하는데, 진정외화채권의 경우 양자가 일치하는 것이 원칙이나, 대용급부(§ 378)가 이루어지는 경우에는 양자가 일치하지 않게 된다. 이와 같이 진정외화채권에서 대용급부가 이루어져 계산통화와 지급통화가 일치하지 않는 경우 부진정외화채권과의 구별이 모호해지나, 그 구별은 당사자의 의사해석, 즉 당사자가 외화에 의한 표시를 단지 국내통화에 의한 채권액을 계산하는 기준으로서만 의도한 것인지 또는 당사자에게 외화에 의한 급부에 관한 대용권을 부여한 것인지 여부에 관한 해석에 의할 수밖에 없을 것이다.

한편 이와 달리, 진정외화채권은 채권액을 표시하고 있는 특정의 외화로써만 지급하여야 하는 외국금액채권이고, 부진정외화채권은 채권액을 정하고 있는 외화 외에 내국통화 등 다른 통화로도 지급할 수 있는 외국금액채권으로, 즉 전자는 대용급부권이 인정되지 않는 외화채권을, 후자는 대용급부권이 인정되는 외화채권을 각 의미하는 것으로 정의하고, 앞서의 분류에 따른 부진정외화채권은 별도로 '외화가치채권'이라고 부르는 입장이 있다.[3)]

Ⅲ. 외화채권의 발생

1. 약정외화채권

당사자가 외국통화에 의하여 금전채권의 지급을 약정함으로써 외화채권이 발생함은 당연하고, 이것이 가장 흔하게 외화채권이 발생하는 모습이다. 우리 민법은 외국금전채권에 관하여 아무런 제한을 가하지 아니하고, 오히려 이를 허용함을 전제로 한 규정을 두고 있으므로, 외화채권을 발생케 하는 약정이 유효함에 관하여는 아무런 의문이 없다.

---

2) 구주해(8), 177-178(이공현).
3) 주석 채총(1), 294-296(제4판/안법영).

당사자가 대용급부권이 인정되는 진정외화채권의 발생을 의도한 것인지, 또는 부진정외화채권의 발생을 의도한 것인지는 실제 구별이 쉽지 않을 수 있으나, 법률행위 해석의 일반원칙에 따를 수밖에 없을 것이고, 우리나라 통화에 의한 지급을 명시적으로 약정하지 않은 경우에는 특별한 사정이 없으면 진정외화채권이 발생한 것으로 해석함이 옳을 것이다.

판례에 나타난 실례를 본다면, 대법원은 원고가 피고에게 공급하는 선박용 유류 대금을 kl당 미화 229$로 계산하고, 피고는 원고로부터 유류를 공급받은 날로부터 45일 이내에 원고가 발행한 송장에서 지정한 원고의 은행계좌에 그 대금을 미화로 지급하며, 피고는 원고에게 지급할 총금액에 해당하는 수표를 최초 공급일 전에 제공하기로 약정한 사안에서, "이 사건 공급계약서상에 유류대금을 미화로 지급하기로 약정한 이상, 피고가 원고에게 원화로 각 표시된 지급보증서와 당좌수표를 교부하였다고 하더라도 이는 외화채권인 이 사건 유류대금의 지급을 담보하기 위한 것으로서 이 사건 유류대금의 지급에 갈음하는 것이라고 볼 수 없을 뿐만 아니라, 그와 같은 사정만으로 이 사건 유류대금을 미화가 아닌, 유류 공급 당시의 외국환시세 또는 지급보증서 및 당좌수표 교부 당시의 외국환시세에 따른 원화로써 지급하기로 하는 내용으로 원 · 피고 사이의 명시적 내지 묵시적 합의가 있었다고 볼 수도 없다."고 하여 외화채권의 발생을 긍정한 원심판결을 수긍하였다.[4)]

또한 대법원은 원고가 피고로부터 제3자에 대한 외화채권인 주채무(수출대금채무)에 대한 신용보증서를 발급받았고, 신용보증서상 보증한도액은 외화로 표시되어 있었으나, 신용보증계약에서 대출원금 등을 미리 정해진 환율에 의하여 원화로 환산하여 계산한 잔액을 원고로 지급하기로 하는 특약을 맺은 사안에서, 위 신용보증채권은 외화채권이 아니라고 판단하였다.[5)]

4) 대판 00.6.9. 99다56512(공 00, 1623).

5) 대판 02.8.27. 2000다9734(공 02, 2279). 한편 대판 07.7.12. 2007다13640(공 07, 1250)은 위 200다9734 판결과 거의 같은 사안에 관한 것으로, 원고의 신용보증기관인 피고에 대한 보증채권이 외화채권인지 여부에 관하여 명시적인 판단을 하지는 않고 있다. 다만 위 판결은 원고의 피고에 대한 이행청구일 당시의 환율에 의하여 채권금액을 계산한 원심판결을 파기하면서 "외화채권을 채권자가 대용급부의 권리를 행사하여 우리나라 통화로 환산하여 청구하는 경우 채무자가 현실로 이행할 때에 가장 가까운 사실심 변론종결일 당시의 환율에 의하여야 하고, 이러한 법리는 채권 금융기관과 신용보증기금 사이에 주채무인 외화대출금을 미리 정해진 환율에 의하여 우리나라 통화로 환산한 금액을 지급하는 방법으로 신용보증계약을 이행하기로 하는 특약에 기하여 채권 금융기관이 우리나라 통화로 환산한 금액을 청구하는 경우에도 적용되어야 한다."는 법리를 판시하고 있다. 그러나 위 판결의 사안에서 위와 같이 우리나라 통화로 환산한 금액을 지급하기로 하는 특약은 §

금전소비대차에 있어서 차주의 반환채무의 지급통화는 대주가 대금으로 제공한 통화와 같은 통화가 됨이 원칙이고, 위임계약에서 수임인은 사무처리상 취득한 외화를 다른 통화로 전환할 의무는 없고 실제로 취득한 통화를 그대로 위임인에게 인도함이 원칙이다.[6] 수임인이 위임사무처리를 위하여 외화를 지출한 경우의 위임인에 대한 사무처리비용 상환청구권(§ 688 I)에 관하여는 수임인이 지출한 비용을 최대한 보상해 줄 수 있도록 수임인의 통화, 즉 원화에 의한 상환이 이루어져야 한다는 견해가 있다.[7] 그러나 수임인이 실제 지출한 비용은 외화라는 점에서 비용상환도 외화로 이루어져야 한다는 견해도 생각해 볼 수 있다.

2. 법정외화채권

먼저 법률상 원인 없이 취득한 외화에 대한 부당이득반환채권에 관하여, 민법은 명시적인 규정을 두고 있지 않으나, 원물반환이 원칙인 이상 부당이득채무자가 취득한 외화를 그대로 보관하고 있다면 이를 반환하여야 하므로 부당이득반환채권은 외화채권이 된다.

취득한 외화를 소비하는 등으로 그대로 반환할 수 없는 경우에는 그에 상당하는 외화에 의하여 반환할 것인지, 또는 부당이득 당시 원화로 환산한 금액을 반환할 것인지가 문제되나, 부당이득 반환채무자가 얻은 이익 자체가 외화로 계산된 금액인 이상 외화로 반환하도록 함이 타당하다.[8] 판례도 같은 태도이다.[9] 그 부당이득 반환범위에 관하여는 선의의 수익자는 외국통화를 내국통

378의 대용급부권을 정한 것이라기보다는 원화 채권금액을 계산하기 위한 원고와 피고 사이의 별도의 특약이라고 할 것이고, 따라서 위 판결에서 대법원이 § 378의 대용급부권에 관한 법리를 내세운 것은 마치 원고의 위 신용보증채권이 외화채권임을 전제로 하는 듯한 인상을 준다. 대법원으로서는 원심판결의 위 특약에 관한 계약해석의 법리오해를 이유로 원심판결을 파기함으로써 족하였을 것이다(실제로 위 판결은 "원심판결에는 신용보증채무의 이행과 관련한 환율적용 기준시기를 정한 계약의 해석에 관한 법리를 오해하여 판결에 영향을 미친 위법이 있다"는 파기이유만을 설시하고 있다).

6) 주석 채총(1), 287(제4판/안법영).

7) 주석 채총(1), 287(제4판/안법영).

8) 동지: 주석 채총(1). 288(제4판/안법영).

9) 대판 08.12.24. 2007다20495, 2007다20501(반소)(정보) 및 그 원심판결인 서울고판 07.2.6. 2006나13386, 13393(반소). 대법원은 원고가 피고를 대리인으로 하여 미국 업체들에 수출한 물품에 대한 물품대금으로 피고가 미국 업체들로부터 합계 587,135.35 달러를 수령하여 자신이 운영하는 회사에 입금한 후 소비한 사안에서, 원고의 피고에 대한 위 587,135.35 달러 상당의 부당이득 반환채권은 채권액이 외국통화로 정해진 외화채권이라고 판단한 원심판결을 수긍하고 있다.

화로 전환하였다가 다시 반환할 외국통화로 환전하기 위하여 발생한 환손실과 환전비용을 공제한 외화액만을 반환할 의무가 있고, 악의의 수익자는 취득한 외화와 동일한 금액의 외화를 반환함에 더하여 채권자의 환차손까지 배상하여야 한다는 견해가 있다.[10)]

다음으로 채무불이행 또는 불법행위로 인한 손해배상채권에 관하여는, 법규에 의하여 성립하는 채권은 당사자의 의사에 의하여 성립하는 채권과는 달리 그 법규가 속할 국가의 통화에 의하여만 성립하는 것으로 해석하여야 할 것이어서 그 채권준거법의 소속국의 통화가 계산통화가 되고, 우리나라 법이 준거법일 경우 § 394의 금전은 원칙적으로 우리나라 통화를 의미하므로 손해배상채권은 내국금전채권이 된다는 견해[11)]와 우리나라 법이 준거법이 되더라도 채권통화는 손해를 적정하게 반영하는 통화가 되어야 하고, 섭외적 손해배상사건이 늘어나고 대형화되는 상황에서 외화도 금전으로서 가치의 회계단위로서의 기능을 인정하여 외국금전채권과 내국금전채권의 취급을 동일하게 할 필요가 있으므로 § 394의 금전을 우리나라 통화로만 국한시키는 것은 타당하지 않고, 외화채권인 손해배상채권도 인정되어야 한다는 견해[12)]가 대립한다.

판례[13)]는 "불법행위로 인한 손해배상의 방법에 관하여 규정하고 있는 민법 제763조, 제394조 소정의 '금전'이라 함은 우리나라의 통화를 가리키는 것이어서 불법행위로 인한 시가 상당의 손해배상을 구하는 채권은 당사자가 외국통화로 지급하기로 약정하였다는 등의 특별한 사정이 없는 한 채권액이 외국통화로 지정된 외화채권이라 할 수 없다"고 판시한 이래,[14)] 채무불이행으로 인한 손해배상채권 역시 같은 이유로 외화채권이 아니라는 태도를 취하고 있다.[15)]

---

10) 주석 채총(1), 289(제4판/안법영).

11) 최공웅, 국제소송, 1994, 498; 實方正雄, "外國金錢債權の辨濟", 東北帝大十周年法學論集, 240(양승태, "외국금전채권의 이행에 따르는 제문제", 재판자료 제34집, 1986, 40-41에서 재인용).

12) 주석 채총(1), 290(제4판/안법영); 양승태(주 11), 41-42.

13) 대판 95.9.15. 94다61120(공 95, 3385).

14) 위 판결은, 이와 같은 전제에서, 수입원면이 불법반출, 멸실됨으로 인한 손해배상채권은 그 원면이 멸실된 당시의 환율에 의하여 우리나라 통화로 환산한 금액이 멸실 당시의 가액으로서 손해배상액이 된다고 판시하였다(즉, § 378에 의하여 대용급부가 이루어지는 경우와 같이 이행시점에서의 환율에 의하여 원화로 환산한 금액에 의할 것이 아니다).

15) 대판 97.5.9. 96다48688(공 97, 1724); 대판 05.7.28. 2003다12083(공 05, 1406); 대판 07.8.23. 2007다26455, 26462(정보); 대판 14.3.27. 2013다88867(정보).

Ⅳ. 외화채권의 이행

외국금액채권은 일정금액의 외국금전의 급부를 목적으로 하는 채권으로서, 일정한 금전적 가치의 이전에 주안점이 있고, 단지 그 가치가 외국의 통화에 의하여 표시되어 있을 뿐이므로, 채무자는 자기가 선택한 해당 통화가 속하는 나라의 각종의 통화로 변제할 수 있는 것이다(본조 I). 따라서 미화 1,000 달러를 지급하여야 하는 채무자는 각종 단위의 달러 지폐와 주화로 이를 변제할 수 있다. 해당 외국통화체계 자체가 붕괴되는 일을 상정하기 어렵고, 이러한 경우에도 채권자는 대용급부청구권[16]을 행사하여 원화의 지급을 구할 수 있으므로, 외국금액채권에서 이행불능은 원칙적으로 생길 여지가 없다.

상대적 외국금종채권은 일정한 종류에 속하는 외국통화에 의하여 지불하기로 하는 특약이 있으나, 여전히 외국금액채권의 성질을 가지고 있는바, 채무자는 우선 특정된 외국통화에 의하여 변제할 것을 시도하여야 하나, 약정한 외국통화가 변제기에 강제통용력을 잃는 경우에는 해당 국가의 다른 통화에 의하여 변제할 의무가 있다(본조 II). 여기에서 '변제기'가 이행기 뿐 아니라 실제로 이행하는 때도 포함하는 점, '강제통용력을 잃은 때'는 법령에 의한 강제통용력 상실 뿐 아니라 사실상 통용되지 않는 경우도 포함하는 점은 상대적 내국금종채권의 경우와 마찬가지이다(§ 376 주해 III. 3. 참조). 한편 상대적 외국금종채권에서 특정된 외국통화가 강제통용력을 잃기 전에도 대용급부권을 행사할 수 있는가, 또는 특정된 외국통화가 강제통용력을 잃은 이후에야 비로소 대용급부권의 행사가 가능한가의 문제가 있으나, 이에 관하여는 후술한다(§ 378 주해 II. 2. 참조).

본조 II은 임의규정이므로 반드시 특정의 외국통화로만 변제하기로 하는 절대적 외국금종채권 약정도 유효하다. 이 경우 해당 특정된 외국통화가 강제통용력을 상실하는 경우에도 거래계에 존재하고 있으면 채무자는 이를 조달하여 지급할 의무가 있다. 다만 당해 외국통화가 거래계에 존재하지 않게 되면 이행불능으로 된다.

특정외국금전채권은 특정물채권으로서, 특정물채권에 관한 규정이 적용된다(특정물채권에 관하여는 § 374 주해 참조).

---

16) § 378은 명문으로 규정하고 있지 않으나, 다수설과 판례는 채권자에게도 대용급부청구권이 인정된다는 입장을 취하고 있다. § 378 주해 III. 2. 참조.

V. 그 밖의 문제

1. 외화채권의 규제

계산통화를 어느 나라 통화로 하는가는 각국 통화의 실질가치, 즉 구매력을 고려하여 결정되는 경우가 많다. 외국통화를 계산통화로 선택하는 것은 곧 내국통화에 대한 불신을 나타내는 것이고, 이는 나아가 내국통화의 불안정으로 연결될 수 있다. 따라서 외화채권을 허용할 것인지 여부는 결국 각국의 정책적인 문제로서, 어느 나라에서나 당연히 인정되는 것은 아니다. 입법례를 보면, 프랑스는 자국 내에서의 금전채권의 변제는 반드시 프랑스통화에 의하여야 한다는 원칙이 확립되어 국내지급에 있어서는 외국통화의 선택을 허용하지 아니하나, 독일, 이탈리아, 일본, 영국 등은 외국통화를 계산통화로 하는 것을 자유로이 인정하여 왔다고 한다.[17] 우리나라에서는 외국통화를 계산통화로 하는 것에 관하여 아무런 제한을 두고 있지 않으며, 민법 규정은 오히려 이를 허용하는 것을 전제로 하고 있다.

우리나라의 외환제도는 1946. 1. 미군정법령 제39호 '대외무역규칙'이 제정된 이후 부족한 외환의 효율적 사용에 중점을 두고 운영되어 왔다. 이후 경제개발계획의 착수와 함께 정부의 적극적인 수출증진 노력으로 수출업자의 외화획득이 늘어남에 따라 1961. 12. 31. 외국환관리법을 제정하여 외화 획득과 사용에 대한 관리를 함으로써 외환관리의 체계가 갖추어지기 시작하였다. 외국환관리법은 당시 우리나라의 만성적인 외환 부족 현상을 반영하여 외환의 지급에 있어서 '원칙규제·예외허용 방식(Positive System)'을 적용하였다.

그 후 1997년 말 외환위기 이후 국제통화기구(IMF)의 권고를 수용하여 외국환거래법을 제정하여 1999. 4. 1. 시행하고 외국환관리법을 폐지하였다. 종전의 외국환관리법이 대외거래의 조정 및 관리를 목적으로 하였다면, 외국환거래법은 대외거래의 자유를 보장하고 시장기능을 활성화하여 대외거래의 원활화, 국제수지의 균형 및 통화가치의 안정을 통하여 국민경제의 발전에 기여함을 목적으로 하고 있다(외환 § 1). 외국환거래법의 시행과 함께 기업 및 금융기관의 대외영업활동과 관련한 대부분의 외환거래를 자유화하고, 자본거래에 대한 규제를 '원칙규제·예외허용 방식(Positive System)'에서 '원칙자유·예외규제 방

17) 양승태(주 11), 12-13.

식(Negative System)'으로 개편하였다. 2001. 1.부터는 여행경비, 해외이주비 및 해외예금 등의 한도를 폐지하는 등 개인의 외환거래를 자유화하였다. 이후 2002. 7. 개인의 증여성 송금을 전면 자유화하는 등 외환거래상의 절차적 규제를 완화하고, 2006년에는 기존의 자본거래 허가사항을 신고사항으로 전환하여 외환자유화가 이루어졌다.[18)]

현행 외국환거래법에서는 우리나라가 체결한 조약 등을 이행하기 위하여 불가피한 경우 등 일정한 경우에만 외환의 지급 및 수령을 허가사항으로 할 수 있도록 하고(외환 § 15), 그 밖의 외환의 지급 및 수령에 관하여는 신고를 하도록 하거나 신고사항으로 정할 수 있도록 하고 있고(외환 §§ 16~18), 이러한 허가 또는 신고의무를 위반한 자에 대하여는 과태료, 형사처벌 등의 제재를 할 수 있도록 규정하고 있다. 이와 같이 허가 또는 신고의무를 위반한 외화채권에 관한 계약의 사법적 효력이 문제된다.

종래 대법원은 구 외국환관리법에서 금지하고 있는 거래행위에 관한 담보설정, 약속어음 발행 등을 강행법규 위반으로 무효라고 판단하여 오다가,[19)] 판례를 변경하여 대판(전) 75.4.22. 72다2161(공 75, 8431)은 "외국환관리법 21조 1항 2호에서는 대한민국 내에서 같은 법 또는 같은 법에 의한 대통령령으로써 정하는 경우를 제외하고는 거주자와 비거주자간의 채권의 발생, 변경, 변제, 소멸 등을 금지하고 있으며 또 같은 법 시행령 33조 1항 1호에서는 매매로 인한 거주자와 비거주자간의 채권에 관하여 채권의 발생 등의 당사자가 되는 것을 금지하고 있으나 외국환관리법의 제규정 등에 비추어 볼 때 위 제한규정들은 단속법규이고 위 제한규정에 저촉되는 행위라 할지라도 그 행위의 사법상의 효력에는 아무런 영향이 없다."고 판시하였고, 그 후 대법원은 구 외국환관리법의 외환거래에 관한 금지·제한규정에 관하여 일관되게 단속법규로서 그 위반행위의 사법상 효력에는 영향이 없다고 판시하였다.[20)]

현행 외국환거래법상의 제한규정은 구 외국환관리법에 비하여 더욱 제한을 완화한 것으로 역시 단속규정으로 보는 것이 타당하고, 따라서 이를 위반한

---

18) 이상 법무법인(유) 율촌, 2014 외국환거래법 실무, 2014, 11-17; 주석 채총(1), 300(제4판/안법영) 각 참조.
19) 대판 72.1.31. 71다2399(집 20(1)민, 45); 대판 72.7.11. 71다2175(집 20(2)민, 133).
20) 대판 80.11.25. 80다1655(공 81, 13452); 대판 81.2.10 80다1670(공 81, 13678); 대판 83.3.22. 83다51(공 83, 749); 대판 87.2.10. 86다카1288(공 87, 418); 대판 95.5.9. 94다48738(공 95, 2088); 대판 09.3.26. 2006다47677(공 09상, 528).

행위의 사법적 효력에도 아무런 영향이 없다고 보아야 할 것이다.[21]

2. 외화채권의 준거법

외화채권은 당사자 중의 일방이 외국인이거나 외국과의 거래관계에서 발생하는 경우가 많으므로, 외국적 요소가 개입될 가능성이 많다. 이러한 경우 외화채권의 법률관계를 확정하기 위하여는 반드시 국제사법에 의하여 이에 적용될 준거법을 결정하는 절차가 선행되어야 한다.

외화채권이 허용되는지 여부, 즉 그 유효성에 관하여는 채권의 준거법[22]이 적용된다. 외국환의 관리 또는 거래에 관한 규제는 공법규정이므로 그 적용의 문제와 그로 인한 사법상의 효과는 구별되어야 하고, 후자에 관하여는 채권의 준거법이 적용된다. 외화채권이 채권준거법상 유효함에도 법정지 또는 이행지법의 규제로 말미암아 이행이 불가능하게 되는 경우에는 결국 채권준거법상의 이행불능의 문제로 귀착될 것이다.[23]

어느 나라의 통화가 계산통화로 되었는가의 문제도 채권준거법에 의할 것이다. 따라서 당사자가 외국통화로 이행하기로 약정하였는지 여부, 수개의 나라가 동일한 이름의 화폐단위를 공동으로 쓰고 있는 경우(예컨대 스위스 프랑과 프랑스 프랑, 미국 달러와 호주 달러 등)에 어느 나라의 통화를 계산통화로 정하였는지 여부 등이 분명하지 아니할 때에는 당사자의 의사표시의 해석문제로서 계약의 준거법에 의하여 결정할 것이다.[24]

반면 금전채권이 외국통화로 표시된 경우 통화의 정의, 통화단위와 조직, 효력(강제통용력 여부) 등 통화 자체에 관한 사항에 관하여는 통화가 속하는 국가의 준거법, 즉 통화준거법에 따른다. 복합통화인 경우, 예컨대 국제통화기금(IMF)의 특별인출권(SDR)에 관하여는 통화의 소속국에 상응하는 국제통화기금의 내부 규정이 준거법이 된다.[25] 그러나 통화의 소속국의 통화에 관한 법규가 변경되

---

21) 동지: 주석 채총(1), 302(제4판/안법영).

22) 계약에 의한 채권은 원칙적으로 당사자가 선택한 법에 따르고, 그러하지 않은 경우에는 그 계약과 가장 밀접한 관련이 있는 국가의 법에 의한다(국사 §§ 25, 26). 그 밖에 사무관리, 부당이득, 불법행위에 기한 채권의 준거법에 관하여는 국사 §§ 30~32 참조.

23) 양승태(주 11), 18.

24) 양승태(주 11), 18. 우리 어음법 및 수표법은 어음 또는 수표의 발행국과 지급국에서 명칭은 같으나 가치가 다른 통화로써 어음금 또는 수표금을 정한 경우에는 지급지의 통화로 정한 것으로 추정한다(어음 §§ 41 IV, 77 I, 수표 § 36 IV).

25) 주석 채총(1), 224(제4판/안법영); 최공웅(주 11), 479; 양승태(주 11), 16-17.

어 화폐의 본위제가 바뀌는 경우(예컨대 1962년 우리나라의 화폐개혁으로 종래의 화폐단위인 '환'이 '원'으로 바뀐 경우) 종전의 통화로 표시된 채권이 신통화로 표시된 채권으로 바뀌게 되는데, 이 경우 신·구 통화의 환산방법 역시 통화준거법에 의한다.

통화 소속국의 경제사정으로 인하여 화폐가치의 하락이 있으나, 통화체계의 동일성은 그대로 유지된다면, 명목주의가 적용되는 한[26] 채무자는 해당 명목액만을 지급하면 면책된다. 그러나 가치변동의 정도가 심하여 채권액의 변경이나 계약의 해제를 인정할 것인지의 문제를 채권의 준거법과 통화준거법 중 어느 것에 의할 것인지와 위와 같은 채권액의 변경 등을 규정한 입법(예컨대, 1925년 독일의 증액평가법)을 채권준거법으로 볼 것인지 또는 통화준거법으로 볼 것인지[27]에 관하여는 견해가 갈리나, 이는 채권의 내용에 관한 문제이므로 채권준거법에 의한다고 보는 것이 일반적인 견해이다.[28]

외화채권의 변제에 관하여는 채권준거법이 적용되나, 다만 도량형, 지급거래의 시간, 공휴일 등 이행의 양태에 관한 사항은 보조준거법으로서 이행지법[29]이 적용된다.[30]

법정지의 강행규정은 준거법 여하를 묻지 아니하고 적용된다(국사 § 7). 여기에서의 강행규정은 당사자의 합의에 의하여 그 적용을 배제할 수 없는 일반적 강행규정이 아니라, 당사자의 합의에 의하여 적용배제가 허용되지 않을 뿐 아니라, 준거법이 외국법이더라도 그 적용이 배제되지 않는 이른바 보편적 또는 국제적 강행규정을 의미하는 것으로 엄격히 해석된다.[31] 이와 같이 볼 때 대외무역법, 외국환거래법 또는 공정거래법 등의 경우와 같이 경제정책 등 보호되어야 할 국가이익의 요소를 강하게 담고 있는 규정이라면 일응 국제적 강행규정으로 볼 수 있으나,[32] 이자제한법은 이와 같이 보기는 어려울 것이므로, 외화채권의 준거법이 외국법인 경우에 그 이자율이 우리나라 이자제한법

26) 그러나 명목주의가 적용될 것인지 실질주의가 적용될 것인지는 채권의 내용에 관한 문제이므로, 채권준거법에 의할 것이다.

27) 이를 채권준거법으로 보면 예컨대 독일의 증액평가법의 경우 독일법을 채권준거법으로 하는 Mark화 채권에 대하여만 적용되고, 통화준거법으로 보면 채권준거법 여하를 묻지 않고 Mark화로 표시된 채권에는 모두 위 법이 적용된다고 보게 된다.

28) 구주해(8), 179(이공현); 최공웅(주 11), 480; 양승태(주 11), 19-20.

29) 여기에서 이행지라 함은 법률상 또는 계약상 정하여진 이행지가 아니라 실제로 채무가 이행되는 장소 또는 이행의 소가 제기된 때에는 사실로서 이행이 될 장소를 말한다. 양승태(주 11), 17.

30) 주석 채총(1), 226(제4판/안법영); 양승태(주 11), 17.

31) 신창섭, 국제사법, 2011, 121.

32) 신창섭(주 31), 121.

소정의 이자율을 초과할 때에도 제한초과 이자를 무효라고 할 수는 없을 것이다.[33)]

그 밖에 화폐가치담보약관 및 지급유예(moratorium) 조치에 관한 준거법에 관하여는 § 376 주해 III. 4., 대용급부권의 준거법에 관하여는 § 378 주해 V. 각 참조.

---

33) 양승태(주 11), 22.

第 378 條(同前)

債權額이 다른 나라 通貨로 指定된 때에는 債務者는 支給할 때에 있어서의 履行地의 換金市價에 依하여 우리나라 通貨로 辨濟할 수 있다.

차례

Ⅰ. 본조의 취지 및 연혁

외화채권은 외국의 통화로 지급하는 것이 원칙이나, 각국의 입법이나 판례는 당사자의 의사가 반드시 외국의 통화로 지급하는 것을 명시적인 조건으로 한 것이라고 해석되지 않는 이상 이를 국내통화, 즉 이행지의 통화로써 변제할 수 있는 권능을 인정하는 경우가 있다. 이를 통상 대용급부권(代用給付權)이라고 부른다. 본조는 이러한 대용급부권에 관하여 규정하고 있다.

대용급부권은 16세기경 어음거래에 있어, 채권자에게 손해를 주지 않는 한 채무자가 지급지의 통화에 의하여 대용급부를 할 수 있도록 한 관행으로부터 시작하였다고 한다. 원래 대용급부권이 인정된 주된 이유는 변제지에서 외국통화를 취득하는 어려움을 해소하는데 있었으나 국가의식의 성장에 수반하여 자국영토 안에서 자국통화의 배타적 유통을 확보하려는 국민경제적 정책과 결합하여 점차 일반화되었다.[1)]

근세에 있어 대용급부권을 명문으로 규정한 입법례로는 독일의 어음조례(1848년)가 최초로서 그 후 유럽 각국에서 이를 본받은 어음법이 많이 제

1) 양승태, "외국금전채권의 이행에 따르는 제문제", 재판자료 제34집, 1986, 26-27.

정되었고, 어음법 이외의 분야에서는 1861년 독일통일상법(Das Allgemeine Deutsche Handelsgesetzbuch; ADHGB)이 처음 이를 채택한 후 스위스 채무법, 이탈리아 상법, 독일민법 등으로 이어졌고, 불문법 국가인 영국에서도 이를 인정하고 있다.[2]

본조는 임의규정이다. 따라서 당사자는 특약으로 대용급부권을 배제할 수 있고, 이러한 '현실지급특약'이 있는 경우 채무자는 내국통화로 환산하여 지급하더라도 이는 채무내용에 좇은 유효한 변제가 되지 못한다.[3]

Ⅱ. 본조의 적용범위

1. 부진정외화채권

진정외화채권에 본조가 적용됨은 물론이나, 부진정외화채권의 실질은 내국금전채권이고 외화채권이 아니므로(부진정외화채권에서 외국통화에 의한 표시는 내국통화에 의한 채권액을 계산하는 기준으로 기능할 뿐이므로, 이는 본조의 '채권액이 다른 나라 통화로 지정된 때'에 해당한다고 할 수 없다),[4] 부진정외화채권에는 대용급부권에 관한 본조가 적용되지 아니한다.[5]

2. 상대적 외국금종채권

상대적 외국금종채권에 있어서 채무자는 특약에 의하여 정하여진 특정의 외국통화로 변제하여야 하나, 변제기에 그 외국통화가 강제통용력을 잃은 때에는 그 나라의 다른 통화로 변제하여야 하는바(§ 377 II), 특약으로 정해진 외국통화가 강제통용력을 잃기 이전에도 당사자가 본조에 의한 대용급부권을 행사

2) 주석 채총(1), 305(제4판/안법영); 양승태(주 1), 27. 특히 독일민법 § 244 참조: 독민 § 244 (외화채무) ① 유로가 아닌 통화로 표시된 금전채무를 국내에서 이행하는 경우에는 그 지급은 유로로써 행하여질 수 있다. 그러나 그 다른 통화로 지급할 것이 명시적으로 약정된 경우에는 그러하지 아니하다. ② 환산은 지급시의 지급장소에서의 환금시세에 의하여 한다.

3) 구주해(8), 181(이공현); 주석 채총(1), 304(제4판/안법영). 어음법 및 수표법에서는 대용급부권과 이를 배제하는 '외국통화 현실지급 문구'의 효력을 명문으로 규정하고 있다. 어음 §§ 41 I, III, 77 I, 수표 § 36 I, III.

4) 부진정외화채권에 관하여는 § 377 주해 II. 2. 참조

5) 이에 대하여 진정외화채권을 대용급부권이 허용되지 않는 외화채권으로, 부진정외화채권을 대용급부권이 허용되는 외화채권으로 파악하는 견해에서는 당연히 진정외화채권에 본조의 적용이 없고, 부진정외화채권에 본조의 적용이 있다고 본다. 이러한 견해에 관하여는, 주석 채총(1), 294-296, 306(제4판/안법영) 참조.

하여 내국통화에 의한 변제가 이루어질 수 있는지, 아니면 외국통화가 강제통용력을 잃기 이전에는 당사자는 본조에 의한 대용급부권을 행사하여 내국통화에 의한 변제를 할 수 없고, 외국통화가 강제통용력을 잃은 이후에야 내국통화에 의한 변제가 가능한지가 문제로 될 수 있으나, 현재 국내의 대부분의 학설은 후자와 같이 해석하는 것으로 이해된다.[6] 상대적 외국금종채권에서 특종의 외국통화에 의한 변제를 특약한 당사자의 의사를 고려하면 해당 외국통화가 강제통용력을 잃기 전까지는 대용급부권의 행사를 배제하는 묵시적 약정이 이루어진 것으로 봄이 타당할 것이다. 즉, 후자의 견해가 타당하다.

3. 이행지

본조는 채무자가 지급할 때에 있어서의 '이행지의 환금시가'에 의하여 우리나라 통화로 변제할 수 있다고 하는바, 여기서의 이행지에 우리나라가 포함됨은 의문의 여지가 없으나, 우리나라가 아닌 외국도 포함하는 것인지는 반드시 분명하지 아니하다.

본조의 주된 취지가 채무자로 하여금 외국통화를 조달하여야 하는 불편함을 덜어주려는 데에 있음을 고려할 때, 이행지가 외국인 경우에는 우리나라 통화도 이행지를 기준으로 하면 외국통화가 되어 오히려 조달의 불편함을 가져올 것이므로, 본조는 이행지가 우리나라인 경우에만 적용된다고 봄이 타당할 것이다.[7]

---

6) 김형배, 73은 "상대적 외국금종채권의 경우에 있어서는 지급해야 할 통화가 변제기에 강제통용력을 잃은 때, 즉 외국금종채권이 외국금액채권으로 전환된 때에 있어서 채무자는 외국통화로 변제하는 것에 갈음하여 현실적으로 지급할 때 있어서의 이행지의 환금시가에 의하여 우리나라의 통화로 변제할 수 있다."고 하여 후자의 입장임이 분명하고, 다른 대부분의 학설(곽윤직, 34-35; 김상용, 58; 송덕수, 79; 이덕환, 50; 이은영, 120; 장재현, 51)도 "외국금종채권에 있어서 특정한 외국통화가 변제기에 강제통용력을 상실한 때에는 그 외국의 강제통용력이 있는 다른 통화로 변제하여야 하며, 이때에도 현실지급시의 이행지의 환금시가에 의하여 산정한 우리나라 통화로 변제할 수 있다."라고 설명하여 역시 후자의 입장인 것으로 이해된다.

7) 동지: 주석 채총(1), 309-310(제4판/안법영). 독민 § 244 I은 "국내에서 이행하는 경우(im Inland zu zahlen)"라고 하여 이행지가 자국인 경우에만 대용급부권이 인정됨을 명시하고 있다(주 2 참조). 아울러 외국으로의 송금의 경우와 같이 급부이행지와 급부결과지가 갈리는 경우에는 채무자의 거주지인 급부이행지에 의한다는 것에는, MünchKomm/Grundmann (7. Aufl., 2016), Rn. 94 참조. 한편 구주해(8), 186(이공현)은, "이행지가 외국인 경우에는 대개의 경우 준거법으로서 외국법이 적용될 것이므로 결국 이행지의 환금시가라 함은 우리나라 외환시장에서의 환율을 의미한다."고 한다.

Ⅲ. 대용급부권

1. 법적 성질

대용급부권이 인정되는 외화채권의 법적 성질에 관하여는, 과거 채무자가 외국통화와 내국통화에 의한 지급을 선택할 수 있는 선택채권이라고 하는 설(선택채권설)이 주장되었으나, 현재는 외국통화의 지급이 본래의 채권의 목적이고, 다만 내국통화에 의한 지급을 하는 대용급부권이 허용되는 임의채권[8]이라고 하는 설(임의채권설)[9] 외에 다른 학설은 찾아보기 어렵다. 판례도 동일한 입장을 취하고 있는 것으로 이해된다.[10]

2. 대용급부권자

본조가 명문으로 규정하고 있는 바와 같이 채무자가 대용급부권을 행사할 수 있음은 물론이다.

문제는 채권자에게도 대용급부청구권, 즉 외화채권을 내국통화에 의하여 변제할 것을 청구할 수 있는 권리를 인정할 것인가에 있다.[11]

이에 관하여 학설은 긍정설과 부정설이 대립하고 있다. 다수설인 긍정설[12]은 채권자에게도 대용급부청구권이 인정된다고 해석하면서, 그 논거로서 대용권을 채무자에게만 인정하고 채권자에게는 인정하지 않을 경우 채무자는 이행을 지체함으로써 환율변동에 따른 이익을 일방적으로 얻을 수 있게 되기 때문에 공평의 관념에 반하는 점, 채권자가 우리나라 통화로 청구하는 경우 이를 부인하고 외화지급판결을 선고함으로써 집행불능의 문제, 금전집행방법에 의할 경우의 환산문제, 외국환 관련 법령상의 제한문제 등을 제기하기보다는 그 청구를 인용하는 편이 강제집행 등 절차에서 편리한 점, 국제거래가 빈번해지

---

8) 임의채권에 관하여는 후술 본절 후론[임의채권] 주해 참조.

9) 강봉석, 42; 곽윤직, 51; 김동훈, 156; 김형배, 100; 김주수, 87; 김준호, 26; 송덕수, 103; 윤철홍, 77; 이덕환, 78; 정기웅, 68; 구주해(8), 181(이공현); 주석 채총(1), 310(제4판/안법영).

10) 대판(전) 91.3.12. 90다2147(공 91, 1161).

11) 어음법 및 수표법에서는 외화로 표시된 어음, 수표의 이행지체시 채권자에게도 명문으로 대용급부청구권을 인정하고 있다. 어음 § 41 I 2문, § 77 I iii, 수표 § 36 I 2문. 나아가 본조는 임의규정이므로 당사자의 합의로 채권자에게 대용급부청구권을 부여하는 것이 허용됨 역시 당연하다.

12) 김상용, 58; 김준호 27; 김형배, 72; 송덕수, 78; 이덕환, 50; 이은영, 120; 구주해(8), 183(이공현); 민일영, "외화채권의 환산", 인권과 정의 179호, 1991, 94; 양승태(주 1), 32.

고 외화의 유통이 점차 활발해지는 상황에 비추어 채권자와 채무자 모두 자유롭게 통화를 선택하여 결제할 수 있는 방향이 바람직한 점 등을 들고 있다. 이에 대하여 소수설인 부정설[13]은 외화거래 당사자 사이의 대등관계를 고려할 때 당사자가 합의한 급부대상인 지급할 통화를 당사자 일방이 자의적으로 변경하는 것은 허용될 수 없는 점, 외화채권자에게도 대용급부청구권을 인정한다면 본조는 채권자가 외화로 청구하는 경우에만 의미를 갖게 되므로 본조의 취지와 실질적 기능을 도외시하는 것인 점, 본조가 외화채무자에게 대용급부권을 인정한 것에는 환위험의 분배에 관하여 외화채무자에게 우선적인 권리를 부여한 의미가 있는데, 외화채권자에게도 대용급부청구권을 인정하면 각자가 자기에게 유리한 시기에 대용권을 자의적으로 행사하여 상대방에게 환위험을 전가하므로 본조가 의도한 환위험의 분배와 충돌하는 점, 외화채권자에게 대용급부청구권을 인정하면 외화채무자가 대용급부권을 행사하는 경우와 달리 채권자의 대용급부청구권 행사의 의사표시만으로 외화채권이 내국금전채권으로 전환되고 채무자는 이행지체에 빠지게 되어 상호 모순되는 점, 통화선택의 자유는 계약체결시에 인정하면 족하고 이미 성립된 외화채권계약의 효력을 부정하면서까지 외화채권자의 대용급부청구권을 인정할 필요는 없는 점 등을 들면서 긍정설을 비판하고 일반적으로 채권자에게는 대용급부청구권이 인정되지 아니한다고 한다.[14]

판례를 보면 하급심에서 채권자의 대용급부청구권을 인정한 판결과 부정한 판결이 엇갈리던 중,[15] 대법원은 대판(전) 91.3.12. 90다2147(공 91, 1161)을 통하여 본조에서 외국통화를 우리나라 통화로 환산하는 시점을 '현실이행시'로 해석하면서, "채권자가 위와 같은 외화채권을 대용급부의 권리를 행사하여 우리나라 통화로 환산하여 청구하는 경우에도 법원이 채무자에게 그 이행을 명함에 있어서는 채무자가 현실로 이행할 때에 가장 가까운 사실심 변론종결 당시

13) 주석 채총(1), 312-316(제4판/안법영); 오수원, "외화채권자의 급부대용청구권과 외화판결의 강제집행", 인권과 정의 422호, 2011. 12., 68-75.

14) 독일의 판례, 학설은 채무자에게만 대용급부권이 인정되므로 채권자는 외국통화로만 소를 제기할 수 있다는 입장이다. MünchKomm/Grundmann, Rn. 95.

15) 서울고판 81.2.26. 79나816은 채권자에게 대용급부청구권을 인정하지 않았고[그 상고심 판결인 대판 82.8.24. 81다684(공 82, 870)는 이 부분 쟁점에 관한 상고이유에 대하여, 이는 상고허가신청사유에 불과할 뿐 상고사유가 되지 못한다는 이유로 배척하여 그에 관한 실질적인 판단이 이루어지지 않았다], 서울고판 85.8.22 85나220은 채권자의 대용급부청구권을 인정하고 있다.

의 외국환 시세를 우리나라 통화로 환산하는 기준시로 삼아야 한다."고 함으로써 채권자에게 대용급부청구권이 인정됨을 간접적으로 명백히 하였다.[16)17)]

판례와 같이 채권자에게 대용급부청구권을 인정한다면, 채권자가 대용급부청구권을 행사하여 우리나라 통화에 의한 지급을 청구한 경우에 채무자는 이를 거부하고 본래의 외국통화에 의한 지급을 주장할 수 없다고 해석함이 타당하다.[18)]

3. 대용급부권의 행사

임의채권에서 채무자가 대용권을 가지는 경우에는 대용급부의 의사표시만으로는 아무런 효력이 발생하지 않고, 채무자가 현실적으로 대용급부를 제공하여야 대용급부가 급부의 목적으로 특정되는바,[19)] 이러한 임의채권의 법리에 따라 외화채권의 채무자가 대용급부권을 행사하는 경우에는 현실적으로 내국통화인 원화의 채권액을 지급을 제공하여야 한다. 즉, 외화채권에서 채무자가 우리나라 통화로 지급하겠다는 의사표시를 하더라도 현실적으로 원화에 의한 대용급부를 제공하기 전에는 유효한 대용급부권 행사에 따른 효과는 발생하지 않는다.[20)]

또한 채무자가 외국통화에 의하여 지급하겠다는 의사표시를 하더라도 이것이 대용급부권을 포기하겠다는 의사표시로 해석되지 않는 한 대용급부권은 소멸하지 않고, 채무자가 우리나라 통화에 의하여 지급하겠다는 의사표시를 한 경우에도 원화에 의한 현실의 급부가 이루어지기 전에는 채권자는 본래의

16) 이에 대하여 위 판결의 소수의견은 "채무자에게만 임의채권으로서의 대용권을 인정하고 있는 우리나라의 민법체계에서는 특별한 사정이 없는 한 원고는 본래의 급부목적인 미국통화의 지급만을 청구할 수밖에 없다."고 하고 있다.

17) 참고로 독일의 경우 판례와 지배적인 학설은 채권자의 대용급부청구권을 인정하지 않는다고 하고, 일본의 경우 과거 판례가 채권자에게는 대용급부청구권을 인정하지 않다가 1975년 최고재판소는 태도를 바꾸어 채권자에게도 대용급부청구권을 인정하였으나, 이에 대하여는 비판적인 견해가 많다고 한다. 오수원(주 13), 73-75; 안법영, "외화채권과 환차손의 배상", 법실천의 제문제: 동천 김인섭 변호사 화갑기념논문집, 1996, 261; 日注民(10-I) 新版, 336-337(山下末人·安井 宏).

18) 구주해(8), 183(이공현); 민일영(주 12), 94. 그러나 이에 대하여 "이는 계약해석의 문제로서 채권자에게 급부대용청구권을 인정하는 계약이 채무자의 급부대용권을 배제하는 취지라면 이러한 견해는 타당하겠지만 그렇지 않다면 법이 인정하는 채무자의 대용권을 근거 없이 배제하는 것이 된다."고 하는 견해가 있다. 오수원(주 13), 70.

19) 김동훈, 159; 김상용, 74; 김형배, 101; 송덕수, 103-104; 이덕환, 79; 정기웅, 69. 이에 관하는 후술 본절 후론[임의채권] 주해 참조.

20) 구주해(8), 183(이공현); 주석 채총(1), 310(제4판/안법영).

외국통화에 의한 이행을 청구할 수 있다.[21)]

채권자가 대용급부청구권을 행사할 때에는 역시 임의채권의 법리에 따라 채무자에 대하여 내국통화의 지급을 청구함으로써 확정적으로 그 효과가 발생하여 채무자는 외국통화에 의한 지급의무를 면하고 국내통화에 의하여 지급할 의무를 부담하게 되며, 그 밖에 다른 현실의 행위를 할 것이 요구되지 않는다. 실제로 외화채권자 스스로 현실적인 대용급부를 한다는 것은 상정할 수 없으므로 이는 당연한 것이다.[22)]

외국통화에 의한 지급판결이 선고된 이후에도 그 판결에 기한 채권은 여전히 외화채권으로서의 성질을 가지고 있으므로, 채권자와(채권자에 의한 대용급부청구권 행사를 긍정하는 입장에서는 경우를 전제로 함) 채무자는 대용권을 행사할 수 있고, 이는 그 판결이 확정된 이후에도 마찬가지라고 할 것이다. 그런데 이에 관하여 채권자에 의한 대용급부청구권의 행사는 사실심 변론종결 이전에만 행사할 수 있다고 하는 견해가 있다.[23)] 이 견해에 의하면 채권자의 대용급부청구권은 그 행사에 관한 일방적 의사표시에 의하여 외국금전채권이 내국금전채권으로 변경되는 형성권인데, 채권자는 사실심 변론종결 이전에 이러한 대용급부청구권을 행사할 수 있었으므로, 그 이후에 판결이 확정되면 기판력(확정판결의 차단효)에 의하여 채권자는 더 이상 대용급부청구권을 행사할 수 없다는 것이다. 그러나 확정판결의 차단효는 전소에서 패소한 당사자가 전소에서 제출할 수 있었던 공격·방어방법을 후소에서 제출하여 전소의 확정판결을 뒤집을 수 없는 것을 뜻하고, 또한 기판력이 미치는 객관적인 소송물의 범위 내에서만 미치는 것인데, 외국통화의 급부를 청구하여 승소한 채권자가 그 판결의 확정 이후에 대용급부청구권을 행사하여 스스로 확정판결을 받은 외국금전채권을 소멸시키고 대신 내국통화의 급부를 청구하는 것은, 우선 승소한 당사자에 의한 권리 행사일 뿐 아니라, 본래의 외화청구권과 대용급부청구권에 의하여 새로이 성립한 내국금전청구권은 별개의

21) 구주해(8), 184(이공현); 주석 채총(1), 310-311(제4판/안법영). 다만 채무자가 현실의 원화급부를 이행제공하여 채권자가 수령지체에 빠진 후에도 여전히 채권자가 외화급부를 청구할 수 있는지에 관하여는, 관련 논의로서, 후술 본절 후론[임의채권] 주해 III. 2. 참조.
22) 주석 채총(1), 311(제4판/안법영); 양승태(주 1), 33.
23) 오수원(주 13), 70.

소송물로 보아야 하므로,[24] 위 견해에는 찬동하기 어렵다.[25]

외국금전채권과 내국금전채권 상호간에 상계를 함에 있어 대용권을 행사할 수 있는가의 논의가 있다. 이에 관하여는 독일의 경우 외국금전채권과 내국금전채권 사이의 목적의 동종성이 없어 본래 상계가 허용되지 아니한다는 전제에서, 대용권을 행사하여 외국금전채권을 내국금전채권으로 전환시킴으로써 상계가 가능하다는 견해가 통설이라고 한다.[26] 그러나 외국금전채권과 내국금전채권 모두 금전채권의 실질을 가지고 있는 이상, 상계에 있어서의 '목적의 동종성'을 긍정하지 못할 바는 아니라고 할 것이다. 따라서 이 경우 굳이 상계를 긍정하기 위하여 대용권의 행사가 선행될 필요는 없다.[27] 다만 이 경우 자동채권인 내국금전채권을 외국금전채권으로 환산하는 기준 시점은 상계의 효력발생일, 즉 상계적상일로 보아야 할 것이다.[28]

4. 환산시기

가. 채무자가 대용급부권을 행사한 경우

본조는 채무자는 "지급할 때에 있어서의 이행지의 환금시가"에 의하여 우리나라 통화로 변제할 수 있다고 규정하고 있다. 여기에서 규정하는 '지급할

24) 비록 임의채권은 본 급부와 대용급부가 하나의 채권을 이루는 것이기는 하나, 소송법과의 관련에서 본 급부의 이행청구권과 대용급부의 이행청구권은 별개의 소송물을 이루는 것으로 보아야 할 것이다.

25) 따라서 채권자는 외화채권의 승소판결 확정 이후에도 대용급부청구권을 행사하여 국내통화의 지급을 청구할 수 있으나, 채무자가 임의로 이행하지 않는 경우에는 채권자는 다시 판결을 받을 수밖에 없을 것이다.

26) 양승태(주 1), 34. 이 경우 채권자에 의한 대용권의 행사는 의사표시만으로 효력이 발생하므로 통상 상계의 의사표시에는 대용권 행사의 의사표시가 포함되어 있는 것으로 보게 될 것이다. 그러나 채무자에 의한 대용권의 행사는 현실의 지급이 있어야 하므로 과연 의사표시만으로 효력이 발생하는 상계와 양립할 수 있는 것인지의 의문이 제기된다. 대용권의 행사가능성을 긍정하는 입장에서는 '상계에 의하여 마치 현실의 지급이 이루어진 것과 같이 본다'는 식의 다소 억지스러운 설명을 하여야 할 것이다.

27) 동지: 양승태(주 1), 34.

28) 양승태(주 1), 34에서는 "상계의 효력발생시기에 있어서의 이행지의 환금시가에 의하여 외국통화를 우리나라 통화로 환산하여여야 한다."고 하나, 여기에서 문제되는 국면은 채권자가 외국통화에 의한 지급을 청구하였을 경우 채무자가 내국금전채권에 의하여 상계하는 것이므로, 대용급부권이 행사되지 아니한 상황에서는 자동채권인 내국금전채권을 외국금전채권으로 환산하는 것이 문제로 된다. 다만 채무자의 상계의 의사표시에 동시에 대용급부권을 행사하는 취지도 함께 포함되어 있는 것으로 해석되는 경우에는, 수동채권인 외국금전채권의 실제 이행 시점, 또는 재판상 청구인 경우에는 사실심 변론종결 시점에서의 환율에 따라 외국금전채권을 우리나라 통화로 환산하게 되고, 그와 같이 환산된 채권자의 외국금전채권과 채무자의 내국금전채권을 상계하게 될 것이다.

때'의 의미에 관하여 통설은 이를 이행기가 아닌 현실적으로 이행할 때, 즉 실제 이행 시점을 의미한다고 해석한다.[29)]

대법원은 종래 위 '지급할 때'의 의미를 '이행하여야 할 때', 즉 이행기로 해석하였다. 즉, 대판 78.5.23. 73다1347(공 78, 10875)은 "채무자가 채무의 변제를 외국통화로 하기로 한 당사자 사이에 특별한 약정이 없는 것이라면, 채무자는 변제하기로 하였던 시기, 즉 이행기의 환율에 의하여 환산한 한화로 변제하면 족하다."고 판시하였고, 대판 87.6.23. 86다카2107(공 87, 1216)도 이를 이어 받아 같은 취지로 판시하였다.[30)] 그러나 대법원은 1991년 전원합의체 판결을 통하여 통설과 같이 본조에서 정하는 외화채권의 원화 환산 기준시점, 즉 '지급할 때'를 '현실이행시'라고 하여 그 입장을 바꾸었다.[31)32)]

위와 같이 채무자의 대용급부권 행사시 현실 이행시의 환율에 의하여 환

---

29) 곽윤직, 34; 김동훈, 138; 김상용, 57-58; 김증한·김학동, 40; 김주수, 68; 김준호, 27; 김형배, 73; 송덕수, 78; 윤철홍, 51; 장재현, 51; 정기웅, 46; 이덕환, 49-50; 이은영, 120; 구주해(8), 185(이공현); 주석 채총(1), 319(제4판/안법영).

30) 한편 대판 68.11.26. 68다1293, 1294(정보)는 반소피고가 미국으로부터 양곡을 수입하면서 미국의 선박회사와 용선계약을 체결하고, 반소원고는 반소피고와 사이에 부산항에서 양곡을 하역하는 내용의 도급계약을 체결하였는데, 반소피고와 미국운송회사 사이에 하역작업이 예정보다 빨리 끝났을 때에는 소정의 早出料를 받게 되어 있었고, 반소원고와 반소피고 사이에는 위 조출료를 반소원고에게 귀속시킨다고 약정하였으나, 반소피고가 미국운송회사로부터 조출료를 지급받았음에도 이를 즉시 반소원고에게 지급하지 않아 그 동안 환율이 130 대 1에서 255대 1로 변경되었고, 이에 반소원고는 변경된 환율인 255 대 1에 의한 원화의 지급을 청구한 사안에서, "반소피고가 조출료를 받을 당시에 계산한 한화 환율보다 변론 종결당시의 환율이 올랐다고 하여 반소피고가 반소원고에게 미화로 조출료를 지급하여야 할 것으로 인정될 특별한 사정이 없는 한 당사자의 약정 없이는 반소원고가 실지 받을 당시의 환율보다 높은 환율로 조출료를 청구할 수 없는 것이라 해석함이 상당하다"고 하고 있다. 그 판시에 비추어 위 판결은 외화채권이 아닌 원화채권(부진정외화채권)이 발생한 것으로 본 것이라고 이해된다(최공웅, 국제소송, 1994, 488 참조). 따라서 이는 본조에 의한 대용급부권의 원화환산 기준시점에 관한 선례는 아니라고 봄이 타당하다.

31) 대판(전) 91.3.12. 90다2147(공 91, 1161): "채권액이 외국통화로 지정된 금전채권인 외화채권을 채무자가 우리나라 통화로 변제함에 있어서는 민법 제378조가 그 환산시기에 관하여 외화채권에 관한 같은 법 제376조, 제377조 제2항의 "변제기"라는 표현과는 다르게 "지급할 때"라고 규정한 취지에서 새겨 볼 때 그 환산시기는 이행기가 아니라 현실로 이행하는 때, 즉 현실이행시의 외국환시세에 의하여 환산한 우리나라 통화로 변제하여야 한다고 풀이함이 상당하므로 채권자가 위와 같은 외화채권을 대용급부의 권리를 행사하여 우리나라 통화로 환산하여 청구하는 경우에도 법원이 채무자에게 그 이행을 명함에 있어서는 채무자가 현실로 이행할 때에 가장 가까운 사실심 변론종결 당시의 외국환 시세를 우리나라 통화로 환산하는 기준시로 삼아야 한다."

32) 영국, 독일, 프랑스, 덴마크, 벨기에 등에서도 입법이나 판례를 통하여 '현실지급시'를 환산의 기준시점으로 보고 있고, 일본도 학설상 논란이 있던 중 최고재판소 1975. 7. 15. 판결에 의하여 '현실지급시'설을 취하였다. 반면 스위스 채무법은 이행기를 기준으로 하고 있다고 한다(스채 § 84 II). 양승태(주 1), 35 참조.

산하여야 할 뿐 아니라, 우리나라 통화를 외화채권에 변제충당하는 경우에도 변제충당할 당시의 외국환시세에 의한다.[33)]

대용급부권의 인정 취지가 채무자의 외화획득의 불편함을 덜어주려는 것임을 고려하면 격지자(隔地者) 사이에 변제가 이루어지는 경우 송금하는 날과 수령하는 날이 다른 때에는 송금하는 날의 환금시가에 의하는 것이 타당할 것이다.[34)]

어음·수표의 경우에는 특칙이 있다. 외화로 표시된 어음·수표의 경우 만기일(수표의 경우 지급일)의 가격에 의하여 지급지의 통화로 변제할 수 있다(어음 §§ 41 I 전문, 77 I iii, 수표 § 36 I 전문). 그러나 발행인이 특정한 종류의 통화로 지급한다는 뜻(외국통화 현실지급 문구)을 적은 경우에는 그 특정한 통화로 지급하여야 한다(어음 §§ 41 III, 77 I iii, 수표 § 36 III).

나. 채권자가 대용급부청구권을 행사한 경우

채권자가 대용급부청구권을 행사하여 우리나라의 통화로 청구하는 경우 어느 시점을 환산시기로 보아야 할 것인가에 관하여는, 기준시점을 이행기로 보아야 한다는 견해, 채권자가 대용급부청구권을 행사한 때, 즉 내국통화에 의한 지급을 청구한 때로 보아야 한다는 견해, 재판상 청구와 재판 외 청구로 나누어 전자의 경우에는 사실심 변론종결시를, 후자의 경우에는 현실지급시로 보아야 한다는 견해, 재판상 청구와 재판 외 청구를 불문하고 현실지급시로 보아야 한다는 견해 등으로 나뉘었으나,[35)] 대판(전) 91.3.12. 90다2147(공 91, 1161)은 원칙적으로 현실지급시를 환산 기준시로 보되, 재판상 청구의 경우에는 사실심 변론종결시를 기준으로 하여야 한다는 입장을 취하였다.[36)][37)] 그 후에도 같

33) 대판 00.6.9. 99다56512(공 08, 1623).

34) 주석 채총(1), 320(제4판/안법영); 양승태(주 1), 36.

35) 이에 관하여는 구주해(8), 186(이공현) 참조.

36) 위 판결의 소수의견은, 채권자는 대용급부청구권을 행사할 수 없다는 입장을 전제하면서, "'지급할 때'를 다수의견이 전제한 바와 같이 현실이행시로 본다면 그 현실이행시를 재판상의 청구와 재판외의 청구로 구분할 이유가 없고 더구나 우리나라 통화의 지급을 구하는 것이 강제집행이 불능할 때를 대비한 대상청구에 터잡은 것도 아닌 바에야 재판상의 청구라 하여 그 환산시기를 사실심 구두변론종결당시로 정할 수도 없다."고 하면서, 채무자가 대용급부권을 행사할 때에는 다수의견과 같이 현실지급시를 원화 환산의 기준시점으로 보아야 하지만, 채권자가 우리나라 통화에 의한 지급을 구할 때에는 '청구할 때'를 환산의 기준시점으로 보아야 한다고 한다.

37) 양승태(주 1), 45-46은, 위 대판(전) 91.3.12. 90다2147의 다수의견과 동일한 견해를 취하였던 일본 최고재판소 1975. 7. 15. 판결에 대하여 비판하고 재판상 및 재판 외 청구에 있어 동일하게 현실지급시를 환산기준 시점으로 보아야 한다는 견해를 취하면서, "환산의 목적은 원래의 급부인 외국통화에 의한 채권액과 대용급부인 우리나라 통화에 의한 채권액과의 등가관계를 산출하는 것이므로 그 방식과 기준시가 재판외청구의 경우와 재판

은 취지의 판결이 유지되고 있다.[38]

어음·수표의 경우 채무자의 지급지체시 소지인은 환산기준일로 만기일(수표의 경우 지급제시일) 또는 지급하는 날을 선택할 수 있다(§§ 어음 41 I 후문, 77 I iii, 수표 36 I 후문).

5. 환산율

본조는 외국통화의 우리나라 통화로의 환산은 '이행지의 환금시가'에 의한다고 규정한다.

여기서의 환금시가는 외환시장에서의 환율을 의미하는바, 대용급부권 행사시 적용될 환산율에 적용될 준거법에 관하여 이행지법설을 취하는 경우에는[39] 우리나라가 이행지인 경우에만 본조가 적용될 것이므로 결국 우리나라 외환시장에서의 환율만이 본조에서 정하는 이행지의 환금시가로 된다는 결론에 이른다. 이에 반하여 이에 관하여 채권의 준거법이 적용된다는 견해에 의하면 이행지가 외국인 경우에는 외국법이 준거법이 될 수 있어 본조에서 정하는 이행지의 환금시가는 외국의 외환시장에서의 환율을 의미할 수 있다. 그러나 본조가 외화채무자의 지불편의를 주된 목적으로 하고 있음을 고려할 때, 준거법에 관하여 후자의 견해를 취하더라도 본조는 우리나라가 이행지가 되는 경우에만 적용된다고 봄이 타당하다.[40]

환율, 즉 외국환매매율은 외국환은행 사이의 거래에서 형성되는 대은행율

상 청구의 경우에 서로 달라져야 할 합리적 이유를 찾을 수 없"는 점, "금전채권의 명목주의 하에 있어서는 통화가치의 하락에 의한 손실과 그 상승에 의한 이익은 모두 채권자에게 귀속되는 것이 원칙인데, 환산의 기준시를 변론종결시 또는 제소시로 한다면 그 이후 현실지급시까지의 계산통화인 외국통화의 가치하락으로 인한 손실과 그 상승으로 인한 이익은 오히려 채무자에게 귀속되는 셈이어서 금전채권의 속성에 반"하는 점을 그 논거로 들고 있다. 같은 취지의 비판으로, 민일영(주 12), 97-98. 이에 대하여 구주해(8), 186(이공현)은 위 전원합의체 판결의 다수의견을 지지하면서, "판결의 경우에는 절차법상 부득이 변론종결시를 기준하여 환산할 수밖에 없다는 입장은 충분히 수긍이 갈 뿐 아니라 실제로 내국통화에 의하여 일정한 금원을 구하고 있는 경우 이와 같이 보는 것이 채권자의 의사에 가장 부합한 결론이 된다"고 한다.

38) 대판 07.4.12. 2006다72765(공 07, 679); 대판 07.7.12. 2007다13640(공 07, 1250); 대판 08.7.10. 2008다9891(정보); 대판 12.10.25. 2009다77754(공 12하, 1886). 위 2006다72765 판결은, 사실심 변론종결 당시의 외국환시세에 따라 우리나라 통화로 환산한 금액의 지급을 명한 제1심 판결에 대하여 채무자만이 항소한 경우, 항소심은 속심이므로 채무자가 내세운 항소이유 등의 주장이 이유 없다고 하더라도 법원으로서는 항소심 변론종결 당시의 외국환시세를 기준으로 채권액을 다시 환산하여 본 후 불이익변경금지원칙에 반하지 않는 한 채무자의 항소를 일부 인용하여야 한다고 한다.

39) 대용급부권 행사시 적용될 환산율에 관한 준거법에 관하여는 후술 V. 준거법의 결정 참조.

40) 동지: 주석 채총(1), 320(제4판/안법영).

과 외국환은행과 고객 사이의 거래에서 형성되는 대고객율로 나눌 수 있다. 이 중 대고객율은 다시 거래대상이 되는 대외지급수단에 따라 전신환매매율, 외국환어음매매율, 현찰매매율 등으로 나누어지는데, 특히 대고객율 중 전신환매매율은 전신으로 결제되므로 금리요인이 포함되지 않은 교환비율이어서 구체적인 개별 시장율의 기준이 된다. 또한 각 매매율은 다시 매도율과 매입율로 나누어진다. 한편, 매매기준율이라고 함은 최근 거래일의 외국환중개회사를 통하여 거래가 이루어진 미화의 현물환매매 중 익익영업일 결제거래에서 형성되는 율과 그 거래량을 가중평균하여 산출되는 시장평균환율을 말한다.[41] 대고객율은 이러한 매매기준율을 기준으로 하여 마진 등을 가감하여 형성된다.

본조에서의 '환금시가'는 외환시장에서 형성되는 환율을 의미하므로, 일종의 대은행율인 매매기준율이 아닌 대고객율, 그 중에서도 금리요인이 배제된 전신환매매율에 의함이 타당하다.[42] 그리고 대용급부권이 본래 채무자에게 이행의 편의를 제공하기 위한 제도라는 점, 대용급부가 아니라면 채무자는 변제를 위하여 이행지에서 외국통화를 매입하여야 하였을 것이라는 점을 고려하면, 매도율과 매입율 중에서는 매도율에 의함이 타당하다.[43][44]

이행지에서 외국통화에 대한 환금시가가 없을 경우에는 이행지에 가장 가까운 지방의 환금시가를 기준으로 한다는 견해와 이행지의 거래를 지배하거나 표준이 되는 지방의 환금시가를 기준으로 한다는 견해가 있으나, 후자의 견해가 본조의 취지에 더욱 부합하여 타당하다.[45]

---

41) 외국환거래규정(기획재정부고시 제2015-12호, 2014. 6. 29.) 제1-2조, 7호. 현재 금융결제원 산하 외국환중개회사인 서울외국환중개 주식회사에서 매매기준율을 고시하고 있다(http://www.smbs.biz 참조).

42) 양승태(주 1), 38. 다만 대법원은 불법행위로 인한 손해배상채권에 관하여 손해액을 산정함에 있어 미 달러화로 표시된 시가를 우리나라 통화로 환산할 경우, "특별한 사정이 없는 한 기준환율에 의하여 환산함이 타당하고, 대고객 전신환매도율에 의하거나 대고객 전신환매입율에 의하여 환산할 것이 아니다."라고 하고 있다. 대판 95.9.15. 94다61120(공 95, 3385).

43) 동지: 구주해(8), 187(이공현); 양승태(주 1), 38. 반대: 최공웅(주 30), 503(매입율에 의하여야 한다는 견해). 주석 채총(1), 324(제4판/안법영)은 "약정채권관계에서 거래결제가 현찰로 지불되어야 하는 때에는 현찰매도율, 그 밖의 경우에는 개개의 지불양태에 따른 매도율이 적용되어야 하며, 당사자의 다른 약정이 없으면 특별한 사정이 없는 한 전신환매도율이 적용되어야 한다."고 한다. 또한 민일영(주 12), 97-98(각주 27)은, 채무자와 채권자가 대용급부를 청구한 경우를 나누어, 채무자가 대용급부를 하려는 경우에는 매도율에 의하고, 채권자가 대용급부를 청구한 경우에는 매입율에 의함이 적절하다고 한다.

44) 실무적으로는 외국환 거래 취급은행이 고시하는 대고객 전신환매도율에 의하거나 매매기준율에 의하는 경우가 많은 것으로 보인다.

45) 동지: 구주해(8), 187(이공현); 주석 채총(1), 324(제4판/안법영); 양승태(주 1), 38-39.

당사자가 특약으로 환산율을 미리 정할 수 있음은 물론이다.

6. 환차손의 배상 문제

채무자 또는 채권자에 의한 대용급부권이 행사될 경우, 앞서 본 것처럼 현실의 지급시점 또는 사실심 변론종결 시점이 외화환산의 기준시점이 되므로, 이행기 이후에 외화의 가치(환율)가 하락하여 채권자가 그로 인하여 손해를 입게 될 경우, 즉 이른바 환차손이 발생할 경우 그에 대한 배상을 인정할 것인지의 문제가 발생한다. 이에 관하여 종래의 지배적인 견해는 § 397의 해석상 금전채권의 불이행에 있어서는 지연손해금의 배상만이 인정되므로, 환차손의 배상은 청구할 수 없다고 하였다.[46)]

이에 대하여, § 397이 손해배상액을 제한하는 것은 금액채무의 명목적 지연배상에 관한 것일 뿐, 금전 자체의 가치하락으로 인한 지연손해의 배상을 제한하는 것은 아니고, 환차손을 손해배상에서 배제하겠다는 채권법적 명목주의를 표방하고 있는 것이 아니라는 등의 이유로 일정한 요건 하에 환차손의 배상이 인정되어야 한다고 주장하는 견해가 유력하게 주장되고 있다.[47)]

Ⅳ. 외화채권의 소송상 취급

1. 외화지급 판결 등

채권자가 소송으로 외화채권임을 주장하며 일정액의 외화의 지급을 구하는 경우, 법원은 외화의 지급을 명할 수 있으며, 또 대용급부권의 행사가 없는 이상 외화의 지급을 명하여야 한다.

이에 대하여 이설은 없다. 대판(전) 75.4.22. 72다2161(공 75, 8431)도 당시 외국환관리법 제21조의 외국환 거래 금지 규정은 단속법규라고 해석함이 타당하고 따라서 이에 저촉되는 행위라도 사법상의 효력에 아무런 영향이 없다는 등

46) 구주해(8), 185-186(이공현); 양승태(주 1), 36. 독민 § 288, 스채 §§104, 106과 같이 금전채무의 불이행에 관하여 지연이자 이상의 손해배상청구를 할 수 있음을 명문으로 인정하고 있지 않은 우리 민법에서는 환차손의 배상을 인정하기 어렵다고 한다.

47) 주석 채총(1), 320(제4판/안법영), 332 이하; 안법영, "외화채권과 환차손의 배상 - 대법원판결의 비판적 검토와 비교법적 해석론의 구성 -", 법실천의 제문제, 1996, 267 이하; 최수정, "금전채무불이행의 특칙에 대한 재검토 - 손해배상액을 중심으로 -", 민사재판의 제문제 제19권, 2010. 12., 218.

의 이유로 외화의 무조건 지급을 명한 원심 판결을 수긍하였고, 실무상의 취급도 같다.[48)]

채무불이행 또는 불법행위를 원인으로 한 손해배상채권에 관하여 외화지급판결을 할 수 있는가의 문제에 관하여, 법규에 의하여 성립하는 채권은 당사자의 의사에 의하여 성립하는 채권과는 달리 그 법규가 속할 국가의 통화에 의하여만 성립하는 것으로 해석하여야 할 것이어서 그 채권준거법의 소속국의 통화가 계산통화가 되고, 우리나라 법이 준거법일 경우 § 394의 금전은 원칙적으로 우리나라 통화를 의미하므로 손해배상채권은 내국금전채권이 된다는 견해[49)]와 우리나라 법이 준거법이 되더라도 채권통화는 손해를 적정하게 반영하는 통화가 되어야 하고, 섭외적 손해배상사건이 늘어나고 대형화되는 상황에서 외화도 금전으로서 가치의 회계단위로서의 기능을 인정하여 외국금전채권과 내국금전채권의 취급을 동일하게 할 필요가 있으므로 § 394의 금전을 우리나라 통화로만 국한시키는 것은 타당하지 않고, 외화채권인 손해배상채권도 인정되어야 한다는 견해[50)]가 대립하나, 판례[51)]는 "불법행위로 인한 손해배상의 방법에 관하여 규정하고 있는 민법 제763조, 제394조 소정의 '금전'이라 함은 우리나라의 통화를 가리키는 것이어서 불법행위로 인한 시가 상당의 손해배상을 구하는 채권은 당사자가 외국통화로 지급하기로 약정하였다는 등의 특별한 사정이 없는 한 채권액이 외국통화로 지정된 외화채권이라 할 수 없다"고 판시한 이래, 채무불이행으로 인한 손해배상 채권 역시 같은 이유로 외화채권이 아니라는 태도를 취하고 있다.[52)]

48) 외국의 경우 영국법원은 400년에 걸쳐 외화표시채권의 지급판결을 할 수 없다는 판례가 확립되어 있었으나, 1975년 상고심인 귀족원의 판결 이래 이를 허용하여 왔고, 미국 역시 1792년 이래 미국법원은 미국통화에 의한 지급판결만을 할 수 있다는 원칙이 수립되어 있었으나 차츰 완화되고 있다고 한다. 독일, 이탈리아, 일본의 경우 외국통화에 의한 지급판결을 하여 오고 있으며, 반면 프랑스에서는 법률로써 국내에서의 지급에 관하여 프랑스 통화만의 사용이 강제되어 법원은 프랑스 통화에 의한 지급을 명하는 판결만을 하여 오고 있다고 한다. 구주해(8), 188(이공현); 양승태(주 1), 39-40 참조.

49) 최공웅(주 30), 1994, 498; 實方正雄, "外國金錢債權の辨濟", 東北帝大十周年法學論集, 240(양승태(주 1), 40-41에서 재인용).

50) 주석 채총(1), 290(제4판/안법영); 양승태(주 1), 41-42.

51) 대판 95.9.15. 94다61120(공 95, 3385). 따라서 수입원면이 불법반출, 멸실됨으로 인한 손해배상채권은 그 원면이 멸실된 당시의 환율에 의하여 우리나라 통화로 환산한 금액이 멸실 당시의 가액으로서 손해배상액이 된다고 판시하였다(즉, § 378에 의하여 대용급부가 이루어지는 경우와 같이 이행시점에서의 환율에 의하여 원화로 환산한 금액이 아님).

52) 대판 97.5.9. 96다48688(공 97, 1724); 대판 05.7.28. 2003다12083(공 05, 1406); 대판 07.8.23. 2007다26455, 26462(정보); 대판 14.3.27. 2013다88867(정보).

채권자가 외국통화에 의한 지급을 소구하였으나, 채무자가 대용급부권을 행사한다고 항변한 경우, 법원은 어떤 판결을 명하여야 하는가? 임의채권의 법리상 채무자는 단순히 대용급부권을 행사하겠다는 의사표시만으로는 부족하고, 현실의 대용급부를 하여야 하므로, 채무자가 우리나라 통화에 의한 변제제공을 하였으나 채권자가 수령지체를 한 경우가 아닌 이상, 법원으로서는 외국통화에 의한 지급을 명할 수밖에 없다.[53] 이 경우 주문만으로는 현실지급 특약이 있는 외화채권의 지급을 명한 판결과 차이가 없게 되므로, 독일의 다수설은 주문에 외국통화에 의한 지급을 명하고, 이어서 "다만 피고는 지급지 ××에 있어 지급시의 환시세에 의하여 내국통화로 환산한 상당액을 지급함으로써 위 지급의무를 면할 수 있다"라는 선언적인 문구를 부기함이 타당하다고 설명하고 있고, 일본의 하급심 판례 중에서도 이와 같은 주문을 낸 사례가 있다고 한다.[54]

채권자가 대용급부청구권을 행사하여 우리나라 통화에 의한 지급을 소구한 경우, 판례의 태도에 따르면 법원은 사실심 변론종결시의 환금시가에 의하여 우리나라 통화에 의한 지급을 명하여야 할 것이다.[55]

법원이 외화지급판결을 하면서 담보를 조건으로 가집행선고를 하는 경우 (민소 § 213) 그 담보도 외화로 할 것인가의 문제가 있는데, 가집행선고의 담보는 가집행선고에 의해 강제집행이 행하여진 경우, 상급심에서 그 판결이 취소되었을 때 채무자가 입는 손해를 담보하기 위한 것으로, 외국통화에 의한 지급을 명하는 판결이 선고되는 것과 가집행 담보를 명하는 것은 논리적 필연성이 없으므로, 가집행선고에 대한 담보는 내국통화에 의하여 표시함이 타당하다.[56]

---

53) 주석 채총(1), 347(제4판/안법영); 양승태(주 1), 43-44.

54) 양승태(주 1), 42-43 참조. 이에 대하여 같은 논문, 44에서는 위 선언적 문구는 별로 의미가 없는 것이라 하겠고, 다만 강제집행에 있어 현실지급특약이 없는 것을 쉽게 알아볼 수 있게 하는 정도의 편의를 제공할 뿐이므로 이를 굳이 판결주문에 부기하는 것은 부적당하고 법률상 근거도 없는 것이라고 비판하고 있다.

55) 판례와 달리 채권자의 대용급부청구권 행사시에도 현실의 지급시를 환산의 기준시점으로 삼아야 한다는 견해에 의하면, 법원이 선고할 주문은 "피고는 원고에게 미화 ○○달러를 지급시의 환금시가에 의하여 환산한 우리나라 통화로써 지급하라"는 형식이 될 것이다. 양승태(주 1), 46 참조.

56) 동지: 최공웅(주 30), 492; 주석 채총(1), 348(제4판/안법영).

2. 강제집행

외화채권도 금전채권의 일종이므로,[57] 외화채권의 강제집행은 민사집행법상 금전채권에 기초한 강제집행절차(민집 제2편 제2장)에 따라 할 수 있다는 데에 대부분 학설의 견해가 일치한다.[58]

이와 같이 금전채권에 기초한 강제집행절차에 의하는 경우에도 집행기관으로서는 그 채권을 외국통화에 의하여 지급할 것인가, 또는 내국통화로 환산하여 지급할 것인가에 관하여는 논의가 있다. 독일과 일본의 경우 강제집행법상 금전의 지급을 목적으로 하는 채권에 있어 "금전"이라고 함은 강제통용력을 가지는 내국통화만을 가리키는 것으로서 외국통화는 포함하지 않으므로 강제집행절차에서는 반드시 내국통화로 환산한 금액을 지급하여야 한다고 함이 통설이라고 한다.[59] 이에 대하여 국내에서는, 외국통화의 지급을 명하는 판결이라도 강제집행절차에서 우리나라 통화에 의하여 지급할 수밖에 없다면 민법이 대용급부권을 인정하고 있는 취지를 몰각하고, 실체법상 금전채권의 개념과는 다른 집행법상의 독자적인 금전채권의 개념을 인정하는 것이 되는 점, 외화채권과 내국금전채권이 급부의 목적을 달리하는 이상 내국통화를 지급하는 것으로써 외화채권의 지급을 명한 판결의 내용을 실현하였다고 평가하기도 어려운 점, 또한 현실지급특약이 있는 경우와 그렇지 않은 경우 외화채권의 지급을 명하는 판결은 주문상 아무런 차이가 없음에도 강제집행의 방식은 서로 다르게 되어 불합리하게 되고, 집행기관이 이를 구별하기도 어려운 점, 내국통화에 의한 지급만을 고집하는 것은 통화의 국제성이나 국제적 통일화폐의 필요성 등의 관점에서도 바람직하지 못하고, 채권자 보호에도 반하는 점 등을 근거로, 외국통화의 지급을 명한 판결의 강제집행에서는 원칙적으로 외국통화에 의한 지급이 이루어져야 한다고 주장하는 견해만이 발견된다.[60]

후자의 견해에 의할 경우 금전채권에 기초한 강제집행절차에 따라, 채무자가 외국통화를 점유하고 있을 때에는 이를 압류하여 채권자에게 인도하고(민집 § 188 이하), 그 밖의 경우에는 채무자가 점유하는 우리나라 통화, 기타 그 소유의

57) § 377 주해 I. 참조.

58) 이에 대하여는, 외화채권은 강제통용력이 없는 외화의 지급을 목적으로 한다는 점에서 일종의 종류채권으로 보아야 하고, 종류채무는 부대체적 작위채무이므로 이에 대한 강제집행은 간접강제의 방법에 의하여야 한다는 반대견해가 있다. 오수원(주 13), 77 이하.

59) 양승태(주 1), 47.

60) 주석 채총(1), 349(제4판/안법영); 양승태(주 1), 47-48.

다른 재산을 강제집행하여 그 매득금을 외국통화로 환산하여 채권자에게 지급할 것이다. 이 경우 외국환거래법상 해당 외화액의 지급에 허가가 필요한 경우에는 허가를 얻지 못하는 이상 집행장애로 인하여 집행신청은 기각되어야 한다는 견해가 있으나,[61] 외국환거래법상의 외환거래에 관한 제한규정은 사법적 효력에는 영향을 미치지 아니한 단속법규로 보아야 하고,[62] 그러한 이상 외국환거래법상의 필요한 허가를 얻지 못하였다는 사정이 외화지급을 명한 판결에 기한 강제집행의 장애를 가져오는 사유라고 보기는 어렵다.

외화채무자가 강제집행절차에서 대용급부권을 행사할 수 있음에는 이설이 없다. 이 경우 우리나라 통화에 의한 지급은 집행기관에 의하여 이루어지고, 이는 채무자에 의한 행위와 동일하게 볼 수 있으므로, 채무자로서는 집행기관에 대한 대용급부권 행사의 의사표시로써 대용급부권을 유효하게 행사할 수 있다. 외화채권자가 강제집행 단계에서 대용급부청구권을 행사할 수 있는가에 관하여는 이를 부정하는 견해가 지배적이다. 채권자가 외화채권의 지급을 명하는 판결을 얻은 이후 스스로 대용급부청구권을 행사하는 경우 외화채권은 소멸하고 대신 내국통화에 의한 채권이 성립하게 되는바, 기존 외화채권의 지급을 명한 판결에 기한 강제집행은 더 이상 허용될 수 없을 것이다.[63] 채권자로서는 외국금전채권을 내국통화로 환산하여 강제집행을 하기 위하여는 미리 대용급부청구권을 행사하여 내국통화의 지급을 명하는 판결을 받거나, 외국통화의 지급을 청구함에 있어 내국통화에 의한 대상청구를 병합하여야 하고(이러한 대상청구가 가능하다는 입장을 전제로 한다. 후술 3. 참조), 이러한 조치를 취하지 못하여 강제집행 단계에서 대용급부청구권을 행사한 경우에는 그에 따른 내국통화에 의한 판결을 다시 얻는 수밖에 없다.[64]

강제집행 절차에서 채무자의 대용급부권 행사에 의하여 외화채권을 원화로 환산하여 지급할 경우, 그 환산의 기준시점은 언제로 볼 것인가? 앞서 본 것처럼 채무자의 대용급부권 행사에 따른 환산의 기준시점은 현실의 이행시점이므로, 부동산 경매절차에서는 현실의 이행시점으로 볼 수 있는 배당기일이

61) 주석 채총(1), 349(제4판/안법영); 양승태(주 1), 48-49.
62) § 377 주해 V. 1. 참조.
63) 물론 채권자는 외형상 존재하는 확정판결에 기한 강제집행을 시도할 수 있을 것이나, 채무자는 이에 대하여 청구이의의 소에 의하여 집행력을 배제할 수 있을 것이다.
64) 동지: 양승태(주 1), 49-50.

그 기준시점이 된다고 볼 것이다. 판례의 태도도 같다.[65] 동산경매에 있어서는 집행관이 매각대금을 영수한 날에 채무자가 지급한 것으로 보므로(민집 § 208), 위 매각대금 영수일이 환산의 기준시점이 된다고 볼 것이다.[66]

외국판결을 국내에서 집행하기 위하여 집행판결을 하는 경우 채무자가 대용급부권을 행사하여 내국통화로 지급하겠다고 하면 법원은 어떤 판결을 하여야 하는가에 관하여, 이를 긍정하여 청구에 관한 이의사유에 준하여 법원은 내국통화에 의한 금원의 지급을 명하는 판결을 하여야 한다는 견해가 있으나,[67] 채무자의 대용급부 의사표시만으로는 그 효력이 발생하지 않으므로 역시 법원은 그대로 외국통화에 의한 지급을 명한 외국판결의 강제집행을 허용하는 판결을 할 수밖에 없을 것이다.[68]

3. 대상청구

실무상 채권자가 외화의 지급을 구하면서 외화지급판결의 집행이 불가능할 경우를 대비하여 우리나라 통화에 의한 지급의 청구, 즉 대상청구를 하는 경우가 있고, 그 허용여부를 둘러싸고 학설상 논의가 있다.

이를 긍정하는 견해는, 외국통화의 지급을 명하는 판결의 경우 원칙적으로 외국통화에 의하여 지급이 이루어져야 한다는 입장을 전제로, 그에 관한 강제집행을 위하여 외환거래법에 따른 허가를 받아야 하나 이를 받지 못하는 경우 등 집행장애가 발생할 수 있어 이러한 경우에 국내통화에 의한 대상청구를 인정할 필요가 있고, 외국통화의 지급을 명하는 판결의 강제집행시 내국통화에 의하여 환산한 금액을 지급하여야 한다는 견해를 취하더라도 예외적으로 현실지급특약이 있는 경우에는 이러한 집행불능이 발생할 수 있다는 점, 특히 채권자가 외화판결의 강제집행절차에서 대용권을 행사할 수 없다고 볼 경우 채권자의 보호를 위하여 대상청구를 인정할 필요성이 크다는 점 등을 근거로 내국

65) 대판 11.4.14. 2010다103642(공 11상, 920): 채권액이 외국통화로 정해진 금전채권인 외화채권을 채무자가 우리나라 통화로 변제하는 경우에 그 환산시기는 이행기가 아니라 현실로 이행하는 때, 즉 현실이행 시의 외국환시세에 의하여 환산한 우리나라 통화로 변제하여야 하고, 이와 같은 법리는 외화채권자가 경매절차를 통하여 변제를 받는 경우에도 동일하게 적용되어야 할 것이므로, 집행법원이 경매절차에서 외화채권자에 대하여 배당을 할 때에는 특별한 사정이 없는 한 배당기일 당시의 외국환시세를 우리나라 통화로 환산하는 기준으로 삼아야 한다.

66) 양승태(주 1), 49.

67) 최공웅(주 30), 491.

68) 동지: 양승태(주 1), 46.

통화에 의한 대상청구를 인정한다.[69)]

이에 대하여 대상청구를 부정하는 견해는, 외화채권을 종류채권으로 보거나 이를 금전채권으로 보더라도 그 성질상 이행불능이 있을 수 없고, 또한 외화채권의 경우 직접강제나 대체집행, 간접강제가 불가능한 경우가 아니어서 강제집행이 불가능한 경우를 상정할 수도 없다는 점을 그 논거로 들고 있다.[70)]

사견으로는, 외화채권을 금전채권의 일종으로 보는 이상 원칙적으로 그 이행불능이나 집행불능은 발생하지 않는다고 보아야 하고(단순히 채무자의 집행대상 재산이 발견되지 않는다는 사태만으로 대상청구권의 요건이 되는 집행불능이 발생하였다고 볼 수 없다)[71)], 외환거래법에 의한 거래제한 규정도 사법상의 효력에는 영향을 미치지 않는 단속규정이라고 보는 이상 그로 인한 집행불능도 발생할 수 없다고 여겨지므로, 대상청구를 인정하기는 곤란하다고 생각한다.

대상청구를 인정하는 경우 내국통화로의 환산시기에 관하여는 채권자가 대용급부청구권을 행사하는 경우와 마찬가지로 사실심 변론종결시를 기준으로 하여야 할 것이다.[72)]

V. 준거법의 결정

대용급부권과 관련하여 대용급부권의 인정 여부, 적용할 환율, 환산의 시기 및 방법, 현실지급특약의 성립과 그 효력 등에 관한 준거법이 문제된다.

먼저 대용급부권의 인정 여부, 적용할 환율 및 환산의 시기에 관한 준거법과 관련하여, 이는 채권의 내용에 관계되는 문제이므로 채권 자체의 준거법에 의하여야 한다는 채권준거법설, 대용급부는 단지 이행의 태양에 관한 것이므로 보조준거법인 이행지법에 의하여야 한다는 이행지법설, 대용급부권의 존부

---

69) 구주해(8), 187(이공현), 190-191; 주석 채총(1), 351(제4판/안법영); 양승태(주 1), 53-54.

70) 오수원(주 13), 72.

71) 또한 대상청구권이 인정되기 위하여는 급부가 후발적으로 불능하게 되어야 하고, 급부를 불능하게 하는 사정의 결과로 채무자가 채권의 목적물에 관하여 '대신하는 이익'을 취득하여야 하는바[대판 03.11.14. 2003다35482(공 03, 2351)], 채무자의 집행대상 재산이 발견되지 않는 경우 그로 인하여 채무자가 사실상 지급의무를 이행하지 않음으로써 얻게 되는 외화채무 상당의 원화액을 채무자가 채권의 목적물인 외화를 대신하여 얻은 이익이라고 보기도 어렵다.

72) 구주해(8), 191(이공현); 주석 채총(1), 351(제4판/안법영); 양승태(주 1), 54.

는 이행의 태양에 관한 것으로 이행지법에 의하고, 내국통화로의 환산에 적용할 환율 및 환산의 시기 등은 채무의 내용에 관한 것이므로 채권의 준거법에 따라야 한다는 절충설의 세 가지로 국내외의 학설을 대별하여 볼 수 있다.[73)]

반면, 현실지급특약의 성립 및 그 효력에 관하여는 이는 계약해석의 문제로서 채권의 준거법에 따를 것이라는 점에 관하여는 별다른 이설이 없는 것으로 보인다.

73) 이러한 학설상황의 소개로는, 주석 채총(1), 352(제4판/안법영); 양승태(주 1), 27-28 참조. 주석 채총(1), 352(제4판/안법영)는 채권준거법설을, 양승태(주 1), 28은 이행지법설을 취하고 있다. 한편, 석광현, 국제사법과 국제소송, 제1권, 2001, 44-46은 이행지법에 의하여야 한다고 하고 있으나, 그 논거로서 본조를 실질법상의 규범이 아닌 실질법상의 준거법이 외국법인 경우에도 적용되는 '숨은 저촉규범'으로 보아야 한다는 점을 들고 있다. 그리고 만약 본조를 이와 달리 실질법상의 규범으로 본다면 대용급부권의 성립 여부는 채무이행의 방법의 문제로 볼 수 있어 역시 이행지법에 의할 것이나, 환율과 환산시기에 관하여는 이는 채무의 이행방법이 아닌 채무의 내용에 영향을 미치는 사항이므로 채무의 준거법에 따라야 한다고 한다(다만, 이와 같이 보더라도 외화채권의 재판상 청구시 환산시기는 사실심 변론종결시에 의하여야 한다는 대법원 판례의 입장에 따르면 이는 절차의 문제이므로, 법정지법인 우리나라의 법에 따라 환산시기를 결정하여야 한다고 한다).

第 379 條(法定利率)

利子있는 債權의 利率은 다른 法律의 規定이나 當事者의 約定이 없으면 年 5分으로 한다.

차례

Ⅰ. 본조의 취지

본조는 이자의 지불을 목적으로 하는 채권, 즉 이자채권을 전제로 하고 그 이자의 구성요소가 되는 이율에 관하여 규정하고 있다.

이자에는 법률의 규정에 의하여 발생하는 법정이자와 당사자의 약정에 의하여 발생하는 약정이자가 있다. 법정이자의 경우 특별한 규정이 없으면 본조에서 정한 이율이 적용된다. 약정이자의 이율은 원칙적으로 당사자의 자유로운 약정에 의하여 정하여지고, 다만 폭리에 대하여는 이자제한법 등에 의한 제한이 있다. 그러나 당사자가 약정이자를 정하면서도 별도로 이율을 정하지 않는 경우가 있을 수 있다. 이러한 경우에도 본조에서 정한 이율이 적용된다.

그러나 실제 약정이자의 경우 이자를 약정하면서도 이율을 정하지 않는 경우는 드물다. 따라서 본조는 주로 무이자의 소비대차에서 이행지체가 발생하여 § 397에 의하여 손해배상액을 정할 때의 기준으로서 적용되는 경우가 대부분이다.

Ⅱ. 이　　자

1. 이자의 의의

경제학상으로는 반드시 명확한 이자의 개념정의를 찾아보기는 어려우나, 대체적으로 생산에 투하된 자본 가운데 1회의 사용으로 소멸하는 유동자본인 원본의 사용료라고 정의된다. 그러나 이러한 원본으로서의 금전이 차주 또는 수탁자에 의하여 생산목적을 위한 자금으로서의 실질을 가지는 경우(생산신용을 매개하는 금전대차)에 이자는 유동자산인 원본으로부터의 수익이라고 할 수 있으나, 서민금융에 있어서와 같이 곧바로 소비의 목적으로 사용되는 경우(소비신용을 매개하는 금전대차)에는 차주측에 있어서 금전은 전혀 자본으로서의 의의를 가지지 아니하고, 따라서 이때의 이자는 단지 금전사용의 대가에 지나지 않고 원본으로부터의 수익은 아니다.[1]

민법은 이자의 개념을 별도로 정의하는 규정을 두고 있지 아니하다. 그러나 학설상으로는 대체로 '금전 기타의 대체물의 사용의 대가로서 원본액과 사용기간에 비례하여 지급되는 금전 기타의 대체물'을 의미한다고 보는 것이 일반적이다.[2] 이러한 개념정의에 따라 구체적으로 개념요소들을 살펴보면 다음과 같다.

가. 이자는 원본의 존재를 전제로 한다.

이자는 원본의 존재를 전제로 하며 이에 종속한다. 따라서 원본채권이 무효이거나 취소되어 원본이 존재하지 않게 된 경우에는 더 이상 이자는 발생하지 않는다. 그리고 원본채권이 없는 종신정기금(§ 725)과 건설이자(구상 § 463)[3]는 이자가 아니다. 다만, 이자가 원본으로부터 일단 성립한 이후에는 원본이 사후적으로 소멸하더라도 이자가 따라서 소멸하는 것은 아니다.

---

1) 김형배, 76; 구주해(8), 192(이공현); 주석 채총(1), 354(제4판/안법영).

2) 대부분의 교과서 및 주석서에서는 이와 같이 개념정의하고 있다. 이와 조금 달리 김형배, 76은 "원본인 금전 또는 기타 소비물의 사용의 대가로서 원본액과 사용기간에 비례하여 일정한 이율에 따라 지급되는 금전 기타의 대체물"이라고 하고, 송덕수, 84는 "원본인 금전 기타 대체물을 소비의 방법으로 사용할 수 있는 데 대한 대가로서 수익에 관계없이 사용기간에 비례하여 지급되는 금전 기타의 대체물"이라고 한다. 전자는 대체물이더라도 비소비물인 경우(예컨대 상품으로의 서적)를 원본으로부터 제외하는 취지인 것으로 보이고, 후자는 수익에 따라 지급되는 배당금 등이 이자에서 제외됨을 강조하려는 취지로 보인다.

3) 이 조문은 2011. 4. 14. 삭제되었다.

나. 이자는 원본사용의 대가이다.

이자는 원본을 사용하는 데 대한 대가로서, 일종의 법정과실에 해당한다.[4] 원본의 소각금, 할부금, 주식의 배당금 등은 원본의 사용대가가 아니므로 이자가 아니다.

금전채무의 이행지체의 경우 지불되는 지연배상금(§ 397 I)은 통상 '지연이자'라고 부르기도 하지만 그 법적 성질은 어디까지나 손해배상이고, 원본의 사용대가가 아니므로 본조에서 말하는 이자가 아니다.[5] 그 외에도 민법 여러 조항에서 '이자'라는 표현을 사용하고 있는바, 이들 역시 법률이 일정한 요건 하에 원본에 대한 일정 비율에 의한 금전 지급의무를 발생시키는 것으로서 '법정이자'[6]에 해당하는 것이나, 엄밀히는 손해배상 또는 부당이득반환 등의 성질을 갖는 것이고 '원본의 사용대가'로서의 이자의 개념에 들어맞는다고 보기는 어렵다. 다만 이들은 법률이 이자로 의제한 것으로서 본조가 적용된다고 할 수 있으나, 그 밖에 이자에 관한 제반 규정들이 적용될 것인지는 개별적인 검토가 필요하다.

다. 이자는 '금전 기타의 대체물'의 사용대가이다.

이자에 대응하는 원본은 특정물인 고정자본이 아니라, 유동자본인 금전 기타 대체물이다. 따라서 고정자본, 즉 부대체물인 토지, 기계, 건물 등의 사용대가인 지료, 차임 등은 이자가 아니다.

이와 같이 원본은 성질상 대체물임이 일반적이나, 반드시 대체물이 아니라고 하더라도 당사자가 물건의 종류에 중점을 두어 대체성을 인정하는 이상 원본이 될 수 있고, 또한 유동자산인 이상 반드시 금전일 필요는 없다. 예컨대 백미를 지급하여야 할 채권에 있어 그 사용대가로 일정한 비율에 의하여 지급되는 금전 기타의 대체물은 이자이다.[7]

라. 이자는 금전 기타의 대체물이다.

이자 자체도 금전 기타의 대체물이어야 한다. 이자는 금전인 것이 보통이지만 반드시 금전이 아니라도 백미와 같이 대체물이면 이자가 될 수 있다.

---

4) § 101 II: "물건의 사용대가로 받는 금전 기타의 물건은 법정과실로 한다." 이와 같이 이자는 법정과실이지만 모든 법정과실이 이자는 아니다. 예컨대 후술하는 지료, 차임 등은 법정과실에 해당하지만 이자는 아니다.

5) 대판 91.5.14. 91다7156(공 91, 1638); 대판 95.10.13. 94다57800(공 95, 3771); 대판 98.11.10. 98다42141(공 98, 2848) 등.

6) 후술 3. 참조.

7) 구주해(8), 193(이공현); 주석 채총(1), 359(제4판/안법영).

원본과 이자는 반드시 같은 종류의 대체물일 필요는 없다.[8] 같은 종류의 대체물이 아니더라도 예컨대 금전채권에 대하여 이자를 쌀로 지급하는 경우와 같이 원본과 이자가 모두 대체물이기만 하면 이율에 의한 이자의 계산이 가능하기 때문이다.[9]

마. 이자는 일정한 이율에 의하여 산정된다.

이자는 원본액과 사용기간에 비례하여 계산되는바, 그와 같이 계산되는 일정한 비율이 이율이다. 이와 같이 이자는 이율에 의하여 산정되므로, 원본사용의 대가라고 하더라도 이율에 의하여 계산되지 않는 사례금 등은 이자가 아니다. 이자는 이율을 떠나서는 생각할 수 없다.[10]

2. 이 율

가. 의 의

이율은 원본에 대한 이자의 비율이다. 이율은 이자액을 정하는 표준으로, 원본 사용의 일정 기간을 단위로 하여 정하여진다. 연리(年利)와 월리(月利)는 백분율에 의하여, 일변(日邊)은 100원에 관하여 몇 전(錢) 또는 몇 리(厘)의 형식으로 정하여지는 것이 보통이다.

나. 종 류

이율은 정하여지는 방식에 따라 법정이율과 약정이율로 나뉜다. 법정이율과 약정이율의 구별이 후술하는 법정이자와 약정이자의 구별과 일치하는 것은 아니다. 즉, 법정이자에 대해서도 이율을 약정할 수 있고, 약정이자에 대하여도 법정이율이 적용될 수 있다.

1) 법정이율

법정이율은 법령이 정한 이율이다. 법정이율은 약정이자 또는 법정이자에 대하여 당사자가 별도로 이율을 정하지 않은 경우에 적용된다. 민법상 법정이

8) 이설 없다.

9) 곽윤직, 38; 김준호, 29; 이덕환, 58; 구주해(8), 193(이공현); 주석 채총(1), 359-360(제4판/안법영).

10) 곽윤직, 38; 구주해(8), 193(이공현). 다만, 이자가 이율의 형태가 아닌 확정금액으로 약정될 수도 있고, 송덕수, 85는 이를 들어 이율이 이자의 필수적 요소가 아니라고 한다. 그러나 이러한 경우에도 원본액과 이자액, 사용기간에 의하여 이율의 계산이 가능하므로 이율이 이자의 필수적 요소가 아니라고 할 것은 아니다. 물론 이 경우 단순한 사례금과의 구별이 모호해지는 측면이 있기는 하나, 이는 당사자가 원본액과 사용기간에 비례한 사용대가의 지급을 의도하였는지의 의사해석의 문제로 귀결된다. 이자제한법에서는 이러한 해석상의 모호함에 대비하여 일정한 경우 이자로 간주하는 규정을 두고 있다(이자 § 4).

율은 연 5푼이고(§ 379), 상행위로 인한 채무에 대하여 적용되는 법정이율은 연 6푼이다(상 § 54).[11] 공탁금에 대하여는 대법원규칙이 정하는 이자를 붙일 수 있고(공탁 § 6), 「공탁금의 이자에 관한 규칙」 § 2에서는 공탁금의 이자를 연 1천분의 1로 정하고 있다.[12] 또한 「하도급거래공정화에 관한 법률」 §§ 6 II, 11 IV, 13 VIII, 15 III 등에서는 하도급계약 등과 관련하여 일정 기간 이후에 지급하는 선급금, 하도급대금, 관세환급금 등에 대하여 연 100분의 40 이내에서 은행법에 따른 은행이 적용하는 연체금리 등 경제사정을 고려하여 공정거래위원회가 정하여 고시하는 이율에 따른 이자를 지급하도록 하고 있다.

그 외에 「소송촉진 등에 관한 특례법」은 금전채무의 이행을 명하는 판결을 선고할 경우 금전채무 불이행으로 인한 손해배상액 산정의 기준이 되는 법정이율을 그 금전채무의 이행을 구하는 소장 등이 채무자에게 송달된 날의 다음 날부터 연 40%의 범위 내에서 은행법에 따른 은행이 적용하는 연체금리 등 경제 여건을 고려하여 대통령령으로 정하는 이율에 따른다고 규정하고 있다(소촉 § 3 I). 이에 따른 대통령령인 「소송촉진 등에 관한 특례법 제3조제1항 본문의 법정이율에 관한 규정」에서는 2019. 6. 1.부터 그 법정이율을 연 12%로 정하고 있다.[13] 다만 채무자가 그 이행의무가 있음을 선언하는 사실심 판결이 선고되기 전까지 채무자가 그 이행의무의 존재여부나 범위에 관하여 항쟁하는 것이 타당하다고 인정되는 경우에는 그 타당한 범위 내에서 위 법정이율의 적용을 배제할 수 있다(소촉 § 3 II).[14] 이와 같이 「소송촉진 등에 관한 특례법」 제3조

11) 상법에 정한 법정이율(상사법정이율) 연 6푼은 상행위로 인한 채무나 이와 동일성을 가진 채무에 관하여 적용되는 것이고 상행위가 아닌 불법행위로 인한 손해배상채무에는 적용되지 아니하고[대판 85.5.28. 84다카966(공 85, 900)]. 당사자 일방에 대하여만 상행위가 되는 행위로 인한 채권도 상사법정이율이 적용되는 상사채권에 해당한다[대판 00.10.27. 선고 99다10189 판결(공 00, 2389)].

12) 공탁금에 대한 이자는 공탁금의 이자에 관한 규칙이 1958. 10. 28. 시행된 이래 수차례 변경되었는데, 2004. 1. 28. 개정되기 전 공탁금의 이자에 관한 규칙 제2조는 "금융통화위원회에서 정하는 별단예금의 최고 이자율로 한다."고 규정하였으나, 2003. 12. 24. 금융통화위원회에서 "금융기관 여수신이율 등에 관한 규정"을 개정하여 요구불 예금 금리를 2004. 2. 2.부터 완전 자율화하기로 의결하였고, 이에 따라 2004. 1. 28. 개정된 공탁금의 이자에 관한 규칙 제2조는 공탁금에 대한 이자를 연 2푼으로 정하였으며, 이후 수차례의 개정을 거쳐 2015. 4. 1.부터 연 1천분의 1의 이율이 적용되고 있다. 공탁실무편람, 법원행정처(2015), 9, 162 참조.

13) 이 법정이율은 최초 연 25%였다가 연 20%(2013. 6. 1.부터) → 연 15%(2015. 10. 1.부터) → 연 12%(2019. 6. 1.부터)로 변천되었다.

14) 대판(전) 87.5.26. 86다카1876(공 87, 1058): 가. 소송촉진등에관한특례법 제3조 제2항 소정의 "채무자가 그 이행의무의 존부나 범위에 관하여 항쟁함이 상당하다고 인정하는 때" 란 이행의무의 존부나 범위에 관하여 항쟁하는 채무자의 주장에 상당한 근거가 있는

에서 법정이율을 정하고 있는 취지는, 소송의 지연을 방지하고 채권자의 권리의 신속한 실현 및 분쟁처리의 촉진을 도모하고자 하는 데에 있다.[15)]

2) 약정이율

이율은 당사자가 자유로이 정할 수 있음이 원칙이다. 이와 같이 당사자가 임의로 정한 이율을 약정이율이라고 한다. 다만 금전의 소비대차에 관하여는 이자제한법 및 「대부업 등의 등록 및 금융이용자 보호에 관한 법률」에 의한 이율의 제한이 있고(이에 관하여는 후술 이자제한법에 관한 주해 참조), 금융기관의 각종 대출 및 여신에 대한 이자율의 상한은 금융통화위원회가 정할 수 있다(한은 § 28, 은행 § 30 II).

3. 이자의 발생원인

이자는 당사자 사이의 약정이나 법률의 규정에 의하여 발생한다. 그러므로 금전 기타 대체물을 사용하는 경우에 언제나 당연히 이자가 발생하는 것은 아니다.

금전소비대차의 경우에도 이자의 약정은 그에 반드시 수반되는 것이 아니고, 거래의 통념상 그 약정이 있었음이 추정된다고 할 수도 없다.[16)17)] 그러므로 이자의 약정이 없는 한 금전의 차주도 원본만을 반환하면 된다. 그러나 차

때라고 풀이되므로 결국 위와 같이 항쟁함이 상당한가 아니한가의 문제는 당해사건에 관한 법원의 사실인정과 그 평가에 관한 것이다. 나. 동항 후단의 "그 상당한 범위"는 "채무자가 항쟁함이 상당한 이행의무의 범위"가 아니라 "채무자가 항쟁함에 상당한 기간의 범위"라 하겠으므로 채무자가 당해사건의 사실심에서 항쟁할 수 있는 기간은 당해사건의 사실심 판결선고시까지로 보아야 하고 그 선고시 이후에는 어떤 이유로든지 위 법 제3조 제1항의 적용을 배제할 수 없는 것으로 풀이함이 상당하고, 여기서 말하는 사실심은 당해사건의 제1심 또는 항소심이라 할 것이므로 소장 또는 이에 준하는 서면이 채무자에게 송달된 다음날부터 그 심급의 판결선고 전이기만 하면 법원은 그 항쟁함에 상당한 기간의 범위를 적절히 정할 수 있고, 따라서 항소심은 제1심 판결선고시나 그 전후를 묻지 않고 그 기간의 범위를 정할 수 있다 할 것이며 아울러 객관적 병합소송에 있어서도 각 소송물마다 위와 같은 법리가 적용되므로 하나의 소송에서도 청구금액에 따라 위 법 제3조 제1항의 적용을 달리할 수 있다고 할 것이다.

15) 소촉 § 1. 한편 위 대판(전) 86다카1876은, "금융기관의 공금리에도 훨씬 미치지 못하는 민사상의 법정이율을 현실화하여 채권자에 대하여는 소송을 제기한 이후부터만이라도 이행연체에 따른 실손해를 배상받을 수 있도록 하는 한편 채무자에 대하여는 낮은 민사상의 법정이율을 이용하여 악의적으로 채무의 변제를 지체하거나 소송을 지연시키고 상소권을 남용하는 것을 막는" 데에 있다고 판시한다.

16) 대판 60.2.25. 4292민상125(정보).

17) 어음의 경우 일람출급 및 일람후 정기출급의 어음에 대하여만 이자약정이 인정되고 그 밖에 확정일출급 및 확정일자후 정기출급의 어음에 대하여는 이자약정이 인정되지 않는다. 그리고 이자 약정을 위하여는 이율을 어음에 적어야 하고, 이율이 적혀 있지 아니하면 이자를 약정한다는 내용이 적혀 있더라도 이자를 약정하지 아니한 것으로 본다(어음 §§ 5 I, II, 77 II). 수표의 경우 이자약정은 인정되지 아니한다(수표 § 7).

주가 원본의 반환을 지체하는 때에는 그 변제기 이후에 연 5푼의 비율에 의한 지연손해금을 지급하여야 한다(§ 397 I).[18] 상인이 그 업무에 관하여 금전을 대여하는 경우에는 이자의 약정이 없더라도 채무자는 상사법정이율 연 6푼에 의한 법정이자를 당연히 지급할 의무가 있다(상 §§ 54, 55 I).[19]

이와 같이 당사자의 법률행위에 의하여 발생하는 이자를 약정이자라고 하고, 당사자 사이에 약정이 없더라도 법률이 정한 일정한 요건에 따라 발생하는 이자를 법정이자라고 한다.

약정이자는 통상 계약에 의하여 발생하지만 유언과 같이 일방적 법률행위에 의해서도 발생할 수 있다. 약정이자를 발생시키는 경우에는 당사자 사이에 이율도 정하는 것이 일반적이다. 그러나 이자를 발생시키는 약정만 있고 이율에 관한 별도의 합의가 없으면 본조에 의하여 연 5%의 법정이율에 의한 이자를 지급하여야 한다(상행위로 인한 채무에 관하여는 상 § 54에 의한 상사법정이율 연 6%에 의한다). 무이자의 채권을 이자부로 소급시키는 특약은 이자제한법에 위반되지 않는 한 유효하다.[20]

법정이자는 다양한 법령에 의하여 발생할 수 있다.[21] 민법이 정하는 법정이자로는, §§ 425 II, 441 II(구상권에 포함되는 면책된 날 이후의 법정이자), § 548 II(계약해제시 반환할 금전에 가산하는 이자), § 587(매수인이 목적물의 인도를 받은 날로부터 지급할 대금에 대한 이자), § 685(수임인이 위임인에게 인도할 금전 등을 자기를 위하여 소비한 때 지급하여야 할 소비한 날 이후의 이자), § 688 I(수임인이 필요비 지출시 위임인에 대하여 청구할 수 있는 지출한 날 이후의 이자), § 701(임치의 경우 위임에 관한 § 685, § 688 I의 준용규정), § 707(조합의 경우 위임에 관한 § 685, § 688 I의 준용규정), § 738(사무관리의 경우 위임에 관한 § 685, § 688 I의 준용규정), § 748 II(악의의 수익자의 부당이득 반환범위에 포함되는 이자), § 958(후견인과 피후견인 사이에 지급할 금액에 부가하는 이자) 등을 들 수 있다. 이들은 엄밀히는 원본의 사용대가로서의 이자에 해당한다고 보기는 어렵고, 손해배상 또는 부당이득반환 등에 해당한다고 할 것이나, 법률이

---

18) 대판 70.3.10. 69다2269(정보)와 대판 81.9.8. 80다2649(공 93, 1448)는 "소비대차에서 변제기 후의 이자약정이 없는 경우 특별한 의사표시가 없는 한 변제기가 지난 후에도 당초의 약정이자를 지급하기로 보는 것이 상당하다."고 하나, 여기에서 말하는 '변제기가 지난 후의 당초의 약정이자'는 지연손해금(지연이자)을 의미하는 것으로 보아야 할 것이다[대판 87.10.28. 87다카1409(공 87, 1793)는 "이식부 소비대차에 있어서 채권자가 변제기일 후의 약정이율에 따른 금원의 지급을 구하고 있다면 비록 그에 관한 청구원인을 밝히지 아니하였다 하더라도 이는 대여원금에 대한 지연손해금을 구하고 있는 것이라고 보지 못할 바 아니다."라고 하고, 대판 89.2.28. 88다카214(공 89, 525), 대판 91.5.14. 91다7156(공 91, 1638), 대판 95.10.13. 94다57800(공 95, 3771) 등도 금전채무의 이행지체로 인하여 발생하는 지연이자는 손해배상금이지 이자가 아니므로 § 163 i 소정의 단기소멸시효의 대상이 되지 않는다고 판시한다].

19) 대판 07.3.15. 2006다73072(공 07, 537): 상인 간에 금전소비대차가 있었음을 주장하면서 약정이자의 지급을 구하는 청구에는 약정 이자율이 인정되지 않더라도 상법 소정의 법정이자의 지급을 구하는 취지가 포함되어 있다고 보아야 한다.

20) 구주해(8), 196(이공현).

21) 상 § 55 I, 어음 §§ 48 I ii, 77 I vi, 공탁 § 6, 하도급 §§ 6 II, 11 IV, 13 VIII, 15 III 등.

이자로 의제하고 있는 것이다.[22)]

금전채무 불이행에 대한 지연배상금(§ 397 I) 또한 일종의 법정이자로 볼 수 있는데, 지연배상금에 적용될 이율은 당사자가 정한 이율이 있으면 그에 따르고, 이와 같은 약정 지연배상금률이 없으면 당초 계약에서 정한 이자에 적용하기로 한 약정이율에 의할 것이며,[23)] 이조차 없으면 법정이율에 의할 것이다.[24)]

---

22) 대판 13.04.26. 2011다50509(공 13상, 931): 당사자 일방이 계약을 해제한 때에는 각 당사자는 상대방에 대하여 원상회복의무가 있고, 이 경우 반환할 금전에는 받은 날로부터 이자를 가산하여 지급하여야 한다. 여기서 가산되는 이자는 원상회복의 범위에 속하는 것으로서 일종의 부당이득반환의 성질을 가지는 것이고 반환의무의 이행지체로 인한 지연손해금이 아니다. 따라서 당사자 사이에 그 이자에 관하여 특별한 약정이 있으면 그 약정이율이 우선 적용되고 약정이율이 없으면 민사 또는 상사 법정이율이 적용된다. 반면 원상회복의무가 이행지체에 빠진 이후의 기간에 대해서는 부당이득반환의무로서의 이자가 아니라 반환채무에 대한 지연손해금이 발생하게 되므로 거기에는 지연손해금률이 적용되어야 한다. 그 지연손해금률에 관하여도 당사자 사이에 별도의 약정이 있으면 그에 따라야 할 것이고, 설사 그것이 법정이율보다 낮다 하더라도 마찬가지이다.[동지: 대판 00.6.23. 2000다16275, 16282(공 00, 1755); 대판 03.7.22. 2001다76298(공 03, 1757); 대판 16.6.9. 2015다222722(공 16하, 917)]

대판 95.6.30. 95다14190(공 95, 2574): 특정물의 매매에 있어서 매수인의 대금지급채무가 이행지체에 빠졌다 하더라도 그 목적물이 매수인에게 인도될 때까지는 매수인은 매매대금의 이자를 지급할 필요가 없는 것이므로, 그 목적물의 인도가 이루어지지 아니하는 한 매도인은 매수인의 대금지급의무 이행의 지체를 이유로 매매대금의 이자 상당액의 손해배상청구를 할 수 없다.

대판 03.11.14. 2001다61869(공 03, 2327): 타인 소유물을 권원 없이 점유함으로써 얻은 사용이익을 반환하는 경우 민법은 선의 점유자를 보호하기 위하여 제201조 제1항을 두어 선의 점유자에게 과실수취권을 인정함에 대하여, 이러한 보호의 필요성이 없는 악의 점유자에 관하여는 민법 제201조 제2항을 두어 과실수취권이 인정되지 않는다는 취지를 규정하는 것으로 해석되는바, 따라서 악의 수익자가 반환하여야 할 범위는 민법 제748조 제2항에 따라 정하여지는 결과 그는 받은 이익에 이자를 붙여 반환하여야 하며, 위 이자의 이행지체로 인한 지연손해금도 지급하여야 한다.

대판 05.1.27. 2004다53357, 53364(정보): 원심은 매매계약이 취소된 경우 매도인의 매매대금 반환의무는 성질상 부당이득 반환의무로서 그 반환 범위에 관하여는 민법 제748조가 적용된다 할 것이므로 선의의 매도인에게는 대금의 운용이익 내지 법정이자의 반환의무가 없으나, 선의의 수익자가 패소한 때에는 그 소를 제기한 때부터 악의의 수익자로 보게 되므로(민법 제749조 제2항), 피고는 이 사건 소제기 이후에는 악의의 수익자로서 적어도 위 매매대금에 대하여 상법 소정의 연 6푼의 비율에 의한 법정이자 상당의 금원을 원고에게 반환할 의무가 있다고 판단하였다. …… 부당이득의 반환에 관한 법리와 기록에 비추어 살펴보면, 원심의 위와 같은 판단은 정당한 것으로 수긍이 가고, …… 한편 원고는 2003. 9. 8.자 준비서면의 진술로 피고가 이 사건 토지의 매매대금을 지급받음으로써 얻은 이자 상당의 이득은 법률상 원인 없이 얻은 부당이득으로서 이를 원고에게 반환하여야 한다고 주장하였음을 알 수 있으므로, 원심이 법정이자 상당의 부당이득반환청구를 인용한 것이 변론주의에 위반된다고 할 수도 없다.

23) 대판 70.3.10. 69다2269(정보); 대판 81.9.8. 80다2649(공 93, 1448).

24) § 397 I.

Ⅲ. 이자채권

1. 의 의

이자의 지급을 목적으로 하는 채권을 이자채권이라고 한다. 즉, 이자채권은 원본에 대한 일정한 비율에 따라 산정되는 이자의 급부를 청구하는 채권이다. 이와 같이 이자채권은 원본채권의 존재를 전제로 하여 성립하므로, 원본채권에 대하여 종속성을 가진다. 다만 이미 발생하여 변제기에 도달한 지분적 이자채권은 원본채권에 대하여 독립성을 가진다.

이자는 금전 기타의 대체물이므로 이자채권은 일종의 종류채권이고, 특히 이자가 금전인 경우에는 금전채권이 된다. 일정한 이율에 따라 정기적으로 발생하는 이자채권은 정기금채권에 속한다.

이자채권은 법률의 규정에 의하여 발생하기도 하나 통상 소비대차, 소비임치 등에 수반하여 당사자의 약정에 의하여 발생한다. 매매대금의 지급을 유예하면서 이자를 붙일 수도 있고, 임대차계약을 체결하면서 임차보증금 일부를 현실로 지급하지 아니하고 이를 원본으로 한 소비대차계약을 체결하여 이자 지급을 약정하기도 한다.[25)]

2. 종 류

이자채권은 일반적으로 기본적 이자채권과 지분적 이자채권으로 나눈다. 즉, 전자는 추상적으로 일정 시기에 일정한 율에 의한 이자를 발생하게 하는 채권이고, 후자는 이러한 기본적 이자채권을 기초로 하여 구체적으로 특정한 시기에 특정액의 이자의 지급을 구할 수 있는 지분적 채권이라고 설명된다.[26)][27)] 예컨대, 당사자 사이에 10만 원의 대여금 채권이 있고, 이자가 연

25) 송덕수, 87; 구주해(8), 197(이공현); 주석 채총(1), 366(제4판/안법영).

26) 강봉석, 34; 곽윤직, 39; 김동훈, 142-143; 김상용, 62; 김주수, 74-75; 김준호, 30-31; 김증한·김학동, 46; 윤철홍, 60; 이덕환, 60; 장재현, 54; 정기웅, 54-55; 구주해(8), 197(이공현); 주석 채총(1), 366(제4판/안법영).

27) 이에 반대하여, 우리 민법이 이자채권에 관한 구별을 알지 못하고, 이자채권을 세분하지 않더라도 그 법률문제의 설명에 지장이 없고 오히려 나누어 설명하는 경우 개념의 혼란을 가져온다는 점에서 이러한 이자채권의 분류가 필요하지 않다고 하는 견해가 있고(송덕수, 87), 통설이 말하는 기본적 이자채무는 그로부터 급부청구권이 나오지도 않고, 강제집행할 수도 없고, 지연배상을 청구할 수도 없는 등 이를 인정할 실익이 없으므로, 이자채권은 지분적 이자채권만으로 파악함이 합리적이라고 하는 견해가 있다(이은영, 128-129). 한편, 통설이 지분적 이자채권을 변제기에 도달한 것만을 의미하는 것으로 보고(그러나 통설이

10%라고 하면, 10만 원의 대여금 채권은 원본채권이고, 이 원본채권의 존재를 전제로 하여 계속하여 연 1만 원씩의 이자를 지급받을 수 있는 기본적 이자채권이 성립하며, 이 기본적 이자채권을 기초로 하여 다시 매년 일정한 시기에 1만 원을 지급받을 수 있는 개개의 채권인 지분적 이자채권이 성립한다는 것이다.[28] 이러한 구별의 실익은 기본적 이자채권과 지분적 이자채권은 원본채권에 종속하는 정도에 있어서 차이가 있다는 데에 있다.

가. 기본적 이자채권

기본적 이자채권은 원본채권과는 구별되는 별개의 채권이지만 원본채권에의 종속성이 강하여 원본채권과 법률상의 운명을 같이 한다. 즉, 원본채권이 성립하지 않으면 기본적 이자채권도 성립하지 않고, 원본채권이 소멸하면 지분적 이자채권도 소멸한다. 따라서 원본채권이 소멸시효에 의하여 소급적으로 소멸하면 기본적 이자채권도 소급적으로 소멸한다.[29] 또한 원본채권의 처분은 다른 특별한 의사표시가 없는 한 기본적 이자채권의 처분도 수반한다. 즉, 원본채권이 양도되면 기본적 이자채권도 함께 양도되고, 원본채권에 대한 압류명령, 전부명령, 추심명령은 기본적 이자채권에도 효력이 미친다.[30]

이러한 입장인지는 의문이다), 통설이 말하는 지분적 이자채권을 다시 더 나누어 장래 변제기에 도달하게 될 추상적인 지분적 이자채권과 이미 변제기에 도달한 구체적인 지분적 이자채권으로 구분하고, 추상적인 지분적 이자채권도 원본채권과 분리하여 처분할 수 있다는 점에서 개념의 실익을 찾는 견해도 있다(김형배, 79-80).

28) 곽윤직, 39 참조.

29) 이 경우 소멸시효 완성의 소급효에 따라 시효기간 중에 발생한 매기(每期)의 지분적 이자채권도 소급적으로 소멸한다(§§ 167, 183 참조). 판례[대판 08.3.14. 2006다2940(공 08상, 580)]도 같은 입장이다: 이자 또는 지연손해금은 주된 채권인 원본의 존재를 전제로 그에 대응하여 일정한 비율로 발생하는 종된 권리인데, 하나의 금전채권의 원금 중 일부가 변제된 후 나머지 원금에 대하여 소멸시효가 완성된 경우, 가분채권인 금전채권의 성질상 변제로 소멸한 원금 부분과 소멸시효 완성으로 소멸한 원금 부분을 구분하는 것이 가능하고, 이 경우 원금에 종속된 권리인 이자 또는 지연손해금 역시 변제로 소멸한 원금 부분에서 발생한 것과 시효완성으로 소멸된 원금 부분에서 발생한 것으로 구분하는 것이 가능하므로, 소멸시효 완성의 효력은 소멸시효가 완성된 원금 부분으로부터 그 완성 전에 발생한 이자 또는 지연손해금에는 미치나, 변제로 소멸한 원금 부분으로부터 그 변제 전에 발생한 이자 또는 지연손해금에는 미치지 않는다. 다수의 학설[김준호, 31; 김형배, 80; 이덕환, 61; 구주해(8), 197(이공현); 주석 채총(1), 367(제4판/안법영); 이호정, "원본채권의 시효소멸과 지분적 이자채권의 운명", 고시계 제29권 9호, 1984. 9., 50 이하]도 같은 입장이다. 한편, 강봉석, 34; 곽윤직, 40; 김상용, 62; 김주수, 75는 "원본채권이 시효에 의하여 소멸하더라도 지분적 이자채권은 당연히는 소멸하지 않는다."고 하나, 이것이 위와 같은 다수설의 입장에 반대하는 취지인지는 명확하지 않다.

30) 통설, 판례도 같은 입장이다[대판 15.5.28. 2013다1587(정보): 채권압류의 효력은 종된 권리에도 미치므로 압류의 효력이 발생한 뒤에 생기는 이자나 지연손해금에도 당연히 미치지만, 그 효력 발생 전에 이미 생긴 이자나 지연손해금에는 미치지 아니한다].

기본적 이자채권은 원본채권이 아직 변제기에 도달하지 않은 경우에만 존속하고, 원본채권이 변제기에 도달하여 지체에 빠지면 기본적 이자채권은 장래에 향하여 소멸하고 대신 지연손해금 채권이 발생하게 된다.

나. 지분적 이자채권

지분적 이자채권은 변제기에 달한 매기(每期)의 이자지급을 목적으로 하므로, 원본채권에 대한 부종성이 상대적으로 약화되고 강한 독립성을 가진다.

물론 지분적 이자채권도 기본적 이자채권의 효력으로서 발생하는 것이므로, 원본채권과 기본적 이자채권이 성립하지 않으면 지분적 이자채권도 성립하지 않는다. 그리고 지분적 이자채권도 원본채권의 확장으로서의 성질을 가지고 있으므로[31] 민법은 원본채권의 담보는 당연히 지분적 이자채권도 담보하는 것으로 하고 있다(§§ 334, 360, 429). 또한 이자를 제외한 원본만의 지급은 채무의 내용에 좇은 변제의 제공이 되지 아니하고, 변제의 충당에서도 지분적 이자채권은 원본채권보다 먼저 충당하게 된다(§ 479 I).

그러나 변제기에 도달한 지분적 이자채권은 기본적 이자채권에 비하여 강한 독립성을 띠게 된다. 원본채권이 양도되더라도 원칙적으로 변제기가 도래한 지분적 이자채권은 당연히 양도되지 아니한다.[32] 또한 원본채권의 압류의 효력은 압류의 효력이 발생하기 전에 이미 변제기가 도래한 지분적 이자채권에는 미치지 아니한다.[33] 그리고 지분적 이자채권은 원본채권과는 별도로 변제, 상계될 수 있고, 별도의 소멸시효가 진행한다(통설).[34]

3. 변제기 등

이자채권은 원본채권과는 별개의 채권이므로, 이자채권의 변제기는 원본채권의 변제기와 달라질 수 있다.

당사자는 이자채권의 변제기를 원본채권과 별도로 약정할 수 있다. 당사자

31) 곽윤직, 40; 김준호, 31; 김증한·김학동, 47; 김형배, 81; 장재현, 54; 구주해(8), 198(이공현).

32) 대판 89.3.28. 88다카12803(공 89, 679): 이자채권은 원본채권에 대하여 종속성을 갖고 있으나 이미 변제기에 도달한 이자채권은 원본채권과 분리하여 양도할 수 있고 원본채권과 별도로 변제할 수 있으며 시효로 인하여 소멸되기도 하는 등 어느 정도 독립성을 갖게 되는 것이므로, 원본채권이 양도된 경우 이미 변제기에 도달한 이자채권은 원본채권의 양도당시 그 이자채권도 양도한다는 의사표시가 없는 한 당연히 양도되지는 않는다.

33) 대판 15.5.28. 2013다1587(정보).

34) 원본채권이 10년의 소멸시효에 걸리는 경우에도 지분적 이자채권은 변제기로부터 3년이 경과하면 시효로 소멸한다. § 167 참조.

의 약정이 불분명한 경우에는 원본채권의 성질, 거래상의 관습 및 § 102 II 등의 임의규정을 고려하여 이를 정할 것이다.[35] 만약 이러한 기준에 의하더라도 변제기를 확정할 수 없는 경우에는 원본채권의 변제기와 같다고 보아야 한다는 견해[36]와 이자는 원본의 사용대가이고 임대차(§ 633), 고용(§ 656), 도급(§ 665), 위임(§ 686 II) 등에서 차임이나 보수를 후불로 하는 점에 비추어 이자도 후불이 원칙이므로, 결산기 말인 월말 또는 연말을 변제기로 보아야 한다는 견해[37]가 갈린다.

이자부 채권의 변제기가 채무자의 이익을 위해서만 인정되는 경우에는 채무자는 기한의 이익을 포기할 수 있으므로 이행기의 도래 전에 변제할 수 있다(§ 153 II 본문). 다만 이자부 채권의 경우 대부분 기한의 이익은 채무자 뿐 아니라 채권자의 이익을 위한 경우로 풀이될 것이나, 채무자는 채권자에게 실제 이행시로부터 변제기까지의 이자를 지급함으로써 이행기 도래 전에 변제할 수 있다(§ 153 II 단서). 무이자부 채권의 경우 변제기는 채무자의 이익을 위해서만 존재하는 경우가 대부분일 것이므로 채무자는 별도의 이자지급 없이 변제기 이전에 변제할 수 있음은 물론이다. 다만 이 경우 채무자는 이행시와 변제기 사이의 기간에 해당하는 중간이자 상당액을 원본으로부터 공제할 수 있는가의 문제가 있는데, 당사자의 특별한 의사표시가 없는 한 이를 공제할 수 없다고 본다.[38]

이자부 소비대차에 있어서 차주는 목적물의 인도를 받은 때로부터 이자를 계산하여야 하고, 차주의 귀책사유로 목적물의 수령을 지체할 때에는 대주가 그 이행을 제공한 때로부터 이자를 계산한다(§ 600).

Ⅳ. 복 리

1. 의 의

이자에 대한 이자, 즉 변제기가 도래한 이자를 원본에 산입하여 이를 원본의 일부로 하여 그에 대한 이자를 다시 붙이는 것을 복리(複利)라고 한다. 또

35) 구주해(8), 198(이공현).
36) 주석 채총(1), 369(제4판/안법영).
37) 김준호, 31; 이은영, 133.
38) 동지: 구주해(8), 199(이공현); 주석 채총(1), 370(제4판/안법영). 독민 § 272는 이러한 취지를 명문으로 규정하고 있다.

는 중리(重利)라고도 부른다.

이와 같이 복리는 이자가 원본에 산입되어 원본의 일부가 되는 것이므로 별제기에 달한 이자를 원본에 산입하지 아니하고 이를 독립한 원본으로 하여 그에 대한 이자를 발생시키는 것은 복리가 아니라 독립이자(獨立利子)라고 한다.[39]

복리는 원본채권의 액을 급속히 증가시켜 채무자에게 가혹한 부담이 되므로 이를 원칙적으로 금지하는 입법례가 많다.[40] 그러나 우리 민법의 경우 복리를 금지하는 규정을 두고 있지 않으므로 사회질서 등에 반하지 아니하는 한 복리약정도 유효하다고 보는 데에 이설이 없다. 다만 이자제한법에서는 복리계산에 의한 이율이 최고이자율을 초과하면 그 초과하는 부분을 무효로 하는 규정을 두고 있다(이자 § 5).

2. 종 류

가. 약정복리

당사자가 특약에 의하여 발생하는 복리를 약정복리라고 한다. 복리의 약정은 이자의 변제기가 도래한 이후에 그것을 원본에 산입하기로 하는 사후복리약정과 이자의 변제기가 도래하기 이전에 발생할 이자를 원본에 산입하기로 미리 약정하는 사전복리약정으로 나눌 수 있다. 그리고 사전복리약정은 다시 이자의 지급이 지체되는 것을 조건으로 원본에 산입하기로 하는 경우와 이자지급의 지체를 조건으로 하지 않고 이자의 발생과 동시에 원본에 산입하기로 하는 경우로 다시 나누어 볼 수 있다.

원칙적으로 위와 같은 각종의 복리약정도 계약자유의 원칙상 유효하나, 이자제한법상의 제한이율과의 관계에서 통설은 다음과 같이 설명한다. 즉, 사후복리약정과 사전복리약정 중 이자지급의 지체를 조건으로 원본에 산입하기로 하는 약정은 본래 원본에 대한 약정이율 자체가 이자제한법상의 제한이율 범위 내이면 제한 없이 유효하고, 사전복리약정 중 이자지급의 지체를 조건으로

39) 곽윤직, 40; 김상용, 63; 김주수, 75; 김형배, 81; 송덕수, 95; 구주해(8), 199(이공현); 주석 채총(1), 371-372(제4판/안법영).

40) 로마법에서는 복리가 원본액을 웃돌게 되면 청구할 수 없었다고 하고, 독일 및 스위스에서는 일정한 금융기관에 의한 복리약정을 제외하고는 이행기 전의 복리약정을 무효로 규정하고 있으며(독민 § 248, 스채 § 314 III), 프랑스에서는 변제기가 도래한 이후 1년이 경과한 경우에 한하여 복리약정의 효력을 인정하고 있다(프민 § 1154)고 한다. 김형배, 81; 이영규, "이자제한법에 의한 고리규제", 재산 27권 2호, 2010. 10., 494.

하지 않고 원본에 산입하기로 하는 약정은 원본에 산입된 이자와 이 이자에 대한 이자의 합산액에 의하여 계산한 이율이 이자제한법상의 제한이율의 범위 내이어야만 유효하고, 이를 초과하는 부분은 무효라고 한다.[41] 판례[42]는 "연체이자[43]에 대하여 다시 이식을 붙이는 복리계약은 그 이율이 이자제한법의 제한을 초과하지 않는 한 유효하고, 그 결과 원본에 산입된 이식과 이에 대한 이식의 합산액이 이자제한법의 제한이율의 범위를 초과하는 결과가 되어도 지장이 없다."고 하여, 통설과 같이 사후복리약정과 사전복리약정 중 이자지급의 지체를 조건으로 원본에 산입하기로 하는 약정은 당초 원본에 대한 약정이율이 제한이율 범위 내이면 유효하다는 입장인 것으로 보인다.[44] 현행 이자제한법은 구 이자제한법과 달리 복리이자를 제한하는 규정(이자 § 5)을 별도로 두고 있는바, 위 규정이 기존 판례나 통설과 달리 사후복리약정 및 사전복리약정 중 이자지급의 지체를 조건으로 이자를 원본에 산입하기로 하는 약정의 경우에도 사전복리약정과 같은 취급을 하는 취지인지에 관하여는 논의의 여지가 있다. 이에 관하여는 후술한다[후론 이자제한법(이자 § 5) 주해 참조].

나. 법정복리

법률의 규정에 의하여 인정되는 복리를 법정복리라고 한다. 상 § 76에서는 상호계산에 관하여 채권자는 상계 후 잔액에 대하여 계산폐쇄일 이후의 법정이자를 청구할 수 있다고 규정하는바, 이때의 법정이자가 법정복리의 예로서 들어진다.

의용 민법 § 405는 "이자가 1년분 이상 연체한 경우에 채권자가 최고를 하여도 채무자가 그 이자를 지급하지 아니한 때에는 채권자는 이를 원본에 산입할 수 있다."고 규정하여, 채권자의 일방적 의사표시에 의하여 법정복리[45]를 발생시킬 수 있도록 하고 있었다.

41) 곽윤직, 40; 김형배, 82; 송덕수, 95; 이덕환, 62-63; 구주해(8), 200(이공현); 주석 채총(1), 372-373(제4판/안법영). 김증한 · 김학동, 46은 이러한 복리약정의 종류를 구별하지 아니하고 "원본에 산입된 이자와 그 이자에 대한 이자를 합산한 액을 기준으로 판단하여야 한다."고 한다.

42) 대판 79.8.22. 77다1392, 1393(정보). 폐지된 구 이자제한법(1998. 1. 13. 법률 제5507호로 폐지된 것)에 대한 판례이다.

43) 이는 지연손해금이 아닌 '연체된 이자'를 의미하는 것으로 이해된다.

44) 판례의 사안이 분명하지는 아니하나, 당사자가 이자가 연체된 이후에 이를 원본에 산입하는 약정을 한 것이 아니고, 사전에 연체를 조건으로 원본에 산입하는 약정을 한 것으로 보인다.

45) 그 조문의 표제는 "법정중리"였다.

위와 같이 의용 민법 § 405가 채권자에게 연체된 이자를 원본에 산입할 수 있는 권리를 부여하고 있었으므로, 의용 민법 하에서는 연체된 이자에 대한 지연손해금(지연이자)은 별도로 발생하지 않는 것으로 해석되고 있었다.[46] 그러나 현행 민법은 이와 같은 조문을 삭제하였으므로 연체된 이자에 대한 지연손해금이 당연히 발생하는지 여부가 문제된다. 통설[47]은 이를 긍정하나, 지체된 이자채무에도 약정이율의 지연이자를 지급해야 한다는 것은 민법이 복리를 원칙으로 하는 것으로 해석하는 것이 되어 부당하다는 취지로 이에 반대하는 소수설[48]이 있다. 판례는 통설과 같은 태도이다.[49] 이자채권도 금전채권의 일종이고 금전채권의 불이행시에는 법정이율에 의한 지연손해금을 배상하여야 함이 원칙이므로(§ 397 I), 원칙에 따라 이자채권이 지체된 경우 그에 대한 지연손해금이 당연히 발생한다고 할 것이다. 통설과 판례의 태도가 타당하다. 다만, 이때의 지연손해금은 어디까지나 손해배상이므로 엄밀히는 이를 두고 법정복리라고 할 수는 없다.[50]

V. 이자의 제한

고율의 이자를 제한하기 위한 현행의 법령으로는「대부업 등의 등록 및 금융이용자 보호에 관한 법률」과「이자제한법」이 있다. 이에 관하여 자세한 것은 후술한다(후론 이자제한법 주해 참조).

46) 이은영, 132(각주 2). 일민 § 405와 관련한 같은 해석에 관하여는, 日注民(10-I) 新版, 363(山下末人·安井宏) 참조.

47) 곽윤직, 41; 김상용, 63; 김증한·김학동, 46; 김주수, 76; 김형배, 82; 송덕수, 96; 이덕환, 63; 장재현, 56.

48) 이은영, 132.

49) 대판 96.9.20. 96다25302(공 96, 3145): 이미 발생한 이자에 관하여 채무자가 이행을 지체한 경우에는 그 이자에 대한 지연손해금을 청구할 수 있다.

50) 대부분의 통설도 이와 같이 설명한다. 다만 곽윤직, 41은 이를 법정복리라고 말할 수 있다고 한다.

後論〔이자제한법〕

차례

Ⅰ. 이자제한의 필요성

근대의 자본주의경제가 성립하기 이전에는 금전대차는 주로 채무자가 궁핍으로부터 벗어나고자 하는 동기, 즉 소비신용을 위하여 이루어졌다. 그 때문에 이자는 궁박한 채무자를 착취하고 그의 재산을 수탈하여 치부를 하기 위한 수단으로서 부도덕하고 사회적으로 혐오의 대상으로 여겨지는 경향이 존재하였다. 특히 유럽의 경우 중세 교회법에서 이자를 전면적으로 금지하기도 하였다. 그러나 자본주의경제가 형성되면서 생산신용의 필요성이 강하게 대두되었고, 따라서 자연히 이러한 이자에 대한 부정적인 입장만을 고수할 수는 없게 되었고, 오히려 엄격히 이자를 금지하는 것은 이를 회피하기 위한 탈법행위를 조장할 뿐이었다. 그에 따라 현대에 이르러서 각국의 민법전은 계약자유의 원칙에 따라 이자 또한 원칙적으로 유효성을 인정하고 있다.[1)]

그러나 자본주의가 더욱 고도로 발달하게 됨에 따라 고리 내지 폭리에 따른 사회적 문제가 발생하고, 원활한 생산활동의 촉진 및 규제의 필요성이 대두되어 이자의 제한이 더욱 중요한 과제로 떠오르게 되었다. 금전의 대차가 생산활동을 위한 투자로서 이루어지는 생산신용에 있어서 금리는 원칙적으로 금융시장에서의 수요와 공급의 균형에 의하여 결정되나, 그 국민경제에 미치는 영향을 고려하여 국가의 금융정책에 따른 금리의 조정이 필요하게 된다. 특히 금

1) 근대 이전의 외국과 우리나라의 이자제한의 역사, 근대 이후의 이자의 자유화 등에 관하여 자세히는, 어인의, 이자제한법론, 1992, 4 이하 참조.

전의 대차가 소비활동을 위하여 이루어지는 소비신용에 있어서는 경제적 약자가 고리에 의한 착취 및 폭리행위에 희생당하게 될 위험이 크므로 이를 제한할 필요성이 더욱 크다. 이에 따라 우리나라뿐 아니라 각국은 이자의 규제 및 제한을 위한 제도를 마련하고 있는 것이다.[2)]

Ⅱ. 우리나라에서의 이자제한 약사(略史)

일제 치하인 1911년부터 적용되어 오던 일본의 이식제한령(1911년 제령 제13호)은 해방 이후에도 의용되었다.[3)] 그러다가 1962년 이식제한령을 대신하는 이자제한법(1962. 1. 15. 법률 제971호)을 제정하여 시행하였다. 그러나 당시에 정한 이자제한법상의 제한이율은 연 20%였는데, 불비한 서민금융의 탓으로 그 제한이율을 초과하는 고리의 소비대차계약이 성행하였고, 이자의 제한이 실효를 거두지 못하자, 제한이율을 현실에 근접시키기 위하여 이자제한법을 개정하였다. 1965년 개정된 이자제한법(1965. 9. 24. 법률 제1710호)은 제한이율을 연 40%를 초과하지 않는 범위 내에서 대통령령으로 정하도록 하였고, 이와 함께 공포된 대통령령인「이자제한법 제1조 제1항의 최고이자율에 관한 건」에서는 제한이율을 연 36.5%로 정하였다. 그 후 제한이율은 경제상황에 따라 25% 또는 40%로 몇 차례 변동되다가, 1998년 이자제한법은 폐지되기에 이른다.

1997년 닥쳐온 외화부족으로 인한 경제위기의 상황에서 우리나라는 국제통화기금(International Monetary Fund)으로부터 구제금융을 받았고, 그에 따른 고금리정책의 일환으로 1998. 1. 13. 이자제한법이 폐지된 것이다. 이와 같이 이자제한법이 폐지됨에 따라 고율의 이자는 §§ 103, 104의 공서양속, 불공정행위라는 일반조항에 의하여 제한할 수밖에 없었다. 이러한 고금리를 제한할 입법이 불비한 상황에서 정부의 고금리 정책과 맞물려 신용이 불량한 사람들과 중소기업은 사채시장으로 몰렸고, 사채시장에서는 폭리가 더욱 기승하여 사회적인 문제로 대두되었다.

---

2) 외국의 이자제한에 관한 입법례에 관하여는, 김대정, "현행법상 이자제한에 관한 연구", 중앙법학 9집 2호(상), 2007, 316 이하; 김상찬·조두환, "사금융이용자 보호를 위한 이자율 규제방안", 재산법연구 28권 4호, 2012. 2., 33 이하 각 참조.

3) 이식제한령이 정한 제한이율은, 원금 100원 미만의 경우 연 30%, 원금 100원 이상 천원 미만 연 25%, 원금 천원 이상 연 20%였다. 어인의(주 1), 480(각주 78).

고금리로 인한 사회문제에 대응하기 위하여 정부는 2002년「대부업 등의 등록 및 금융이용자 보호에 관한 법률」(2002. 8. 26. 법률 제6706호, 2002. 10. 27. 시행. 이하 '대부업법'이라 한다)을 제정하였다. 대부업법은 이른바 사채업을 양성화하여 이를 규제하기 위한 법률로, 대부업자가 대부하는 대부금에 대한 이율을 연 70%의 범위 내에서 제한할 수 있도록 하였는데, 대부업법 시행령에서는 제한이율을 연 66%로 정하였다.[4)]

그러나 민법의 공서양속 등 조항에 의하여 이자율을 제한하는 것은 한계가 있을 수밖에 없고, 대부업법에 의한 이자율 제한 역시 동법이 대부업 등록을 한 대부업자가 대부를 하는 경우에만 적용되었고, 제한이율도 지나치게 높은 등의 문제가 있었으므로 이자제한법을 부활하여야 한다는 요구가 높아지게 되었다. 그러나 각 정부부처와 이익집단의 견해차이로 쉽게 이자제한법 부활 여부가 결정되지 않고 있던 중, 2007. 2. 대법원은, 대부업법이 적용되는 사안은 아니지만 대부업법 시행령에서 정한 66%의 제한이율을 초과한 부분의 이자약정[5)]이 공서양속에 반하여 무효라고 판단하면서도 위 제한이율 초과부분으로 지급된 이자의 반환을 부정한 원심판결을 파기하면서, 사회통념상 허용되는 한도를 초과하는 현저한 고율의 이자약정은 그 초과하는 부분이 공서양속에 위반하여 무효이고, 그 초과지급된 이자도 불법원인급여이기는 하나 이를 반환받을 수 있다고 판단하였다.[6)] 그 이후 2007. 3. 29. 이자제한법(2007. 3. 29. 법률 제8322호, 2007. 6. 30. 시행)이

---

4) 대부업법이 정하는 제한이율의 범위(상한)는, 연 70%(제정 당시) → 60%(2008년) → 50%(2010년) → 40%(2014년) → 27.9%(2016년 3월 이후)로, 대부업법 시행령이 정하는 제한이율은 66%(제정 당시) → 49%(2007년) → 44%(2010년) → 39%(2011년) → 34.9%(2014년) → 27.9%(2016년 3월 이후) → 24%(2018년 2월 이후) → 20%(2021년 7월 이후)로 각 변천되었다.

5) 대부업자가 아닌 원고(대부업체의 대표이사의 처형)가 피고들에게 연 243%에 이르는 이율로 금전을 대여한 사안이었다.

6) 대판(전) 07.2.15. 2004다50426(공 07, 437): 금전 소비대차계약과 함께 이자의 약정을 하는 경우, 양쪽 당사자 사이의 경제력의 차이로 인하여 그 이율이 당시의 경제적 · 사회적 여건에 비추어 사회통념상 허용되는 한도를 초과하여 현저하게 고율로 정하여졌다면, 그와 같이 허용할 수 있는 한도를 초과하는 부분의 이자 약정은 대주가 그의 우월한 지위를 이용하여 부당한 이득을 얻고 차주에게는 과도한 반대급부 또는 기타의 부당한 부담을 지우는 것이므로 선량한 풍속 기타 사회질서에 위반한 사항을 내용으로 하는 법률행위로서 무효이다. 이와 같이 선량한 풍속 기타 사회질서에 위반하여 무효인 부분의 이자 약정을 원인으로 차주가 대주에게 임의로 이자를 지급하는 것은 통상 불법의 원인으로 인한 재산 급여라고 볼 수 있을 것이나, 불법원인급여에 있어서도 그 불법원인이 수익자에게만 있는 경우이거나 수익자의 불법성이 급여자의 그것보다 현저히 커서 급여자의 반환청구를 허용하지 않는 것이 오히려 공평과 신의칙에 반하게 되는 경우에는 급여자의 반환청구가 허용된다고 해석되므로, 대주가 사회통념상 허용되는 한도를 초과하는 이율의 이자를 약정하여 지급받은 것은 그의 우월한 지위를 이용하여 부당한 이득을 얻고 차주에게는 과도한 반대급부 또는 기타의 부당한 부담을 지우는 것으로서 그 불법의 원인이 수익자인 대주에게만 있거나 또는 적어도 대주의 불법성이 차주의 불법성에 비하여 현저히 크다고 할

새로이 제정된 후 몇 차례 개정을 거쳐 현재에 이르고 있다. 새로 제정된 이자제한법은 폐지된 과거의 이자제한법과 유사한 내용을 담고 있으나, 과거 해석상 논란이 되었던 부분을 입법적으로 해결하는 조항이 다수 추가되었다.

이와 같이 이자제한법이 다시 제정됨에 따라 현재 이자제한에 관한 규율은 크게 이자제한법과 대부업법에 의한 것으로 2원화되어 있다.[7] 현행 대부업법에 의한 이자제한의 내용을 간략히 살펴보면, 대부업자[8]가 개인이나 중소기업기본법 제2조 제2항에 따른 소기업에 해당하는 법인에 대부를 하는 경우 그 이자율은 연 27.9%의 범위에서 대통령령으로 정하는 율을 초과할 수 없다(대부 § 8 I).[9] 대부와 관련하여 대부업자가 받는 사례금, 할인금, 수수료, 공제금, 연체이자, 체당금 등은 모두 이자로 본다. 다만 해당 거래의 체결과 변제에 관한 부대비용으로서 대통령령으로 정한 것은 그렇지 않다(대부 § 8 II). 대부업자가 이러한 제한을 위반하여 대부계약을 체결한 경우 제한이율을 초과하는 부분에 대한 이자계약은 무효로 한다(대부 § 8 IV). 채무자가 대부업자에게 제한이율을 초과하는 이자를 지급한 경우 그 초과지급된 이자상당 금액은 원본에 충당되고, 남은 금액이 있으면 채무자는 반환을 청구할 수 있다(대부 § 8 V). 대부업자가 선이자를 사전에 공제하는 경우에는 그 공제액을 제외하고 채무자가 실제 받은 금액을 원본으로 하여 이자율을 산정한다(대부 § 8 VI). 여신금융기관[10]의 경우도 대부업자와 같은 이자율의 제한을 받고, 이를 위반한 경우의 효력 역시 대부업자의 경우와 같다(대부 § 15 I, II, V). 미등록대부업자[11]에 대하여는 이자제한법의 제한이율에 관한 규정(§ 이자 2 I) 및 대부업법의 간주이자 규정(대부 § 8 II)과 제한이자율 위반의 효력에 관한 규정(대부 § 8 IV, V, VI)이 준용된다(대부 § 11 I). 즉 미등록대부업자에 대하여는 이자제한법이 정한 제한이율이 적용된다. 이는 미등록대부업자로 하여금 대부업법에 의한

것이어서 차주는 그 이자의 반환을 청구할 수 있다.

7) 이자율 제한에 관한 이러한 이원적 규율체계에 대하여는, 대부업법이 이자제한법의 특별법임에도 일반법인 이자제한법의 제한이율보다 높은 제한이율을 규정하여 규제의 '역전현상'이 발생하는 점, 대부업법은 대부업자 등에 대한 행정적인 규제를 주된 내용으로 하는 법률인데 대부업법에 이자제한에 관한 규정을 두는 것은 체계상 맞지 아니하는 점 등을 이유로 시정되어야 한다는 견해가 있다. 김대정(주 2), 330

8) 금전의 대부를 업으로 하거나 다른 대부채권추심을 업으로 하는 자로서 대부업의 등록을 한 자(대부 § 2 i 가).

9) 그에 따른 현재의 제한이율은 연 20%이다(대부령 § 5 II). 월 이율 또는 일 이율의 경우는 연 20%를 단리로 환산한다(대부령 § 5 III).

10) 은행법 등 대부령 § 2의2에서 정한 법령에 따라 인가 또는 허가를 받아 대부업을 하는 금융기관(대부 § 2 iv).

11) 대부업의 등록을 하지 아니하고 사실상 대부업을 하는 자(대부 § 9의4 I).

더 높은 제한이율을 적용받기 위하여 등록을 하도록 유도하기 위한 취지로 보인다.[12)13)] 특별법인 대부업법이 적용되지 않는 범위에서는 일반법인 이자제한법이 적용된다.[14)]

한편 은행의 각종 대출 및 여신에 대한 이자율의 상한은 금융통화위원회가 정할 수 있다(한은 § 28, 은행 § 30 II).

Ⅲ. 이자제한법

제 1 조(목적)

이 법은 이자의 적정한 최고한도를 정함으로써 국민경제생활의 안정과 경제정의의 실현을 목적으로 한다.

이 조문은 1998년 폐지된 구 이자제한법(이하 '구 이자제한법'이라고 한다)에는 존재하지 않았으나 2007년 현 이자제한법을 제정하면서 신설한 것이다. 고율의 이자를 규제하여 그로 인한 폐해에 대처하기 위한 이자제한법의 목적을 밝히고 있다.[15)]

12) 구 대부업법(2009. 1. 21. 법률 제9344호로 개정되기 전의 것) 제11조는 미등록대부업자에 대하여도 대부업법 제8조의 이자제한에 관한 규정을 준용하고 있었으나, 대법원은 그럼에도 구 이자제한법 제7조가 '다른 법률에 따라 인가 · 허가 · 등록을 마친 금융업 및 대부업에는 이자제한법을 적용하지 아니한다'고 규정하고 있었고, 그 밖에 이자제한법의 입법 취지, 미등록 대부업체의 등록을 유도하기 위한 입법 경위 등을 근거로 미등록대부업자의 경우에도 이자제한법에 따른 연 30%의 제한이율이 적용된다고 판시하였다[대판 09.6.11. 2009다12399(공 09하, 1119)]. 이자제한법이 2009. 1. 21. 개정되면서 제7조에서 "미등록대부업자에 대하여는 이 법을 적용하지 아니한다."고 규정하였고, 대부업법 제11조 제1항도 위와 같이 이자제한법의 제한이율에 관한 규정을 준용할 것을 규정함으로써 법 적용상의 혼란은 입법적으로 해결되었다.

13) 이와 같은 대부업법에 의한 이자의 제한에 관한 규정은 제정 당시부터 유효기간을 정하여 한시법의 형태로 적용되었는데, 2014. 1. 1. 개정된 규정은 2015. 12. 31.까지만 유효하도록 정하여져 있었다[대부 부칙(2014. 1. 1.) § 2 I]. 그에 따라, 이자제한법은 대부업자 및 미등록대부업자에게 적용되지 않으므로(이자 § 7), 다른 입법이 이루어지지 않으면 2015. 12. 31. 이후 대부업자 및 미등록대부업자가 정하는 이자율은 민법상의 공서양속조항 등 외에는 아무런 제한을 받지 않을 운명에 있었는데, 국회는 2016. 3. 3. 대부업법에 새로운 이자제한 규정을 두었다. 그러나 2016. 1. 1.부터 2016. 3. 2.까지 사이에 체결된 계약에 관한 그 기간 동안의 이자에 관하여는 여전히 위와 같은 규제의 공백으로 남게 되었다[대부 부칙(2016. 3. 3.) § 4 참조].

14) 대부업법의 이자제한에 관한 규정은 후술 이자제한법 규정에 관한 주해에 필요한 범위 내에서 다시 살펴본다.

15) 국회 의안정보에 따른 이자제한법 제정이유는, "1997년 외환위기 직후의 비정상적인 고

제 2 조(이자의 최고한도)

① 금전대차에 관한 계약상의 최고이자율은 연 25퍼센트를 초과하지 아니하는 범위 안에서 대통령령으로 정한다.

② 제1항에 따른 최고이자율은 약정한 때의 이자율을 말한다.

③ 계약상의 이자로서 제1항에서 정한 최고이자율을 초과하는 부분은 무효로 한다.

④ 채무자가 최고이자율을 초과하는 이자를 임의로 지급한 경우에는 초과 지급된 이자 상당금액은 원본에 충당되고, 원본이 소멸한 때에는 그 반환을 청구할 수 있다.

⑤ 대차원금이 10만원 미만인 대차의 이자에 관하여는 제1항을 적용하지 아니한다.

1. 이자제한법의 적용대상

이자제한법은 금전대차, 즉 금전을 목적으로 하는 소비대차[16]에 관하여 적용된다(본조 제1항).

따라서 소비대차계약에 기하여 발생하지 아니한 금전채권에 관하여는 이자제한법이 적용되지 아니한다. 이식제한령 및 구 이자제한법에서도 이에 관한 규율은 동일하였는바, 이식제한령 및 구 이자제한법과 관련하여 판례는, 계금채무에 대한 이자,[17] 공동영업의 손익계산,[18] 상호부금계약,[19] 국유임야대부료채무의 이행지체로 인한 손해배상액의 예정,[20] 매매대금 잔금에 대하여 약

금리시기에 IMF의 고금리 정책 권고를 배경으로 하여 지난 1998년 1월 13일 '자금의 수급상황에 따라 금리가 자유롭게 정해질 수 있도록 함으로써 자원 배분의 효율성을 도모' 한다는 이유로 폐지되었으나, 현행 「대부업의 등록 및 금융이용자보호에 관한 법률」만으로는 사채업의 폐해를 해결할 수 없다는 인식하에 다시 이 법을 제정하여 이자의 적정한 최고한도를 정함으로써 국민경제생활을 보호하기 위한 최소한의 사회적 안전장치를 마련하려는 것"이다.

16) 준소비대차는 소비대차의 효력이 있으므로(§ 605) 준소비대차에도 본조가 적용된다.

17) 대판 59.7.30 4291민상801(정보); 대판 65.12.21. 65다1886(정보). 이와 관련하여 김형배, 84는, "계금채권에 대하여 이자제한법이 적용되지 않는 것은 계가 조합계약관계라고 보기 때문인데, 계의 목적, 계금지급방법, 계주와 계원의 관계 등의 여하에 따라 소비대차관계로 볼 수 있고, 실질적으로 이자부소비대차의 성질을 가지고 있을 때에는 이자제한법이 적용된다고 보아야 한다."고 한다.

18) 대판 65.2.16.64다1396(정보).

19) 대판 62.2.28. 4294민상1066(정보).

20) 대판 80.10.27. 80다703(정보).

정한 이자[21] 등에는 이자제한에 관한 규정이 적용되지 않는다고 하였다. 현행 이자제한법 하에서도 판례는 위약벌에는 이자제한법의 최고이자율 제한에 관한 규정은 적용되지 않는다고 판시하였다.[22] 또한 어음행위는 소비대차가 아니므로 어음에 이자가 기재되어 있더라도 이자제한법이 적용되지 않는다.[23] 다만 어음의 대부가 이루어지는 경우에는 그 실질관계를 금전소비대차로 보아 이자제한법의 적용을 긍정하여야 할 것이고, 어음할인이 이루어지는 경우에도 할인료는 원칙적으로 이자라고 볼 수 없으나, 어음할인이 금전소비대차의 수단으로서 이루어지는 경우, 즉 어음의 교부가 금전소비대차 의무의 지급 또는 담보를 위하여 이루어지는 경우에는 어음할인료를 이자로 보아 이자제한법의 적용을 긍정하여야 할 것이다.[24] 일방적 의사표시, 즉 유언이나 기부행위에 의하여 발생하는 이자에도 이자제한법의 적용은 없다고 보아야 한다.[25]

이자제한법은 '금전'을 목적으로 하는 소비대차에 적용되므로, 금전 이외의 대체물, 예컨대 쌀 등의 곡물을 목적으로 하는 소비대차에도 이자제한법을 유추적용할 것인지가 문제된다. 이에 관하여 학설은 유추적용을 긍정하는 견해[26]와 이를 부정하는 견해[27]로 나뉘어 있다. 판례는 이식제한령과 구 이자제한법에 관하여 금전 이외의 대차관계에 이식제한령(이자제한법)이 유추적용되지 아니한다고 하여 유추적용부정설을 취함을 분명히 한 바 있다.[28] 과거 유추적용 긍

21) 대판 59.11.29. 4292민상170(정보).

22) 대판 17.11.29. 2016다259769(공 18상, 25).

23) 구주해(8), 203(이공현); 주석 채총(1), 385(제4판/안법영). 어음의 경우 일람출급 및 일람후 정기출급의 어음에 대하여만 이자약정이 인정되고 그 밖에 확정일출급 및 확정일자후 정기출급의 어음에 대하여는 이자약정이 인정되지 않는다(어음 5 I, 77 II).

24) 주석 채총(1), 385(제4판/안법영).

25) 구주해(8), 203(이공현).

26) 김형배, 84-85; 윤철홍, 65; 이영규, "이자제한법에 의한 고리규제", 재산 27권 2호, 2010. 10., 485.

27) 김증한·김학동, 48; 송덕수, 91; 이은영, 135; 주석 채총(1), 384(제4판/안법영).

28) 대판(전) 65.11.25. 65다1422(정보): 이식제한령은 금전대차에 이자를 제한하였을 뿐, 금전 이외의 대차에 관한 이자를 제한한 것이 아님이 법문상 명백(하다.)(이 전원합의체 판결의 소수의견은 자세한 논거를 들어 유추적용 긍정설을 개진하고 있다); 대판 77.5.24. 77다271, 77다439(공 77, 10086): 이자제한법은 금전대차에 관한 계약에서만 그 이자를 제한하고 있음이 그 법문상 명백하고 금전이외의 대차관계에서까지 이를 유추 적용할 수는 없다. 판례가 이자제한법의 적용을 부정한 소비대차의 목적물에 관하여 구체적으로 보면, 백미(위 77다439 판결), 정조(正租, 벼)(위 65다1422 판결), 국채증권[대판 59.9.24. 4291민상679(정보); 대판 59.11.12. 4292민상363(정보); 대판 60.9.29. 4293민상310(정보); 대판 63.9.12. 63다265(정보); 대판 65.5.18. 65다396(정보)], 인삼[대판 80.6.10. 80다669(공 80, 12911)] 등.

정설이 들었던 주요한 논거는 쌀 등의 양곡은 "서민 사이에서 이루어지는 가장 전형적인 대차"의 목적물이므로, 경제적 약자를 보호하기 위한 이자제한법의 입법목적에 비추어보면 이러한 경우에도 유추적용을 긍정하여야 한다는 것이었다.[29] 그러나 현재에 와서는 양곡 등 금전 이외의 대체물의 소비대차는 거의 이루어지지 않으므로, 유추적용 긍정설을 취할 실익은 크지 않을 것으로 보인다. 다만 이자제한법의 적용을 회피하기 위하여 실제로는 금전의 소비대차이면서도 금전 이외의 대체물을 소비대차하는 형식을 취하고 그 대체물을 시가로 환산한 금전을 수수한 경우에는 그 실질에 따라 당연히 금전소비대차로서 이자제한법이 적용되어야 할 것이다.[30]

이자는 금전 기타의 대체물이면 되고, 반드시 원본과 동일종류에 속하여야 하는 것은 아니므로,[31] 이자제한법이 반드시 이자가 금전인 경우에 한정하여 적용된다고 할 것은 아니다. 따라서 금전의 대차에 관하여 이자를 예컨대 백미로 지급하기로 한 경우에도 이자제한법이 적용된다(이설 없음). 이식제한령에 관하여 판례도 같은 취지이다.[32]

대차원금이 10만 원 미만인 경우에는 본조 제1항에 의한 제한이율이 적용되지 않는다(본조 V).[33]

한편 대부업법의 경우 대부업자가 개인이나 일정한 소규모 법인에 대부를 하는 경우 이자율의 제한을 규정한다(대부 § 8 I). 여기에서 '대부'의 의미에 관하여 대부업법에서 이를 정의하는 규정을 두고 있지는 않으나, 이는 민법상 이자부 금전소비대차와 같은 의미라고 해석된다.[34] 따라서 소비대차에 기하지 아니한

29) 김형배, 84; 구주해(8), 203(이공현); 위 대판(전) 65다1422 소수의견 등 참조.

30) 대판 84.3.13. 82다카434(공 84, 592); 대판 84.5.22. 83다카195(공 84, 1116)는 각 차주가 실제 금전을 차용하면서 백미를 차용, 상환하는 내용의 차용증을 작성하여 준 사안에서, 당사자들의 합의 하에 현물 대신 그 시가에 상당하는 현금을 교부한 것이라는 등의 특별한 사정이 없는 한, 이를 대여미의 형식을 빌린 금전대차라고 인정하였다. 반면, 대판 77.5.24. 77다271, 77다439(공 77, 10086)는, 백미의 소비대차에 관한 사안에서, 당사자들의 합의 아래 차주가 현물 대신 당시 그 시가에 상당하는 현금을 교부받은 것이라고 하더라도 이로써 현물의 현실적인 수수가 있었던 것과 동일한 경제상의 이익을 얻은 이상 그 대차관계는 백미에 관한 소비대차계약이라고 보아 이자제한법의 적용을 부정하였다. 이 경우 계약의 실질을 어떻게 볼 것인가는 당사자 의사해석의 문제라고 볼 것이다.

31) § 379 주해 II 1. 참조.

32) 대판 59. 4. 16. 4290민상714(집 7민, 64). 공장경영자금으로 금전을 차용한 데 대하여 일정한 공장생산품을 인도할 것을 약정한 사안이다.

33) 구 이자제한법에서는 대차원금이 5천원 미만인 경우에 제한이율을 적용하지 않는 것으로 규정하였다.

34) 곽윤직, 42-43; 김대정(주 2), 327.

이자, 금전 이외의 대체물에 대한 이자에는 대부업법상의 제한이율이 적용되지 아니한다.

금융업 및 대부업, 미등록대부업자에 대한 본조 제한이율의 적용여부에 대하여는 후술 이자 § 7 주해 참조.

2. 제한이율

본조 제1항은 금전대차에 관한 최고이자율을 연 25%를 초과하지 아니하는 범위 내에서 대통령령으로 정하도록 하고 있고, 이에 따라 대통령령인 「이자제한법 제2조 제1항의 최고이자율에 관한 규정」[35]은 최고이자율을 연 25%로 정하고 있다. 이자제한법은 2007. 3. 29. 최초 제정 당시 최고이자율의 상한을 연 40%로 정하고 있었고, 그에 따라 최고이자율에 관한 규정은 최고이자율을 연 30%로 하였다.[36] 그 후 2011. 7. 25. 이자제한법을 개정(법률 제10925호)하여 최고이자율의 상한을 연 30%로 인하하였으나, 이자제한법 시행령상의 최고이자율은 그대로 30%를 유지하였고, 2014. 1. 14. 이자제한법을 다시 개정(법률 제12227호)하여 최고이자율의 상한을 연 25%로 다시 인하하였으며, 2014. 6. 11. 이자제한법 시행령상의 최고이자율도 연 25%로 인하하였다. 그리고 2017. 11. 7. 이자제한법 시행령상의 최고이자율은 다시 연 24%로 인하되었다가 2021. 4. 6. 다시 연 20%로 인하되었다.[37][38]

한편, 본조 제2항은 제1항에 의한 최고이자율은 '약정한 때'의 이자율을 말한다고 규정하고 있다. 여기에서 '약정'이란 '금전대차에 관한 계약'의 약정을 의미함이 분명한바, 문언대로 해석하면 금전대차에 관한 계약이 이루어질 당시에 적용되던 이자제한법령상의 제한이율이 해당 금전대차에 관한 계약에 적용되고, 그 후에 이자제한법령상의 제한이율이 변경되더라도 그 변경된 제한이율은 적용되지 않음이 원칙이다. 즉, 법률불소급의 원칙이 적용된다. 다만 이자제한법이 제정될 당시의 이자제한법 부칙(2007. 3. 29.) § 2[39] 및 2014년 제한이

35) 이하 '이자제한법 시행령'이라고 한다.

36) 그 시행일은 2007. 6. 30.이었다[이자 부칙(2007. 3. 29.) I, 이자령 부칙(2007. 6. 28.)].

37) 연 25%의 제한이율은 2014. 7. 15.부터 적용되었고[이자 부칙(2014. 1. 14.) § 1, 이자령 부칙(2014. 6. 11.) § 1], 연 24%의 제한이율은 2018. 2. 7.부터 적용되었으며[이자령 부칙(2017. 11. 7.) § 1], 연 20%의 제한이율은 2021. 7. 6.부터 적용되었다[이자령 부칙(2021. 4. 6.) § 1].

38) 참고로 구 이자제한법령상의 제한이율은, 연 36.5%(1965. 9. 24.) → 연 25%(1972. 8. 3.) → 연 40%(1980. 1. 12.) → 연 25%(1983. 12. 16.) → 연 40%(1997. 12. 22.)로 변천되었다.

39) "이 법 시행 전에 성립한 대차관계에 관한 계약상의 이자율에 관하여도 이 법 시행일 이후부터는 이 법에 따라 이자율을 계산한다."

율이 연 25%로 변경될 당시의 이자제한법 부칙(2014. 1. 14.) § 2,[40] 이자제한법 시행령 부칙(2014. 6. 11.) § 2 및 이자제한법 시행령 부칙(2017. 11. 7.) § 2 및 이자제한법 시행령 부칙(2021. 4. 6.) § 2[41]는 각 변경된 제한이율에 관한 규정이 적용되기 이전에 체결된 대차계약에 관하여 변경된 제한이율이 적용되는 시적 범위에 관한 경과규정을 두어 이러한 원칙에 수정을 가하고 있다. 이에 따르면, 최초 제정된 이자제한법령의 시행일인 2007. 6. 30. 전에 체결된 소비대차계약에서 연 30%를 초과한 약정이율을 정하였다고 하더라도, 2007. 6. 30.부터 발생하는 이자 또는 지연손해금[42]에 대하여는 연 30%를 초과하는 약정이율은 무효로 되어 연 30%의 비율에 의하는 결과가 된다.[43] 그리고 2014년 개정 이자제한법령의 시행일인 2014. 7. 15. 전에 체결된 소비대차계약에서 약정이율을 연 30%로 정한 경우, 위 개정 이자제한법령에 의하여 제한이율이 연 30%에서 연 25%로 인하되었더라도 2014. 7. 15. 이후에 발생하는 이자 또는 지연손해금에 관하여도 계약 체결 당시에 적용되던 연 30%의 제한이율이 그대로 적용되는 결과가 된다(즉 연 25%를 초과하는 이자 부분이 무효로 되는 것이 아니다). 이는 2017년 개정 이자제한법 시행령 및 2021년 개정 이자제한법 시행령에 관하여도 동일하다.

이와 같이 이자제한법령에서는 경과규정을 두어 변경된 제한이율의 시적 적용범위에 관한 문제를 입법적으로 해결하고 있으나, 이러한 특별한 규정이 없고 당사자 사이에 그에 관한 약정을 별도로 하지도 않은 경우에 이를 어떻게 볼 것인가에 관하여는 학설은 다음과 같이 해석하고 있다.

먼저 소비대차계약의 체결 이후에 제한이율이 인하된 경우, 이자제한법의 입법취지가 고리의 부담을 지는 채무자를 보호하기 위한 강행규정이므로 소급효를 인정하여야 한다는 것을 근거로 제한이율을 인하하는 법령이 시행된 이후에 발생하는 이자 및 지연손해금에 관하여는 인하된 제한이율을 적용하여야

40) "제2조제1항의 개정규정은 이 법 시행 후 최초로 계약을 체결하거나 갱신하는 분부터 적용한다."

41) "이 영은 이 영 시행 후 최초로 계약을 체결하거나 갱신하는 분부터 적용한다."

42) 지연손해금은 법령의 제한에 위반하지 아니한 약정이율이 있으면 그 이율에 의하므로(§ 397 I 단서), 약정이율이 이자제한법령에 따른 제한이율을 초과하는 때에는 지연손해금율도 이자제한법령에 따른 제한이율에 의하게 된다.

43) 대판 08.10.23. 2008다37742(정보).

한다는 견해가 다수설이다.[44)45)] 이에 대하여 소수설은 인하된 제한이율을 적용하는 것은 채권자의 이익은 물론 금융거래의 신용을 해치는 결과가 되어 바람직하지 않으므로 종전의 제한이율의 범위 내에서 당사자가 합의한 약정이율은 그 효력이 인정된다고 한다.[46)]

다음으로 소비대차계약이 체결된 이후에 제한이율이 인상된 경우에는, 소비대차계약의 체결 당시 약정이율이 제한이율을 초과하여 초과 부분이 무효로 되었으나, 그 후 제한이율이 인상됨에 따라 무효로 되었던 부분이 다시 개정된 제한이율의 한도 내에서 유효하게 되는가가 문제된다. 이에 관하여 다수설은 무효였던 제한이율 초과부분이 제한이율의 인상에 따라 유효로 된다고 할 수 없다는 견해를 취하는 반면,[47)] 소수설은 제한이율은 폭리의 기준으로 볼 수 있으므로, 그것이 인상되었다면 제한이율이 변경된 이후에는 변경된 이율이 적용되어야 한다고 한다.[48)] 판례는 구 이자제한법령에 관하여 다수설과 같은 견해를 취하였다.[49)]

---

44) 김증한·김학동, 48-49; 김형배, 87; 송덕수, 92; 윤철홍, 66; 이덕환, 66; 정기웅, 58(다만 김형배, 87은 이는 신법의 소급효를 인정하는 것이라기보다는 약정이율이 신법시행 이후에는 그 효력을 유지할 수 없는 것으로 보아야 한다고 한다. 또한 김증한·김학동, 48-49은 제한이율을 인하하는 개정법령이 시행된 이후에 발생하는 이자 및 지연손해금에 대하여만 인하된 제한이율을 적용하여야 한다는 취지인지, 또는 그 이전에 발생한 이자 및 지연손해금에 대하여도 인하된 제한이율을 적용하여야 한다는 취지인지는 반드시 분명하지 아니하나, 그 전체적인 맥락에 비추어 전자의 견해를 취하는 것으로 이해된다).

45) 한편, 대판 73.2.13. 72다1955(집 21(1)민, 079); 대판 84.4.10. 82다512,82다카1284(공 84, 879)는, 구 이자제한법령상 제한이율이 연 36.5%인 시기에 소비대차계약이 체결된 후 제한이율을 연 25%로 인하한 구 이자제한법 시행령(대통령령 제6310호)이 1972. 8. 3. 시행된 사안에서, 계약상 정하여진 변제기까지는 종전 이자율인 연 36.5%가, 변제기 이후에는 개정된 이자율인 연 25%가 적용되어야 한다고 판시하였는데, 이들 판례에 대하여 학설과 같은 견해를 취한 것이라고 설명하는 학자들이 있다(김증한·김학동, 48; 송덕수, 92; 윤철홍, 66; 이덕환, 66; 정기웅, 58). 그러나 구 이자제한법 시행령 부칙(1972. 8. 2.) § II에서 "이 영의 시행일 이전에 성립한 금전대차에 관한 계약상의 이자율은 연 3할 6푼 5리를 초과하지 아니하는 범위안에서 그 계약의 기한까지 그 계약상의 이자율에 의한다."라고 경과규정을 두었는데, 이들 판례는 위 경과규정에서 말하는 '계약의 기한'이란 변제기를 의미한다고 해석하고, 위 경과규정을 사안에 적용한 결과를 판시한 것이라고 보아야 하고, 학설과 같은 입장을 취한 것이라고 보기는 어렵다.

46) 김대정(주2), 337.

47) 김증한·김학동, 48-49; 김형배, 86; 윤철홍, 66; 이덕환 66; 정기웅, 58.

48) 송덕수, 92.

49) 대판 70.5.12. 70다409(집18(2)민, 036); 대판 73.1.16. 72다1131(정보); 대판 83.8.23. 82다카1115(공 83, 1407); 대판 91.7.26. 90다15488(공 91, 2237).

3. 제한초과의 효과

가. 일부무효

본조 제3항은 “계약상의 이자로서 제1항에서 정한 최고이자율을 초과하는 부분은 무효로 한다.”고 규정한다. 즉, 제한이율을 초과하는 이자는 그 전부가 아니라 그 초과하는 부분에 한하여 일부무효이다.[50)]

이와 같이 제한초과의 이자가 무효이므로 채권자는 이를 청구할 수 없고, 채무자는 그 지급을 거절할 수 있다. 그리고 제한초과 이자를 원금에 포함시키기로 하고 준소비대차계약을 체결하거나, 경개계약을 하더라도 그 제한초과 이자 부분에 관하여는 효력이 발생하지 않는다.[51)] 또한 채권자가 제한초과의 이자채권을 자동채권으로 하여 상계의 의사표시를 하여도 상계의 효력이 발생하지 않고,[52)] 제한초과 이자를 대위변제하더라도 변제자는 제한초과 이자에 대한 구상권이 없으며,[53)] 제한초과 이자채권을 양수하더라도 채무자에 대하여 그 초과부분의 이자를 청구할 수 없다.[54)] 그리고 저당권설정의 경우 저당권설정행위 및 그 등기는 제한초과 이자 부분에 관하여 무효로 된다.[55)]

제한이율을 초과하는 이자가 현저하게 고율이어서 소비대차계약 자체가 폭리행위로서 민법 제104조의 불공정한 법률행위의 요건을 충족하는 경우, 초과이자 부분만을 무효로 볼 것인지 또는 민법상의 전부무효의 법리에 따라 소비대차계약 전체를 무효로 보아야 할 것인지의 문제가 있다. 이에 대하여는, 민법 제104조가 폭리행위에 관한 일반법이고 이자제한법은 그에 대한 특별법이므로, 이자제한법이 우선하여 적용되어야 하고, 폭리적인 대가를 법률이 허

---

50) 구이자 § 2에서도 이와 같이 규정하였고, 대부 § 8 Ⅲ도 “대부업자가 제1항을 위반하여 대부계약을 체결한 경우 제1항에 따른 이자율을 초과하는 부분에 대한 이자계약은 무효로 한다.”고 하여 같은 취지를 규정하고 있다.

51) 대판 55.10.20. 4288민상150(정보); 대판 57.3.23. 4289민상659(집5(1)민, 035); 대판 98.10.13. 98다17046(공 98, 2662); 대판 15.1.15. 2014다223506(정보). 그러나 판례는 제한초과 이자에 관한 상계합의의 경우에는 그 효력을 인정하였다. 대판 57.5.2. 4289민상529,530(정보); 대판 62.4.26. 4294민상1542(집10(2)민, 248); 대판 63.11.28. 63다501(정보). 학설은 이러한 판례의 태도에 대하여 반대하는 견해가 많다. 김형배, 87(각주 4); 송덕수, 92; 김대정(주 2), 338; 이영규(주 26), 488.

52) 대판 63.11.21. 63다429(집11(2)민, 252).

53) 대판 57.10.31. 4290민상504(정보); 대판 59.9.10. 4292민상249(집7민, 219); 대판 62.5.10. 4294민상1413(집10(2)민, 304).

54) 대판 68.4.16. 67다2624(정보). 이 경우 채무자가 이의를 유보하지 아니하고 채권양도를 승낙하였다고 하더라도 ‘이자제한법 위반’의 항변이 절단된다고 볼 것이 아니고 마찬가지로 양수인은 제한초과의 이자를 청구할 수 없다고 보아야 한다. 동지: 이영규(주 26), 489.

55) 송덕수, 92; 구주해(8), 208(이공현); 이영규(주 26), 488.

용하는 최고한도액으로 감액하여 계약을 존속시키는 것이 당사자의 의사와도 합치된다는 등의 이유로 초과이자 부분만을 무효로 보아야 한다는 견해가 주장된다.[56)57)]

나. 초과이자의 반환청구 및 원본충당

본조 제4항은 "채무자가 최고이자율을 초과하는 이자를 임의로 지급한 경우에는 초과 지급된 이자 상당금액은 원본에 충당되고, 원본이 소멸한 때에는 그 반환을 청구할 수 있다."고 규정하고 있다. 이는 구 이자제한법에서 이와 같은 규정이 없어 채무자가 제한이율을 초과하는 이자를 임의로 지급한 경우 그 반환을 청구할 수 있는지 문제(초과이자 반환 청구의 문제)와 반환청구가 불가능한 경우에도 초과이자를 원본에 충당할 것을 주장할 수 있는가의 문제(초과이자의 원본충당의 문제)를 둘러싸고 전개되던 논란을 입법적으로 해결한 것이다.

과거의 학설, 판례의 태도에 관하여 간략히 살펴보면, 먼저 초과이자 반환청구에 관하여 학설은 이를 부정하는 부정설과 이를 긍정하는 긍정설로 나누어져 있었고,[58)] 판례는 일관하여 채무자가 제한초과 이자를 임의로 지급한 경우에는 반환을 청구할 수 없다고 하여 부정설을 취하고 있었으나,[59)] 다만 이자제한법이 폐지된 이후 대판(전) 07.2.15. 2004다50426(공 07, 437)은 '사회통념상 허용되는 한도를 초과하여' 현저하게 고율로 정하여진 이자약정이 선량한 풍속 기타 사회질서에 위반하여 무효인 경우, 대주가 사회통념상 허용되는 한도를 초과하는 이율의 이자를 약정하여 지급받은 것은 그의 우월한 지위를 이용

56) 김주수, 81; 김형배, 94; 구주해(8), 208(이공현); 김대정(주 2), 339.

57) 이자제한법이 폐지된 당시에 대판(전) 07.2.15. 2004다50426(공 07, 437)은 '사회통념상 허용되는 한도를 초과하는 이율'의 이자약정이 선량한 풍속 기타 사회질서에 위반하여 무효라고 하면서 채권자는 당시 시행되던 대부업법상의 제한이율 연 66%를 초과하는 이자를 반환하여야 한다고 판단하여 일부무효의 입장을 취하였다.

58) 부정설은 채무자가 임의지급한 초과이자는 불법원인급여이므로 § 746 본문에 의하여, 또는 채무 없음을 알고 지급한 비채변제이므로 § 742에 의하여 반환을 청구할 수 없다거나, 반환청구를 허용하면 오히려 생산신용·소비신용의 길을 막는 것이 된다는 등의 근거를 들었고, 긍정설은 제한초과이자의 지급에 관한 불법원인이 채권자에게만 있는 것으로 보아 § 746 단서에 의하여 반환청구를 할 수 있다거나, 이자제한법의 입법취지, 임의로 제한초과 이자를 지급한 자와 그 지급을 거절한 자 사이의 형평성 등을 근거로 들었다. 자세한 내용은 구주해(8), 209-210(이공현); 서민석, "선량한 풍속 기타 사회질서에 반하여 현저하게 고율로 정해진 이자 약정의 효력 및 이미 지급된 초과이자의 반환청구권", 민사재판의 제문제 16권, 2007. 12., 156-157 참조.

59) 대판 48.11.9. 4281민상251(정보); 대판 59.12.31. 4291민상802(정보); 대판 61.7.20. 4293민상617(정보); 대판 88.9.27. 87다카422,423(공 98, 1326); 대판 94.8.26. 94다20952(공 94, 2526). 특히 위 4293민상617 판결은 초과이자의 반환을 청구할 수 없는 근거를 "불법원인이 채권자와 채무자의 쌍방에 있는 경우"라는 점에 두었다.

하여 부당한 이득을 얻고 차주에게는 과도한 반대급부 또는 기타의 부당한 부담을 지우는 것으로서 그 '불법의 원인이 수익자인 대주에게만 있거나 또는 적어도 대주의 불법성이 차주의 불법성에 비하여 현저히 크다고 할 것'이어서 차주는 그 이자의 반환을 청구할 수 있다고 판시하여 기존의 입장에서 변화를 보였다.[60)]

다음으로 초과이자의 원본충당 문제에 관하여, 학설은 제한초과의 이자가 무효인 이상 지급된 초과이자는 언제나 원금에 법정충당되어야 한다는 '절대적 법정충당설'과 합의충당의 효력을 인정하여 제한초과 이자를 이자에 충당한다는 당사자의 명시적 합의가 있을 때에는 물론, 명시적 합의가 없더라도 채권자가 제한초과 이자에 충당하는 데 대하여 채무자가 승낙하거나 묵인한 경우에는 제한초과 이자의 이자에의 충당을 인정하고, 이러한 명시적, 묵시적 합의가 없는 경우에는 제한초과 이자는 원금에 충당된다는 '상대적 법정충당설'이 대립하였다.[61)] 판례는 일관하여 상대적 법정충당설과 같은 입장이었다.[62)]

본조 제4항은 임의로 지급된 제한초과 이자는 원본이 존재하는 경우 원본에 충당되고, 원본이 소멸한 경우에는 채무자의 반환청구권이 인정됨을 정하고 있다. 이는 제한초과이자의 원본충당 가부에 관하여 절대적 법정충당설의 입장을 취하면서 제한초과이자의 반환청구에 관하여는 충당할 원본이 존재하지 않는 경우에 한하여 인정하는 제한적인 입장을 취한 것이라고 이해된다.[63)]

---

60) 이 판결의 소수의견은, "사회통념상 허용될 수 있는 한도란 약정 당시의 경제적 · 사회적 여건의 변화에 따라 유동적일 수밖에 없고 법률적인 평가나 가치판단이 개입되어야만 비로소 그 구체적인 범위를 확정할 수 있어 그 무효의 기준과 범위에 관하여 대주에게 예측가능성이 있다고 보기는 어려우며, 따라서 대주가 차주로부터 적정이율을 초과하는 이자를 지급받았다고 하더라도 대주가 명확하게 불법성을 인식했다고 평가하기는 어렵다. 적정이율을 초과하는 이자 약정이 민법 제103조에 위반되어 무효라고 보더라도 당사자 사이의 약정에 따라 이자가 지급된 이상 그 불법원인은 대주와 차주 쌍방 모두에게 있다고 볼 수밖에 없고, 일반적으로 차주가 대주보다 경제적으로 열악한 지위에 있다는 점을 감안하더라도 대주가 불법성을 명확하게 인식했다고 평가하기는 어렵다는 점에 비추어 보면, 일률적으로 대주의 불법성이 차주의 그것에 비해 현저히 크다고 단정할 수만은 없으며, 임의로 이자를 지급함으로써 이미 거래가 종료된 상황에서 다시 차주의 반환청구를 허용한다면 법적 안정성을 해칠 우려도 있으므로 결국 민법 제746조 본문에 따라 차주의 반환청구는 허용될 수 없다."고 하였다.

61) 이에 관하여 자세한 내용은, 구주해(8), 211(이공현); 서민석(주 58), 158 참조.

62) 대판 66.10.25. 66다1058(정보); 대판 69.10.28. 65다2229(집17(3)민, 225). 판례는 제한초과 이자로의 충당에 관한 합의의 존재에 관하여는 채권자에게 증명할 책임이 있다고 하였다. 대판 59.11.26. 4292민상199(정보); 대판 60.2.4. 4291민상488(정보); 60.9.29. 4292민상959(정보).

63) 대판 12.10.11. 2012다55198(정보)은 "채무자가 최고이자율을 초과하는 이자를 임의

한편, 대부업법 § 8 V은 "채무자가 대부업자에게 제1항에 따른 이자율을 초과하는 이자를 지급한 경우 그 초과 지급된 이자 상당금액은 원본에 충당되고, 원본에 충당되고 남은 금액이 있으면 그 반환을 청구할 수 있다."고 규정하는바, 이는 본조 제4항과 같은 취지를 규정한 것이라고 이해된다.[64)]

제 3 조(이자의 사전공제)

> **선이자를 사전공제한 경우에는 그 공제액이 채무자가 실제 수령한 금액을 원본으로 하여 제2조 제1항에서 정한 최고 이자율에 따라 계산한 금액을 초과한 때에는 그 초과부분은 원본에 충당한 것으로 본다.**

1. 선이자의 의의

소비대차계약에 있어서 채권자가 일정 기간의 약정 이자를 약정 원금으로부터 미리 공제하고 나머지 금액만을 채무자에게 교부한 뒤 변제기에 미리 공제한 금액을 포함한 약정 원금을 반환받기로 하는 경우가 흔하다. 이때 미리 공제한 금액을 선이자라고 부른다. 예컨대 100만 원을 1년간 대여하기로 약정한 뒤 채권자가 대여기간 1년간의 이자 명목으로 25만 원을 공제하고 실제로는 75만 원을 채무자에게 교부한 경우, 공제된 금액인 25만 원이 선이자에 해당하는 것이다.

2. 선이자의 효력에 관한 과거의 판례와 그에 대한 비판 등

구 이자제한법 하에서는 본조와 같이 선이자의 효력에 관한 명문의 규정이 없었으므로, 선이자 약정이 유효한지 여부 및 이자제한법상의 제한이율과의 관계에서 선이자 약정의 효력이 인정되는 범위와 관련하여 논란이 있었다.

로 지급한 경우에는 초과 지급된 이자 상당 금액은 원본에 충당된다."고 판시하였다. 대판 13.2.4. 2012다81203(정보), 대판 18.6.28. 2018다2350(정보), 대판 19.12.24. 2019다260838(정보)도 같은 취지이다.

64) 2007. 12. 21. 개정되기 전의 대부 § 8 III은 "대부업자가 제1항의 규정에 위반하여 대부계약을 체결한 경우 제1항의 규정에 의한 이자율을 초과하는 부분에 대한 이자계약은 이를 무효로 하며, 채무자가 그 초과부분에 대한 이자를 변제하였을 경우에는 그 반환을 청구할 수 있다."고 하고 있었다.

가. 판례

구 이자제한법 하에서 판례는 기본적으로 선이자 약정의 효력을 인정하는 것을 전제로,[65] "이자제한법의 제한을 초과하는 이자를 선이자로 공제한 경우에 채무자는 실지로 교부받은 대여금액에다가 이 금액에 대한 변제기까지의 이자제한법 제한범위 내의 이자액을 합산한 금액만을 변제기일에 대여원금으로서 변제할 의무가 있고 이 금액과 약정 대여원금액과의 차액부분에 대한 소비대차는 무효이다."라고 판시하였다.[66] 즉 실제 채무자가 수령한 금액을 기준으로 하여 산출된 제한이율에 따른 원리금을 초과하는 약정 원본을 그 초과하는 한도에서 일부 무효로 본 것이다. 예컨대, 판례는 원고가 피고에게 100만원을 이자 월 4%, 기간을 2개월로 정하여 대여하기로 하고 1개월분의 선이자조로 40,000원을 공제한 960,000원을 교부한 경우에는 그 당시 이자제한법상 제한이율인 연 25%를 초과한 이자해당 금원은 이를 대여원금에서 공제하여 그 잔액에 대하여만 소비대차계약이 성립한 것으로 보아야 한다고 하면서, 이 경우 대여원금은 980,000원(960,000원 + 960,000원 × 0.25 × 1/12)이 된다고 하였다.[67]

나. 판례에 대한 비판 등

우선, 판례가 적용되는 범위에 관하여 의문이 있었다. 비록 판례에서 '이자제한법의 제한을 초과하는 이자를 선이자로 공제한 경우'라고 하고는 있으나, 판례의 사안들은 모두 공제된 선이자가 약정 원본을 기준으로 하거나 실수령액을 기준으로 하거나 제한이율을 초과하는 경우이어서, 공제된 선이자가 약정원본을 기준으로 하면 제한이율을 초과하지 않지만 실수령액을 기준으로 하면 제한이율을 초과하는 경우, 약정원본을 기준으로 하거나 실수령액을 기준으로 하더라도 모두 제한이율을 초과하지 않는 경우에도 판례가 적용되어야

65) 판례가 과연 선이자 약정이 유효하다는 입장에 있는 것인지 분명하지 않다는 견해도 있을 수 있으나, 판례가 명시적으로 선이자 약정이 무효라고 선언하지 않고, 실수령액에 제한범위 내의 이자액을 합산한 금액을 대여원금이라고 하는 점에서(만약 판례가 선이자 약정이 무효라고 보았다면 그냥 실제 수령한 금액을 대여원금이라고 보고 원리금을 계산하였을 것이다) 판례는 원칙적으로 선이자 약정의 효력을 인정하는 전제에 서 있다고 할 것이다.

66) 대판 89.1.17. 87다카2824(공 89, 291); 대판 93.11.23. 93다23459(공 94, 177).

67) 대판 81.1.27. 80다2694(공 81, 14484). 판례의 사안에서 분명하지는 않으나, 사안에서 판례는 대여원금을 98만 원으로 보고 있으므로, 1개월분의 선이자는 이미 공제한 이상, 채무자는 나머지 1개월분의 이자제한법 제한범위 내의 이자 20,416원(98만 원 × 0.25 × 1/12, 원 미만 버림)은 대여원금 98만 원 외에 추가로 반환하여야 할 것이다.

하는 것인지는 분명하지 않았다.[68)]

판례를 비판하는 견해로서는, 먼저 선이자 약정이 무효라는 입장을 취하는 견해가 존재하였다(선이자 약정 무효설). 이 견해에 따르면, 이자란 원본의 사용대가인데 선이자는 사용하지도 않은 원본에 대하여 이자를 산정하는 것이므로 이자라고 볼 수 없다고 하거나,[69)] 소비대차를 낙성계약으로 규정한 현행민법에서도 민법은 이자부 소비대차의 경우에는 차주가 목적물의 인도를 받은 때로부터 이자가 발생한다고 규정하고 있으므로(§ 600), 미리 공제된 원본에 대하여는 이자가 발생할 수 없다고 한다.[70)71)]

다음으로, 판례와 같이 선이자 약정이 유효라고 보고, 이자제한법의 취지를 살리기 위해서는 차주의 실수령액을 기준으로 이자제한법 위반 여부를 판단하여야 한다고 하면서도, 판례가 실수령액에 제한이율에 의한 이자를 합산한 금액을 대여원금으로 보고 이를 초과하는 소비대차계약이 무효라고 하는 것은 당사자 사이의 약정원본을 무의미하게 만드는 문제가 있으므로, 공제된

---

68) 김대정(주 2), 345. 예컨대, 이자제한법상 제한이율이 연 25%임을 전제로, 100만 원을 대여하면서 25만 원을 공제하고 나머지 75만 원만을 교부하는 경우, 약정원본을 기준으로 하면 선이자 25만 원은 제한이율의 범위 내이지만, 실수령액을 기준으로 하는 경우 선이자 25만원은 제한이율을 초과하게 되고(33.3%), 반면 100만 원을 대여하면서 20만 원을 공제하고 나머지 80만 원만을 교부하는 경우, 선이자 20만 원은 약정원본을 기준으로 하거나(20%), 실수령액을 기준으로 하거나(25%) 모두 제한이율의 범위 내에 있게 된다. 이 경우들에도 판례의 법리를 적용할 것인지, 또는 선이자 약정의 효력을 전부 인정하여 채무자가 약정원본을 전액 상환하여야 한다고 볼 것인지가 문제되는 것이다. 이에 대하여 구이자 § 2는 공제된 선이자가 제한이자율을 초과하지 아니하는 경우에는(아마도 전체 문맥상 약정 원본을 기준으로 하여 공제된 선이자가 제한이자율을 초과하지 아니하는 경우를 의미하는 것으로 보인다) 적용될 여지가 없었다는 견해는, 유진현, "사전 공제한 선이자가 제한이자율을 초과하지 아니하는 경우 변제기에 갚아야 할 대부원금", 해설 제95호(2013 상), 381-382.

69) 김증한·김학동, 50

70) 김대정(주 2), 346.

71) 물론 이러한 무효설의 입장에서는 선이자 약정이 무효이므로 차주가 실제 지급받은 돈을 원본으로 보게 되고, 그에 대한 이자제한법 범위 내의 이자만을 원본과 함께 차주가 상환하여야 할 금액으로 본다. 이것만을 놓고 보면 무효설에 따라 차주가 상환할 금액은 판례의 경우와 다를 바가 없게 된다. 그러나 판례의 입장은 선이자 약정이 기본적으로 유효임을 전제로 그 중 일부가 이자제한법의 위반으로 무효라고 보는 반면, 무효설은 선이자 약정이 전부 무효라고 보는 점에서 차이가 있고, 따라서 판례에 따르면 '차주의 실수령액 + 제한이율에 따른 이자 상당금액'을 원본으로 봄에 대하여, 무효설은 '차주의 실수령액'만을 원본으로 보게 되어 실제 차주가 상환할 금액에 차이가 발생하는 경우가 생길 수 있다. 예컨대 앞서 본 판례의 사안에서, 판례의 입장에 의하면 차주가 상환할 금액은 1,000,416원(= 980,000원 + 20,416원)이 되는 반면(주 67 참조), 무효설에 따르면 1,000,000원(= 960,000원 × 0.25 × 2/12)이 된다. 또한 이와 같이 원본이 달라지는 이상 원본을 기준으로 계산하게 되는 지연손해금에도 차이가 발생하게 된다.

선이자와 실수령액에 제한이율에 의한 이자를 합산한 금액의 차액은 원본에 충당된 것으로 보아야 한다는 견해가 있었다(원본 충당설).[72]

또한 선이자 약정이 유효라는 입장을 취하면서도, 판례와 같이 실수령액이 아닌 약정원본액을 기준으로 이자제한법 위반 여부를 판단하여야 한다는 견해가 있었다(약정원본액 기준설). 즉 이 견해는, 우리 민법에서는 일본과 달리 소비대차가 낙성계약이기 때문에 차주의 실수령액이 아닌 약정원본액이 이자계산의 기초가 될 수 있고, 선이자의 공제는 차주가 약정원본 전액을 지급받음과 동시에 이자를 대주에 미리 지급하는 것으로 차주에 의한 기한이익의 포기로 볼 수 있다고 하면서, 판례이론은 선이자특약의 효력을 부인하고 실제로 교부된 원본액과 그에 대한 제한이율에 따른 이자를 변제기에 일괄하여 지급하는 것(즉 이자후급)과 다르지 않다고 비판한다.[73]

한편 위 견해와 같이 약정원본을 기준으로 이자제한법 위반 여부를 가려야 한다는 입장에 서면서도, 선이자 공제를 차주에 의한 자발적인 기한이익의 포기로 보아서는 안 되고, 선이자 공제로 인하여 대주가 얻는 이익 상당도 실질적으로 이자로 보아야 한다는 견해가 있었다(실질이자포함설).[74] 이에 따르면 선이자로 공제한 금액과 그에 대한 '기준이자율'[75]에 의한 기말까지의 이자 합산액을 실질적 이자로 간주하여, 이 실질적 이자액이 약정원본을 기준으로 한 제한이율에 의한 이자를 초과하는 경우에는 그 초과된 부분은 원본의 변제에 충당된 것으로 보게 된다.[76]

---

72) 송덕수, "이자채권(하)", 사행 제393호, 1993, 41. 이 견해에 의하면 차주가 변제기에 상환하여야 할 대여원금의 금액은 판례와 완전히 동일하게 된다.

73) 대표적으로 곽윤직 교수가 주장하던 견해였다. 구주해(8), 213(이공현). 이 견해에 따르면 앞서 본 판례의 사안에서, 당사자가 약정한 선이자액 4만 원과 약정원본에 제한이율 연 25%을 적용한 이자액 20,833원(= 100만 원 × 0.25 × 1/12, 원 미만 버림)의 차액인 19,617원에 대하여는 소비대차계약이 무효라고 보게 되므로, 차주가 반환하여야 할 소비대차의 원본액은 980,383원(= 100만 원 - 19,617원)이 된다. 다만 곽윤직, 44-45에 의하면, "실제로 교부된 금액에 관하여 법률이 인정하는 최고이율에 의한 이자를 계산해서, 선이자 중 이 이자액을 초과하는 부분은 원금에 충당된 것으로 보는 것이 가장 타당할 것이다(과거의 이자제한법 아래에서의 판례도 대체로 같은 해결을 하고 있었다)."고 하여, 과거의 입장을 수정한 것으로 보인다.

74) 박영규, "선이자문제에 관한 고찰", 저스 제27권 제1호, 1994, 176-177.

75) 기준이자율은 당사자의 약정이율을 원칙으로 하되, 약정이율이 제한이율을 넘는 경우에는 제한이율에 의하여야 한다고 한다. 박영규(주 74), 177.

76) 이 견해에 따르면 앞서 본 판례의 사안에서, 선이자 4만 원과 그에 대한 1개월간의 기준이율에 의한 이자 833원(= 4만 원 × 0.25 × 1/12, 원 미만 버림)의 합계 40,833원이 실질적 이자가 되는데, 약정원본을 기준으로 한 제한이율에 의한 이자는 20,833원(= 100만 원 × 0.25 × 1/12, 원 미만 버림)이 되어, 그 차액 20,000원은 약정원본에 충당시키

또 다른 견해는, 위와 같이 약정원본을 기준으로 적법한 대여원금을 산정하는 것이 타당하다고 하면서 다만 실수령액을 이용하여 적법한 대여원금을 계산해 낼 수 있다고 한다(적법원본산출설). 즉, '가상의 적법한 대여원금'에서 제한이율 범위 내의 적법한 선이자를 공제한 잔액이 실수령액이 될 것이고, 적법한 선이자는 가상의 적법한 대여원금에 제한이율을 적용한 금액이 되므로, 방정식을 풀이하여 적법한 대여원금을 계산해 낼 수 있고, 약정원본과 이와 같이 산정한 적법한 대여원금의 차액은 원본에 충당되는 것으로 본다고 한다.[77] 이 견해에 의하면, 앞서 본 판례의 사례에서 적법한 대여원금은 980,425원으로 계산된다.[78]

이와 같이 판례 이론은 많은 비판을 받았으나, 이를 비판하는 학설들에도 적지 않은 비판점이 존재하였고,[79] 이에 관한 적절한 입법이 요구되었다.

3. 입법적 해결

본조는 이러한 논란을 입법적으로 해결하였다. 본조는 선이자 공제액이 채무자의 실수령액을 '원본으로 하여' 제한이율에 따라 계산한 금액을 초과하는 때에는 그 초과 부분은 '원본에' 충당한 것으로 본다고 규정한다. 여기에서 두 번 나오는 '원본'이 서로 다른 의미임은 분명하다. 즉, 앞의 원본은 차주가 실제 수령한 금전을 의미하고, 뒤의 원본은 당사자 사이에 차용금으로 약정한 약정원본을 의미한다.[80]

므로, 결국 차주가 반환하여야 하는 원본은 980,000원이 된다. 이는 앞서 본 판례와 결론적으로는 동일하다(다만 '기준이율'이 제한이율보다 낮아지는 경우에는 차이가 발생하게 된다).

77) 김대정(주 2), 349-350.

78) 가상의 적법한 대여원금: X, 공제가능한 적법한 선이자: Y, X × 0.25 × 1/12 = Y, X - Y = 960,000원, X - 1/48X = 960,000원, X = 960,000원 × 48/47 = 980,425원(원 미만 버림).

79) 선이자 약정 무효설에 대하여는 § 600이 강행규정이 아닌 이상 계약자유의 원칙상 선이자 약정의 효력을 부정할 수 없다는 비판이, 원본충당설에 대하여는 실질적으로 판례이론과 다를 바 없어 판례에 대한 비판이 그대로 타당하다는 비판이, 약정원본기준설에 대하여는 실수령액을 기준으로 적법한 대여원금을 산정하는 경우와 비교하여 채무자에게 더 불리한 결과로 되어 이자제한법의 취지에 어긋난다는 비판이, 실질이자포함설에 대하여는 선이자에 대한 약정이율에 의한 이자상당액을 실질적 이자로 보는 것이 이론상 가능한지 의문이라는 비판이, 적법원본산출설에 대하여는 약정이자율이 제한이율과 같거나 이를 하회하는 경우에는 선이자를 얼마든지 공제할 수 있게 되어, 실수령액을 기준으로 판단하는 경우와 비교하여 형평에 어긋나게 된다는 등의 비판이 제기되었다. 제 학설들에 대한 비판에 관하여 상세히는, 김대정(주 2), 351 이하 참조.

80) 김봉수, "선이자의 사전공제에 관한 이자제한법 제3조의 해석에 관한 연구", 경북대학교 법학연구원 법학논고 제41집, 2013. 2., 55; 유진현(주 68), 377-378.

이와 같이 볼 때, 앞서 본 판례에서와 같은 사안, 즉 대주가 차주에게 100만 원을 이자 월 4%, 기간을 2개월로 정하여 대여하기로 하고 1개월분의 선이자조로 40,000원을 공제한 960,000원을 교부한 경우, 차주의 실수령액인 960,000원을 '원본으로 하여' 제한이율인 연 25%에 따른 이자는 20,000원(= 960,000원 × 0.25 × 1/12)이고, 위 금액과 선이자 40,000원의 차액 20,000원은 '약정원본'인 100만 원에 충당한 것으로 보게 되어, 차주는 변제기에 원본으로 980,000원(= 100만 원 - 20,000원)을 변제하는 것으로 된다.[81] 결국 이는 앞서 본 구 이자제한법하의 학설 중 '원본 충당설'을 입법화한 것으로 이해된다.[82]

이는 과거의 대법원 판결이 취한 태도와 비교하여 차주가 변제하여야 할 원본의 금액을 계산하면 차이가 없으나, 과거 대법원 판결이 당사자의 약정원본 중 제한이율에 따른 이자와 실제 공제한 선이자의 차액 상당이 무효라고 보았던 것과 달리 그 금액만큼 약정원본에 충당되는 것으로 보는 데에서 그 구성에 차이가 있다. 이는 과거 학설이 대법원 판결에 대하여 지적하였던 비판, 즉 대법원 판결이 선이자 약정의 효력을 인정하는 것과 모순된다는 비판을 고려한 것으로 보인다. 또한 구 이자제한법에서 제한이율 초과 여부를 약정원본을 기준으로 판단하여야 할지 또는 실수령액을 기준으로 판단하여야 할지가 분명하지 않았으나, 본조에 의하여 실수령액을 기준으로 판단하여야 함이 분명하게 되었다.

본조가 적용된 사안에 관한 대법원 판결 역시 "금전대차에 관한 계약상의 최고이자율은 연 30%이고, 계약상의 이자로서 위 최고이자율을 초과하는 부분은 무효이며, 채무자가 위 최고이자율을 초과하는 이자를 임의로 지급한 경우에는 초과 지급된 이자 상당 금액은 원본에 충당되고, 선이자를 사전공제한 경우 그 공제액이 채무자가 실제 수령한 금액을 원본으로 하여 위 최고이자율에 따라 계산한 금액을 초과하는 때에는 그 초과 부분은 원본에 충당한 것으

81) 물론, 980,000원에 대한 1개월분의 제한이율에 따른 이자 20,416원은 별도로 변제하여야 한다. 주 67 참조.

82) 송덕수, 93; 김대정(주 2), 354도 이와 같이 이해하고 있는 것으로 여겨진다. 한편 본조는 일본 이식제한법 제2조의 내용과 거의 같고, 일본의 통설도 이식제한법 제2조를 이와 같이 해석하고 있다. 日注民(10-I) 新版, 359(山下末人·安井宏); 김봉수(주 80), 58.

로 본다."고 하여,[83] 본조를 이와 같이 이해하고 있는 것으로 보인다.[84][85]

한편, 대부 § 8 VI은 "대부업자가 선이자를 사전에 공제하는 경우에는 그 공제액을 제외하고 채무자가 실제로 받은 금액을 원본으로 하여 제1항에 따른 이자율을 산정한다."고 규정한다. 이 규정과 "채무자가 대부업자에게 제1항에 따른 이자율을 초과하는 이자를 지급한 경우 그 초과 지급된 이자 상당금액은 원본에 충당되고, 원본에 충당되고 남은 금액이 있으면 그 반환을 청구할 수 있다."는 대부 § 8 V의 규정을 함께 해석하면, 결국 대부업법도 선이자에 관하여 본조와 같은 규율을 하고 있다고 볼 수 있다. 판례도 같은 취지이다.[86]

83) 대판 12.10.11. 2012다55198(정보).

84) 대주가 차주에게 1억 원을 이자율 월 10%, 기간을 2개월로 정하여 대여하되, 1개월 분 선이자 1,000만 원을 공제한 9,000만 원을 실제 교부한 사안에서(당시 이자제한법상 제한이율은 연 30%였음), 원고가 실제 수령한 9,000만 원에 대한 제한이율 연 30%에 의한 1개월분 이자 225만 원은 이자에 충당되고, 이를 초과하는 775만 원은 원본인 1억 원에 충당되므로, 차주의 연대보증인은 남은 대여원금 9,225만 원(= 1억 원 - 775만 원) 및 그에 대한 첫 번째 이자지급기일의 다음 날부터 다 갚는 날까지 연 30%의 비율에 의한 약정이자를 지급할 의무가 있다고 판시하였다.

85) 김봉수(주 80)는, 이와 같은 통설과 판례의 해석에 반대하여, 통설과 판례의 해석에 따를 때 선이자 약정에 의하여 이자제한법이 정한 제한이율을 실질적으로 초과하는 약정을 금지할 수 없게 되고, 동일한 금액을 수령하여 사용하는 경우 동일한 정도의 제한을 가하는 것이 공평에 부합하다고 하면서, 본조의 뒤에 나오는 '원본'이 당사자가 합의한 약정원본이기는 하나, 그 법률적 성질은 단순한 소비대차계약에 있어서의 원본으로 볼 것이 아니고 원본과 이자를 합산한 금액으로 해석하여야 한다고 한다.

86) 대판 13.5.9. 2012다56245, 56252(공 13상, 1022); 대판 14.11.13. 2014다24785(공 14하, 2343): 선이자가 공제된 경우에 구 대부업 등의 등록 및 금융이용자 보호에 관한 법률(2012. 12. 11. 법률 제11544호로 개정되기 전의 것, 이하 '구 대부업법'이라 한다)에서 정하는 제한이자율을 초과하는지 여부는 선이자 공제액을 제외하고 채무자가 실제로 받은 금액을 기초로 하여 대부일부터 변제기까지의 기간에 대한 제한이자율에 따른 이자를 기준으로, 선이자 공제액(채무자가 변제기까지 실제 지급한 이자가 있다면 이를 포함한다)이 그것을 초과하는지에 따라 판단하여야 하고, 그와 같은 판단의 결과 초과하는 부분이 있다면 초과 부분은 구 대부업법 제8조 제4항에 따라 당사자 사이에서 약정된 선이자 공제 전의 대부원금에 충당되어 충당 후의 나머지가 채무자가 변제기에 갚아야 할 대부원금이 된다[구 대부업 등의 등록 및 금융이용자 보호에 관한 법률(2009. 1. 21. 법률 제9344호로 개정된 것)은 제8조 제5항을 신설하여 "대부업자가 선이자를 사전에 공제하는 경우에는 그 공제액을 제외하고 채무자가 실제로 받은 금액을 원본으로 하여 제1항에 따른 이자율을 산정한다."고 규정하였으나, 이는 제한이자율 초과 여부의 판단 방법에 관한 앞서 본 법리를 입법화한 것에 불과하고 변제기에 갚아야 하는 대부원금에 대하여 정한 것이 아니므로, 위와 같은 해석에 영향이 없다]. 아울러 대판 12.3.15. 2010도11258(공 12상, 610)도 같은 취지이다. 2009. 1. 21. 개정 이전에는 대부 § 8 VI과 같은 명문의 규정이 없었으나, 이와 같이 판례는 선이자 문제에 관하여 현행 대부 § 8 VI과 같은 해석을 하고 있었다.

제 4 조(간주이자)

① 예금, 할인금, 수수료, 공제금, 체당금, 그 밖의 명칭에 불구하고 금전의 대차와 관련하여 채권자가 받은 것은 이를 이자로 본다.

② 채무자가 금전대차와 관련하여 금전지급의무를 부담하기로 약정하는 경우 의무 발생의 원인 및 근거법령, 의무의 내용, 거래상 일반원칙 등에 비추어 그 의무가 원래 채권자가 부담하여야 할 성질인 때에는 이를 이자로 본다.

본조는 금전대차에 관하여 당사자가 명시적으로 '이자'라는 명칭을 부여하지 않더라도 대주가 차주로부터 원본 이외의 금전을 수령하거나(제1항) 차주에게 금전적 부담을 지우고 그로써 대주는 금전적 이익을 얻는 경우(제2항), 이를 실질적으로 이자로 보아(간주이자) 이자제한법상 이자에 관한 규율을 적용하게 됨을 규정하고 있다. 즉 이는 채권자가 이자 이외의 명목으로 채무자로부터 금전을 수수하거나 금전적 이익을 취득함으로써 이자제한법에 의한 제한을 잠탈하는 탈법행위를 방지하려는 데 그 취지가 있다. 구 이자제한법에서도 본조 제1항과 같은 규정을 두었는데(구이자 § 3), 판례도 그 취지를 이와 같이 해석하고 있었다.[87] 나아가 구 이자제한법에는 본조 제2항과 같은 조항은 없었으나 판례[88]는, "비록 채권자가 현실적으로 채무자로부터 받는 것은 아니라 하더라도 원래 채권자가 부담하여야 할 성질의 금전지급의무를 채무자가 부담하기로 약정한 경우에 이러한 약정이 둘 사이의 금전대차와 관련된 것으로서 금전대차의 대가로 볼 수 있는 것이라면 위 규정의 취지에 비추어 위 법조에 의한 이자로 간주된다고 할 것이다."라고 하였는데, 본조 제2항은 이러한 판례의 취지를 입법화한 것으로 이해된다. 한편, 대부 § 8 II 본문에서도 "제1항에 따른 이자율을 산정할 때 사례금, 할인금, 수수료, 공제금, 연체이자, 체당금 등 그 명칭이 무엇이든 대부와 관련하여 대부업자가 받는 것은 모두 이자로 본다."라고 하여 본조 제1항과 유사한 취지의 규정을 두고 있고, 다만 그 단서에서 "해당 거래의 체결과 변제에 관한 부대비용으로서 대통령령으로 정한 사항은 그러하지 아니하

87) 대판 92.10.13. 91다37270(공 92, 3124); 대판 97.9.30. 97다24023(공 97, 3277).
88) 위 대판 91다37270(주 87).

다."라고 하여 간주이자에 포함되지 않는 항목을 명시적으로 정하고 있다.[89)]

본조 제1항에서 들고 있는 예금, 할인금, 수수료, 공제금, 체당금 등은 예시에 불과하다. 따라서 할증금, 연기수수료, 소개료[90)] 등 그 명목에 불구하고 금전의 대차와 관련한 것이면 모두 이자로 간주된다.

본조 제1항과 제2항에서 '금전의 대차와 관련하여', 또는 '금전대차와 관련하여'라고 함은 '금전대차의 대가로서'라는 의미로 해석함이 옳을 것이다. 따라서 비록 금전의 대차에 '관한' 것이지만 본래 차주가 부담하여야 할 성질의 비용은 금전대차의 대가로 보기 어려우므로 간주이자에 포함되지 아니한다.[91)] 다만 이와 같이 본래 차주가 부담하여야 할 성질의 것인지 여부는 관련 법령이나 거래의 관행 등을 종합하여 판단하여야 한다(본조 II). 예컨대 채무의 변제비용은 다른 의사표시가 없으면 채무자가 부담하여야 하고(§ 473), 이를 대주가 먼저 지출한 후 채무자로부터 지급받거나 차주로부터 미리 지급받아 대신 지출하더라도 이는 금전대차의 대가로 지급받은 것이라고 할 수 없으므로 본조에서의 이자로 간주할 수 없을 것이다.[92)] 또한 유상계약에서 계약체결비용은 쌍방이 균분하여 부담함이 원칙이므로(§§ 566, 567) 차주가 부담하여야 할 몫의 비용의 한도 내에서는 이를 대주가 지급받더라도 역시 간주이자로 보기 어려울 것이다.[93)]

담보권 확보를 위하여 필요한 비용, 예컨대 담보물감정료나 담보물실지조사비용도 채권자가 부담하여야 할 비용으로 봄이 일반적이고, 양도담보를 위하여 소유권이전등기시 등기비용과 취득세액도 특별한 약정이 없는 한 채무자

89) 이에 따라 시행령에서는 '담보권설정비용'과 '신용조회비용'을 간주이자에서 제외되는 사항으로 정하고 있다(대부령 § 5 IV).

90) 위 대판 97다24023(주 87).

91) 앞서 본 대판 91다37270(주 87)도 구이자 § 3과 관련하여, "금전대차와 관련된 것으로서 금전대차의 대가로 볼 수 있는 것이라면"이라고 하고 있다.

92) 구주해(8), 215(이공현); 주석 채총(1), 391(제4판/안법영) 참조.

93) 구주해(8), 215(이공현)에 의하면 계약체결 비용은 간주이자에서 제외되어야 한다는 데에 과거의 학설이 일치하고 있었다고 하고, 주석 채총(1), 390(제4판/안법영)은 계약서 작성비, 공정증서 작성비 등 계약체결에 직접적이고 현실적으로 필요한 비용은 당사자의 약정으로 채무자에게 부담시킬 수 있고, 이 경우 채권자가 그 비용을 수령하여도 간주이자가 되지 아니한다고 한다. 그러나 계약체결 비용이 간주이자에 해당하는지 여부는 거래관행 등을 고려하여 개별적, 구체적으로 판단하여야 할 것이다. 대부업법과 관련하여 판례는, "공증료는 채권자가 채무자의 채무불이행에 대비하여 강제집행을 위한 집행권원을 미리 확보해 놓는 데 드는 비용으로서 채무자가 당연히 부담해야 할 성질의 것도 아니고 담보권 설정비용으로 볼 수도 없으므로" 간주이자에 해당한다고 한다[대판 14.11.13. 2014다24785, 24792, 24808(공 14하, 2343); 대판 12.12.27. 2010도2060(정보)].

가 부담할 것이 아니므로,[94] 간주이자에 포함된다.[95][96] 금전대차를 위한 중개수수료,[97] 금전대차로 인하여 대주에게 부과되는 이자소득세 등 제세금과 기타 공과금[98]을 차주에게 부담하도록 하는 경우 역시 간주이자에 해당함은 물론이다. 공증료 역시 채무불이행에 대비한 집행권원 확보를 위한 비용이므로, 차주에게 전가하는 경우 간주이자로 보아야 할 것이다.[99] 한편, 판례[100]는 대부업법과 관련하여 차주가 변제기 이전에 차용금을 변제하면 그로 인한 손해배상 명목으로 중도상환수수료를 지급하기로 약정한 경우, 그 중도상환수수료도 간주이자에 해당한다고 한다. 그러나 위와 같은 판례의 태도는 중도상환수수료를 간주이자로부터 제외하는 경우 고리 대부업자의 탈법적 행위가 우려되는 점, 대부업법상 높은 제한이율 등을 고려한 것으로 보이고,[101] 이자제한법의 해석으로서는, 중도상환수수료는 §§ 153 II, 468 등에 의하여 본래 차주가 부담하여야 하는 것으로 볼 수 있는 점, 중도상환수수료는 차주의 기한 전 변제로 인한 대주의 손해에 대한 손해배상예정으로서 금전대차 그 자체에 대한 대가라고 보기 어려운 점 등을 고려할 때, 이를 원칙적으로 간주이자에 해당한다고 보기 어렵다.

본조에 의하여 간주이자에도 이자제한에 관한 규정이 적용되는 결과, 약정이자에 간주이자를 합산한 금액이 제한이율에 따른 이자액을 초과하는 경우 초과부분은 무효로 되어 이자 § 2 III, IV이 적용되고, 간주이자에 해당하는 금액을 약정원본으로부터 공제한 경우, 이를 선이자로 보게 되어 선이자에 관한 이자 § 3가 적용된다.

---

94) 대판 72.1.31. 71다2539(집20(1)민, 061).

95) 구주해(8), 215(이공현); 주석 채총(1), 390(제4판/안법영).

96) 그러나 앞서 본 바와 같이 대부업법에서는 담보권설정비용과 신용조회비용을 간주이자에서 제외하는 규정을 두고 있다.

97) 대부업법에 관한 것이지만, 대판 10.5.13. 2009도11576(정보), 대판 14.11.13. 2014다24785, 24792, 24808(공 14하, 2343) 참조.

98) 위 대판 91다37270(주 87).

99) 대부업법에 관한 위 대판 2014다24785, 24792, 24808(주 97) 참조.

100) 대판 12.3.15. 2010도11258(공 12상, 610).

101) 송우철, "중도상환수수료가 구 대부업의 등록 및 금융이용자보호에 관한 법률 제8조 제2항 소정의 간주이자에 해당하는지 여부", 자유와 책임 그리고 동행: 안대희 대법관 재임기념, 2012, 490-491.

제 5 조(복리약정제한)

이자에 대하여 다시 이자를 지급하기로 하는 복리약정은 제2조 제1항에서 정한 최고이자율을 초과하는 부분에 해당하는 금액에 대하여는 무효로 한다.

이자를 원본으로 하여 이에 다시 이자를 지급하기로 하는 복리[102] 약정에 관하여 본조는, 이자제한법 § 2 I에서 정한 제한이율을 초과하는 부분에 해당하는 금액을 무효로 하고 있다. 폐지된 구 이자제한법에서는 복리약정의 효력에 관한 별도의 규정이 없었으나, 통설은 이자의 변제기가 도래한 이후에 그것을 원본에 산입하기로 하는 사후복리약정과 변제기의 도래 이전에 미리 이자를 원본에 산입하기로 하는 사전복리약정 중 이자의 지급이 지체되는 것을 조건으로 원본에 산입하기로 하는 약정은 당초 원본에 대한 약정이율이 제한이율 범위 내이면 유효하고, 사전복리약정 중 이자의 발생과 동시에 원본에 산입하기로 하는 약정은 원본에 산입된 이자와 그 이자에 대한 이자의 합산액에 의하여 계산한 이율이 이자제한법상의 제한이율의 범위 내에서만 유효하고, 이를 초과하는 부분은 무효라고 하는 입장이었고, 판례[103]도 이와 같은 입장이었던 것으로 보인다.[104]

본조는 복리약정이 무효가 되는 범위를 산정하는 방식에 관하여는 과거 통설의 견해를 명문화한 것이라고 할 수 있다. 이에 의하면 예컨대, 당사자가 100만 원을 3년간 대차하면서 연 20%의 비율에 의한 복리약정을 하였다면, 약정이율은 연 20%로 이자제한법상 제한이율 범위 내이지만(현행 제한이율 연 20%에 의함), 실제 차주가 3년 후 변제하여야 할 이자는 72만 8,000원[105]으로 제한이율에 의한 이자 60만 원[106]을 초과하는 12만 8,000원 부분의 이자 약정은 무효로 된다.[107]

다만 본조는 '이자에 대하여 다시 이자를 지급하기로 하는 복리약정'이라고만 하고 있어, 사전복리약정 중 이자발생과 동시에 이를 원본에 산입하기로

102) 복리의 의의에 관하여는 § 379 주해 참조.
103) 대판 79.8.22. 77다1392, 1393(정보).
104) 이에 관하여는 § 379 주해 참조.
105) 100만 원 × $[(1 + 0.2)^3 - 1]$
106) 100만 원 × 0.2 × 3
107) 복리약정에 따른 실질이자율은 약 연 24.26%(= 728,000원÷3/1,000,000)이므로, 현행 이자제한법상 제한이율 연 20%를 초과하는 약 연 4.26%의 이율에 의한 이자약정 부분은 무효인 셈이다.

하는 약정 이외에[108] 변제기가 도래한 이자를 다시 원본에 산입하기로 하는 사후복리약정과 사전복리약정 중 이자의 지급이 지체되는 것을 조건으로 원본에 산입하기로 하는 약정의 경우에도 본조가 적용된다고 볼 것인지가 문제된다. 이에 관하여는 사전복리약정이든 사후복리약정이든 가리지 않고 본조가 적용된다고 하는 견해[109]가 있고, 이와 다른 견해는 찾아보기 어렵다.[110] 사견으로는 이자가 연체된 이후에 이를 다시 원본에 산입하기로 하는 약정은 원본채권과는 독립된 채권인 지분적 이자채권에 대한 일종의 준소비대차(§ 605)로서, 당초의 소비대차와는 별개의 계약으로 파악할 수 있을 뿐 아니라, 변제기 이후에 새로운 약정이 이루어지는 점에서 이자제한법상의 제한이율을 탈법적으로 회피할 우려가 크지 아니하므로 본조의 적용대상에 제외된다고 봄이 타당하다. 반면 변제기 이후에 이자를 원본에 산입하는 약정은 비록 그 산입을 이자지급의 연체를 조건으로 하더라도 당초의 소비대차계약과 별개의 독립된 약정이 이루어지는 것이라고 보기 어려울 뿐 아니라, 이자의 발생과 동시에 원본에 산입하는 복리약정과 원본산입 시기가 단 1일밖에 차이가 나지 않는 점에서[111] 이자제한법에 의한 제한이율을 탈법적으로 회피할 우려가 농후하므로, 이 경우에는 본조가 적용된다고 해석하는 것이 타당하다.

대부업법은 복리에 관하여는 별도의 규정을 두고 있지 않다.

제 6 조(배상액의 감액)

법원은 당사자가 금전을 목적으로 한 채무의 불이행에 관하여 예정한 배상액을 부당하다고 인정한 때에는 상당한 액까지 이를 감액할 수 있다.

본조는 폐지된 구이자 § 4에서도 두고 있던 규정이다.

본조는 특히 금전소비대차에 있어서 별도로 연체이율을 정하거나 일정액

108) 이와 같은 사전복리약정에 대하여 본조를 적용한 판례로는, 대판 08.10.23. 2008다37442(정보).

109) 김대정(주 2), 334.

110) 송덕수, 93은 본조는 "복리가 약정된 모든 경우에 대하여 적용하려는 것으로 보이나, 만약 그렇다면 그 타당성은 의심스럽다."고 한다.

111) 이는 이자채권의 변제기를 결산기인 월말 또는 연말로 보아야 한다는 입장을 전제로 하는 것이다(§ 379 주해 III. 3. 참조).

의 위약금을 정하는 경우에 대비하여 법원이 이를 감액할 수 있음을 규정하고 있다. 금전소비대차에 따른 채무불이행으로 인하여 발생하는 지연손해금에 대하여 손해배상의 예정으로서 별도의 연체이율을 정하거나 위약금을 정하는 경우에, 이러한 연체이자나 위약금은 이자와는 성질을 달리하고 이를 이자 § 4의 간주이자로 볼 수도 없으므로, 이에 대하여는 이자 § 2에 의한 제한이율을 적용할 수 없다.[112] 다만 본조는 이러한 연체이율이나 위약금에 대하여 법원이 이를 감액할 수 있는 재량을 부여하고 있는 것이다.[113] 그러나 § 398 II이 이와 동일한 규정을 두고 있는 이상, 이자제한법에 본조를 별도로 두어야 할 필요가 있는지는 의문이다.[114][115]

법정이율을 초과하는 약정이율이 정하여진 경우 지연손해금에 대하여도 약정이율이 적용되지만,[116] 그 약정이율이 이자제한법에 의한 제한이율을 초과할 때에는 지연손해금율(연체이율)도 이자제한법에 의한 제한이율로 축소된다고 할 것이다.[117] 이 경우 이와 같이 이자제한법에 의한 제한이율로 축소된 지연손해금율을 다시 본조에 의하여 법원이 감액하는 것도 가능할 것이다.[118]

112) 그리고 이 경우 제한이율을 초과하는 연체이율을 정하였다고 하여 이를 탈법행위로 단정할 수도 없다. 대판 64.6.9. 63다1212(정보).

113) 본조를 적용하여 지연손해금을 감액한 것으로, 대판 17.7.11. 2016다52265(공 17하, 1614), 대판 17.8.18. 2017다228762(공 17하, 1794) 참조. 한편 구이자 § 4를 적용하여 금전소비대차 채무불이행에 대하여 일변 30전의 위약금이 부당히 고율이라는 이유로 상당액 감소하여야 한다고 한 것으로, 대판 75.9.23. 74다2117(공 75, 8684) 참조.

114) 송덕수, 93; 이영규(주 26), 496. 구이자 § 4에 관하여도 다수의 견해는 이를 불필요한 조문으로 보았다고 한다. 구주해(8), 216-217(이공현). 이에 대하여 주석 채총(1), 391(제4판/안법영)은 이자제한법의 규율내용에 비추어 특별규정으로서 실익이 있다고 한다. 한편 대판 60.3.3. 4291민상282, 283(정보)은 의용된 이식제한령 § 4를 의용 민법 § 420 I 단서(현행 § 398 II에 해당)에 대한 특별규정이라고 하였다.

115) 참고로 일본 이식제한령 § 4 은, "금전을 목적으로 하는 소비대차상의 채무불이행으로 인한 배상액의 예정은 그 배상액의 원본에 대한 비율이 제1조 제1항에 규정한 비율(일본 이식제한령상의 제한이율이다 - 필자 주)의 1.46배를 초과하는 때에는 그 초과부분에 대하여 무효로 한다."고 규정하고 있다.

116) 대판 95.10.12. 95다26797(공 95, 3742) 등.

117) 대판 01.10.12. 2001다35372(정보) 참조.

118) 주석 채총(1), 392(제4판/안법영).

제 7 조(적용범위)

다른 법률에 따라 인가 · 허가 · 등록을 마친 금융업 및 대부업과 「대부업 등의 등록 및 금융이용자 보호에 관한 법률」 제9조의4에 따른 미등록대부업자에 대하여는 이 법을 적용하지 아니한다.

본조는 이자제한법의 적용범위를 정하고 있다. 2009. 1. 21. 개정 전 본조는 “다른 법률에 따라 인가·허가·등록을 마친 금융업 및 대부업에는 이 법을 적용하지 아니한다.”고 규정하고 있었고, 한편 2009. 1. 21. 개정 전 구 대부업법 § 11는 이자율 제한에 관한 구 대부업법 § 8를 ‘대부업의 등록을 하지 아니하고 사실상 대부업을 영위하는 자’에 대하여 준용하도록 하고 있었다. 따라서 개정 전 본조를 반대해석하면, 등록을 하지 아니하고 대부업을 영위하는 자(미등록 대부업자)에 대하여 이자제한법이 적용된다고 보아야 하는 반면, 개정 전 대부업법에 의하면 미등록대부업자에 대하여도 구 대부업법 § 8에 따른 이자율 제한이 이루어져야 하므로, 두 법률의 모순·충돌이 초래되는 결과로 된다. 이러한 상황에서 판례는 미등록대부업자에 대하여는 이자제한법상 제한이율이 적용된다고 판단하였다.[119)]

이에 2009. 1. 21. 개정을 통하여 본조는 미등록대부업자에 대하여 이자제한법을 적용하지 않도록 규정하면서, 대부 § 11 I은 같은 날 개정을 통하여 “미등록대부업자가 대부를 하는 경우의 이자율에 관하여는 이자제한법 제2조 제1항 및 이 법 제8조 제2항부터 제5항까지의 규정을 준용한다.”고 규정하여, 미등록대부업자에 대하여도 원칙적으로 대부업법에 따른 이자제한의 규율을 받도록 하면서도 다만 그 제한이율에 관하여는 이자제한법에 따른 이자율을 적용하도록 하였다. 이는 미등록대부업자에 대하여는 대부업법에 비하여

119) 대판 09.6.11. 2009다12399(공 09하, 1119): 이자제한법 제2조 제1항, ‘이자제한법 제2조 제1항의 최고이자율에 관한 규정’에 의하면 금전대차에 관한 계약상의 최고이자율은 연 30%로 제한되고, 구 이자제한법(2009. 1. 21. 법률 제9344호로 개정되기 전의 것) 제7조는 다른 법률에 따라 인가 · 허가 · 등록을 마친 금융업 및 대부업에는 이자제한법을 적용하지 아니한다고 규정하고 있는바, 위 규정의 문언 내용, 국민경제생활의 안정과 경제정의의 실현을 목적으로 하는 이자제한법의 입법 취지, 미등록 대부업체의 등록을 유도하기 위한 입법 경위 등에 비추어 보면, 구 대부업의 등록 및 금융이용자보호에 관한 법률(2009. 1. 21. 법률 제9344호로 개정되기 전의 것) 제3조의 규정에 의한 대부업의 등록을 하지 아니하고 사실상 대부업을 영위하는 자에 대하여는 이자제한법이 적용되어 이러한 대부업자가 대부를 하는 경우의 최고이자율은 연 30%로 제한된다.

상대적으로 낮은 이자제한법에 따른 제한이율이 적용되도록 함으로써 대부업자로 하여금 등록할 것을 유도하기 위한 것으로 이해된다.

본조에 의하여 미등록대부업자를 제외한 금융업자 및 대부업자가 이자제한법의 적용대상으로부터 제외됨은 물론이다. 그 중 은행은 이자율에 관하여 한국은행법 및 은행법 등의 규제를 받고(한은 § 28, 은행 § 30 II), 그 밖의 여신금융기관 및 등록대부업자는 대부업법에 의한 이자율의 제한을 받는다(대부 § § 8, 15).

제 8 조(벌칙)

① 제2조제1항에서 정한 최고이자율을 초과하여 이자를 받은 자는 1년 이하의 징역 또는 1천만원 이하의 벌금에 처한다.

② 제1항의 징역형과 벌금형은 병과할 수 있다.

본조는 2011. 7. 25. 개정되어 2011. 10. 26. 시행된 이자제한법에 의하여 신설된 벌칙규정이다. 이는 이자제한법의 강행규정성을 더욱 분명히 한 것으로, 그 취지나 문언에 비추어 보면 본조 시행 전에 금전소비대차약정을 체결하였더라도 그 시행 이후에 발생되는 이자에 관하여 제한이자율을 초과하는 이자를 받았다면 본조에 따라 처벌 대상이 된다.[120)]

120) 대판 17.9.12. 2016도12834(공 17하, 2016).

第 380 條(選擇債權)

債權의 目的이 數個의 行爲 中에서 選擇에 좇아 確定될 境遇에 다른 法律의 規定이나 當事者의 約定이 없으면 選擇權은 債務者에게 있다.

차례

Ⅰ. 선택채권

1. 선택채권의 의의

본조는 선택채권에 관하여 규정하면서 선택권이 원칙적으로 채무자에게 귀속함을 정하고 있다. 본조는 의용 민법 § 406와 거의 같은 내용을 규정한다.

선택채권이라 함은 수개의 급부 중 선택에 의하여 결정되는 하나의 급부를 목적으로 하는 채권이다. 선택이 있을 때까지는 선택되어야 할 수개의 다른 급부가 선택적으로 채권의 목적이 되고, 선택에 의하여 비로소 수개의 급부 가운데 어느 하나가 채권의 목적으로 확정된다. 예컨대 특정한 부동산 또는 그 시가 상당의 금전 중 어느 하나가 급부의 목적으로 선택의 대상이 되는 채권이 선택채권이다.

이와 같이 선택채권은 수개의 급부가 목적으로 되므로, 각각의 급부는 선택할 가치가 있을 정도로 서로 다르고 개성이 있어야 한다. 그러나 선택할 수개의 급부가 반드시 다른 종류일 필요는 없다. 즉, 동종의 급부라고 하더라도 당사자가 각각의 급부에 대하여 주관적, 개별적으로 다른 가치를 부여하고 있다면 선택채권이 성립할 수 있다. 그리고 이와 같이 서로 다른 급부가 존재하는 한, 그들 급부가 어떠한 조합을 이루더라도 관계 없다. 즉, 특정물급부와 불특정물급부, 작위급부와 부작위급부, 주는 급부와 하는 급부가 상호 조합하여 선택채권의 급부를 이룰 수 있고, 조건부 급부와 무조건부 급부도 함께 선택채권의 대상인 급부가 될 수 있다.

그러나 동일한 급부에 관하여 선택적으로 수개의 이행기를 정한다거나 수개의 이행장소 또는 이행방법을 정하는 경우는 수개의 급부가 존재하는 것이 아니므로 이를 선택채권이라고 할 수 없다. 그러나 이러한 경우에도 채무의 이행을 위하여는 선택을 필요로 하므로 선택채권에 관한 규정을 유추적용하여야 한다는 견해가 있다.[1]

과거 선택채권의 성질에 관하여는 이를 수개의 채권 또는 1개의 채권으로 보아야 하는지, 1개의 채권이라고 보더라도 수개의 급부가 선택을 정지조건 및 해제조건으로 하여 채권의 목적으로 되는 것인지, 또는 수개의 선택적 급부를 목적으로 하는 것인지에 관하여 논의가 있었으나,[2] 현재에는 선택채권을 선택적 급부를 목적으로 하는 1개의 채권으로 보는 데에 이설이 없다.

선택채권은 이와 같이 선택이 이루어지기 전에는 채권의 목적이 단일하게 확정되지 아니하므로 이를 이행할 수 없고 강제집행하는 것도 불가능하다. 따라서 선택채권에 있어서는 채권의 목적을 달성하기 위하여 선택이 이루어지는 것을 불가결한 요소로 하게 되고, 선택이 누구에 의하여 어떤 방법으로 이루어지는가가 중요한 문제로 등장하게 된다. 그러나 선택이 이루어지기 이전이라도 선택채권은 의연히 하나의 채권으로 성립하여 있는 것이므로 그에 대하여 인적·물적 담보를 설정하거나 불이행으로 인한 손해배상의 예정을 할 수 있다.[3] 다만 선택이 이루어지기 전에 선택적 급부 중 특정물 급부가 존재하는 경우 채무자가 그에 대하여 § 374에 의한 선관주의 보관의무를 부담하는지에 관하여는, 선택채권은 특정물채권이 아니므로 채무자는 선관주의 보관의무를 부담하지 않는다는 부정설[4]과 각 급부의 개성이 중시되는 선택채권의 본질상 채무자는 선관주의 보관의무를 부담한다거나,[5] 선택의 효력은 채권의 발생시에 소급하므로 이미 선택된 목적물이 특정물인 경우에는 채무자는 선관주의 보관의무를 부담한다는 긍정설[6]이 대립한다. 사견에 의하면 긍정설이 타당하

1) 김상용, 69; 주석 채총(1), 390(제4판/안법영). 한편 이러한 채무의 이행양태에 관한 선택권이 주어진 경우에도 선택채권이 성립한다는 견해로는, MünchKomm/Krüger (7. Aufl. 2016), § 262 Rn. 3.
2) 구주해(8), 218(이공현).
3) 김준호, 34; 구주해(8), 218(이공현).
4) 윤철홍, 70; 이덕환, 70; 구주해(8), 218(이공현).
5) 주석 채총(1), 398(제4판/안법영).
6) 김동훈, 152; 김준호, 34; 김형배, 95; 이은영, 144. 송덕수, 96-97은 '§ 385 II에 비추어 견해대립이 발생할 수 없다'고 하나, 그 내용을 보면 결국 선관주의 보관의무를 인정하는 긍정설의 입장으로 이해된다.

다. 채무자의 과실로 선택적 급부 중 하나인 특정물 급부의 이행이 불가능하게 된 경우, § 385 II에 의하여 선택권자인 채권자는 그 이행불능으로 된 특정물 급부를 선택하여 채무자에 대하여 이행불능에 의한 손해배상책임을 물을 수 있음에 관하여는 아무런 이설이 없다. 그리고 이러한 결과는 § 386에 의하여 선택의 소급효가 인정됨으로써, 즉 선택에 의하여 선택채권의 성립 당시부터 이행불능으로 된 급부가 채권의 유일한 목적이었던 것으로 됨으로써 가능한 것이다. 그렇다면 이와 같은 특정물 급부의 이행불능에 따른 채무자의 손해배상책임을 인정하기 위해서는 선택이 이루어지기 이전부터 특정물 급부에 관하여 채무자가 선관주의 보관의무를 부담함을 전제로 하지 않을 수 없다.[7)]

2. 선택채권의 발생

선택채권은 당사자의 법률행위 또는 법률의 규정에 의하여 발생할 수 있다. 선택채권이 당사자의 법률행위에 의하여 발생하는 경우에는 특히, 채권자와 채무자의 편의를 도모하거나, 급부위험을 분산시키는 것을 목적으로 하거나, 제3자의 공평하고 합리적인 판단에 급부내용의 결정을 맡기기 위한 경우가 많다.[8)]

선택채권의 발생원인이 되는 법률행위로서는 증여, 매매, 임대차 등의 계약은 물론, 유증과 같은 단독행위가 될 수도 있다.[9)]

법률의 규정에 의하여 발생하는 선택채권의 예로서는, 무권대리인에 대한

7) 송덕수, 96-97 참조. 같은 곳에서 설명하듯이, 채권자가 이행불능으로 된 특정물 급부가 아닌 다른 선택적 급부를 선택한 경우에는 물론 채무자는 손해배상책임을 지지 않게 되나, 이는 선택에 따라 채무자가 처음부터 이행불능이 된 특정물 급부 의무를 부담하지 않았던 것으로 되어 결과적으로 채무자의 선관주의 보관의무가 문제로 되지 않기 때문인 것에 불과하고, 그 때문에 채무자가 특정물에 대한 선관주의 보관의무를 부담하지 않는다고 할 것은 아니다.

8) 강봉석, 38; 곽윤직, 47; 김상용, 70; 이덕환, 71; 구주해(8), 223(이공현); 주석 채총(1), 396(제4판/안법영). 이에 대하여 선택채권을 발생하게 하는 원래의 목적은 급부에 대한 위험을 분산시키려는 데 있는 것이 아니라 당사자의 수요, 희망 또는 제3자의 합리적 판단에 의한 선택을 위한 것이라는 견해는, 김형배, 100.

9) 구 주택건설촉진법상 주택사업공제조합과 분양보증계약을 체결한 조합원이 수분양자에 대하여 분양계약상의 주택공급의무를 이행할 수 없게 된 경우, 수분양자의 선택에 따라 주택사업공제조합이 부담하는 납입대금 환급이행 또는 주택분양이행의무에 관하여 선택채권의 성립을 긍정한 사례로, 대판 00. 2. 25. 99다52831(공 00, 825) 참조. 그 밖에 일정한 필지 또는 면적의 토지 등의 소유권이전의무에 관하여 선택채권의 성립을 인정한 사례로, 아래 주 14 참조.

상대방의 청구권(§ 135 I), 점유자, 유치권자, 임차인의 유익비상환청구권(§§ 203 II, 325 II, 626 II), 보증인의 사전구상권 행사에 따라 보증인에게 배상한 주채무자가 보증인에 대하여 가지는 면책청구권 및 담보제공청구권(§ 443 전단) 등이 들어지고 있다.[10)]

3. 선택채권과 유사한 채권과의 구별

가. 조건부 채권

채권에 일정한 조건을 부가하여 선택채권과 유사하나 그와는 구별되는 채권을 성립시킬 수 있다.

먼저, 급부의 수만큼 채권을 발생시키고 그 중 하나의 채권이 선택되면 다른 채권은 당연히 소멸하는 것으로 약정하는 경우, 수개의 해제조건부 채권이 병존하는 점에서 선택채권과 다르다.

다음으로 수개의 급부 가운데 하나를 선택하는 것을 조건으로 하여 그 선택된 급부에 관한 채권을 성립시키는 것으로 약정하는 경우, 이는 정지조건부 단순채권으로 선택채권과 다르다.

또한 선택이 아닌 다른 일정한 조건의 성취에 의하여 수개의 급부 가운데 하나의 급부에 특정이 이루어지도록 하는 경우, 예컨대 비가 오면 우산을 대여하고 비가 오지 않으면 운동기구를 대여하기로 한 때[11)]에는 선택이 아니라 비가 오는지 여부라는 일정한 조건의 성취에 의하여 특정이 이루어지는 점에서 선택채권과 다르다.

나. 종류채권

종류채권은 채권의 성립 당시에는 급부의 대상이 특정되지 않고 그 이후에 특정된다는 점에서 선택채권과 같다. 그러나 아래와 같은 차이가 있다.

1) 급부의 범위/대체성 유무

선택채권에서는 선택의 대상이 되는 각 급부의 개별적 가치에 중점이 두어지는 결과, 선택의 대상이 되는 급부의 수가 한정적, 개별적으로 예정되어 있으나, 종류채권에서는 급부의 수가 개별적으로 한정되지 않는다. 물론 제한종류채권의 경우 급부의 범위가 일정하게 제한되기는 하나, 급부가 개별적으

10) 이에 대하여 김증한·김학동, 51; 윤철홍, 70-71; 이은영, 140-141은 무권대리인의 상대방이 무권대리인에 대하여 계약이행청구 또는 손해배상청구를 선택할 수 있는 것은 선택채권이 아닌 청구권이 선택적으로 경합하는 것에 불과하다고 한다. 청구권의 경합에 관하여는 후술 3. 참조.

11) 구주해(8), 219(이공현) 참조.

로 예정되지는 아니한다.

그리고 이와 같이 선택채권에서는 각 급부의 개성이 중시되므로, 각 급부 사이에서는 대체성이 없는 반면, 종류채권에서는 각 급부 사이에 대체성이 인정된다.[12)]

이와 같이 급부의 범위와 대체성 유무에서 선택채권과 종류채권이 구별되나, 실제에 있어서, 특히 선택채권과 제한종류채권 사이에서는 구별이 용이한 것은 아니다. 결국 양자의 구별은 당사자가 개별 급부의 개성을 중시하여 이를 개별적으로 예정한 것인지, 또는 개별 급부의 개성에는 크게 관심을 두지 않고 일정 종류의 일정 수량의 급부만 이루어지면 족하다고 의도한 것인지의 당사자 의사해석의 문제로 귀착된다. 따라서 이에 관한 의사해석에 있어서는 당사자가 각 급부에 개별적으로 명칭을 붙였는지 여부, 급부의 수의 다소(多少), 급부 범위 상정의 난이(難易), 급부들 사이의 차이의 대소 등 여러 요소를 참작하여야 한다.[13)]

특히 선택 또는 지정의 대상이 되는 급부가 토지 등 부동산과 같은 부대체물인 경우, 예컨대 토지 10필지 중 1필지의 소유권을 이전한다거나 1필지 토지 중 일정 면적의 소유권을 이전하기로 한 경우, 이를 제한종류채권으로 볼 것인지 또는 선택채권으로 볼 것인지의 구별이 쉽지 않고, 대법원 판례 중에는 이를 제한종류채권으로 본 것과 선택채권으로 본 것이 있다.[14)]

---

12) 이 경우 대체성의 유무는 물건의 객관적 성질에 의하여 결정하는 것이 아니라 당사자의 의사, 즉 당사자가 급부대상인 물건의 개성을 중시하여 이를 상호 대체할 수 없는 것으로 의욕한 것인가 여부에 의하여 결정하여야 한다. 이에 관하여는 § 375 주해 II. 참조.

13) 구주해(8), 219(이공현); 주석 채총(1), 400(제4판/안법영).

14) 제한종류채권으로 본 사례로는, 대판 03.3.28. 2000다24856(공 03, 1025)(채무자가 채권자에 대하여 19필지 토지 중 7,000평을 양도하기로 하는 제소전 화해를 한 사안); 대판 09.1.30. 2006다37465(공 09상, 211) 및 대결 09.1.30. 2006마930(정보)(토지구획정리조합이 사업시행 수탁자에게 지급할 사업비로 체비지를 이전하여 주기로 한 사안); 대판 07.12.13. 2005다52214(공 08상, 3)(주택조합이 조합아파트 건립을 위하여 조합원들로부터 토지를 매수하면서 잔대금은 조합원들 배정분 아파트 중 4세대의 분양권을 부여하기로 하는 분양계약을 체결한 사안)이 있고, 선택채권으로 본 사례로는, 대판 72.7.11. 70다877(정보)(위임인이 수임인의 선택에 따라 수임인에 대하여 위임계약에 따른 보수로 일정 면적의 토지를 양도하기로 한 사안); 대판 00.5.12. 98다23195(공 00, 1368)(공유수면매립공사의 공사대금 등을 지급하기 위하여 매립토지 중 100평을 양도하기로 한 사안); 대판 04.2.13. 2003다10612(정보)(17필지 중 '제1토지 외 1필지 중 100평'을 매도하기로 한 사안); 대판 11.6.30. 2010다16090(공 11하, 1519)(1필지 토지 중 교환대상인 토지의 면적에 상응하는 부분을 이전하여 주기로 한 사안); 대판 14.1.23. 2011다57685(정보)(토지구획정리조합이 사업시행 수탁자에게 지급할 사업비로 체비지를 이전하여 주기로 한 사안)이 있다. 특히 위 2010다16090 판결 및 2011다57685 판결은 "토지소유자가 1필 또

2) 특정의 방법 및 효력

선택채권에 있어서는 선택권의 행사에 의하여 급부를 특정할 것을 예정하므로 선택권은 선택채권의 성립에 있어 필수불가결한 요소이다. 즉, 선택권이 부여되지 아니한 선택채권은 성립할 수 없다. 반면 종류채권에 있어서는 지정권 행사에 의하여 종류물의 특정이 이루어지기도 하나, 종류채권의 성립을 위하여 반드시 지정권이 부여되어 있을 필요는 없고, 지정권이 부여된 경우에도 이는 종류채권의 이행을 위한 특정의 수단에 불과할 뿐, 선택채권에 있어서 선택권과 같이 급부내용을 좌우하는 중요한 의의를 지니는 것은 아니다.

한편 선택채권에서 수개의 급부 중 일부가 후발적으로 불능이 된 경우 나머지 급부로의 특정이 일어나는 반면(§ 385), 종류채권에서는 급부대상으로 되는 종류물 중 일부에 이행불능이 발생하더라도 일반적으로 잔존 부분에 특정이 일어나지는 않는다.[15] 그러나 제한종류채권에 있어서 일정한 범위에 속하는 종류물 일부가 멸실되어 이행하여야 할 수량 이하의 종류물만이 남게 된 경우에는 종류채권의 특정이 이루어진다고 보아야 할 것이다.[16]

선택채권에 있어서는 선택권의 행사 등에 의한 특정에 소급효가 인정되나(§ 386), 종류채권의 특정에는 이러한 효력이 없다.

다. 임의채권

선택채권과 유사하나 그와 성질을 달리하는 것으로 임의채권이 있다. 이에 관하여는 민법상 명문의 규정이 없으나 학설과 판례가 인정하고 있다.[17] 임의

는 수필의 토지 중 일정 면적의 소유권을 상대방에게 양도하기로 하는 계약을 체결한 경우, …… 위치와 형상이 중요시되는 토지의 특성 등을 감안하여 볼 때 특별한 사정이 없는 한 위치가 특정된 일정 면적의 토지 소유권을 양도받을 수 있는 권리를 가지는 것으로 보아야 할 것이고, 따라서 위와 같은 계약에 있어서 양도받을 토지의 위치가 확정되지 않았다면 상대방이 토지소유자에 대하여 가지는 채권은 민법 제380조 소정의 선택채권에 해당하는 것으로 보아야 한다."고 판시한다. 한편, 제한종류채권의 성립을 긍정한 위 대법원 2000다24856 판결, 2006다37465 판결, 2006마930 결정도 채무자가 이행에 필요한 행위를 하지 아니하거나 지정권자인 채무자가 지정권을 행사하지 않는 경우 선택채권에서의 선택권 이전에 관한 § 381을 준용하여야 한다고 한다. 이에 관한 학설 대립 등에 관하여는 § 375 주해 VI. 2. 나. 참조.

15) 구주해(8), 220(이공현); 주석 채총(1), 404(제4판/안법영).

16) 이에 관하여는 § 375 주해 VI. 2. 마. 참조.

17) 대판 14.2.27. 2013다86076(정보)은, 공사도급계약에서 수급인이 하자담보책임기간 중에 발생한 하자의 보수나 보수비용의 지급을 담보하기 위하여 도급인에게 하자보수보증금을 현금 또는 보증기관이 발행한 보증서로 예치하기로 한 경우, 이를 도급인은 하자보수보증금을 현금으로 예치하도록 청구할 수 있을 뿐이고, 수급인이 이에 갈음하여 보증서로

채권은 채권의 목적이 하나의 급부에 특정되어 있으나, 채권자 또는 채무자가 다른 급부로서 본래의 급부에 갈음할 수 있는 권리(대용권)를 가지고 있는 채권이다.

임의채권에 있어서는 단일한 본래의 급부가 채권의 목적으로 확정되어 있고, 대용급부는 이에 대하여 보충적인 지위를 갖는 데 불과하다. 이에 비하여 선택채권에서는 선택 전까지는 수개의 급부가 동등한 지위를 가지고 병존한다.

그리고 임의채권에서 본래의 급부는 항상 유효하게 존재할 것을 요하고, 따라서 만일 본래의 급부가 원시적 불능인 경우에는 임의채권은 성립하지 않고, 본래의 급부가 채무자에게 책임 없는 사유로 후발적으로 불능이 되면 대용급부가 이행불능이 아니더라도 임의채권은 소멸한다. 다만 본래의 급부가 채무자의 귀책사유로 인하여 이행불능이 된 경우 임의채권은 손해배상채권으로 존속하므로 임의채권은 소멸하지 않는다. 이에 대하여 선택채권에서는 수개의 급부 가운데 일부가 불능으로 되면 특정의 문제가 발생할 뿐이다(§ 385).

나아가 임의채권에서의 채무자의 대용권은 의사표시만으로는 그 행사의 효력이 발생하지 않고 반드시 현실로 대용급부를 제공하여야만 유효하게 행사할 수 있음에 대하여, 선택채권에서는 선택의 의사표시만으로 선택의 효과, 즉 특정이 이루어진다(§§ 382 I, 383 I). 그리고 선택채권에서의 선택은 임의채권에서의 대용권 행사와 달리 소급효가 있다(§ 386).

그 밖에 임의채권에서의 대용급부는 본래의 급부와 동등한 가치를 가진 것을 전제로 하므로 본래의 급부가 일부불능, 약정 기타의 사유로 감축되면 대용급부도 같은 비율로 감축되나, 선택채권에서는 이러한 일이 발생하지 않는다.[18)]

라. 청구권의 경합

수개의 청구권이 경합하는 경우, 채권자는 그 선택에 따라 어느 청구권도 행사할 수 있는 점에서 선택채권과 유사한 법률관계가 형성된다.

예치할 수 있는 권리, 즉 대용권을 가진다고 하여, 임의채권 관계가 성립하는 것으로 보았다. 또한 학설은 § 378이 정하는 바에 따라 내국통화에 의한 대용급부권이 인정되는 외화채권도 임의채권으로 보고 있고, 판례[대판(전) 91.3.12. 90다2147(공 91, 1161)]도 그와 같이 보고 있는 것으로 이해된다(이에 관하여는 § 378 주해 참조). 그 밖에 학설은 § 443 후단, § 764에 의하여도 임의채권관계가 성립하는 것으로 본다[구 해(8), 221(이공현); 주석 채총(1), 440-441(제4판/안법영)].

18) 임의채권에 관하여 자세히는, 후술 후론[임의채권] 참조.

그러나 선택채권은 선택적 급부를 목적으로 하는 1개의 채권인 데 반하여 청구권의 경합에서는 각 청구권을 내용으로 하는 수개의 채권이 병존한다.[19] 그리고 선택채권은 1개의 원인으로부터 발생하나, 청구권의 경합에서 각 청구권의 발생원인은 각 별개이다. 또한 선택채권에서는 선택권의 행사로 어느 하나의 급부만이 채권의 목적으로 확정되고 다른 급부는 소멸하는 것이나, 청구권이 경합한 경우 채권자가 어느 하나의 청구권을 행사하더라도 다른 청구권이 소멸하지는 않으며, 다만 어느 하나의 청구권을 행사하여 그로부터 만족을 얻으면 다른 청구권도 그 범위 내에서 목적을 달성하여 소멸할 뿐이다.[20]

Ⅱ. 선택권과 선택권의 귀속

선택채권은 선택적으로 정하여진 수개의 급부를 목적으로 하는 것이므로, 채무의 이행을 위하여는 수개의 급부 중 어느 하나로 급부를 특정할 필요가 있다. 이를 선택채권의 특정 또는 집중이라 한다. 선택채권의 특정이 이루어지는 원인으로는 선택권의 행사(§§ 380-384)와 급부의 불능(§ 385)의 두 가지가 있다. 본 조에서는 선택권의 귀속에 관하여 규정하고 있다.

1. 선택권

선택채권에서 수개의 급부 중 채권의 목적이 될 하나의 급부를 정하는 의사표시를 선택이라고 하고, 이러한 선택을 할 수 있는 법적인 권능을 선택권이라고 한다.

선택권은 그 행사에 의하여 채권의 내용이 수개의 선택적 급부로부터 단일한 급부로 확정되는바, 일방적 의사표시에 의하여 채권의 내용이 변경되는 것으로, 형성권에 해당한다. 그리고 선택권은 통상 일신전속권이 아니므로 독립하여 상속 및 양도의 대상이 될 수 있고, 대리인에 의하여 행사할 수 있

19) 따라서 선택채권의 경우 소송상 채권자는 선택에 의하여 확정된 하나의 급부만을 청구할 수 있으나, 청구권 경합의 경우 채권자는 경합하는 채권을 동시에 청구할 수 있다. 이은영, 141.

20) 이와 같이 선택채권에서의 선택할 수 있는 권한, 즉 선택권의 행사는 채권의 내용에 변경을 발생케 하는 일종의 형성적 의사표시이지만, 청구권 경합에서 어느 하나의 청구권 행사는 채권의 내용에 변경을 가져오는 것이 아니므로 형성적 의사표시가 아니다. 주석 채총(1), 403(제4판/안법영).

다.[21] 그러나 제3자가 선택권을 갖는 경우, 거래 당사자가 급부 선정의 단순한 편의만이 아니라 제3자 개인의 공평한 선택을 특별히 신뢰하여 선택권을 부여한 것인 때에는 원칙적으로 선택권은 일신전속적인 성격을 가지므로 양도나 상속의 대상이 될 수 없다.[22]

선택권은 선택채권 자체에 종속하는 권능이므로 당사자 사이의 특별한 약정이 없는 한 선택채권의 양도, 선택채무의 인수에 수반하여 함께 이전하고,[23] 선택채권이 압류되는 때에는 선택권에도 당연히 압류의 효력이 미친다.[24]

2. 선택권의 귀속

가. 선택권의 귀속

선택권의 귀속은 '법률의 규정이나 당사자의 약정'에 의하여 정하여지되, 법률규정이나 약정에 의하여 선택권의 귀속이 결정되지 않는 경우에는 채무자에게 선택권이 귀속한다. 이것이 본조가 정하는 바이다. 의용 민법 § 406는 '선택권은 채무자에게 속한다.'고 규정하고 있었으나 해석상 이를 임의규정으로 보고 다른 법률의 규정이나 당사자의 약정이 있는 때에는 그에 따라 선택권의 귀속이 정하여지는 것으로 해석하고 있었다.[25]

법률의 규정에 의하여 선택채권이 발생하는 경우에는 해당 규정에서 선택권자가 누구인지를 밝히고 있는 경우가 대부분이다. 예컨대 무권대리인의 상대방에 대한 책임(§ 135 I)에 관하여는 채권자인 상대방이 계약이행책임 또는 손해배상책임 에 대한 선택권을 가지고, 점유자와 회복자 사이 및 유치권자와 소유자 사이의 유익비상환청구권(§§ 203 II, 325 II)에 관하여는 채무자인 회복자 또는 소유자가 지출한 금액 또는 가치증가액의 상환에 대한 선택권을 가짐이 명문으로

21) 이덕환, 72; 구주해(8), 224(이공현); 주석 채총(1), 406(제4판/안법영). 그러나 당사자가 어느 누구에게 선택권을 부여한 취지에 그에 의한 선택권 행사만을 허용하겠다는 뜻이 담겨있는 것으로 해석되는 경우에는 선택권을 일신전속권으로 보아야 할 수도 있다.

22) 주석 채총(1), 406(제4판/안법영).

23) 구주해(8), 224(이공현); 주석 채총(1), 406(제4판/안법영).

24) 주석 채총(1), 406(제4판/안법영).

25) 주석 채총(1), 407(제4판/안법영). 한편, 독민 § 262는 "다수의 급부가 그 중 하나만이 실행되어야 하는 내용으로 채무의 목적이 된 경우에 의심스러운 때에는, 채무자가 그 선택권을 가진다."고 하여 유사한 내용을 규정하고 있다. 그러나 MünchKomm/Krüger, § 262 Rn. 1은 대부분의 경우 급부에 관한 결정의 이익이 채권자에게 있음을 이유로 이러한 입법태도에 의문을 제기한다.

규정되어 있다. 임차인과 임대인 사이의 유익비상환청구권(§626 II)에 관하여는 선택권의 귀속이 법규정상 명확하지 않으나, 역시 § 203 II과 마찬가지로 임대인인 채무자에게 선택권이 귀속한다고 한다고 해석하는 것이 판례[26]이고, 별다른 이설이 없다. 보증인의 사전구상권에 대한 주채무자의 면책청구권 또는 담보제공청구권의 선택(§443)에 관하여도 선택권의 귀속이 법문상 명확하지 않으나, 그 취지에 비추어 채무자인 주채무자에게 선택권이 귀속된다고 보아야 할 것이다.[27]

당사자가 선택권의 귀속에 관하여 별도로 약정한 경우에는 그에 따라야 함은 계약자유의 원칙상 당연하다. 그 밖에 선택채권이 계약이 아닌 유증 등 단독행위에 의하여 발생하는 경우, 그 단독행위에서 선택권자를 정하면 그에 따라야 함 역시 물론이다. 따라서 본조가 당사자의 '약정'이라고 하고 있으나, 이는 널리 단독행위도 포함하는 '의사표시'라고 해석하여야 한다.[28] 주택사업공제조합이 조합원으로부터 아파트를 분양받은 수분양자들이 납부한 계약금 및 중도금의 환급 또는 주택의 분양에 대하여 보증책임을 부담하기로 하였는데, 조합원이 부도 등으로 인하여 신축중인 아파트를 완공하지 못하여 수분양자들에 대하여 분양계약상의 주택공급의무를 이행할 수 없게 된 경우, 분양대금의 환급 또는 아파트 완공의무의 이행에 대한 선택권이 주택사업공제조합이 아닌 수분양자들에게 있다고 해석한 사례로는, 대판 00.2.25. 99다52831(공 00, 825) 참조.

나. 채무자귀속의 원칙

선택권의 귀속에 관한 법률의 규정이나 당사자의 의사표시가 없으면 선택권은 채무자에게 속한다. 당사자의 의사표시가 명확하지 않은 경우에도 의사표시 해석의 일반원칙에 따라 가능하면 합리적 해석에 의하여 선택권자를 확정하여야 한다. 이러한 해석에 불구하고 선택권자의 확정이 불가능한 경우 본조에 따라 선택권은 채무자에게 귀속하게 된다. 채무자에 갈음하여 제3자가 변제를 할 수 있는 경우에는 제3자도 선택권을 행사할 수 있다고 볼 것이다.[29] 그러나 이 경우 제3자가 현실로 변제하지 않는 이상 선택의 의사표시만

26) 대판 02.11.22. 2001다40381(공 03, 146).

27) 동지: 주석 채총(1), 407(제4판/안법영).

28) 동지: 구주해(8), 224(이공현); 주석 채총(1), 409(제4판/안법영).

29) 구주해(8), 225(이공현); 주석 채총(1), 411(제4판/안법영).

으로는 급부가 특정되지 않는다는 견해가 있다.[30]

채무자가 수인인 경우에 있어서, 수인의 채무자가 각자 채무 전부를 단독으로 변제할 수 있는 경우에는 각자 선택권을 행사할 수 있고, 다만 그 선택은 다른 채무자에게는 아무런 효력도 미치지 못하고 다른 채무자는 여전히 선택채무를 부담하므로, 선택을 한 채무자의 변제로써 비로소 그 채무를 면하게 되고 다시 선택을 할 필요가 없게 될 뿐이다. 수인의 채무자가 공동으로 변제하여야 하는 경우에는 채무자들이 공동으로만 선택권을 행사할 수 있고, 그 의사가 일치하지 않는 경우에는 선택의 효력이 발생하지 않으므로 § 381에 의하여 선택권이 채권자에게 이전하게 된다.[31]

선택채권이 쌍무계약에 의하여 발생한 경우에는 쌍무적 관계에 있는 반대채권과의 관계상 쌍방이 채권자이자 채무자의 지위에 서게 되므로 어려운 문제가 발생한다. 이에 관하여는 일방의 선택이 상대방의 반대급부에 영향을 미치지 않는 경우, 예컨대 대금 20만 원의 책상 또는 대금 20만 원의 의자를 매매한 경우[32]에는 선택적 급부의무를 부담하는 자인 책상 또는 의자 양도의무를 부담하는 당사자가 선택권을 가지고, 일방의 선택이 상대방의 반대급부에 영향을 미치는 경우, 예컨대 대금 20만원의 책상 또는 대금 50만 원의 의자를 매매한 경우[33]에는 당사자 어느 일방도 선택권을 갖지 못하고 오로지 당사자 사이의 새로운 합의에 의하여서만 특정할 수 있다는 견해가 있다.[34]

선택권이 채무자가 아닌 채권자 또는 제3자에게 귀속한다는 사정에 관한 주장·입증책임은 채권자가 부담한다.[35] 선택권 귀속에 관한 다른 합의가 인정되지 아니하여 본조에 의하여 선택권이 채무자에게 있다고 본 판례로서는, 대판 04.2.13. 2003다10612(정보) 및 대판 00.5.12. 98다23195(공00, 1368) 참조.

30) 주석 채총(1), 411(제4판/안법영).
31) 구주해(8), 225(이공현); 주석 채총(1), 411(제4판/안법영).
32) 이 경우에는 당사자 일방만이 선택적 급부의무를 부담하는 셈이 된다.
33) 이 경우에는 당사자 쌍방이 선택적 급부의무를 부담하는 셈이 된다.
34) 구주해(8), 225(이공현). 이에 대하여 후자의 경우, 즉 일방의 선택이 반대급부에 영향을 미치는 경우에 관하여, 애당초 쌍무적 선택채권관계의 성립 자체를 상정하기 어려울 것이라는 지적은, 주석 채총(1), 412(제4판/안법영).
35) MünchKomm/Krüger, § 262 Rn. 15.

第381條(選擇權의 移轉)

① 選擇權行使의 期間이 있는 境遇에 選擇權者가 그 期間內에 選擇權을 行使하지 아니하는 때에는 相對方은 相當한 期間을 定하여 그 選擇을 催告할 수 있고 選擇權者가 그 期間內에 選擇하지 아니하면 選擇權은 相對方에게 있다.

② 選擇權行使의 期間이 없는 境遇에 債權의 期限이 到來한 後 相對方이 相當한 期間을 定하여 그 選擇을 催告하여도 選擇權者가 그 期間內에 選擇하지 아니할 때에도 前項과 같다.

차례

Ⅰ. 본조의 의의

선택권은 권리이고 의무가 아니므로 선택권자가 선택권을 행사하지 않는 경우에도 이를 강제할 수는 없다. 당사자가 약정에 의하여 선택의무를 부담하는 것으로 해석되는 경우에도 상대방은 선택권의 행사만을 별도로 소구할 수는 없다고 할 것이다.[1] 따라서 선택권자가 선택권을 행사하지 않으면 급부가 확정되지 않음으로 인하여 선택채무의 이행은 불가능하게 된다.[2] 이에 본조는

1) 주석 채총(1), 413(제4판/안법영), 각주 2.

2) 구주해(8), 226(이공현); 주석 채총(1), 413(제4판/안법영)은, 선택권자가 채권자인 경우에는 채무자는 선택할 급부들의 이행을 제공함으로써 채권자를 수령지체에 빠지게 할 수 있고, 선택권자가 채무자인 경우에는 채권자는 채무불이행에 기한 손해배상청구를 할 수 있다고 한다. 그러나 선택이 이루어지지 아니하여 급부가 확정되지 않은 상태에서, 본조에서 정하는 선택권 이전에 의하여 문제를 해결하지 아니한 채, 채무자가 이행의 제공을 하거나 채권자가 채무불이행에 기한 손해배상청구를 할 수 있다고 보는 것에는 의문이 있다. 더구나 선택권은 '선택의무'를 포함하지 않는다. 독일에서는 선택권이 동시에 선택의무로 해석되는 경우에 한하여 독민 § 264(아래 주 4 참조)의 규정에 비추어 별도로 상대방이 선택채무 불이행으로 인한 손해배상을 청구할 수 있는지에 관하여 논의가 있다. MünchKomm/Krüger (7. Aufl. 2016), § 264 Rn. 14.

채권자 또는 채무자인 선택권자가 선택권을 행사하지 않는 경우 일정한 요건 하에 선택권이 상대방에게 이전하는 것으로 정하고 있다.

본조는 채권자 또는 채무자 일방이 선택권을 가지는 경우에 적용되고, 제3자가 선택권을 가지는 경우에는 적용되지 아니한다(이에 관하여는 § 384에서 별도로 규정한다). 채권자와 채무자 중 어느 쪽이 선택권을 가지는지 여부는 무관하다. 그리고 선택권의 발생원인이 당사자의 의사표시 또는 법률의 규정 중 어느 것인지도 묻지 아니한다.[3)]

의용 민법 § 408에서는 선택권 행사의 기간이 정하여진 경우와 그렇지 않은 경우를 별도로 나누어 규정하고 있지 않았으나, 본조에서는 이를 나누어 규정하고 있다.[4)]

본조는 임의규정이므로 당사자가 본조와 다른 내용을 합의하더라도 유효하다.

Ⅱ. 선택권 이전의 요건

1. 선택권 행사의 기간이 있는 경우(제1항)

가. 선택권 행사의 기간 내에 선택권을 행사하지 아니하였을 것

선택권 행사의 기간 내에 선택권자가 선택권을 행사하지 아니하여야 한다. 선택권 행사의 기간은 주로 당사자의 약정에 의하여 정하여질 것이다. 이와 같이 정하여진 선택권 행사의 기간 내에 선택권이 행사되지 않으면 족하고, 채권

---

3) 주석 채총(1), 414(제4판/안법영). 이에 대하여 법이 선택채권을 이전한 것은 특정인에게 선택권을 주는 것이 타당하므로 법률의 규정에 의하여 선택채권이 발생하는 경우에는 선택권의 이전에 관한 본조가 적용되지 않는다는 견해는, 김증한·김학동, 52.

4) 독민 § 264는, 선택권이 채권자에게 있는 경우에는 본조 제2항과 같이 규정하고 있으나, 선택권이 채무자에게 있는 경우에는 채무자가 강제집행의 개시 전에 선택을 하지 아니할 경우 채권자가 자신의 선택에 좇아 어느 하나의 급부에 강제집행을 할 수 있고, 다만 채권자가 선택된 급부를 수령하지 아니하는 동안에는 채무자가 나머지 급부 중 하나를 실행하여 채무를 면할 수 있도록 하고 있다. 즉 채무자는 채권자가 강제집행에 착수하기 이전에는 제한 없이 선택권을 행사할 수 있고(채권자로서는 채무자가 선택권을 행사하기 이전에는 채무자를 상대로 '여러 개의 급부 중 채무자의 선택에 따라 어느 하나의 급부를 이행할 것'을 소구하여야 한다고 한다), 채권자가 강제집행에 착수한 이후에도 여전히 채무자는 선택권을 가지나, 다만 이제는 채권자에 대한 의사표시만으로는 선택권을 행사할 수 없고 선택한 급부를 실제 이행함으로써 선택권을 행사하는 제한을 받게 될 뿐이다. MünchKomm/Krüger, § 264 Rn. 3-5.

의 이행기가 도래하였는지 여부는 묻지 않는다. 따라서 채권의 이행기가 아직 도래하지 않은 경우에도 선택권이 행사되지 아니한 채 선택권행사의 기간이 도과하였으면 본 요건을 충족한다.[5] 또한 당사자가 선택권을 행사하지 아니한 이유도 묻지 않는다. 따라서 선택권 불행사의 귀책사유도 요하지 않는다.

나. 상대방이 상당한 기간을 정하여 선택을 최고하였을 것

상대방이 상당한 기간을 정하여 선택을 최고하여야 한다. 여기서 상당한 기간이라고 함은 선택권자가 어느 하나의 급부를 선택함이 그의 이익인가를 판단하고 또한 그 선택의 의사표시가 상대방에게 도달하는 데 소요되는 시간을 의미한다.[6] 선택채권의 발생원인, 당사자의 이익상황 등 제반 사정을 종합하여 판단하여야 할 것이다.

최고를 함에 있어서는 반드시 기간을 구체적으로 정하여 명시하여야 하는 것은 아니고, 단순히 '상당한 기간 내'라고 하여 최고하는 것도 가능하다. 이러한 경우에는 객관적으로 상당한 기간이 경과되면 선택권은 이전된다. 최고 기간을 정하는 경우 그 기간이 객관적으로 상당한 기간보다 장기이면 그 상대방이 정한 기간의 경과로 선택권 이전의 효과가 발생한다고 볼 것이다. 상대방이 정한 기간이 객관적으로 상당한 기간보다 단기이면 상대방의 의사에 따라 최고의 효력 유무를 판단한다고 함이 일반적인 견해이다. 즉, 상대방의 의사가 반드시 그가 정한 기간 내에 선택할 것을 요구하는 것이라면 최고는 무효라고 할 것이나, 그 기간이 대체적인 표준을 정한 것에 불과한 것이라면 그 최고는 유효하고 선택권자가 객관적으로 상당한 기간 내에 선택권을 행사하면 상대방에의 선택권 이전을 저지할 수 있다고 한다.[7]

선택권자가 행방불명인 경우에는 상대방은 공시송달의 방법에 의하여 최고를 할 수 있다(§113).

선택권자가 명시적으로 또는 묵시적으로 사전에 선택권을 포기한 경우, 미리 선택을 거절한 경우, 최고를 하더라도 선택권을 행사하지 아니할 것이 명백한 경우에는 상대방은 최고를 필요로 하지 않으며, 그 포기, 거절 등의 시점에

5) 사실 당사자가 채권의 이행기를 정하면서 선택권 행사기한을 그 이후로 정하는 경우는 상정하기 어려울 것이다. 당사자가 채권의 이행기를 명시적으로 정하지 않으면서 선택권 행사기간을 별도로 정하는 경우에는 그 선택권 행사기한을 채권을 이행기로 볼 경우가 많을 것이다.

6) 구주해(8), 227(이공현); 주석 채총(1), 415(제4판/안법영).

7) 구주해(8), 227(이공현); 주석 채총(1), 415(제4판/안법영).

서 선택권이 상대방에게 이전된다고 할 것이다.[8)]

다. 선택권자가 상당한 기간 내에 선택권을 행사하지 아니할 것

선택권자가 상당한 기간 내에 선택권을 행사하지 아니하여야 한다. 이 경우에도 선택을 하지 않은 이유와 귀책사유 유무는 묻지 않는다.

2. 선택권 행사의 기간이 없는 경우(제2항)

채권의 기한, 즉 이행기가 도래한 후에 상대방이 상당한 기간을 정하여 선택을 최고하였음에도 선택권자가 그 상당한 기간 내에 선택권을 행사하지 아니하여야 한다.

기한의 정함이 있는 채무는 그 정한 기한이 도래하여야 하고, 기한의 정함이 없는 채무는 발생과 동시에 이행기에 있게 되므로 선택채권의 발생과 동시에 채권의 기한이 도래한 것이 된다. 이행지체가 발생하였는지 여부는 묻지 않는다.

그 밖의 요건은 선택권 행사의 기간이 있는 경우와 같다.

Ⅲ. 선택권 이전의 효과

선택권이 이전되면 원래의 선택권자는 선택권을 상실하고 상대방에게 선택권이 귀속된다. 만약 상대방이 이전받은 선택권을 행사하지 않는 경우에는 본조에 의하여 다시 원래의 선택권자에게 선택권이 이전될 수 있다.[9)]

8) 구주해(8), 227(이공현); 주석 채총(1), 414(제4판/안법영).
9) 주석 채총(1), 417(제4판/안법영).

第382條(當事者의 選擇權의 行使)

① 債權者나 債務者가 選擇하는 境遇에는 그 選擇은 相對方에 對한 意思表示로 한다.

② 前項의 意思表示는 相對方의 同意가 없으면 撤回하지 못한다.

차례

Ⅰ. 본조의 의의

본조는 선택채권에서 선택권 행사의 방법 및 선택의 의사표시의 철회가능 여부에 관하여 규정하고 있다. 본조는 채권자 또는 채무자가 선택권자인 경우에 적용되고(본조 1), 제3자가 선택권자인 경우에 관하여는 § 383이 별도로 규정하고 있다. 의용 민법 § 407도 본조와 동일한 내용을 규정하고 있었다.[1)]

Ⅱ. 선택권의 행사(제1항)

채권자 또는 채무자가 선택권자인 경우, 선택권은 상대방에 대한 의사표시에 의하여 이를 행사한다. 이는 상대방의 수령을 요하는 일방적 의사표시이고, 상대방에 도달한 때에 효력을 발생한다(§ 111). 상대방의 승낙을 요하지는 아니한다. 상대방이 수인(數人)인 경우에는 원칙적으로 수인인 상대방 전원에 대하여 선택권 행사의 의사표시가 도달하여야 하므로, 최후에 도달한 의사표시가 도달한 때에 선택의 효력이 발생한다고 할 것이다.[2)]

선택의 의사표시는 반드시 명시적으로 하여야 하는 것은 아니고 묵시적으로도 할 수 있다. 예컨대 선택권자인 채무자가 선택한 급부의 목적물을 채권자

1) 독민 § 263 I은 "선택은 상대방에 대한 의사표시로써 한다."고 규정하여 본조 I과 같은 내용을 규정하고 있다.
2) 구주해(8), 228(이공현); 주석 채총(1), 418(제4판/안법영).

에게 인도하거나 송부한 경우, 선택권자인 채권자가 채무자에 대하여 특정한 급부의 이행을 청구한 경우에는 묵시적으로 선택의 의사표시가 이루어진 것이라고 볼 것이다.[3] 그리고 이와 같이 선택권의 행사가 상대방에 대한 의사표시인 이상, 의사표시에 관한 일반원칙이 적용된다. 따라서 예컨대 사기, 강박, 착오 등을 이유로 선택의 의사표시를 취소할 수 있다(이설 없음). 그리고 이는 일방적 의사표시이므로 조건이나 기한을 붙일 수 없음이 원칙이고(이설 없음),[4] 다만 상대방이 동의한 경우에는 허용될 수 있다.[5]

선택권은 일신전속권이 아니므로 대리인에 의하여 행사하거나 대리인에 대하여도 행사할 수 있다. 소송대리인은 원칙적으로 선택권의 행사 및 선택의 의사표시의 수령에 관한 대리권이 있다고 볼 것이다.[6]

채권관계의 당사자가 수인인 경우에는 '선택권의 불가분성'에 의하여 일방의 전원이 타방의 전원에 대하여 선택권을 행사하여야 한다는 견해가 있다.[7] 그러나 선택권자인 채무자가 수인인 경우 그 채무의 성질이 각자 전부를 이행할 수 있는 것인 경우에는 원칙적으로 채무자들 각자 선택권을 행사할 수 있다고 보아야 할 것이다.[8]

Ⅲ. 선택의 철회(제2항)

선택의 의사표시는 상대방의 동의가 없으면 철회할 수 없다. 선택은 일방적 의사표시이므로, 일단 상대방에게 도달하여 그 효력을 발생한 선택의 의사표시를 선택권자가 일방적으로 철회하는 것은 상대방의 지위를 불안하게 하고 그에게 불측의 손해를 줄 우려가 있으므로, 이와 같이 한 것이다.[9]

---

3) 구주해(8), 228(이공현); 주석 채총(1), 418(제4판/안법영); MünchKomm/Krüger (7. Aufl. 2016), § 263 Rn. 3.

4) 그러나 법정조건이나 상대방의 의사에 조건의 성취 여부가 달린 경우와 같이 상대방의 지위에 불안을 초래하지 않는 조건은 붙일 수 있다. MünchKomm/Krüger, § 263 Rn. 2.

5) 주석 채총(1), 419(제4판/안법영).

6) 구주해(8), 229(이공현); 주석 채총(1), 419(제4판/안법영).

7) 주석 채총(1), 419(제4판/안법영).

8) 다만 한 채무자의 선택권 행사는 다른 채무자에게 영향을 주지 않는다. § 380 주해 II. 2. 나. 참조. 한편 위 선택권의 불가분성을 주장하는 견해도 다른 곳에서는 이와 같이 설명한다. 주석 채총(1), 411(제4판/안법영).

9) 의용 민법 § 407 II에서는 '취소하지 못한다.'라고 하였으나, 여기서 '취소'는 '철회'를 의미한다는 데에 이견이 없었다. 주석 채총(1), 420(제4판/안법영); 日注民(10-I) 新版,

판례[10]는 채무자가 채권자가 선택하는 1필지의 토지 중 일정 면적의 소유권을 이전하여 주기로 하였는데, 채권자가 1필지 토지 중 특정 부분을 선택하였음에도 그때마다 채무자가 이를 타인에게 양도하는 등의 방해행위로 선택의 목적을 달성할 수 없게 한 사안에서, 이와 같은 특별한 사정이 있는 경우에는 본조 제2항에 불구하고 채권자는 상대방의 동의 없이도 다시 다른 위치의 토지를 선택할 수 있다고 판단하였다. 이는 신의칙 내지 조리에 의하여 본조 제2항에 대한 예외를 인정한 것으로 이해된다.

369(山下末人·安井宏).

10) 대판 71.7.11. 70다877(정보).

第 383 條(第三者의 選擇權의 行使)

① 第三者가 選擇하는 境遇에는 그 選擇은 債務者 및 債權者에 對한 意思表示로 한다.

② 前項의 意思表示는 債權者 및 債務者의 同意가 없으면 撤回하지 못한다.

선택권은 당사자 이외의 제3자가 가질 수도 있다. 이 조항은 제3자가 선택권을 가지는 경우 선택권의 행사방법 및 선택의 의사표시의 철회가능 여부에 관하여 정하고 있다. 의용 민법 § 409 I은 본조와 달리 제3자가 선택하는 경우 그 선택은 '채권자 또는 채무자'에 대한 의사표시로 한다고 규정하고 있었다. 그리고 의용 민법에는 본조 제2항과 같은 규정이 없었으나, 학설은 그와 같은 내용으로 해석하는 데에 이견이 없었다.[1)]

제3자가 선택권을 행사하는 경우 이는 채무자 및 채권자에 대한 의사표시로 한다. 채무자와 채권자 모두에 대한 의사표시로 하여야 하므로 채무자와 채권자 중 누군가에게 최후에 선택의 의사표시가 도달한 때에 선택의 효력이 발생한다.[2)] 채무자와 채권자에게 도달한 의사표시가 서로 모순되거나 일치되지 않는 경우에는 선택의 효력이 발생하지 않는다고 할 것이다.[3)]

그 밖에 제3자의 선택에 의사표시에 관한 일반규정이 적용되는 점, 대리인에 의한 선택의 의사표시가 가능한 점 등은 당사자가 선택권을 행사하는 경우와 같다.[4)]

제3자가 선택의 의사표시를 한 경우 원칙적으로 철회하지 못하도록 한 것은 § 382 II에서 당사자의 선택의 의사표시를 원칙적으로 철회하지 못하도록 한 것과 같은 취지이다. 다만 예외적으로 철회할 수 있는 요건으로서 철회에 대한 동의를 할 상대방이 채권자와 채무자 쌍방임을 명시하고 있다.

1) 주석 채총(1), 424(제4판/안법영).
2) 구주해(8), 230(이공현); 주석 채총(1), 425(제4판/안법영).
3) 구주해(8), 230(이공현); 주석 채총(1), 426(제4판/안법영).
4) § 382 주해 참조.

第 384 條(第三者의 選擇權의 移轉)

① 選擇할 第三者가 選擇할 수 없는 境遇에는 選擇權은 債務者에게 있다.

② 第三者가 選擇하지 아니하는 境遇에는 債權者나 債務者는 相當한 期間을 定하여 그 選擇을 催告할 수 있고 第三者가 그 期間內에 選擇하지 아니하면 選擇權은 債務者에게 있다.

차례

Ⅰ. 본조의 의의

본조는 제3자가 선택할 수 없거나 선택하지 아니하는 경우 선택권의 이전에 관하여 규정하고 있다. 이 역시 당사자가 선택권을 가지는 경우에 관한 § 381와 마찬가지로 선택채권의 이행곤란을 방지하기 위한 규정이다. 의용 민법 § 409 II은 '제3자가 선택을 할 수 없거나 이를 의욕하지 않는 때' 선택권이 채무자에게 있다고 규정하고 있었다. 즉 제3자가 선택을 할 수 없을 때는 물론, 이를 바라지 않는 경우에도 채권자나 채무자의 최고는 필요 없이 바로 채무자에게 선택권이 이전하는 것으로 규정하고 있었다.

Ⅱ. 선택권 이전의 요건

1. 제3자가 선택할 수 없는 경우

제3자가 선택할 수 없는 경우, 즉 선택불능인 경우 선택권은 당연히 채무자에게 이전하고, 이 경우 채권자나 채무자의 선택권 행사의 최고는 불필요하고, 채무의 이행기가 도래할 필요도 없다.

선택불능의 사유는 묻지 아니한다. 따라서 선택권자인 제3자의 질병, 부재

(不在), 사망,[1] 의사능력의 상실 등 기타의 사유를 포함한다. 선택권자인 제3자가 수인(數人)인 경우 그 의사가 일치하지 아니하고 일치할 가능성이 없으면 역시 선택불능이 된다.[2] 선택권자인 제3자가 정신적 제약으로 인하여 사무를 처리할 능력이 지속적으로 결여되거나 사무처리 능력이 부족하거나 제약이 있어 성년후견, 한정후견 또는 특정후견을 받게 된 때(§§ 9, 12, 14의2)에는, 본조가 선택불능의 경우 선택권을 채무자에게 이전하도록 규정한 취지에 비추어 채권관계 당사자에 특별히 불이익을 초래한다고 여겨지지 않고, 피후견인의 보호를 우선하면서 거래의 안전을 보호하려는 성년후견제도의 취지에 비추어 가정법원의 획일적 판단에 따르는 것은 타당하지 않다는 이유로, 의사능력 결여 여부에 관하여 구체적으로 판단하여 대리권 소멸에 관한 § 127 ii를 유추적용하여 선택불능으로 취급할 수 있다는 견해가 있다.[3] 그러나 선택권자인 제3자의 파산은 선택불능으로 볼 수 없다.[4]

2. 제3자가 선택하지 아니하는 경우

명시적으로 선택의 거절 또는 선택권 불행사의 의사표명이 있는 경우는 물론, 선택권 행사의 기간이 정하여진 경우 그 기간을 도과하였거나 선택권 행사의 기간이 정하여져 있지 않으나 채권의 기한이 도래하도록 선택하지 않는 경우 등 선택하지 아니하는 제3자의 의사가 외부적으로 인식될 수 있어야 한다.[5] 이 경우 채권자나 채무자는 상당한 기간을 정하여 제3자에게 선택을 최고하여야 하고, 제3자가 그 기간 내에 선택을 하지 아니하여야 선택권 이전의 효과가 발생한다.

---

1) 제3자의 선택권은 일신전속권이므로 제3자의 사망에 의하여 상속되지 아니한다. § 380 주해 II. 1. 참조.

2) 구주해(8), 231(이공현); 주석 채총(1), 426(제4판/안법영)은 단순히 수인의 제3자의 의사가 일치하지 않는 때 선택불능으로 된다고 하고 있으나, 다시 수인의 제3자가 일치된 의사를 표시할 가능성이 있으면 바로 선택불능이라고 보는 것은 타당하지 아니하다.

3) 주석 채총(1), 426(제4판/안법영). 행위무능력 제도가 폐지되기 이전에, 제3자가 금치산선고를 받은 때에는 선택불능으로 보고, 한정치산선고를 받은 때에는 여전히 선택권을 행사할 수 있다고 한 견해에 대하여는 구주해(8), 231(이공현) 참조.

4) 구주해(8), 231(이공현); 주석 채총(1), 426(제4판/안법영).

5) 구주해(8), 231-232(이공현); 주석 채총(1), 426(제4판/안법영).

Ⅲ. 선택권 이전의 효과

선택권이 이전하면 제3자는 선택권을 상실하고 채무자가 이를 취득한다. 선택권은 처음부터 선택권이 채무자에게 있었던 것과 같게 된다. 채무자가 선택권을 행사하지 않을 경우에는 § 381이 적용되어 상대방인 채권자에게 선택권이 이전될 수 있을 뿐, 다시 제3자에게 선택권이 환원되지는 아니한다.[6)]

6) 주석 채총(1), 427(제4판/안법영).

第 385 條(不能으로 因한 選擇債權의 特定)

① 債權의 目的으로 選擇할 數個의 行爲 中에 처음부터 不能한 것이나 또는 後에 履行不能하게 된 것이 있으면 債權의 目的은 殘存한 것에 存在한다.

② 選擇權없는 當事者의 過失로 因하여 履行不能이 된 때에는 前項의 規定을 適用하지 아니한다.

차례

Ⅰ. 본조의 의의

선택채권은 선택권자의 선택에 의하여 특정되는 것이 통이다. 그러나 선택채권의 목적인 수개의 급부 중 어느 급부가 이행불능인 경우가 있을 수 있고, 이러한 경우에 선택채권은 하나의 채권이지만 여러 개의 급부가 존재하는 것으로 일부 급부의 불능은 선택채권 전체를 무효로 하거나 소멸케 하는 것으로 볼 여지가 있으나, 선택채권의 각 급부는 개별적으로 독립적인 가치를 가지고 있고, 급부의 수가 한정되어 있으며, 선택채권을 발생시킨 당사자의 의사는 일부의 급부가 불능으로 되면 나머지 급부로 이를 보충하려는 것이 일반적임을 고려하여 본조는 수개의 선택적 급부 중 일부가 불능이더라도 나머지 급부가 채권의 목적이 된다는 취지를 정하고 있는 것이다.

본조는 의용 민법 § 410와 같은 내용을 규율하고 있다.[1)]

1) 독민 § 265는, "급부 중의 하나가 처음부터 불능이거나 후에 불능이 된 경우에는, 채권관계는 다른 급부들로 한정된다. 급부가 선택권이 없는 당사자의 책임 있는 사유로 불능하게 된 때에는, 한정은 일어나지 아니한다."고 하여, 본조와 유사한 내용을 규정하고 있다.

Ⅱ. 원시적 불능의 경우

선택채권의 목적인 수개의 급부 중 선택채권의 성립 당시부터 원시적으로 불능인 급부가 있는 경우에는, 채권은 불능이 아닌 잔존하는 급부에 관하여 존속한다(본조 제1항). 원시적 불능인 급부를 목적으로 하는 채권을 발생시키고자 하는 계약은 무효이므로(§ 535 I), 그러한 계약에 기한 채권은 성립하지 않으나, 선택채권의 목적이 되는 수개의 급부 중 일부만이 원시적 불능인 경우에는 잔존하는 급부에 관하여는 유효한 채권관계가 존속하도록 하는 것이다.

따라서 잔존하는 급부가 2개 이상인 경우에는 그 잔존하는 급부들을 목적으로 하는 선택채권이 존속하게 되고, 잔존하는 급부가 1개인 경우에는 그 잔존하는 급부를 목적으로 하는 단순채권이 존속하게 된다. 모든 급부가 원시적 불능인 경우에는 선택채권이 성립하지 않음은 물론이다.[2]

다만 본조는 임의규정이므로, 당사자들의 의사가 1개의 급부라도 원시적 불능으로 되어 전체 급부의 이행이 가능하지 않게 되면 선택채권관계를 성립시키지 않겠다는 것으로 해석되는 경우에는, 일부 급부의 원시적 불능에 따라 전체의 선택채권은 성립하지 않게 된다고 할 것이다.[3]

이러한 효과는 당사자의 과실 유무에 따라 달라지지 아니한다.[4]

Ⅲ. 후발적 불능의 경우

원칙적으로 선택적 급부 중 일부가 후발적으로 불능이 된 경우에도 원시적 불능인 경우와 마찬가지로 채권관계는 잔존하는 급부를 목적으로 하여 존

2) 그러나 이는 본조 I이 적용되는 결과라기보다는(후술하는 바와 같이 본조 I은 일부 급부가 불능임으로 인하여 불능이 아닌 잔존하는 급부가 존재하는 것을 전제로 하는 규정이라고 보아야 할 것이다) 단순히 선택채권의 모든 급부가 원시적으로 불능이었으므로 선택채권이 성립하지 않는다고 생각하면 족하다.

3) 구주해(8), 232-233(이공현); 주석 채총(1), 429(제4판/안법영).

4) 대부분의 학설은 이와 같이 보고 있다. 그러나 이에 대하여 원시적 불능의 경우에도 본조 II이 적용되어 예컨대 선택권자가 채권자 또는 제3자인 경우 채무자의 과실에 의하여 어떤 급부가 원시적 불능으로 된 경우, 선택권자는 원시적 불능인 급부를 선택하여 계약을 무효로 하고 채무자에게 계약체결상의 과실책임(§ 535)을 추궁할 수도 있다고 하는 견해가 있다. 장재현, 66 참조. 독일에서의 같은 견해로, MünchKomm/Krüger (7. Aufl. 2016), § 265 Rn. 4.

속한다(本條 I). 그러나 후발적 불능인 경우에는 원시적 불능과는 달리 선택권 없는 당사자의 과실로 불능이 발생한 것인지 여부에 따라 취급을 달리한다(本條 II).

1. 선택권 없는 당사자의 과실로 이행불능이 된 때

선택권 없는 당사자의 과실로 일부 급부가 후발적으로 이행불능이 된 때에는 본조 II에 의하여 본조 I이 적용되지 않으므로 이행불능으로 인한 특정이 일어나지 않는다. 이는 선택권이 없는 자의 귀책사유로 인하여 선택권자의 선택권이 침해되는 것은 부당하기 때문이다.[5)]

따라서 채권자가 선택권자인데 채무자의 과실로 어느 급부가 이행불능이 되면, 채권자는 잔존 급부를 선택하여 그 이행을 청구할 수 있음은 물론, 이행불능이 된 급부를 선택하여[6)] 채무자에 대하여 손해배상(전보배상)을 청구할 수도 있다.

다음으로 채무자가 선택권자인데 채권자의 과실로 어느 급부가 이행불능이 되면, 채무자는 잔존급부를 선택하여 이를 이행할 수 있고, 쌍무계약인 경우 채권자에 반대급부의 이행을 청구할 수도 있다. 나아가 불능이 된 급부와 관련하여 채권자에 대하여 손해배상을 청구할 수 있다.[7)] 그리고 채무자는 불능으로 된 급부를 선택하여 채무를 면할 수도 있고, 이 경우에도 쌍무계약이면 채권자에 반대급부의 이행을 청구할 수 있다(§ 538).

제3자가 선택권자인 경우에도 마찬가지로 해석된다.[8)] 따라서 채권자의 과실로 일부 급부의 불능이 생긴 경우 제3자가 불능이 된 급부를 선택하면 채무자는 채무를 면하고, 잔존급부를 선택하면 채무자는 잔존급부를 이행함과 아울러 채권자에 대하여 불능이 된 급부와 관련한 손해배상[9)]을 청구할 수 있다.

---

5) 강봉석, 41; 김증한 · 김학동, 53; 구주해(8), 233-234(이공현); 주석 채총(1), 430(제4판/안법영).

6) 이와 같이 이행불능으로 된 급부를 선택할 수 있는 것은 선택의 소급효(§ 386)로 인한 것이다. 이에 관하여는 후술 § 386 주해 참조.

7) 이때의 손해배상은 통상 불법행위에 기한 것이거나, 급부의무 이외의 채권관계상 인정되는 보호의무 내지 부수적 의무의 위반으로 인한 채무불이행에 기한 것이라고 할 것이다(보호의무 내지 부수적 의무에 관하여는 제1장 총칙, 제1절 채권의 목적, 전론 IV. 참조). 불능이 된 급부는 선택되지 아니하여 처음부터 채권의 목적이 아니었던 것으로 되기 때문이다. 동지: 주석 채총(1), 431(제4판/안법영).

8) 김준호, 37; 이덕환, 75; 장재현, 66; 구주해(8), 234(이공현); 주석 채총(1), 431-432(제4판/안법영).

9) 이 역시 불법행위에 기한 손해배상이거나 보호의무 내지 부수적 의무 위반으로 인한 손해배상이다.

그리고 채무자의 과실로 일부 급부가 불능으로 된 경우 제3자가 불능이 된 급부를 선택하면 채무자는 손해배상(전보배상) 의무를 지고, 잔존급부를 선택하면 채무자는 이를 이행하여야 한다.

2. 그 밖의 경우

선택권을 가지는 당사자의 과실에 의하여 일부의 급부가 불능이 된 경우, 또는 당사자 쌍방 어느 누구의 과실에 의하지 아니하고 일부의 급부가 불능이 된 경우에는 잔존하는 급부에 관하여 채권이 존재한다(본조 I). 즉, 잔존하는 급부가 1개인 경우에는 그것으로 급부가 확정되어 그 급부를 목적으로 하는 단순채권으로 되고, 잔존하는 급부가 2개 이상인 경우에는 이들 급부를 선택의 대상으로 하는 선택채권으로 존속한다.[10)]

구체적으로, 선택권을 가진 채권자의 과실로 인하여 일부 급부가 불능이 된 경우, 채무자는 잔존하는 급부들 중 채권자가 선택하는 급부를 이행하여야 하나, 불능이 된 급부와 관련하여서는 채권자에 대하여 손해배상[11)]을 청구할 수 있다. 그리고 선택권을 가진 채무자의 과실로 인하여 어느 급부가 불능이 된 경우, 채권자는 잔존 급부들 중 채무자가 선택하는 급부만을 청구할 수 있다.[12)]

당사자 쌍방 어느 누구의 과실에 의하지 아니하고 일부의 급부가 불능에 이른 경우 중 불가항력으로 인한 경우에도 역시 본조 I에 의하여 잔존 급부에

10) 한편, 이러한 본조 I의 규율에 관하여는, 선택채권을 발생하게 한 원래의 목적은 급부에 대한 위험을 분산시키려는 데 있는 것이 아니라 당사자의 수요·희망 또는 제3자의 합리적 판단에 의한 선택을 위한 것이라는 이유로, 선택권을 가지는 당사자의 과실에 의하여 급부가 불능이 되는 경우에 있어서도 선택권을 가지지 않는 당사자의 과실에 의하여 급부가 불능이 된 경우와 마찬가지로 선택채권에 영향을 주지 않도록 하는 것이 입법론상 합리적이라는 비판이 있다. 김형배, 99-100 참조.

11) 이 역시 불법행위에 기한 손해배상이거나 보호의무 내지 부수적 의무 위반으로 인한 손해배상이다.

12) 대판 04.2.13. 2003다10612(정보)의 사안은 채무자가 채권자에게 '제1토지(약 144.9평)와 제2토지(약 189.7평) 중 100평'에 관한 소유권을 이전하여 주기로 한 뒤 제1토지 중 72.479평에 관하여만 원고에게 소유권이전등기를 경료하여 주고 제2토지를 제3자에게 매도하고 소유권이전등기를 경료하여 준 것이다. 대법원은 이를 선택채권으로 보고 § 380에 의하여 그 선택권이 채무자에게 있는 것으로 보아야 하므로 채무자가 아직 소유권을 이전하지 아니한 나머지 27.521평의 급부목적물은 제1토지로 특정되었다고 판단하였다. 이는 선택권자인 채무자의 과실에 의하여 후발적으로 제2토지의 소유권이전이 이행불능에 이른 것이므로 본조 제1항에 의하여 잔존한 제1토지로 특정이 이루어졌다고 판단한 것으로 이해된다.

특정이 이루어짐에 관하여는 별다른 의문이 없다. 그리고 제3자의 과실에 의하여 일부 급부가 불능으로 된 경우[13]에도 대부분의 학설은 마찬가지로 해석하고 있다.[14][15]

선택권을 가진 당사자와 그렇지 않은 당사자의 공동과실로 인하여 일부 급부가 이행불능이 된 경우에 관하여도 본조 제2항이 적용되지 않고 잔존급부에 채권이 존속한다고 함이 일반적인 견해이다.[16] 이 경우에는 쌍방에 과실이 있으므로 어느 일방에게만 책임을 물을 수 없고, 후발적 불능이 생긴 경우 본조 II이 적용되지 않으면 본조 I항이 적용되어야 하며,[17] 선택권 있는 당사자가 자신에게 과실이 있으면서도 불능으로 된 급부를 선택하는 것은 신의칙에 반하는 점[18] 등을 그 근거로 들고 있다. 이에 대하여, 선택권 없는 당사자의 과실이 엄연히 존재함에도 본조 II의 적용이 배제되어야 하는 점은 쉽게 수긍이 가지 않고, 선택채권을 발생시키는 당사자의 목적은 선택권을 가지는 당사자의 수요를 충족시키기 위한 것인데, 그의 뜻과 달리 잔존급부를 강요하는 것이 적절한지 고려하여야 한다면서 당사자의 공동과실이 존재하는 경우 본조 II을 적용하되, 선택권 있는 당사자의 과실은 그가 불능인 급부를 선택하여 전보배상을 구하면 과실상계의 사유가 된다고 하면 족하다는 견해가 있다.[19]

선택권자인 제3자와 당사자 일방의 공동과실로 일부 급부가 불능이 된 경우에 관하여는 잔존급부에 특정이 이루어진다고 하는 견해[20]와 선택권 없는

13) 제3자가 선택권자인지 여부를 묻지 아니한다.

14) 다만 선택권자인 채권자는 불능인 급부를 선택하여 제3자에 대한 손해배상청구권을 행사할 수 있다고 주장하는 견해가 있었으나[이태재, 채권총론, 1981, 79(구주해(8), 234(이공현)에서 재인용)], 이는 본조의 명문에 반할 뿐 아니라, 채권자의 손해가 발생한 경우 본래의 잔존급부 외에 별도로 제3자에 대한 불법행위에 기한 손해배상청구권을 인정하면 족하고 이를 선택의 대상으로 할 필요까지는 없는 것으로 생각된다.

15) 독일의 경우, 불능으로 된 급부에 관하여 채권자가 대상청구를 할 수 있는 경우에는 이러한 특정이 이루어지지 않는다고 해석되고, 다만 채무자가 선택권자인 경우 '대상'에 의한 급부가 채권자의 이익에 현저히 반하는 경우에 이는 신의칙에 반한다는 견해가 있다. MünchKomm/Krüger, § 265 Rn. 7.

16) 곽윤직, 51; 김상용, 74; 김주수, 87; 송덕수, 101; 윤철홍, 75; 이덕환, 75; 구주해(8), 234-235(이공현); 주석 채총(1), 433(제4판/안법영).

17) 이덕환, 75. 구주해(8), 235(이공현)은 "본조 I이 적용되지 않으면 본조 II이 적용되어야 하기 때문"이라고 하고 있으나, 이는 오기로 생각된다.

18) 송덕수, 101.

19) 지원림, 민법강의(제18판), 2010, 908.

20) 송덕수, 101; 주석 채총(1), 433(제4판/안법영).

당사자의 과실로 이행불능이 된 경우와 같이 해결하여야 한다는 견해[21]로 나누어진다.

한편 선택채권의 모든 급부가 후발적으로 동시에 불능으로 된 경우를 어떻게 취급할 것인지에 관하여도 본조가 명시적으로 규정하고 있지 아니하다. 국내의 학설도 이에 대하여는 '누가 선택권을 가지느냐에 따라 해결할 것'이라는 원칙을 제시하거나,[22] '민법이 규정하는 바에 따라 합리적으로 해결하는 수밖에 없다'고 하고 있을 뿐,[23] 이를 자세히 논하고 있지 아니하다. 생각건대, 이 문제의 핵심은 선택권을 가진 당사자의 과실로 인하여 선택채권의 모든 급부가 이행불능이 되었을 때 본조 I을 적용할 것인가에 있다. 본조 I을 보면 마치 선택권을 가진 당사자의 과실로 인하여 선택채권의 어떤 급부가 이행불능이 된 경우에는 그 해당 급부는 선택채권의 목적으로부터 제외됨을 규정하고 있는 것으로 보인다. 그러나 본조 I에서 일부 급부의 불능시 잔존급부에 채권이 존속하는 것으로 정하고 있는 이유는 선택권자는 처음부터 잔존급부를 선택할 수 있었으므로 일부 급부가 불능으로 된 경우에도 마치 선택권자가 잔존급부를 선택한 것과 같이 의제하더라도 별다른 부당한 결과가 생기지 않는다는 데에 있다고 보아야 할 것이다. 그러므로 본조 I은 잔존 급부가 존재하는 경우에 한하여 적용된다고 봄이 옳을 것이다. 모든 급부가 동시에 이행불능으로 되어 잔존급부가 남아있지 않게 된 때에는 선택권자의 선택이 이루어진 것과 같이 볼 여지가 없다. 따라서 이러한 경우에는 선택채권을 포함한 민법의 일반적인 법리에 따라 해결하면 족하다.

이러한 전제 하에 경우를 나누어 보면 다음과 같다. 먼저 선택권을 가진 채권자의 과실로 모든 급부가 동시에 이행불능으로 된 때에는 채권자는 그 중 어느 하나의 급부를 선택할 수 있으나,[24] 그 선택된 급부는 이행불능으로 소멸한 것으로 채무자는 그에 대한 채무를 면하고, 다만 채권자는 선택하지 아니한 나머지 급부에 관하여 채무자에 대하여 손해배상책임을 진다.[25] 그리고 선택

21) 구주해(8), 234-235(이공현).

22) 구주해(8), 235(이공현).

23) 곽윤직, 51.

24) 이는 선택의 소급효에 의하여 가능한 것이다.

25) 이 역시 불법행위에 기한 손해배상이거나 보호의무 내지 부수적 의무 위반으로 인한 손해배상이다. 한편, 일본의 학설 중에는 이 경우 각 급부에 관하여 채권자의 손해배상책임이 발생하고, 다만 채권자는 급부 중 1개를 선택하여 나머지 급부에 관한 손해배상책임을 면할 수 있다고 하는 견해가 있다[日注民(10-I) 新版, 374(山下末人·安井宏)]. 그러나 이

권을 가진 채무자의 과실로 인하여 모든 급부가 동시에 이행불능으로 된 때에는 채무자는 자신의 선택권을 행사하여 그 선택된 급부에 관한 이행불능으로 인한 손해배상책임을 지게 된다.[26] 다음으로 선택권 없는 채권자의 과실로 모든 급부가 동시에 이행불능으로 된 때에는 채무자 또는 제3자의 선택권 행사에 의하여 선택된 급부가 이행불능으로 소멸한 것으로 되어 채무자는 그에 관한 채무를 면하게 되나, 선택되지 아니한 나머지 급부에 관하여 채권자에 대하여 손해배상을 청구할 수 있다. 마지막으로 선택권 없는 채무자의 과실로 모든 급부가 동시에 이행불능으로 된 때에는 채권자 또는 제3자가 선택하는 급부에 대하여 채무자는 이행불능으로 인한 손해배상책임을 지게 된다.

Ⅳ. 효 과

본조에 따라 잔존 급부가 채권의 목적으로 특정되는 경우에는 § 386과 같이 명문으로 소급효를 인정하는 규정이 없는 이상 그로 인한 소급효가 인정되지 않는다는 것이 대다수의 견해이다.[27]

경우 선택된 급부는 원래 채무자가 이행하여야 할 것이었으므로 손해배상의 대상에서 제외되고, 나머지 선택되지 아니한 급부에 관하여만 채권자의 손해배상책임이 발생하는 것이다.

26) 만약 이 경우 '선택권 없는 당사자의 과실로 인한 경우'가 아니라는 이유로 본조 I이 적용된다고 하면 불능으로 된 급부 모두가 선택채권의 목적으로부터 제외되어 채무자가 이행불능으로 인한 손해배상책임을 지지 않는다는 부당한 결론에 이르게 된다.

27) 이에 대하여 본조의 급부불능에 의한 특정에 소급효가 없다는 설명은 불필요한 것이라는 견해는, 송덕수, 100 참조.

第 386 條(選擇의 遡及效)

選擇의 效力은 그 債權이 發生한 때에 遡及한다. 그러나 第三者의 權利를 害하지 못한다.

차례

Ⅰ. 본조의 의의

선택의 본질적인 효력은 그로 인하여 선택된 급부만이 선택채권의 목적으로 특정되는 데에 있다. 본조는 이러한 선택에 소급효를 부여함으로써 선택된 급부만이 채권의 발생시부터 채권의 목적이었던 것과 같이 취급함을 규정하고 있다. 본조의 의의는 특히 선택권 없는 당사자의 과실로 선택채권의 일부 급부가 후발적으로 불능이 된 경우(§ 385 Ⅱ), 그 불능이 된 급부를 선택권자가 선택할 수 있도록 하는 근거를 마련하여 주는 데에 있다. 본조에 의하여 불능이 된 급부도 선택에 의하여 처음부터 채권의 목적이었던 것으로 되므로 선택권자의 선택이 가능하기 때문이다.[1)]

의용 민법 § 411도 본조와 동일한 내용을 규정하고 있었다.[2)]

Ⅱ. 선택의 소급효

선택은 채권이 발생한 때에 소급하여 그 효력이 생긴다. 따라서 선택된 급부만이 처음부터 채권의 목적이었던 것으로 되고, 선택되지 아니한 급부는 처음부터 채권의 목적이 아니었던 것으로 된다.

이와 같이 선택에 의하여 선택채권의 목적은 선택된 급부로 확정 내지 특정된다. 그러나 이것이 선택에 의하여 선택채권이 반드시 특정물채권이 된다

1) 구주해(8), 235-236(이공현).
2) 독민 § 263 Ⅱ은, "선택된 급부는 처음부터 그것만이 채무의 내용인 것으로 본다."고 하여 역시 선택의 소급효를 규정하고 있다. MünchKomm/Krüger (7. Aufl. 2016), § 263 Rn. 7.

는 의미는 아니다. 선택된 급부의 목적물이 특정물인지, 불특정물인지, 또는 금전인지 등 그 급부의 내용에 따라서 선택채권은 특정물채권, 종류채권, 또는 금전채권 등으로 되는 것이다. 따라서 선택의 결과 특정물채권으로 되면 채무자는 선택채권의 발생시부터 선관주의 보존의무(§ 374)를 부담하는 것이 되고,[3] 종류채권으로 되면 다시 종류채권의 특정이 필요하게 된다(§ 375 II). 그리고 이자채무의 경우 채무자는 선택 이전에 발생하는 것으로 약정된 이자라도 이를 지급할 의무를 부담하게 된다. 다만 지연손해금 등 지체책임의 경우 선택 이전에 이행기가 이미 도래하였다면 채무자는 그 다음 날부터 지체책임을 부담하나, 이행기의 정함이 없는 채무라면 채무자는 이행청구를 받은 때로부터 지체책임을 부담하고(§ 387 II), 아직 선택이 이루어지지 않은 상태에서의 이행청구는 효력이 없으므로, 선택이 이루어진 이후에서야 비로소 채무자의 지체책임이 발생할 여지가 있다고 할 것이다. 그리고 선택채권의 소멸시효는 채권자가 선택된 급부에 관한 채권을 행사할 수 있었을 때부터 진행된다고 보아야 하고, 본조에 의하여 선택의 효과가 채권발생시로 소급한다고 하더라도 그때로부터 소멸시효가 진행된다고 할 것은 아니다. 따라서 선택권자가 채권자인 경우에는 채권자가 선택권을 행사할 수 있을 때로부터 소멸시효가 진행하고, 채무자가 선택권자인 경우에는 § 381를 고려하여 채권자에게 선택권이 이전되어 채권자가 선택권을 행사할 수 있을 때, 즉 채무자가 선택권을 행사할 수 있었을 때로부터 그가 선택권을 행사하는 데 필요한 상당한 기간이 지났을 때로부터 소멸시효가 진행한다고 할 것이다. 그리고 제3자가 선택권자인 경우에는 § 384를 고려하여 역시 채권자에게 선택권이 이전되어 채권자가 선택권을 행사할 수 있을 때, 즉 제3자가 선택권을 행사할 수 없게 된 때로부터 채무자가 선택권을 행사하는 데 필요한 상당한 기간이 지났을 때(§ 384 I이 적용되는 경우) 또는 제3자가 선택권을 행사할 수 있었을 때로부터 그가 선택권을 행사하는 데 필요한 상당한 기간이 지난 뒤 다시 채무자가 선택권을 행사하는 데 필요한 상당한 기간이 지난 때(§ 384 II이 적용되는 경우)로부터 소멸시효가 진행된다고 할 것이다. 물론 이러한 '상당한 기간'이 지나기 이전에 선택권이 행사된 경우에는 그때부터 소멸시효가 진행된다. 판례도 이와 같은 취지로 보인다.[4]

---

3) § 380 주해 I. 1. 참조.

4) 대판 00.5.12. 98다23195(공 00, 1368)는 채무자가 매립지 중 100평을 선택하여 채권자에게 소유권을 이전하여 주기로 한 사안에서, 채무자가 선택권을 행사하지 않는 경우에는 본조에 의하여 채권자가 상당한 기간을 정하여 그 선택을 최고할 수 있고, 채무자가 그

Ⅲ. 제3자의 보호

본조 단서는 선택의 소급효로 인하여 제3자의 권리를 침해하지 못한다고 규정하고 있다.

여기에서 '제3자'는 선택이 이루어지기 이전에 선택이 된 급부의 목적물에 관하여 권리를 취득한 자를 가리키는 것으로 이해된다. 이러한 제3자가 취득하는 권리는 물권 또는 채권이 될 것이나, 어느 경우에도 선택의 소급효로 인하여 제3자의 권리가 침해되는 경우는 상정하기 어렵다. 제3자가 취득하는 권리가 채권이라면 채권은 배타성이 없으므로 선택의 소급효에 불구하고 선택채권의 채권자와 제3자의 채권은 서로 경합할 뿐, 선택의 소급효에 의하여 제3자의 권리가 침해되는 것은 아니다. 그리고 제3자가 취득하는 권리가 물권이라면 선택채권의 채권자의 채권보다 제3자의 물권이 우선하는 것은 물권의 배타성에 의하여 당연한 것이므로, 역시 선택의 소급효에 의하여 제3자의 권리가 침해되지 아니한다. 결국 본조 단서의 규정은 무의미한 규정이라는 데에 학설은 일치한다.

일본 민법의 경우 § 411 단서에서 본조 단서와 동일한 규정을 두고 있으나, 물권변동에 관한 의사주의를 취하고 있는 일본 민법의 경우에도 결국 물권의 우열은 공시의 원칙에 의하여 결정되므로 해당 규정이 적용될 가능성은 적다고 한다.[5] 우리 민법과 같이 물권변동에 관한 형식주의를 취하고 있는 독일 민법에서는 선택의 소급효를 인정하면서도 본조 단서와 같은 규정은 두고 있지 아니하다(독민 § 263 II).

기간 내에 선택하지 아니할 때에 채권자가 선택할 수 있으므로, 채권자의 매립지 100평에 대한 소유권이전등기청구권의 소멸시효는 매립지에 대한 공부상 정리가 마쳐져 채무자가 그 선택권을 행사할 수 있었던 시점부터 채무자가 선택권을 행사하는 데에 필요한 상당한 기간이 경과한 날로부터 진행한다고 하였다. 아울러 § 135에 기한 무권대리인의 상대방이 가지는 계약이행 또는 손해배상청구권의 소멸시효는 그 상대방이 선택권을 행사할 수 있는 때로부터 진행하고, 여기서 선택권을 행사할 수 있는 때라고 함은 대리권의 증명 또는 본인의 추인을 얻지 못한 때라고 한 판례로서, 대판 65.8.24. 64다1156(집13(2)민, 069) 참조. 한편, 이은영, 144는 소멸시효는 '채권발생시'부터 진행한다고 하여 이와 다른 견해인 것으로 보인다.

5) 日注民(10-I) 新版, 376-377(山下末人·安井宏).

後論〔임의채권〕

차례

Ⅰ. 임의채권의 의의

임의채권이란 채권의 목적은 하나의 급부로 특정되어 있으나, 채권자 또는 채무자가 다른 급부로써 본래의 급부를 갈음할 수 있는 권한(이를 대용권 또는 보충권이라고 한다)을 가지는 채권이다. 일반적으로 채권자와 채무자 중 누가 대용권을 가지고 있는지 묻지 아니하고 채권자의 입장에서는 이를 임의채권, 채무자의 입장에서는 임의채무라고 부르나, 학자에 따라서는 채권자가 대용권을 가지는 경우의 채권을 임의채권, 채무자가 대용권을 가지는 경우의 채권을 임의채무라고 부르기도 한다.[1] 임의채권은 민법상 명문으로 규정되어 있지 아니하나, 판례와 학설은 임의채권의 성립가능성을 인정하고 있다.

임의채권은 선택채권과 유사하나 그 성질을 달리한다. 임의채권과 선택채권의 본질적인 차이는, 선택채권은 선택 이전까지는 수개의 급부가 동등한 지위를 가지고 병존하면서 궁극적으로 그 이행을 위하여 선택에 의한 특정을 요하나, 임의채권은 단일한 본래의 급부가 처음부터 채권의 목적으로 확정되어 있고, 대용권의 행사에 의한 대용급부는 이에 보충적인 지위를 갖는데 불과하여, 채무의 이행을 위하여 반드시 대용권의 행사가 필요한 것이 아니라는 데에 있다.[2]

그러므로 임의채권에 있어서는 본래의 급부가 유효하게 존재할 것을 요건으로 하고, 따라서 만일 본래의 급부가 원시적 불능인 경우에는 임의채권은 성립하지 않으며, 본래의 급부가 대용권이 행사되기 이전에 채무자에게 책임 없는 사유로 후발적으로 불능이 되면 대용급부가 가능한 경우에도 임의채권은

1) 김상용, 74; 주석 채총(1), 439-440(제4판/안법영).
2) 임의채권과 선택채권의 차이에 관하여는 § 380 주해 I. 3. 다. 참조.

소멸함이 원칙이다. 다만 본래의 급부가 채무자의 귀책사유로 인하여 이행불능이 된 경우에는 본래의 급부는 손해배상 급부로 변하여 존속하므로 임의채권이 소멸하지 않는다. 따라서 채무자가 대용권을 가진 경우 채무자는 대용권을 행사할 수 있고, 채권자가 대용권을 가진 경우 채권자는 본래의 급부로부터 파생된 손해배상 채권을 행사하거나 대용권을 행사하여 대용급부를 청구할 수 있다. 이에 반하여 대용급부의 이행불능 여부는 그 자체만으로는 원칙적으로 채권의 성립 및 존속 여부에 아무런 영향을 미치지 아니한다.[3)]

임의채권에서의 대용급부는 본래의 급부와 동등한 가치가 있는 것을 전제로 하므로 본래의 급부가 일부불능, 약정 기타의 사유로 인하여 감축되면, 대용급부도 같은 비율로 감축된다.[4)]

Ⅱ. 임의채권의 발생

임의채권은 계약 등 법률행위에 의하여 발생할 수 있음은 물론이고, 법률의 규정에 의하여 발생하기도 한다.

법률행위에 의하여 다양한 급부를 내용으로 하는 임의채권이 성립할 수 있음은 계약자유의 원칙상 당연하다. 대판 14.2.27. 2013다86076(정보)은, 공사도급계약에서 수급인이 하자담보책임기간 중에 발생한 하자의 보수나 보수비용의 지급을 담보하기 위하여 도급인에게 하자보수보증금을 현금 또는 보증기관이 발행한 보증서로 예치하기로 한 경우, 도급인은 하자보수보증금을 현금으로 예치하도록 청구할 수 있을 뿐이고, 수급인이 이에 갈음하여 보증서로 예치할 수 있는 권리, 즉 대용권을 가진다고 하였는데, 이는 법률행위에 의하여 채무자에게 대용권이 부여된 임의채권관계가 발생한 것이라고 인정한 사례이다. 그 외에 채무자가 기존 채무의 존속을 전제로 하면서도 장래 그 변제에 갈

3) 주석 채총(1), 442(제4판/안법영). 다만 채권자가 대용권을 행사한 후 채무자에게 책임 없는 사유로 대용급부가 불능이 된 경우에는 채무자는 채무를 면하게 되고, 채무자가 대용급부를 제공하여 채권자를 수령지체에 빠뜨린 후 채무자에게 책임 없는 사유로 대용급부가 불능이 된 경우에도 이와 같이 보는 견해가 있음은 뒤에서 보는 바와 같다. 그러나 이는 대용급부의 이행불능으로 본래의 급부가 소멸함으로 인한 것이라기보다는 대용권 행사의 효과로서 본래의 급부의무가 소멸함으로 인한 것이라고 보아야 할 것이다.

4) 김준호, 38; 송덕수, 103; 장재현, 68; 정기웅, 68; 구주해(8), 221(이공현); 주석 채총(1), 443(제4판/안법영).

음하여 다른 급부를 이행할 것을 약속하는 경우(예컨대 채무자가 금전채무의 변제에 갈음하여 채권자에 대하여 자신의 부동산의 소유권을 이전하여 줄 것을 약정하는 경우), 판례는 이를 '대물변제예약' 또는 '대물변제계약' 등으로 부르고, 다수의 학설은 이를 요물계약인 대물변제의 효과를 발생시키기 위하여 미리 예약상의 권리자가 본계약인 대물변제의 청약을 하면 상대방이 그 승낙의 의사표시 및 대물의 급부를 할 의무를 부담한다는 의미에서 '대물변제예약'이라고 파악한다. 그런데 이 경우에도 전형적으로는 당사자가 본래의 급부에 갈음하여 다른 급부에 의하여 이행하거나 다른 급부의 이행을 청구할 수 있는 권한, 즉 대용권이 부여된 임의채권이 성립한다고 보는 유력한 견해가 있다.[5] 나아가 금전채권자가 금전가치의 하락에 대비하여 본래의 급부인 금액의 지급에 갈음하여 일정한 물건의 인도를 요구할 수 있는 권한을 가지는 경우를 채권자가 대용권을 가지는 임의채권이 성립하는 예로서 드는 견해가 있다.[6]

법률의 규정에 의하여 성립하는 임의채권의 예로서는 통상 민법상의 규정, 즉 외화채무자에게 내국통화에 의한 대용급부권을 부여하는 § 378,[7] 보증인의 사전구상에 대해 주채무자가 구상금액을 공탁하거나 담보를 제공하거나 보증인을 면책시킴으로써 책임을 면할 수 있도록 규정한 § 443 후단, 타인으로부터 명예를 훼손당한 피해자가 법원에 청구하여 가해자로 하여금 손해배상에 갈음하여 명예회복에 적당한 처분을 할 것을 청구할 수 있도록 한 § 764 등

---

5) 양창수, "타인의 물건에 관한 대물변제계약으로 인한 책임", 민법연구 제2권, 1991, 267 이하; 지원림, "대물변제약정의 효력", 민판연 제21권, 1999. 7., 204 이하 참조. 이들 견해에 따르면, 이 경우의 법률관계를 '대물변제예약'으로 파악하면 상대방에 대하여 대물의 급부를 청구함과 아울러 승낙의 의사표시를 할 것을 청구하여야 한다는 결과가 되어 부자연스럽고, 다수의 견해와 같이 예약상의 권리가 채권자에게 있다고 해석한다면 아직 채권자가 청약의 의사표시를 하기 전에는 채무자가 대물을 제공하여도 이로써 아무런 법률효과, 가령 채권자의 수령지체책임이 발생하지 않는데, 이는 당사자의 의사에 맞지 않으며, 낙성계약을 원칙으로 하는 우리 법제 하에서 당사자 사이의 합의에 법적 구속력이 주어진다고 하면 그것으로 족하지 굳이 다수의 견해에 따르면 '요물계약'인 대물변제의 예약이라는 교묘한 법개념을 만들어낼 필요가 없고, 대물변제를 '예약'한다는 것은 기껏해야 나중에 원래의 급부와 다른 급부를 하는 경우 대물급부의 의사를 표시하도록 미리 상대방을 구속한다는 의미를 가질 수 있을 뿐, 상대방이 대물을 급부할 것을 미리 구속하는 의미를 가질 수 없다는 등의 논거를 들고 있다. 다만 전자의 견해는 일반적으로 우리나라에서 행하여지는 대물급부약정은 당사자 쌍방에게 대용권을 주는 약정이라고 해석할 것이라고 하는 반면, 후자의 견해는 당사자의 의사가 명확하지 않는 경우에는 채무자가 대용권을 가지는 것으로 새길 것이라고 한다.

6) 김증한·김학동, 56; 주석 채총(1), 440-441(제4판/안법영)

7) 대판(전) 91.3.12. 90다2147(공 91, 1161)도 § 378에 의하여 임의채권이 성립하는 것으로 보고 있다.

이 들어진다.[8] 그 외에 전세권설정자가 전세금의 반환을 지체한 때 전세권자에게 목적물의 경매를 청구할 수 있는 권리를 부여한 § 318,[9] 이자 없는 소비대차의 경우 차주로 하여금 하자 있는 물건의 가액으로 반환할 수 있도록 한 § 602 본문,[10] 소비대차의 차주가 차용물의 반환에 관하여 차용물에 갈음하여 다른 재산권을 이전할 것을 예약한 경우에 관한 § 607[11] 등도 법률의 규정에 의하여 성립하는 임의채권의 예로서 들어진다.[12]

Ⅲ. 임의채권의 효력

1. 대용권의 귀속

누가 대용권을 가지는가는 임의채권을 발생시키는 법률행위에 의하여 정하여지거나 법률의 규정에 의하여 발생하는 임의채권의 경우에는 그 해당 규정에서 대용권자를 정하고 있는 경우가 대부분이다. 다만 대용권의 귀속이 불분명한 경우에는 통설은 채무자가 대용권을 가지는 것으로 해석한다. 이는 본래의 급부와 대용급부는 대체로 동등의 가치를 가지고 있으므로 어느 것을 급부하느냐 하는 것은 채권자에게 그다지 이해관계가 있는 것이 아니라는 것을 그 이유로 한다.[13]

2. 대용권의 행사 및 이를 둘러싼 법률관계

가. 채무자가 대용권을 가지는 경우

채무자가 대용권을 가지는 경우, 채권자는 대용권이 없으므로 본래의 급부만을 청구할 수 있다. 채무자는 대용권을 행사하여 본래의 급부의무를 소멸시킬 수 있으나, 이 경우 본래의 급부의무를 소멸케 하는 효과를 발생시키기 위

8) 강봉석, 42; 곽윤직, 51; 김동훈, 156; 김상용, 74; 김주수, 87; 김준호, 38; 김형배, 100; 송덕수, 103; 윤철홍, 77; 이덕환, 78; 장재현, 68; 정기웅, 68; 구주해(8), 221(이공현); 주석 채총(1), 440-441(제4판/안법영).
9) 이덕환, 78.
10) 송덕수, 103.
11) 이덕환, 78.
12) 그러나 § 607에 의한 대물반환의 예약이 이루어진 경우, 이는 법률행위에 의하여 성립하는 임의채권이라고 볼 수 있을 뿐, 법률의 규정에 의하여 임의채권이 성립하는 예로서는 적당하지 아니하다.
13) 송덕수, 103; 이덕환, 79; 구주해(8), 221(이공현).

해서는 단순히 대용급부에 의하여 이행하겠다는 의사를 표시하는 것만으로는 부족하다는 데 대하여는 이설이 없다.[14] 그러나 나아가 통설은 실제 대용급부를 현실적으로 이행하여야 본래의 급부의무가 소멸한다고 함에 반하여 (현실이행 필요설),[15] 채무자가 대용급부를 이행제공하기만 하더라도 대용권을 행사한 것으로 되어 본래의 급부의무가 소멸한다고 하는 견해(현실이행 불요설)가 있다.[16]

이와 같이 채무자의 대용급부의 의사표시만으로는 아무런 효력이 발생하지 않으므로, 채무자가 대용급부를 하겠다는 의사를 표시한 후에 그 이행 또는 그 이행제공 이전에 대용급부가 이행불능이 되더라도 채무자는 본래의 급부의무를 면하지 못한다. 그러나 채무자가 대용급부를 현실로 이행하지는 않았으나 그 이행을 제공하여 채권자가 수령지체에 빠진 후 채무자에게 책임 없는 사유로 대용급부가 불능으로 된 때 채무자가 본래의 급부의무를 면한다고 할 것인지에 관하여는, 현실이행 불요설의 입장에서는 당연히 이를 긍정한다.[17] 다만 현실이행 필요설의 입장에서도 이를 긍정하는 견해가 있다.[18] 한편, 채무자가 대용급부를 제공한 뒤 채권자가 이를 현실로 수령하기 전에 본래의 급부가 채무자의 책임 없는 사유로 불능으로 된 경우, 본래의 급부의무뿐 아니라 대용급부의무도 소멸하여 임의채권이 소멸한다고 할 것인가에 관하여, 통설[19]

---

14) 채무자가 채권자에게 본래의 급부를 하겠다는 의사표시를 한 경우에도 그것이 대용권을 포기하는 취지로 해석되지 않는 한 대용권은 소멸하지 아니하고, 반대로 채무자가 채권자에게 대용급부를 이행하겠다는 의사표시를 한 경우에도 대용급부의 이행 또는 이행제공을 하기까지는 본래의 급부로써 이행할 수 있다. 주석 채총(1), 444(제4판/안법영) 참조.

15) 김동훈, 159; 김상용, 74; 김준호, 38; 김형배, 101; 송덕수, 102-103; 장재현, 68; 정기웅, 69; 구주해(8), 221-222(이공현); 주석 채총(1), 444-445(제4판/안법영). 송덕수, 102-103 및 구주해(8), 221-222(이공현)은 대용급부의 '제공'이라는 용어를 사용하고 있으나, 그 전체적인 설명의 내용을 보면 통설과 같이 현실이행 필요설을 취하고 있는 것으로 여겨진다.

16) 이덕환, 78; 지원림(주 5), 209-210. 특히 지원림(주 5). 209-210은, 채무자가 대용권을 가지는 경우에는 변제제공의 효과, 특히 채권자의 수령지체와 관련하여 일률적으로 대물이 현실로 이행되기 전에는 원래의 채무가 소멸하지 않는다고 새기는 것은 무리가 없지 않다고 하며, 수령지체와의 균형상 채무자가 대용급부를 제공한 때에 대용권의 행사가 있다고 할 것이고, 이때 원래의 급부는 대용급부로 변경되고, 그 변경에 따라 원래의 급부의무는 원칙적으로 소멸한다고 한다.

17) 이덕환, 79; 지원림(주 5), 210.

18) 송덕수, 103-104; 구주해(8), 222(이공현). 역시 현실이행 필요설을 취하는 입장인 김동훈, 159; 김상용, 74; 정기웅, 69; 주석 채총(1), 444-445(제4판/안법영)은, 대용급부가 '현실적으로 이루어질 때까지' 대용급부가 불능이 되어도 채무자는 본래의 급부를 면할 수 없다는 취지로 설명하고 하고 있으나, 이것이 반드시 대용급부의 이행제공에 대하여 채권자의 수령지체가 발생한 상황에서 채무자의 귀책사유 없이 대용급부의 이행이 불능으로 되었을 때까지도 그렇다는 취지인지는 분명하지 아니하다.

19) 강봉석, 42; 곽윤직, 51; 김동훈(주 8), 157; 김상용, 74; 김준호, 38; 김증한·김학

은 이를 긍정하나, 앞서의 현실이행 불요설을 취하는 견해는 이를 부정하여 대용급부의무는 존속한다고 한다.[20]

채무자가 대용권을 행사하기 전에 채권자의 귀책사유로 대용급부가 이행불능으로 된 경우에는 채무자는 대용권을 행사함으로써(즉 대용급부로 본래의 급부의무를 대신한다는 의사표시에 의하여) 채무를 면할 수 있으나, 채무자의 귀책사유 또는 불가항력에 의하여 대용급부가 이행불능으로 된 경우에는, 채무자는 신의칙상 대용권을 상실한다고 할 것이다.[21]

나. 채권자가 대용권을 가지는 경우

채권자의 대용권은 채무자에 대한 의사표시만으로 그 효력이 발생한다(이설 없음).

채권자가 대용권을 가지는 경우, 채무자는 대용권이 없으므로 채권자에게 대용급부의 수령을 강요하거나 대용급부로 상계할 수 없고, 본래의 급부만을 이행제공할 수 있다. 채권자가 대용권을 행사하지 않는 동안 채무자가 본래의 급부를 이행제공하면 채권자는 이행지체에 빠진다.[22] 이 경우 본래의 급부가 채무자에게 책임 없는 사유로 불능으로 되면 임의채권은 소멸하므로 채권자는 대용급부도 청구할 수 없게 되고, 반면 본래의 급부가 채무자의 귀책사유로 불능이 되면 손해배상채무로 변하고, 채권자는 여전히 대용권을 보유한다. 만약 채권자가 대용권을 행사하기 전에 대용급부가 채무자의 귀책사유로 불능이 되면 채권자는 대용권 상실에 대한 손해배상을 구할 수 있을 것이다.[23]

채권자가 대용권을 행사하면 그 효과로서 본래의 급부의무는 대용급부의무로 변경된다. 그러므로 본래의 급부의 이행이 불능으로 되더라도 이와 무관하게 채무자는 대용급부의무를 부담한다. 만약 이때 채무자의 책임 없는 사유로 대용급부가 불능으로 되면 채무자는 채무를 면한다.[24]

동, 56; 김주수, 87-88; 송덕수, 104; 윤철홍, 77; 정기웅, 68; 김형배, 100; 구주해(8), 222(이공현); 주석 채총(1), 442(제4판/안법영).

20) 이덕환, 79; 지원림(주 5), 210. 현실이행 불요설의 입장에서는 채무자의 대용급부의 이행제공으로 본래의 급부의무가 이행불능 여부와 관계 없이 소멸한다고 함이 당연하다.

21) 송덕수, 104; 이덕환, 79; 지원림(주 5), 210; 구주해(8), 222(이공현).

22) 일부 견해는 "본래의 급부를 제공받은 채권자는 대용급부를 청구하지 않는 한 바로 수령지체에 빠진다."라고 하여 마치 채무자가 본래의 급부를 이행제공하였을 때 대용급부를 청구함으로써 수령지체를 벗어날 수 있는 듯한 인상을 주나[송덕수, 104; 구주해(8), 222(이공현)], 채무자가 본래의 급부를 이행제공하여 채권자가 수령지체에 빠진 이상 채권자는 대용권을 행사할 수 없다고 보아야 할 것이다.

23) 주석 채총(1), 442(제4판/안법영).

24) 송덕수, 104; 구주해(8), 222(이공현); 주석 채총(1), 443(제4판/안법영).

사항색인

제2판
민법주해 Ⅸ – 채권(1)

제2판발행 2025년 9월 25일

편집대표 양창수
펴낸이 안종만·안상준

편　집 한두희
기획/마케팅 조성호
표지디자인 이수빈
제　작 고철민·김원표

펴낸곳 (주) 박영사
서울특별시 금천구 가산디지털2로 53, 210호(가산동, 한라시그마밸리)
등록 1959. 3. 11. 제300-1959-1호(倫)
전　화 02)733-6771
f a x 02)736-4818
e-mail pys@pybook.co.kr
homepage www.pybook.co.kr
ISBN 979-11-303-3738-8 94360
979-11-303-3730-2 94360(세트)

정 가 28,000원